内蒙古歷代方志集成

第一輯 ⑨

豐鎮廳志
土默特旗志
薩拉齊縣志

内蒙古自治區人民政府地方志研究室 編

山西出版傳媒集團 三晋出版社

圖書在版編目（CIP）數據

豐鎮廳志；土默特旗志；薩拉齊縣志 / 内蒙古自治區人民政府地方志研究室編. — 太原：三晋出版社，2022.10
（内蒙古歷代方志集成）
ISBN 978-7-5457-2606-0

Ⅰ.①豐… Ⅱ.①内… Ⅲ.①内蒙古—地方志 Ⅳ.①K292.6

中國國家版本館CIP數據核字（2023）第154050號

豐鎮廳志　土默特旗志　薩拉齊縣志

編　　者：内蒙古自治區人民政府地方志研究室
責任編輯：王　甜
特約編輯：張仲偉
責任印製：李佳音
裝幀設計：劉　磊

出 版 者：山西出版傳媒集團·三晋出版社
地　　址：太原市建設南路21號
電　　話：0351-4956036（總編室）
　　　　　0351-4922203（印製部）
網　　址：http://www.sjcbs.cn

經 銷 者：新華書店
承 印 者：山西基因包裝印刷科技股份有限公司

開　　本：787mm × 1092mm　1/16
印　　張：56.5　插頁：12
字　　數：400千字
版　　次：2022年10月 第1版
印　　次：2023年8月 第1次印刷
書　　號：ISBN 978-7-5457-2606-0
定　　價：420.00圓

ISBN 978-7-5457-2606-0

〔清〕德溥 修 〔清〕麻麗五 纂

豐鎮廳志

八卷

清光緒鉛印本

豐鎮縣志書

豐鎮縣志書

新纂豐鎮廳志序

今邑志古國史也周官外史掌四方之志小史掌邦國之志訓方氏掌道四方之政事與其上下之志古之志皆以史領之而志又通謂之史春秋時列國各有史晉之乘楚之檮杌魯之春秋皆史也嬴劉以來著錄蔚起漢太史司馬子長史記一書本紀世家列傳年表百三十篇地志闕諸至扶風班氏漢書始作地理志言成帝時劉向畧言其地分丞相張禹使屬隸川朱贛條其風俗猶未全究唐李延壽南北二史偶闕未備司馬溫公撰資治通鑑猶以不作志書爲憾謂使數代制度因革皆沒不見是志以佐史相爲表裏不可不詳且覈也審矣第記載貴能

得實而立言期於有用漢地理風俗記遠莫能詳唐元和郡縣志今爲最古其博采人物名勝古蹟題詠則有樂史太平寰宇之富且賅臚列軍州赤畿戶口山川則有王存元豐九域之精而核他如吳郡新安雍錄齊乘各記方隅咸號善本可與正史並傳然遙遙在昔落落數人宜於古者未必盡信於今蓋志之體昉於史志之義準於經經言天文則屬易言政事則屬書言民風土俗則屬詩禮其間筆削褒貶則皆本之春秋以史筆而兼經術纂述大非易事是以志絫史體志猶史也其不同者史記天下之事志止一隅非境內不錄史識一朝之事志自建邑至今在封內例皆得書建置沿革具焉星象禨詳著焉關山道里

土風物產備焉食貨兵防祠祀陵墓寓焉文人賢媛技藝仙釋
列焉利病存於是得失見於是勸懲亦寄於是無志可稽則興
革變通之故將無所考山川毓靈忠孝節義與夫蓄道德而能
文章者久亦同於榛蕪之湮沒何由徵文獻而成民俗故其爲
文繁則蕪簡則陋襲公家言則郛廓不親難於體裁之各當而
自昔稱名作者咸推康對山之志武功以其語無溢美事歸得
實而褒誅袞鉞悉祖麟經遺意洵有切世教之文不可多得也
豐鎮遠處塞北其地雄博廓乎無垠自秦迄明戎馬戰爭殆無
虛日勝國猶爲荒服我
聖朝肇造區夏中外一家開疆拓土窮邊絕域共隸版圖凡蒙古

外藩諸部君長莫不受吏編名臣僕是効以故士無事於秋防農相安於夏耨食帝力而享太平不知有烽燧之警何其休歟顧天下郡縣皆有志而廳獨闕焉無志乾隆三十七年知府吳公宏輔纂修府志雖曾附於卷末然畧而不詳僅存什一於千百仍與無志同前任屢蒙憲諭飭令修輯豈緊無人或者茫無所稽而不能作否則偶有所忌而不敢作否則有所稽無所忌或弁鄙耄荒推諉而不肯作坐令改革之大變通之重湮沒無傳此守土之責抑亦都人士之咎也今蒙

憲檄通飭府郡各屬上緊趕辦勿再忽延怠玩致干嚴參卑職
仰體
憲厪卽輯志稿嗚呼溥材同樗櫟簿書鞅掌於倥傯旁午中秖
以蠡測管窺聊紀志畧耳安敢言志哉賴諸紳士執筆墨以從
事設局分曹披鄴侯之牙籤萬軸秉子京之銀燭兩行發凡起
例蒐羅軼典採輯新編上自漢魏以迄昭代學士大夫之流風
逸韻故家遺俗下逮閭門里巷匹夫匹婦凡有彰風教而式民
行者爬梳抉剔折衷於史法而進退之閱五旬而蕆事以成一
邑完書嗟呼設廳至今二百餘年矣孰不謂邊塞荒涼詎可語
於文章勳節也哉茲全書告成於建置沿革見古今之興廢於

山川疆域見形勢之阨要於人物吏治見民風之蒸蒸向化於
賦役之不繁見
國家輕徭薄斂於風俗之茂美見
聲教漸被誕敷且於兵防鋪遞營伍堡寨之設向之列屯衛者今
皆設爲城邑向之謂邊陲者今皆視爲腹地又以見我
列聖相承
德化涵濡中外禔福直駕唐虞三代而上之然則是書之成庶足
以信今而傳後豈扶輿磅礴之氣鬱之又久萃而顯於今日歟
抑造物有待而然歟而亦何幸歟莊子曰迹者履之所自出如
必履舊迹而斤斤然銖兩尺寸以求合安知異日者聲明文物

不尤勝於今日乎今所爲志草創焉耳志也云乎哉若夫加以
潤色則尚有待是爲序
光緒七年歲次辛巳秋九月中澣在任候補知府豐鎮蒙民理
事同知德溥譔

財政部印刷局印

豐鎮廳新志凡例二十則

一凡志之作本周禮職方小史太史所掌所以傳信愚按山西省志式遵一統志廳隸大同府而府隸山西則志當惟省是式蓋省志古晉乘之遺出自董狐司馬氏筆爲後世志史鼻祖其義正其文簡而不俚今志取以爲楷因舊章也

一分星畫野辨疆正域不有圖考何以審形勢察祲祥爲制馭敬時之計故繪以圖而詳其說便觀覽資修省也

一八景名色本於瀟湘天下志書倣傚舊志新爲增入俾閱者知荒服之地有名勝也

一星野沿革巡幸雜志府志綦詳今悉錄舊良以豐鎮文獻不足無憑考核不敢穿鑿附會誤後人貽笑柄也

一疆域城池疊次開拓以今視昔大相逕庭至若風土物產府志概從簡畧是編記載詳明紀實蹟也

一山川古蹟舊志皆摭拾成文今畧爲節訂存之於前復稽山海經水經注一統志證

據確鑿更加增考於後俾閱者叅互釐正以决疑信

一大同為秦雲中郡唐置雲州雲中郡五代因之石晉天福元年割入契丹改曰雲中縣趙宋宣和五年來歸改曰雲中府明宣德元年築雲川城於豐州西南後徙於大同城内於是豐勝之間為古雲中豐鎮為新雲中最易混淆故人物事蹟必與豐鎮有證實者方採入志中不敢濫收

一威甯海威甯口在今甯遠廳境内拒門堡之間茲不載入廳志至古長城白道泉飲馬長城窟辨疑詳古蹟不敢牽混示區別也

一境内居民雜處有漢旗蒙回洋諸名近草地者罔知禮教往往因飲博衽席小忿尋釁起釁釀成巨案第志與史異史乃據事直書善惡並著志則意存彰善以樹風聲是編不載非隱諱也遵體例也

一學校以育人材廟祠以崇祀典而文廟昭忠名宦鄉賢節孝等祠及學署書院至今均未建設故姑闕之雖他祠宇紀載頗多然寺觀有之淫祠不與至若義學亦名存

實亡故與壇壝義塚養濟院並附營建之末以存朔餼之禮

一分門別類稱詳也詳則用之以約故各以名義所近者附於列卷而不復細分卷帙以相淩錯省繁文惜物力也

一稽核不厭精詳也謂之寔錄信者必傳疑者闕也不欲以疑傳疑受疑於世者還以疑世也所以崇志體示信史也

一志之作也表忠孝之幽光振將來之風化凡善可錄行可述有關於世教者雖在編氓必傳其眞其無關風教者雖在貴胄不溢其美存公道示不附也

一豐鎭在輿記乃九邊外地魏遼金元故土自漢迄明久爲戎馬蹂躪入寇出沒之區故凡一切兵制鋪遞驛站必詳載之俾知邊陲要地謹防禦修武備也

一職官設自雍正初年建立城垣則自乾隆二年始或歸直隸張理廳管轄或陽高大朔理事通判移駐管理或豐川鎭甯武職兼理以徵收賦税而已後並衛所爲一官改爲廳凡新平平遠邊外皆隸焉至登記事蹟考之

國朝居多故志之使知沿革所由也

一省志有雜著災祥幻異雜事今新增入俾司民者知所恐懼惕勵也

一新增節烈孝友仙釋技藝諸志雖只二三條而志類所不可少者姑爲備體以俟後來補入

一藝文收錄不敢太繁惟招墾牧廠廟塚碑記於正教煞有關係者始爲載入其他遊山玩景之篇概不濫收

一府志詩賦載百有餘首而合選者不過十七八首始存之以備體例近作無取濫入然勝境未經登記者其題詠亦不可少故附錄於後識者諒之勿誚效顰也

一豐鎭素無志今初立焉雖舊載府志之末頗有錄本而所記事蹟僅什一於千百卽此外細加採訪然猶有世代遠湮而無考者有地勢隔閡而未聞者耳目所及難免脫漏君子不得以鹵莽譏焉止竭心力草創規模以俟後人修飾潤色云

豐鎮廳志

卷首　序文
凡例
目錄
銜名
卷一　星野　星圖　占候　躔度　考證　氣候
沿革　地表
疆域　道路　村莊
卷二　山川　水利
形勝
古蹟　塚墓
景致

財政部印刷局印

卷三　營建　城池
祠祀　寺廟　壇壝
公署　倉儲　庫藏
橋梁　街坊
義學　敬法
義塚
養濟院
卷四　巡幸
封爵
職官
選舉
卷五　兵防　鋪遞　驛站

財政部印刷局印

武事
田賦 稅課附內
戶口
倉庫
卷六 風土 士習 農事 工作 商賈 冠禮 婚禮 喪禮 祭禮 節序
物產
災祥
幻異
卷七 人物
孝子
孝婦
節婦

財政部印刷局印

技藝
仙釋
卷八　藝文上　奏疏　書啓　紀畧　碑記附近作
藝文下　古近體詩　補附今詩
卷尾　雜志

豐鎭廳新志

纂修姓氏

纂輯

在任候補知府蒙民理事同知 德 溥時泉 正黄旗人

監修

經始

前署張皋兒巡檢現任仁義鎭巡檢 李崇善 順天府宛平縣人

前署豐鎭廳司獄現任稷山縣典史 王以肅 順天府順義縣人

分纂

壬子科舉人 麻麗五蓬生 崞縣人

定襄縣學附生 王楨翰垣 原籍定襄縣人

大同縣學廩生 張鳳翔子覽 原籍大同縣人

忻州學增生 范大元 伯掄 原籍忻州人

理局

例貢生 溫廣深 資泉 壽陽縣人

布政使理問 閻世隆 鼎臣 原籍直隸懷安縣人

太學生候選縣丞 史文 郁堂 原籍大同縣人

議敘五品軍功 馬龍 負圖 原籍大同縣人

候補州吏目 李承鄴 敬菴 山東萊州府人

謄錄

業儒 杜元仁 垚熙 忻州人

業儒 趙啓昌 佐臣 邑人

業儒 吳承周 邑人

業儒 郭鐘文 四達 邑人

業　儒趙鼎世方　陽高縣人

較正

邑　業　儒王霑澤堂

參訂

議敘六品軍功趙傑漢三

參閱

邑　業　儒吳宗周讓三

業　儒楊詔鳳儀　平定州人

吏　員張師孔

採訪

布政使經歷薛兆齡永年

議敘六品軍功高慶雲

財政部印刷局印

豐鎮廳志卷之一

同知德溥纂輯

星野

唐李氏素諳天文撰法象志據漢十二次度數以唐州縣配之其分配躔次率多謬譌宋容齋洪氏譏其蔽於天而不知地良以茫茫堪輿俯仰無垠郡縣所入宿度揆諸古數烏能悉準可見分星辨野非易事也大同爲趙北鄙昔人上應星次下畫山河列宿分躔區別九州皆以昴畢爲趙分豐鎮隸大同得冀並代雲地自當以昴畢爲分野第幅員廣狹古今不同其星分度數不可執蠡測管窺之見失之穿鑿附會爲然舍星躔於不論則泛而無紀故博採史志於占候躔度引用考證皆摭拾舊聞不敢稍參臆說並繪列星圖遵照舊志云

昴畢二宿圖

財政部印刷局印

昴宿

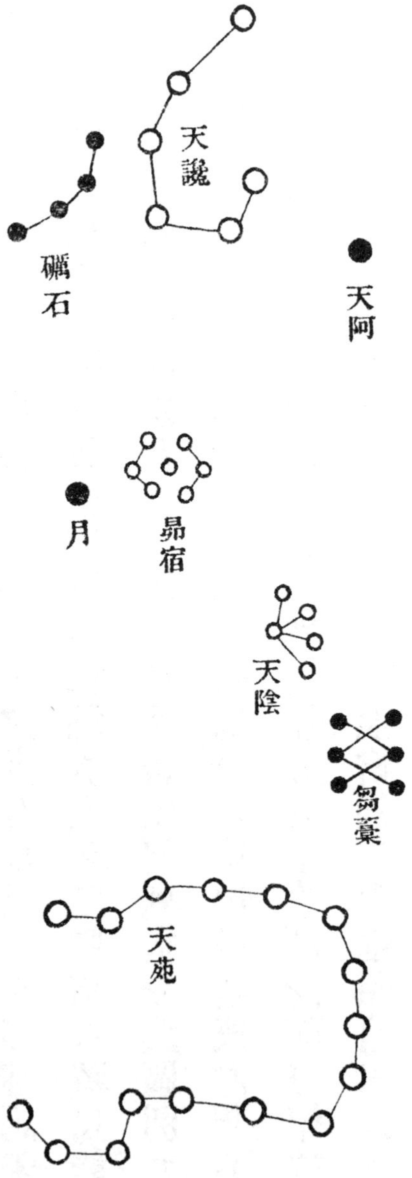

占候

昴十一度下爲日月中道天之耳目也主西方主獄事又爲旄頭甘氏云主口舌奏對若明大則君無佞臣天下安和張衡云昴明則獄訟平天阿一星在胃東月一星在昴東皆黑星又曰天阿主察山林妖變天陰五星在畢柄西主從天子弋獵之臣天苑十六星在昴畢南如環狀天子之苑囿養禽獸之所也主馬牛羊明則馬牛羊盈芻藁六星在苑西以供牛馬之食也一曰天積天子之藏府也星盛則歲豐穰卷舌六星在昴北天讒之外主口語以知讒佞張衡云主樞機曲而靜則賢人用天讒一星在卷舌中主醫巫占與從官同礪石四星在五車北主磨礪鋒刃

晋志天阿卷舌天讒俱屬天市垣天苑在二十八宿之外芻藁天陰月礪石晋志不載隋史有之武密又以芻藁屬胃卷舌屬胃又屬昴乾象新書以芻藁屬婁卷舌西三星屬胃東三星屬昴天苑西八星屬胃南八星屬昴布天歌以上諸星皆屬昴宿

躔度

昴七星距西南星去極七十度天阿一星去極六十六度入胃宿十度月一星去極七十一度半入昴宿五度天陰五星距西星去極七十五度半入胃宿七度天苑十六星距東北星去極一百七度半入昴宿七度半芻藁六星距西行中星去極一百八度入婁宿十一度卷舌六星去極五十三度入昴宿初度天讒一星去極六十一度半入昴宿半度礪石四星距南第二星去極六十五度入昴宿六度

畢宿

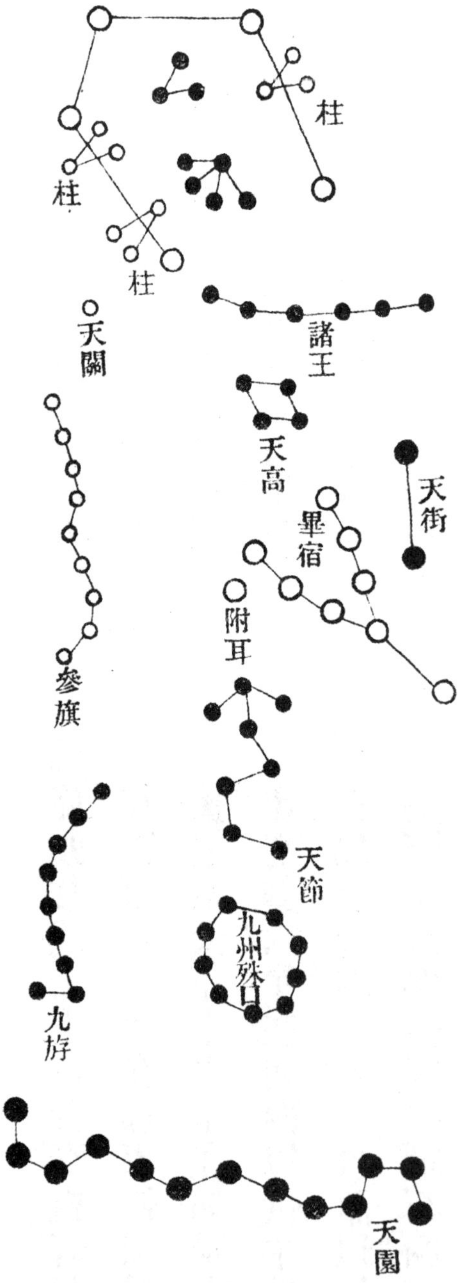

占候

畢十七度主刀兵主弋獵其大星曰天高一曰邊將星明大則遠人來貢天下安甘氏云畢主街巷陰雨天之雨師也明而定則天下安張衡云畢爲天馬昴畢間二星曰天街三光之道也主伺候關梁又云主國界附耳一星在畢下天高東南隅主聽得失伺愆邪察不祥天節八星在畢南主使臣之所持也宣威德於四方明則吉諸王六星在五車南天漢之中主宗社藩屏王室也明則諸侯奉上天下安天高四星在參旗西北近畢比臺榭之高主遠望氣象五車五星三柱九星共十四星在畢東北五車主天子五兵張衡云天子兵車舍也西北曰天庫主太白秦也次東北星曰天獄主辰星燕趙也次東南星曰天倉主歲星衛魯也中央星曰司空主鎮星楚也次西南星曰卿主熒惑魏也五星有變各以其所主占之三柱一曰三泉一曰休一曰旗五星均明柱皆具即人倉廩實五車三柱有變各以其國占之天潢五星在五車中主河梁濟度之處也咸池三星在五車中天潢南魚囿也天關一星在五車南畢西北一曰天門日月五星所行之道也主邊塞事主關閉參旗九星在參西五車之

間天旗也明而希則邊方不動一曰天弓主弓弩之張候變禦難玉井西南九星曰九斿天子之旗也主邊軍進退天苑之南十三星曰天園植果菜之所也曲而鉤則果菜熟

步天歌以天節九州殊口附耳天高五車三柱天潢咸池天關天園諸星皆屬畢宿武密書以天節屬昴參旗天關五車三柱俱屬觜乾象新書以天節參旗皆屬畢天園西八星屬昴東五星亦屬畢五車北西南三大星屬畢東二星及三柱屬參

躔度

畢八星距右股第一星去極七十五度天街二星距南星去極七十一度入昴宿十度附耳一星去極七十七度入畢宿三度天節八星距北星去極八十度半入畢宿三度諸王六星距西星去極七十度入畢宿三度天高四星距東星去極七十四度半入畢宿六度五車五星三柱九星距大星去極四十七度半入畢宿八度半天潢五星距西北星去極五十八度入畢宿十一度咸池三星距南星去極五十一度入畢宿十一度半天關一星去極七十一度半入觜宿初度參旗九星距南第一星大星去極八十七度入畢宿六度九斿九星距南

星去極一百一十三度入畢宿十二度天園十三星距東北星去極一百二十四度入畢宿五度

考證

周禮保章氏以星土辨九州之地鄭注昴畢冀州也

春秋元命苞畢散爲冀州分爲趙國立爲恆山宋均注恆山昴畢之精

史記天官書昴畢冀州昴曰旄頭畢曰罕軍昴畢間爲天街其陰陰國其陽陽國正義曰昴畢爲大梁之次

漢天文志昴畢冀州又曰占於街北昴主之占於街南畢主之地理志趙地昴畢之分野定襄雲中皆趙分也

後漢書馬融傳畢爲兵患至於分野幷州是也

晋天文志昴畢趙冀州恆山入昴五度

隋地理志自胃七度至畢十一度爲大梁屬冀州

唐天文志胃昴畢大梁也胃得馬牧之氣與冀之北土同占初胃四度餘二千五百四十九秒入太中昴六度終畢九度自魏郡濁漳之北得全趙之分又北逾衆山盡代郡雁門雲中定襄之地與北方之國北紀之東陽表裏山河以蕃屏中國爲畢分循北河之表西盡塞垣皆髦頭故地爲昴分冀之北土馬牧之所蕃庶故天苑之象存焉地理志代雲朔蔚等州爲大梁分

金歷志胃四度二十四分三十三秒外入趙分大梁之次

明天文志胃四度至畢六度大梁之次也山西布政司所屬之大同府應朔渾源蔚四州皆昴畢分

帝王世紀自胃至畢十一度曰大梁之次於辰在酉謂之作噩於律爲姑洗斗建在辰今趙分野

月令章句注胃一度至畢六度爲清明穀雨大梁趙分

容齋隨筆十二國分野上屬二十八宿其甚不可曉者莫如晉天文志雍州爲秦其下乃列

雲中雁門定襄代郡蓋自屬幷州及幽州耳

明一統志大同府禹貢冀州之域虞周屬幷州天文昴畢分野

圖書編大同昴畢分野

按昴七星曰髦頭畢曰罕軍爲邊兵爾雅曰濁謂之畢孫炎曰掩兎之畢或呼爲濁因以名星蘇竟曰畢爲天綱昴畢同宮曰大梁之次於州爲冀蓋趙之分也大同爲趙之北郡在天街之南是爲陽國

山西通志昴畢大梁之次於辰在酉於周爲冀趙之分也而胃宿附入焉史記曰昴畢冀州晉天文志曰自胃七度至畢十一度爲大梁志分野唐天文志曰胃昴畢大梁也初胃四度餘二千五百四十九秒入太中昴十度終畢六度天原發微曰胃七至畢十一辰酉曰作噩律姑洗斗辰趙分費直周易分野曰起婁十度蔡邕月令章句曰起胃一度金史曰胃四度二十四分三十三秒外入趙分大梁之次雖度數起終稍有不同而大梁之爲趙其占爲昴畢則無不同也

以上分野俱主昴畢言又有屬之五星者有主之北斗者有占之天市垣及女分國星者並附其說於後

辰主恆山冀州幽州并州大梁以負北海其神主於恆山辰星位焉

玉衡第八星主幽州常以五寅日候之庚寅爲代郡第九星主并州常以五申日候之甲申爲雁門丙申爲雲中戊申爲定襄

天市垣二十二星在房心東北東西列各十一星其東垣南第一星曰宋第二星曰南海第三星曰燕第四星曰東海第五星曰徐第六星曰吳越第七星曰齊第八星曰中山第九星曰九河第十星曰趙第十一星曰魏

須女下十二諸侯國有十六星齊一星在九坎之東齊北二星曰趙趙北一星曰鄭鄭北一星曰越越東二星曰周周東南北列二星曰秦秦南二星曰代代西一星曰晉晉北一星曰韓韓北一星曰魏魏西一星曰楚楚南一星曰燕其星有變各以其國占之

中台下星主冀招搖一星天鋒一星梗河三星天壘十二星並主北邊

按州郡所入宿度史漢皆不道晉書始本陳卓之說著之天文志雍州爲秦其下乃列雲中定襄雁門代郡謂入東井分容齋洪氏已指其謬固不待辨漢地理志雲中定襄屬趙爲昴畢分代郡雁門別屬燕爲尾箕分則當兼占尾箕矣趙本晉地參爲晉星則又當占參自胃至畢爲大梁分則又當兼占胃考史記趙襄子北登夏屋而併代武靈王破林人樓煩盡有其地故蘇秦曰趙西有常山北有燕國是燕地之入於趙者不獨葛武陽平野也亦猶上黨本韓之別都遠韓近趙卒降趙皆趙分也晉語實沈之墟晉人是居參星主晉是矣第三晉地最廣不可限以今之山西也且趙分晉得三之一而大同又僅趙之北邊近髦頭故地圖書編曰山西諸郡三觜參四參井惟大同爲昴畢宋天文志參星十度右足入畢十三度勢本鉤連故白登之圍月暈參畢自當以昴畢爲主而參附入焉唐志胃得馬牧之氣與冀之北土同占曰同占者亦附入之義未嘗指衆山以北之地爲胃分也又嘗疑昴畢同宮而昴主塞外則宜專占畢矣按東漢建武十三年正月彗星見於昴十一月盧芳入居高柳爲代之屬邑當在今府東北陽高

豐鎮之界晉太元中大黃星出昴畢占曰當有眞人起於燕代間是爲北魏太祖皇始元年越一年自雲中徙都平城於漢爲雁門郡屬卽今府所治也董子曰善言天者必有驗於人大同之占昴畢庶幾近之然歷代州郡屢更歲差又不能盡合也星之於土以精氣相屬而不係乎方隅占測以山河爲限而不主乎州國此唐一行山河兩戒雲漢升降之論爲不可廢矣

氣候

土高地瘠天寒霜早三春無花四季少暖夏始布穀秋初刈麥種既難早收又恐遲

沿革

粵自十二州肇於舜九州定於禹商周不改九州之制而爾雅所載商制也有幽冀而無靑梁職方所掌周制也有幽并而無徐梁變更亦云屢矣秦并天下分爲三十六郡漢復分爲十三州由晉及明置郡置鎭置路置軍歷代沿革因時更易士生千百年後必欲舊名舊壤無不核實誠戛戛乎其難之然而改邑不改井山川萬古如斯也豐鎭古爲新雲中

國朝始設衛所隸府治乾隆間併衛所更今名茲編於前代因革興廢詳考史書地志叙厥原委仰見我
朝聲教漸被無遠弗屆分疆定界所爲損益乎古制者盡美盡善云

地表

	統隸	分屬	縣名
唐	冀州		
虞	并州		
夏	冀州		
商	冀州	代國	
周	幷州	代國	
		趙國	
秦		雁門郡	

朝代	州	郡	縣		
		雲中郡			
		代郡			
漢	幷州	雁門郡			
		雲中郡			
		定襄郡	成樂	武進	
	幽州	代郡 代國	高柳 馬城	延陵 參合	且如 東安陽
東漢	并州	雁門郡			
		雲中郡	成樂	武進	
	幽州	代郡	高柳	馬城	東安陽
魏晉	幷州	雁門郡			
		新興郡			
	幽州	代郡			

北魏	恆州 司州代都	代郡			
		梁城郡	參合		
		高柳郡	安陽	高柳	
		北靈邱郡			
北齊	北恆州			撫冥鎮	柔遠鎮
北周	北朔州				
隋		定襄郡			
唐	河東道	雲州雲中郡			
	關內道	單于都護府			
後唐		雲州 大同軍			
遼	西京道	大同府	宣德		
宋	雲中府路	雲中府	宣德		

財政部印刷局印

金　西京路　大同府　宣甯
　　撫州　柔遠　豐利　威甯
元　河東山西道　大同路
　　興和路　寶昌州　威甯
明　山西布政司行都司　大同府
國朝　山西布政司　大同府　豐鎭廳

豐鎭廳府城北一百里

漢代郡且如馬城高柳縣地定襄郡成樂武進縣地　按漢書且如縣有于延水武進縣有白渠水水經注于延水逕且如縣故城南又東南逕馬城縣故城北今名東洋河源出天鎭邊外金史太宗子杲傳天輔五年復取西京杲率大軍趨白水濼疑即古白渠水也漢定襄郡治盛樂省志云卽元魏北都遼金元之豐州當在今歸化城左右及考金志大同縣有盛樂城不言在豐州竊意大同之盛樂城北魏始祖所遷穆帝所居道武登國元年

所幸所謂定襄之盛樂者乃西漢故縣而昭成所都道武登國十年所幸所謂雲中盛樂宮者即永興中置盛樂郡地在今歸化城界距豐鎭尙遠魏天賜三年北巡狩山宮遂登定襄角史山又幸馬城是時已都平城車駕循京北而西而東正在今豐鎭界內又今陽高縣開山口迤北爲古高柳塞近漢高柳縣地故魏書道武紀云屯于延水南出代谷會賀驎於高柳地本連屬以今地界覈之馬城在天鎭邊外高柳在陽高邊外成樂武進在大同邊外且如在正黃旗察哈爾南界然不可盡矣

東漢且如縣省成樂武進改屬雲中高柳馬城仍屬代見漢書郡國志

北魏梁城高柳郡地屬恆州北境又北爲柔元撫冥二鎭　魏書地形志梁城郡領參合裋鴻二縣高柳郡領安陽高柳二縣按水經注如渾水出涼城（疑即梁城）旋鴻（疑即裋鴻）縣今府城東北八十里有如渾水源出塞外葫蘆海高柳二漢屬代郡說見後高柳故城附近有參合陂一統志柔元故鎭在天鎭縣東北邊牆外按魏書孝文紀太和十八年幸柔元鎭通鑑注曰柔元鎭在漢且如縣西北塞外其西即撫冥鎭今考其地應在豐鎭境暨正黃旗察

哈爾之間又西則爲懷朔鎮非豐鎮界

唐置單于大都護府　唐書地理志本雲中都護府龍朔三年置麟德元年更名尹耕曰單于都護府置在雲中而永醇間復徙瀚海都護府於雲中爲雲中都護府是雲中有兩都護府也或曰瀚海所徙史文曰古雲中單于府所置但曰雲中是其時有新舊兩城明一統志亦言新雲中在今大同府北郭外古雲中在豐勝之間相去四百餘里按此則豐鎮當爲新雲中地

遼大同天成長青三縣北境兼有德州撫州地　遼史地理志德州領宣德縣本西德店地開泰八年置在今甯遠界撫州今張家口西界遼秦國大長公主建見金史地理志豐鎮西鄰甯遠東接張家口南屏大同陽高天鎮皆遼西京北境也

金撫州西境大同宣甯二縣東北境　金史地理志撫州鎮甯軍明昌三年置承安二年升爲節鎮領柔遠集甯豐利威甯四縣按柔遠縣有雙山鴛鴦濼得勝口明史大同北有威甯海子與和所西有集甯路雲州堡西北有鴛鴦泊威甯口在陽高西北七十里得勝口

在大同北八十里雙山在天鎮縣東北六十餘里新平邊外皆豐鎮境意豐州衛卽豐利故縣鎮寧所亦昉於豐甯軍也又按金志宣甯縣卽遼宣德縣有彌陀山在今大同西北九十里拒牆堡北東西袤百里北連口外

元高原威甯二縣寶昌一州屬興和路　元史興和路金撫州屬西京元中統三年以郡爲內輔升隆興路後更名見地理志太祖七年南伐取豐利等縣寶昌桓撫等州見太祖紀按恆州在上都西又西爲興和路又西北爲寶昌州以今邊界考之獨石口外爲上都其西爲恆州張家口之西豐鎮之東爲撫州而寶昌則在察哈爾南界也又按興和路領高原懷安天成威甯四縣天成卽天鎮縣廳在天鎮西北邊外當爲興和路西北境又西則爲大同路之東北境

明初屬興和守禦千戶所後廢　明史地理志興和所洪武三十年置永樂二十年徙治宣府衛城而所地遂虛宣德衛洪武二十六年置後廢按興和所卽元興和路西有集甯路西北有寶昌州又有高原縣洪武中並廢所謂大同興和塞外諸郡已廢爲邱墟明初僅

置衛所正統間英宗北狩時諸衛所什伍虛耗盡皆徙置其後大同陽和天城各邊皆爲邊衛至嘉靖間叛人邱富等居豐州築城自衛號曰板升宣甯卽宣德衛在今豐鎮甯遠間而甯遠爲多

國朝初係蒙古察哈爾正黃正紅旗遊牧地其南毗連民地者爲太僕寺牧廠雍正三年以地土間曠招民墾種直隸宣化府張家口理事同知管理十三年經大同鎮總兵李如柏

奏山西口外多有產礦山場聚匪滋事張家口廳鞭長莫及請設衛所員弁彈壓稽查

奉部議准十三年經山西巡撫覺羅石麟　奏准於新平路邊外地名高廟子設立豐川衛得勝路邊外地名衙門口設立鎮甯所衛設守備一員所設千總一員隸大同府管轄乾隆十五年因口外種地民人生齒日繁事務較多復經山西巡撫阿里袞　奏明將豐川衛鎮甯所裁汰改設豐鎮廳以大同府分防陽高通判移駐管理二十一年改爲滿洲蒙古旗缺三十年經察哈爾都統　奏請將太僕寺空出牧廠餘地東自哈檀和碩西至十八兒太迤長二百餘里召民認墾三十三年將通判一缺改爲同知仍隸山西大同府

財政部印刷局印

疆域

疆成於積壤域定於分畛土疆山域澤疆水域此定制也周頌曰無此疆爾界商頌曰正域彼四方洵我

國家中外一統志義也考之周禮形方氏掌邦國之地正其封疆大司徒以天下之圖周知九州地域廣輪之數蓋度疆界紀域方所以辨土宜定地守焉至於分疆畫井各子其民而烟火相望比戶可封則守土者之責綦重矣

廳境東西廣二百七十里

南北袤二百五十里

東南至

京七百二十里西南至省八百二十里

東至直隸宣化府張家口廳界二百三十里

西至朔平府甯遠城廳界四十里

南至大同縣治得勝口界二十里
北至察哈爾正紅旗界四十里
東南至天鎮縣治新平口界二百三十里
西南至左雲縣治拒門堡界四十里
東北至察哈爾正黃旗界二百五十里
西北至察哈爾正紅旗界一百里

道路

周禮合方氏掌達天下之道路小行人掌天下之六節道路用旌節委人掌道路之委積凡國野之道十里有廬三十里有宿五十里有市而康莊衢達爾雅亦詳一達以訖九達之數凡以便往來通財利稽送逆待施惠道路之所係非淺鮮也我

朝龍興遼瀋定鼎燕京軺車往復幾徧海澨山陬久已王道蕩蕩王道平平矣故凡梯航貢職者莫不遵道遵路來享來王豈有限於道阻且長路途遙遠而不內附効順者哉夫通衢

固多要衝而僻路亦有坦途勿謂歧中有歧遂可畧而不志也

東由吉慶梁集賢莊大莊科平頂山張臯兒包家營高廟子等村凡二百三十里接張家口廳界

西由留雲窯保全莊聚寶莊等村凡四十里接甯遠城廳界

南由三臺道望城坡等村凡二十里接大同縣治得勝口界

北由澤落溝湧月灣三視窯新瑞村等村凡四十里接察哈爾正紅旗界

東南由官屯堡黑土墩古城兒平遠頭等村凡二百三十里東接張家口廳界南接天鎮縣治新平口界

西南由九成里常稔莊磚樓溝十四圈等村凡四十里西接甯遠城廳界南接左雲縣治拒門堡界

東北由永善莊隆盛莊三瑞里富貴郵豐盛堡黃榆岔等村凡二百五十里東接張家口廳界北接察哈爾正黃旗界

西北由悅來郁十八兒太大壩溝慶雲莊等村凡一百里西接甯遠城廳界北接察哈爾正紅旗界

邨莊

周禮大司徒布濤施教首於比閭族黨州鄉小司徒任土比民始於井邑邱甸鄉都由鄰里漸及鄉黨使之情義聯絡相友相助相扶持風俗成而後教化行所係非淺鮮也廳屬墾地之初村落寥寥穴居野處頗有上古風現今土廣民衆碁布星羅煙戶比鄰非復草茇露宿可謂庶矣富教之亟不能無厚望焉

東北鄉 二百六十六邨

得勝莊 距城十二里
頭道溝 距城十五里
二道邊 距城二十里
小莊窩 距城二十五里
馬王廟 距城三十里
南井兒 距城四十里
二道溝 距城十二里
一素灣 距城十八里
楡柏溝 距城二十五里
黑圪塔岱 距城三十里
頭墩溝 距城三十五里
北井兒 距城四十里

二十四水泉 距城四十里
常山窯 距城五十里
它它營 距城五十五里
十三溝 距城六十里
五烟圖 距城六十里
北吉燕 距城六十五里
西老背 距城六十五里
東老背 距城七十里
西柳溝 距城七十里
康家窯 距城七十五里
忻州窯 距城八十里
王家窯 距城九十里
永盛莊 距城四十里
官屯堡 距城五十里
井兒邨 距城六十里
擺烟圖 距城六十里
黑土臺 距城六十里
井泉窯 距城六十五里
豬兒崖 距城六十五里
東柳溝 距城七十里
豐收嶺 距城七十里
達什窯 距城八十里
趙家窯 距城八十五里
五官窯 距城九十里

留地窯 距城九十里
榆樹溝 距城六十里
三眼井 距城八十五里
小莊科 距城九十里
西梁後 距城九十五里
土堡子 距城一百里
石嘴子 距城一百一十五里
三圖營 距城一百二十里
三道邊 距城一百二十里
東溝掌 距城一百二十里
張白槐窯 距城一百一里
蕨菜溝 距城一百三十里

王半夜窯 距城一百二十里
西地郵 距城六十里
飲馬溝 距城八十五里
小南溝 距城九十五里
大東溝 距城一百里
永和窯 距城一百一十里
豐盛莊 距城一百一十五里
海老窯 距城一百一十五里
平頂山 距城一百二十里
趙子法窯 距城一百二十五里
高家窯 距城一百三十里
水泉窯 距城一百三十里

財政部印刷局印

西溝掌 距城一百三十里
旗杆梁 距城一百三十里
五道嘴 距城一百四十里
渾源窯 距城一百四十里
六道溝 距城一百三十里
天花板 距城一百五十里
板拍縫溝 距城一百五十里
劉成官窯 距城一百五十里
色楞窯 距城二百里
李家窯 距城二百一十里
二道溝 距城二百一十五里
頭道溝 距城二百二十里
老松窯 距城一百四十里
抓風窯 距城一百四十里
王良弓窯 距城一百四十里
五道溝 距城一百三十里
張皋兒 距城一百五十里
老官窯 距城一百五十里
西溝門 距城一百五十五里
蘆草灣 距城二百里
楊蘭窯 距城二百一十里
三道溝 距城二百一十五里
高廟子 距城二百三十里
西石嘴 距城二百三十里

財政部印刷局印

新平二墩　距城二百二十里　東石嘴　距城二百三十五里
十五墩　距城二百二十里　十六墩　距城二百二十里
八墩子　距城二百三十里　二十墩　距城二百三十里
夏家窯　距城二百三十里　韓家營　距城二百三十五里
古城兒　距城二百四十里　木廠溝　距城二百四十里
舊馬屯　距城二百四十里　頭臺子　距城二百四十里
民間房　距城二百四十里　平遠頭　距城二百四十里
大石人　距城二百四十五里　吉慶梁　距城十五里
粒我郵　距城二十里　永善莊　距城三十里
玉成莊　距城四十里　艾蒿岱　距城四十五里
廣收梁　距城五十里　樂成莊　距城五十里
集賢莊　距城五十五里　仁壽屯　距城五十五里

財政部印刷局印

喜新嶺 距城六十里
慶豐窯 距城五十里
豐樂窯 距城六十里
毓秀莊 距城六十里
萬金莊 距城六十里
順成莊 距城七十里
松柏莊 距城七十里
天寶屯 距城八十里
隆盛莊 距城八十里
拱照鄉 距城八十里
百寶莊 距城八十里
三喜坪 距城九十里
四美莊 距城八十里
重興窯 距城九十里
富家鄉 距城一百里
五福屯 距城一百里
日新莊 距城一百里
平裕莊 距城一百一十里
元盛莊 距城一百二十里
復興莊 距城一百二十里
九華嶺 距城一百二十五里
桃花嶺 距城一百三十里
彩雲嶺 距城一百三十里
富民莊 距城一百三十里

秀水窯　距城一百三十五里
昇平峪　距城一百四十里
慶雲郵　距城一百四十里
日昇莊　距城一百五十里
發祥郵　距城一百五十里
富貴郵　距城一百五十里
鄂博坪　距城一百七十里
永泰梁　距城一百七十里
仁里郵　距城一百八十里
近仁郵　距城二百里
裕如莊東窯　距城二百五里
十九溝　距城三十里

景星莊　距城一百四十里
聚財郵　距城一百四十里
福緣莊　距城一百四十里
三瑞里　距城一百三十里
柔遠郵　距城一百五十里
保和莊　距城一百六十里
永平郵　距城一百七十里
大甯莊　距城一百七十里
豐泰莊　距城一百九十里
裕如莊　距城二百里
野場郵　距城三十里
鄧家營　距城四十里

財政部印刷局印

徐家營 距城四十里
十九山巖 距城四十里
朱家營 距城四十五里
金六兒營 距城四十五里
十五坡 距城五十里
大灘白家營 距城六十里
紅娘峪 距城六十里
南蘿子窩 距城六十里
前灘二道邊 距城六十里
于家營 距城七十里
白家營 距城八十里
大興莊 距城九十里

田家營 距城四十里
西梁王家營 距城四十五里
碌碡溝 距城四十五里
大十三溝 距城五十里
朱家後營 距城五十里
楊家新營子 距城六十里
圪柳溝 距城七十里
北蘿子窩 距城六十里
八墩口 距城七十里
王家營 距城八十里
大紅土溝 距城八十里
小紅土溝 距城九十里

財政部印刷局印

正北溝　距城九十里
上白家營　距城一百里
五犋牛溝　距城一百里
大沙溝　距城一百一十里
灤州窯　距城一百一十里
山羊崖　距城一百二十里
東黃耀　距城一百二十里
站羊灣　距城一百二十里
新安營　距城一百二十五里
亮馬臺　距城一百二十五里
小邨兒窯　距城一百三十里
岳五道窯　距城一百三十里

大營子　距城九十里
老虎溝　距城一百里
黑土墩　距城一百里
葱地溝　距城一百一十里
大梁上　距城一百一十五里
二十窯　距城一百二十里
西黃溝　距城一百二十里
碓臼溝　距城一百二十里
西山兒溝　距城一百二十五里
鹿交溝　距城一百二十五里
陳鬍子營　距城一百三十里
二道邊　距城一百四十里

財政部印刷局印

石頭窯　距城一百五十里
官屯堡窯　距城一百五十五里
二百溝掌　距城一百六十里
興盛莊　距城一百六十里
班定營　距城一百六十里
三道溝門　距城一百六十五里
二道溝門　距城一百七十里
板深郵　距城一百七十里
陶保窯　距城一百七十里
新地窯　距城一百七十里
烏拉哈答　距城一百八十里
管家堡窯　距城一百八十里

小四道溝　距城一百五十五里
二道半溝　距城一百六十里
四道溝　距城一百六十里
長盛莊　距城一百六十里
土深郵　距城一百六十里
頭道溝　距城一百七十里
三道溝掌　距城一百七十里
大同窯　距城一百七十里
富貴窯　距城一百七十里
興隆莊　距城一百七十里
包家營　距城一百八十里
小梁子　距城一百八十里

拖布袋營 距城一百八十里
葫盧蘇臺溝 距城一百八十五里
盧家營 距城一百九十里
陽和窯 距城一百九十里
白木匠窯 距城一百九十里
白家營 距城二百里
拉嗎營 距城二百里
北京壩 距城二百里
豐盛堡 距城二百里
八姐窯 距城二百五里
董家窯 距城二百一十里
黑土窯 距城二百一十里

賈漢窯 距城一百八十五里
七家營 距城一百八十五里
大楡樹溝 距城一百八十五里
小楡樹溝 距城一百九十里
王家營 距城二百里
劉柱兒營 距城二百里
曲寬窯 距城二百里
七道溝 距城二百里
小五道溝 距城二百五里
店子上 距城二百一十里
紅土窯 距城二百一十里
十八兒太 距城二百二十里

碾房窯 距城二百二十里
哈拉溝 距城二百二十里
天城南窯 距城二百三十里
田刺溝 距城二百三十里
鴉兒帶營 距城二百三十里
北營子 距城二百三十里
西灣頭道營 距城二百二十里
西灣二道溝 距城二百二十里
南灣頭道營 距城二百三十五里
不懺溝 距城二百三十五里
南灣二道營 距城二百四十里
金家營 距城二百四十里
豐裕莊 距城二百四十里
黃楡岔 距城二百五里

西北鄉 七十二邨

留雲窯 距城八里
九成里 距城十二里
富喜邨 距城二十里
悅來邨 距城二十里
保全莊 距城二十里
餘慶莊 距城二十里
常稔莊 距城二十五里
十一灣 距城二十里

石田嶺 距城三十里
興盛溝 距城三十里
十四圈 距城三十里
山邨 距城三十里
大有莊 距城三十里
洪潤莊 距城四十里
太安嶺 距城四十里
慶噶溝西梁 距城四十里
石莊子溝 距城四十五里
車道溝 距城五十里
臺子山 距城五十里
馬鞍山 距城五十里

磚樓溝 距城三十里
圐圖邨 距城三十里
西十八兒太 距城三十里
聚寶莊 距城三十里
盈收莊 距城三十里
調元莊 距城四十里
慶噶卡倫 距城四十里
羊圈溝 距城四十五里
他拉大壩 距城四十五里
柳條溝 距城五十里
青椿子背 距城五十里
大通溝 距城五十里

財政部印刷局印

東廟溝 距城五十里
亂營溝門 距城六十里
鄧家梁前懷 距城六十里
聖水泉 距城六十里
太平圪塔 距城七十里
青楊林溝 距城七十里
白塔溝東梁 距城七十里
二道背 距城七十里
黃芨窯背 距城七十厘
永慶郇 距城七十里
鄂博山 距城八十里
二架圪塔 距城八十里

紅旗溝 距城六十里
鄧家梁 距城六十里
鄧家梁水泉 距城六十里
水泉溝 距城六十里
衚衕太 距城七十里
包頭溝 距城七十里
白塔溝西梁 距城七十里
黃花背 距城七十里
黃芨窯溝 距城七十里
興隆灣 距城八十里
亂營灘 距城八十里
三架圪塔 距城八十里

四架圪塔 距城八十里
狼窩溝 距城八十里
海留素太 距城八十里
井兒泉 距城八十里
額兒克營 距城八十里
韮菜背 距城八十里
雙水泉子 距城八十里
椵樹嘴 距城八十里
萬裕莊 距城八十里
豐盈莊 距城九十里
平安莊 距城九十里
裕後莊 距城九十里
民樂莊 距城九十里
吉泰莊 距城九十里
慶雲莊 距城一百里
春萌莊 距城一百里

南鄉 七郵

新城灣 距城五里
三臺道 距城八里
二十一溝 距城十里
五臺岔 距城十五里
四臺溝 距城十五里
焦山尾 距城十五里

財政部印刷局印

河口灘 距城十八里

北鄉 一十七鄉

衙門口 附城

湧月灣 距城十里

三祝窯 距城二十里

永旺莊 距城三十里

積玉莊 距城三十里

永豐莊 距城三十五里

吉祥鄉 距城三十里

仁德鄉 距城三十五里

新瑞鄉 距城四十里

澤落溝 距城五里

興旺嶺 距城十五里

新安莊 距城二十五里

阜豐莊 距城三十里

玉寶莊 距城三十里

慶豐莊 距城三十五里

天德鄉 距城三十五里

興盛鄉 距城四十里

財政部印刷局印

山川

粵稽虞舜封山濬川禹奠高山大川晉郭景純注山海經北魏酈道元撰水經注依古以來志地理者莫不因其脈絡原委分畛域定疆界焉顧山川終古不易而名號今昔頓殊以今例昔往往多未確切爰據現在名目考其支幹源流有與史籍證實者著之於篇所不知者闕焉

奚望山在得勝口外彌陀山之東新城得勝二河之所逕也西北距廳治十六里上有鬭鷄臺唐乾符中雲中守捉使李克用偕程懷信等募士萬人次於此今名望城坡

三台道山在望城坡西北高坡叢石路徑險仄西北距廳治八里許得勝河西來逕之一名三台道河東南注於新城河省志載焦山在大同北明嘉靖間大同叛卒亡出塞退保焦山今朔平府左雲縣之焦山在助馬邊內與出塞之說不合三台道爲得勝口外出入要路現在設兵防汛左邊有村名焦山尾疑焦山即三台道山

尖山子南距廳治三十五里其西北爲大壩山距廳治四十里越兩山而北爲五字圖廟及

蒙古賽拉嗎克特不黑地又北則察哈爾正黃旗南界

白牙义山在大壩山之東東南距廳治三十里下有村名十八兒太蓋言黃土溝也西接甯遠廳治東連石田嶺嶺東南距廳治二十里

留雲山在廳治西北五里下有留雲窯迤東陂阜橫亘亂石犖堝城北枕以爲險

輿望嶺在留雲山之東北南距廳治十里

石元山西距廳治里餘盤踞二里高六十丈有奇平野獨秀如擎芝蓋新城河北來逕其右亦名新城山其左靈泉出焉東南注於新城河巔有古寨址傳是五代周德威屯兵處又云是唐薛剛寨俱無證實旁古井一深不可測以小石投之鏗鍧震蕩良久乃寂

飛來峯卽小石元山西距廳治二里山巔有金龍大王廟廟前百步許卽靈泉發源處因在石元山東故名小石元山

二龍山俗名二八洞山其山委蛇蜿蜒酷肖龍形西南距廳治五里山前有飛來峯卽金龍大王建廟處

金鵝山在新城灣之村西西距廳治五里山形如鵝土人因名金鵝撲水

馬脊山在河口灘北西距廳治十五里形如馬脊因呼馬脊山頭道溝河逕其左二道溝水在其右二水俱南注新城河

東山巖在馬脊山東西距廳治二十里南北橫臥陂阜崎嶇

十九山巖在得勝邊外東山巖之南西北距廳治二十五里

牛心山在新城河之東北豐樂窯村西西南距廳治六十里孤峯直上高五百丈有奇其巓有墩高數丈周五丈許俱砌以石上有草似蕭麻最茂密蟯螂羣飛環繞墩上而山下則無其西北重巖複岫若拱若翼直跨正黃旗遊牧地下掘長塹爲界環山屈曲蒙古營帳碁布塹外陟巔北眺則威海菱角葫蘆諸海了了可辨大靑山委蛇西來雲霧杳冥遠在二百里外考魏書太祖登國元年自弩山遷幸牛川屯于延水南天賜三年行幸靑牛山西登武要北原觀九十九泉按于延水卽今東洋河九十九泉在歸化城北靑塚南武要於漢屬定襄郡亦近今朔平邊外疑靑牛卽今牛心山而山北之平川亦近古牛川也明

嘉靖間大同烽警時總兵梁震戰捷牛心山則在今右玉縣南四十五里亦與歸化城西北百十里之牛心山别

廣收梁在牛心山之西少南西南距廳治五十里

八稜山松栢山俱在廣收梁東俱西南距廳治八十里稜一作楞

盤羊山蒙古名衣馬圖在鎮川口外西北距廳治八十里東南接乾柴洞山土人云舊産盤羊卽羱羊代都賦所謂羱羊養草以盤旋是也盤與蟠通用北魏太祖天賜四年夏五月北巡自參合陂東過蟠羊山太宗泰昌六年六月北巡至蟠羊山疑卽此與歸化城東北七十里蟠羊山别

乾柴洞山在守口邊外淸涼嶺之北西北距廳治百里舊有礦洞今封塞

淸涼嶺在守口邊外雲門山西北西距廳治百三十里重巒疊巘霞蔚雲蒸連山隱隱東出遼塞其巔爲神谷有穴名風洞邃不可測東通天鎮風神山石洞守口河導源其麓卽古鴈門水也一名南洋河水經注鴈門水出鴈門山在高柳北今考其地陽高縣西北二十

財政部印刷局印

里有虎兒山又西有猴兒山守口河自兩山間出名開山口金史謂之墨谷口崇慶元年元帥左都監奥屯襄救西京至墨谷口一軍盡殪迤北有擂風崖即古高柳塞鴈門山即雲門以東諸山與勾注之鴈門別

雲門山在清涼嶺東南西距廳治百一十里與陽高之雲門毗連西南接大同採掠山東北連天鎮環翠山延袤百餘里山嵐疊翠如列平障亦名翠屏山即古之青陂山唐地理志所謂雲州有青陂道爲出兵路梁元帝横吹曲云朝跋青陂道是也遼之長青縣以此得名又名青龍山石色青黑頭南尾北委蛇蜒蜿酷肖龍形故名青龍上有懸雲觀諸勝境詳祠祀其東爲銕裹門爲大小鶉鴿峪口明嘉靖間王邦直率義兵出塞抵鶉鴿峪即其處也

鶉鴿峪在鎮甯堡邊外西北距廳治百八十里明一統志衛當東最衝有白羊口鶉鴿峪萬歷間王邦直爲虜所害處

五煙圖山西距廳治六十里

紅娘山在五煙圖山西南色如渥赭草木不生故名紅娘西距廳治六十里

慈老壩西北距廳治百八十里南直鐵裹門徐化溥詩引塞上一種似鴈非鴈與鴈往來名
曰慈老山之受名未詳或曰即鶉鴿峪

豐收嶺在五煙圖之東西距廳治七十里

天花板山西距廳治百三十里

猴兒山在永善莊西北南距廳治四十里有故城址今圮傳是薛剛妻避難處無可證實土人於雨後黎明時每見城現又聞城內有演武教戰之聲誕妄不經姑存其說

雙乳山在隆盛莊東西南距廳治百里有奇兩峯並峙高數十丈層崖聳秀中有微林蔥蘢叢雜下有清泉清潔潺湲遙望其形宛如雙乳故名

奶坡山在四美莊西北西南距廳治八十里山之受名與雙乳同山下有海周百頃餘四季不涸近年海側村農因水佔地擬議鑿渠放流別處有形家者言奶坡有海猶乳有汁該村自開地以來未遭旱潦之災利益賴是開放奚為渠議遂止至今稱乳海焉

財政部印刷局印

狼頭山東接旗杆梁西南距廳治百二十里疑卽古豺山北魏離宮所在也

平頂山在狼頭山之東西距廳治百二十里東西延長十餘里與明暗山接北連桃花彩雲二嶺

桃花嶺在平頂山北西南距廳治百三十里

彩雲嶺在桃花嶺少西西南距廳治百三十里

玉泉山在彩雲嶺西頂有淸泉西南距廳治百二十里

惱包山卽察哈奥包山上壘石爲小祠蒙古俗謂之奥包一作鄂博故稱奥包山在玉泉山之北少西西南距廳治百二十里

三道溝山西北距廳治百四十里水泉壩西北距廳治二百里兩山之間曰葫蘆速太猶言榆樹溝有龍泉寺飲馬池東西二灣西洋河導源於此東入馬市口古延鄉水也水經注延鄉水出延陵縣西山按山西通志載唐太宗飲馬於龍泉寺作飲馬長城窟行蓋指此飲馬池而言然漢樂府詩已有此題詠恐據此亦未確切

黑山子在正黃旗之南西南距廳治二百里按明史嘉靖間大同烽警時前衛總兵周尙文

與戰黑山進至涼城水經注如渾水出涼城旋鴻縣即今察哈爾境內之葫蘆海在黑山之北疑周尙文戰處即此山也王越周璽傳亦稱黑石崖疑一山異名然府境稱黑石崖者甚多未能確指其處又古豐州境內有黑山與雲內州夾山相連則在今歸化城西南非此黑山

雙山在西洋河之北新平堡邊牆外西南距廳治二百四十里兩峯對峙巒嶂重疊三春積雪不消謂之雙山積雪金史撫州柔遠縣有雙山世宗大定二十七年秋獵次雙山子即此

大靑山蒙古名庫庫和邵在高廟子北西南距廳治二百三十里西接察哈爾正黃旗界東一峯尤高蒼翠崚嶒故土人謂大靑山東洋河北來繞其麓東入直隸懷安縣界同治年間農人山麓耕田得紅色石一塊長數寸似玉而不甚光澤未知何物其友京師懋遷攜之代售獲二金居民聞知競往刨取石有五色徑二三寸長尺餘不等蓋碔砆類也然今不易有矣

蘇木山在木廠溝村南西距廳治二百里山產蘇木樺木俱不成材按詩山有扶蘇注扶蘇猶扶胥小木也因名蘇木山

新城河即如渾河源出正紅旗葫蘆海今名三泉兒水經注如渾水出涼城旋鴻縣由小草地河東南流會車道白塔溝喇嘛溝猢猻太諸河合流注於九龍灣河至賽拉嗎克特不黑流入廳境永旺莊南流逕三祝窯又南逕湧月灣三瑞里河東來注之又南逕慈老溝又東南逕新城灣謂之新城河靈泉自左注之又南逕三臺道山後營水西來注之東流逕焦山尾又東南逕河口灘潘家圪塔大莊科河東來注之行廳境凡五十餘里由鎮羌堡水口流入大同縣界

得勝河一名三臺道河源出察哈爾正紅旗遊牧地由朔平府屬甯遠廳東流入廳境西二十五里民地名常稔莊又東逕富喜村東南逕二十一溝五臺岱東北流逕三臺道山注於如渾水

靈泉出廳治東石元山麓東北百步許清冽淵涵時有物蜿蜒其上禱雨多驗其水西南流

屈逕山南又南逕新城灣村注於如渾水

馬廠河源出台子山東流逕廣德村入聚寶莊河

聚寶莊河源出恩義村東南流逕黃羊嶺溝又東南逕廣德村馬廠河西來注之又東南逕聚寶莊又東南逕保全莊又南逕留雲窯村又東逕富喜村注於後營水謂之得勝河

留雲窯水源出留雲山麓泉孔最多平灘湧出衆水會合成河南流注於聚寶莊河

大莊科河源出大小飲馬溝西流逕大莊科又西逕黑土台又西逕忻州營又西南逕西瓦窯又南逕廣財溝大梁河東來注之又西南流至潘家圪塔注於新城河

大梁河源出守口邊外西北舊大梁之西麓西流半里許即伏又西由豐收嶺至豬兒崖泉水湧出細流不竭又西逕北吉燕又西逕擺煙圖土人引以灌園出村外又伏又西由沙溝堰至小山子泉孔沸騰四時不涸又西逕慶豐窯河南田畝灌溉十餘頃又西逕馬王廟又西逕廣財溝西南注於大莊科河

官屯堡河源出村西北山麓南流二十里入鎮川口大同縣界

南邊口水源出廳境南灣東流從樺門山入天鎮縣界

延鄉水即今西洋河導源廳治東北百八十五里山溝蒙古謂之葫蘆速太其水由七家營東流逕高廟子東石嘴俗名頭道河東流入天鎮縣之平遠水口水經注延鄉水出延陵縣西山東逕延陵縣故城北俗謂之琦城川又東逕羅亭又東逕馬城北又東注修水一統志延鄉水在天鎮縣西北邊牆外一名西洋河

于延水一名修水即今東洋河由察哈爾正黃旗五祿戶灘發源南流逕一大山俗呼爲大青山又南逕八戒窯黑土窯屈而東逕碾房窯謂之二道河又東入直隸懷安界山海經梁渠之山修水出焉漢書地理志代郡且如縣有于延水出塞外東至寧入沽魏書登國元年帝自弩山遷幸牛川屯于延水南水經注于延水出塞外柔元鎮西長川城南小山東南流逕且如縣故城南即修水也又東逕馬城縣故城北俗謂是水爲河頭（河頭出戎方土俗變名耳）又東逕零丁城南右合延鄉水又東南流大甯郡北右注鴈門水自下通謂之于延水合數條考之柔元鎮近今正黃旗五祿戶灘且如近廳境東北馬城近懷安零丁近萬全

長川城南小山卽梁渠山後漢書永初三年敗五原郡兵於高渠谷東觀記曰戰九原高梁谷疑卽山海經所稱梁渠山也一統志云于延水在天鎮縣北一名修水一名東洋河源出縣北邊牆外時豐鎮未設耳

琦城川地理志延鄉水出延陵縣西山東逕延陵縣故城俗謂之琦城川按此當在新平口城北西洋河按廣靈縣本漢延陵縣地屬代郡東漢省漢書地理志代郡有延陵史記趙孝成王十八年延陵鈞率師從相國信平君助魏攻燕徐廣曰代郡有延陵縣是卽路史所謂延陵有五其一在代者也今考其地古延陵縣在廳境東北近天鎮縣去廣靈縣三百餘里不得牽混 附考

牛川通鑑晉太元十一年拓跋珪大會於牛川卽王位魏紀窟咄之來寇也珪乞師於燕自弩川至牛川屯于延水南則牛川亦在且如塞外矣今考其地當在察哈爾正黃旗南界卽今廳屬牛心山北之平川也 附考

鴛鴦河發源於正黃旗五股泉西南流至元山子謂之鴛鴦河卽遼景宗興宗道宗屢幸之

鴛鴦濼又折而東南流逕二道河村北注於後河東流入直隸界

水利附

粤稽大禹濬畎澮匠人爲溝洫爲民興水利除水患也自井田廢而水道之法湮旱則赤地千里潦則洪流萬頃雨暘不盡時若人惟聽命於天而已第水利之設東南爲最塞北多高原少下隰蓄洩之法率多不諳然一堰一渠農事攸關誠能相土之宜凡陂塘渠堰因勢而修治利導旱則蓄之潦則洩之雖有凶災而民不困何患利之不溥歟

富東渠在新城河東一帶園圃胥賴灌溉種蔬者養贍其家鬻販者亦資生焉

靈泉在把總營村西北村民導水灌畦南流逕新城灣村引以溉圃

城南菜圃甚夥胥用桔槔汲水以灌畦

四城窪村北亦以桔槔取新城河水溉圃

三祝窪村有淸泉土人引以運磨下流注新城河逕慈老溝村鑿渠運磨兼溉田園

大莊科河由大小飲馬溝西南流至頭道溝一素灣等村導以溉田又南流至潘家圪塔鑿

渠溉田兼運水磨

猪兒崖水西流至攞烟圖村鑿渠溉圃溉田

小山村水西流至慶豐窑河南玉來園引以溉田

渾源渠在張皋鎮北導源於駱駝山又名筆架山南流注於鎮東北隅龍王廟海子內復匯出西流逕鎮北入渠過淮銀橋又西流會湧金渠水西北流入於二道河村北後河土人言此水通張家口銅橋河鎮地窪下水來無洩相傳堪輿家謂此處有九達通衢是爲九龍混水故無水害

湧金渠在張皋鎮南每遇暴雨南山諸水漲發北流直注西街由巡司署前繞西灘入渠西北流入渾源渠向因鎮地低窪西南逼近四五道溝諸山水來有蓄無洩故有是渠又形家有案潮投懷貴若湧金之說因名渠曰湧金渠壩曰湧金壩壩上有石碑二一係乾隆五十一年刊勒字迹多殘缺難識一係嘉慶五年重修渠壩建立碑陰鐫前巡檢朱煌撰文

形勝

孟子云固國不以山谿之險吳子云在德不在險似形勝非所重也然秦據崤函而稱帝楚恃漢水以僭王蕭相入關收籍具知天下阨塞張子房借箸運籌分晰山川要害馬伏波聚米爲山指畫地域勢形所以固封疆完要塞謹關梁塞蹊徑者卽易所謂王公設險以守其國也則愼固封守誠要務焉豐鎭邊外一隅雖無劍閣潼關之險而南扼長城東通居庸北跨洋河西連岱海不特爲三晋之藩籬且爲

神京之鎖鑰我

國家疆輿式廓向係蒙古牧壤今皆設官建邑制同腹裏莅斯土者其無忘設險以守之意也乎

望城坡在得勝口外北距廳治一十六里與三臺道山橫亙聯絡足爲內地屏障

三臺道山在廳治南七八里高坡叢石路徑險仄中通山溝一道爲得勝口出入要路現設汛兵防守

三祝窯在廳治北二十里南通湧月灣北連察哈爾正紅旗界平沙曠野惟新城河一道流出兩山之間遶北而東而南可稱天險

保全庄在廳治西少北二十里窪下積水泥淖難行東南接留雲窯西通甯遠城界現設汛兵防守

十八兒太東南距廳治三十里在白牙又山北麓又北爲大壩山西通甯遠踰大壩而北爲察哈爾正紅旗界險類鴈門

東山巖在廳治東北六十里南北橫列如屏北連八稜山山左爲拱照村右爲樂成莊俱設汛兵防守

平頂大山在廳治東一百二十里北連桃花彩雲二嶺迤東通張皋兒包家營高廟子各村直達張家口西南至集賢莊二十里中有峻嶺深溝嶮巇泥淖頗稱緊要

四美莊在廳治東北八十里地勢平坦無險額設官兵駐防又北爲隆盛平裕二莊皆與察哈爾南界毗連設兵防守

高廟子西南距廳治二百三十里東通張家口北有二道河又西北有黑山子中有哈拉溝一道路通察哈爾正黃旗界現設豐川營官兵防守

貓兒莊省志云在陽高縣北一百里其北二十里有口子牆以今考當在四美莊大莊科之間疑卽俗名帽兒山

八墩口在鎭川口外西爲十九山毗連邊牆

石人口在鎭門口外少東今名大石人

外塞在大邊外形如偃月東西皆附於舊塞明嘉靖二十八年築今廢址尙存周經重脩大邊記大同於九十里外築小城曰小邊於百里外築大城曰大邊

古蹟

地閱人而蹟著人閱世而古名燕然紀勳峴山墮淚往蹟流傳洵足重也豐鎭爲前代蒙古地遺蹟蓋寡然而芒芒舊壤城邑雖非山川猶是觀乎版築秦趙之故址尚存披乎輿圖魏遼之荒墟宛在後之視今猶今視昔故異躅芳蹤好事者每多沓賞而斷碣殘碑過其下者亦欷歔而不忍去豈非興廢存亡之感入人有甚深耶倘無景行仰止之思而徒憑高弔古感慨係之無益也

古長城廳治北察哈爾界有古城址相傳秦始皇築土色皆紫故名紫塞按載籍云秦長城起臨洮至遼東則雲代在其中或云今內三關之間有版築迹與起洮至遼海者爲一城爲秦之長城其在宣大以北者起赤城止五原乃元魏泰常八年所築按史記趙肅侯築長城自雲中以北至代武靈王自代並陰山下至高闕爲塞秦幷天下北築長城起臨洮至遼東延袤萬餘里是長城始於戰國而亘萬里以爲限者特因其舊而增拓之考漢書地理志雲中鴈門代郡皆秦置故史記云渡河據陽山逶蛇而北也水經注陽山卽陰山

財政部印刷局印

一統志陰山即大靑山在今歸化城北二十里東接察哈爾界廳在陰山東南得漢雲中東境代西北境故廳在秦長城內矣大率趙秦洎北魏舊蹟俱在明邊垣之外其在內三關者疑齊隋以後所築或北宋時遺址緣宋時跨忻代廳等州爲界耳

且如故城漢書地理志代郡且如縣有于延水出塞外水經注于延水出塞外柔元鎭西長川城南小山東南流逕且如縣故城南又東南逕馬城縣故城北俗謂是水爲河頭又于延水即今東洋河源出廳東北察哈爾正黃旗五祿戶灘南流逕八戒窯黑土窯折而東逕碾房窯田剌溝又東流入直隸張家口與葛河合是馬城當在廳東界且如當在廳東北界矣且如亦作沮洳北魏神瑞二年行幸沮洳城即此縣志云馬城故城在今察哈爾正黃旗哈洮河之南

成樂故城金史地理志大同縣有盛樂城按盛樂漢志作成樂定襄郡治魏書穆帝統一部居定襄之盛樂故城即此

單于臺廳西北察哈爾正紅旗界俗稱議事臺漢武帝元封初勒兵十八萬騎登此通典雲

中單于臺漢武自將待邊處

飲馬長城窟卽白道泉綱目集覽曰白道在古雲中郡省志云大同北有白道泉天鎭縣志西洋河源出邊外飲馬池東西二灣今民地內有名飲馬溝小飲馬溝者疑卽古長城窟也

又天鎭縣北四十里廢樺門堡有飲馬長城窟碑

按史記趙武靈王築長城自代並陰山下水經注白道嶺上有垣若頹基沿溪亘嶺東西無極則古長城在歸化城北陰山疑趙武靈王之所築也一統志陰山卽大青山歸化城志陰山一名翁公山在城北三十五里有元時建甸城廢址西自河套之北起吳喇忒西境東至歸化城東北層巒峻嶺綿亘五百餘里自西而東諸山雖土名不一皆陰山也而翁公勢尤高魏書太宗紀太常四年西巡雲中踰白道水經注芒千水西南逕白道南谷口有長城背山面澤謂之白道嶺沿路惟土穴出泉挹之不竭廣韻穴窟也綱目集覽曰白道在古雲中郡一統志新雲中在大同北郭外古雲中在豐勝之間相去四百餘里以

今地界覈之新雲中卽豐鎮古雲中卽歸化城歸化城志雲州故城在城西南明新設衛宣德四年於豐州西南築城後徙於大同城內今豐鎮距歸化城三百六十里而曰四百餘里蓋指雲州故城而言是長城窟卽白道泉在歸化城北無疑省志云大同北有白道泉誤矣又按天鎮縣志西洋河源出邊外飲馬池東西二灣今民地內有榆樹溝蒙古謂之葫蘆速太在三道溝水泉壩兩山之間西洋河發源於此東流從馬市口入天鎮縣界是飲馬池東至天鎮長城僅數十里正紅旗南界民地內有飲馬泉南至得勝口長城一百二十里粒莪村東南有飲馬溝大莊河北東逕之南至得勝口長城十六里苦大莊科東之飲馬溝小飲馬溝大東溝水蟠羊山水皆注此水南距鎮川口長城九十餘里古飲馬長城窟未知孰是府志疑飲馬溝小飲馬溝卽古長城窟似亦不合附錄於此以俟博古者訂正焉

延陵故城一統志在天鎮縣北邊牆外本趙邑史記趙世家孝成王十八年延陵鈞率師從相國信平君助魏攻燕漢置延陵縣屬代郡後漢廢水經注延鄉水東逕延陵故城北地

理風俗記當城西北有延陵鄉故縣也今考其地當在新平口外諸村若以廣靈縣本漢延陵縣牽混之則相去遠甚未免大誤

單于都護府唐書雲中都護府龍朔三年置麟德初徙瀚海都護府於古雲中城號雲中都護府改雲中爲單于大都護府以殷王旭輪爲單于都護載籍云瀚海所徙史文曰古雲中單于府所置但曰雲中是其時有新舊兩城也一統志新雲中在大同北郭外古雲中在豐勝之間相去四百餘里

柔元鎮撫冥鎮一統志柔元鎮在天鎮東北邊墻外按水經注于延水出塞外柔元鎮魏書孝文紀太和十八年幸柔元鎮胡三省通鑑註柔元鎮在漢且如縣西北塞外其西即撫冥鎮則柔元當在正黃旗界撫冥當在正紅旗界皆與廳北境毗連

馬射臺魏書世祖始光元年築馬射臺於長川上親登臺觀走馬王公諸國君以下馳射賜中者金錦繒絮各有差按長川在柔元鎮西北其南即泰昌八年築城處也疑今廳境內之亮馬臺是其故址

豺山宮北魏離宮也天興六年築於豺山遂名魏書天賜三年正月北巡豺山宮校獵四月復幸豺山宮遂登定襄角史山又幸馬城五年行幸豺山宮遂如參合陂按定襄馬城參合俱在今府北說詳沿革是豺山必附近代都今廳境所稱狼頭山者疑近古豺山然無可證實

獨谷孤城水經注如渾水出涼城旋鴻縣西南五十餘里東流逕故城南北俗謂獨谷孤城水亦即名焉又東南流逕永固縣因山堂之目以氏縣也按如渾水源出塞外之葫蘆海南流入得勝口東南逕方嶺右脇相傳上有北魏遺址即永固石室也今考其地永固縣當在得勝口內獨谷孤城則在廳境永旺莊左近矣

鬬雞臺在岐王山唐乾符三年雲中守捉使李克用偕程懷信等募士萬人趨雲州次鬬雞臺即此岐王山詳見山川

石元山寨相傳後唐周德威屯兵處寨址尚存又云薛剛避難處

附 塚墓

金雁甫侈於泉下玉盌已出於人間此光武所以獨崇夫古葬昭陵所以獨全於寇亂也抑更有進者柳季之壠樵猶却步萇宏之血碧化他年俾憑弔者悼九泉之不作顧一坏而泫然夫亦存乎其人也彼魯隱公營菟裘趙文子觀九原豈非感浪死而念虛生哉如徒對荒塚纍纍而曰令人不樂令人不得不哀所見猶淺耳隋楊俊曰人生求名史書足矣何以碑爲若不能保家徒與人作鎭石耳然則誌銘不如史乘也

北魏定陵公和跋塚在豺山魏書道武幸豺山收跋刑之後太武幸豺山校獵山忽霧四塞怪問之羣下僉言跋世居此祠塚猶存或者能致斯變乃遣建興公古弼祭以二牲霧卽除後太武蒐狩之日必先祭之

金左丞相紇石烈良弼墓良弼居宣甯大定十八年卒於西京命翰林待制移剌履勒銘墓碑

廳治西南里許地名西四城有古墓土人呼爲王墓後有廢城址猶存

廳治東一百五十里老官窯村山上有老官墳墓趾纍纍傳是牧羊人後居大官卒葬於

此
廳治東北二百五十里察哈爾正黃旗南界有一塚俗呼王墓墓前有石翁仲四如古太監形石猪石羊石馬猶存
彩雲嶺之麓半崖塌出一小穴村童隨其父力田見禽飛入穴中呼其父用鋤刨之穴愈大村農望見悉來掘之乃一古墓中有一棺鐵裹未朽知是王宦之塚遂封塞如故以上四墓惜文獻無徵終不知爲何許人何時代也

景致

寰輿傳記例載勝景大同舊志別立景物一門至八景名色爭效西湖瀟湘志蓋以八景宜人足令山川生色也豐地僻壤雖無閬岑蓬島之觀鳳嶺龍門之勝然山秀水清柳暗花明誠有豁人心目者況長城狐塞控東南菱角葫蘆環西北其間靈奇蒼翠無非星土人物之精氣所鍾聚固不徒風光物景別有異致克爲都邑增輝且足供騷人逸士嘯歌登臨飛觴賭韻也故仍沿舊例志爲八則云

青山寶藏在大青山山盤踞百餘里一峯特出尤高山麓居民某入山採樵沿溪行路轉峯迴渾忘遐邇到水窮處斷壁千仞下有石穴某探之得五色石數枚六稜若削長尺餘光怪陸離亦不知爲何物攜歸頗不貴視之置几上兒童以爲玩具有客自燕來見而異之曰此旱精也胡爲乎來哉某述所遇與客偕往復尋舊路見水源不一遂迷故處徘徊半日但見怪石嶙峋清流激湍一嶺白雲滿徑黃葉而已某與客惆悵而返

碧海風濤在岱海與察哈爾鑲紅旗連界周數百里深不可測一望無際每當春秋之交風

濤大作浪高丈餘若林立若雲垂峻嶺奇峯重見疊出傾刻萬變莫可名狀洵塞外奇觀也

雲門古洞在雲門山山半有觀觀旁有泉泉上有洞相傳爲王栩祖師修眞處洞口苔封若隱若顯遙望之甚眞觀中道士言風雨晦明時嘗聞孟聲不絕距三五里許靜聆之最嘹喨蹤跡則杳洞外浮圖龍蛇有時盤繞其上見人亦不甚避其靈異有如此者其他古跡詳山川志

煙浦靈泉在石元山左其地有泉甚淸冽深不見底天旱禱雨投瓶其中有神物傾瓶水滿卽雨無不應者因於泉上飛來峯頂建金龍大王祠四時香火不絕早晚天晴風靜泉中似有呼吸之者滿城炊烟趨之如鶩雲覆其上將石元山圍繞如盤捧珠久而不散

牛心獨秀在城北牛心山孤峯聳翠上出重霄遠望奇峭天然若削及登巔一覽如身入雲際星辰可摘古詩云不敢高聲語恐驚天上人彷彿似之俯視遠近諸山皆培塿矣可謂雄鎭邊疆戛戛獨造者歟

馬脊雙流在城東南馬脊山此地有清泉二從山之東西分流而出映帶左右又有人家田園廬舍樹木陰翳雖不比名山大川開人心胸識見而山之秀水之清山陰蘭亭不是過也一觴一詠豈不足以暢叙幽情乎

海樓夜月在飛來峯頂純陽閣下望海樓樓前浦平如掌周圍數里許因靈泉發源積水成海故名樓當春暖冰融水光天色上下相映抑或長烟一空皓月千里浮光耀金靜影沈璧騷人韻士多會於此或對景懷人或感時起興倡酬交錯把酒論文至更深露冷尤低徊留之不忍去

山寺朝霞在城東北隅靈巖寺寺依山之麓九十九級而至其巔廻闌曲折處有禪室二負山面水盤踞雲間凴闌眺望河東場圃星羅棊列探掠雲門紅娘諸山亦送青於几席之上當月落天曉日將出時霞光射來樓閣樹石俱成赤色而於積雨初霽後尤奇

財政部印刷局印

營建

上古穴居野處不言建置雖黃帝制宮室伯鯀築城郭伊祁茅茨土階載籍可稽而亦無營建明文自周禮匠人曰建國曰營國詩序言衛文公始建城市而營宮室春秋葺舊書城創始書築厥制始詳蓋甚重乎其事也我

朝拓宇開疆田野日廣凡蒙古遊牧駐地疊次設官建邑故入其境而城郭完倉廩繕祠廟肅傳舍無稽程行旅不病涉則長吏之無廢事也可知表厥宅里綽楔相望則通邑之無流風也可知而特是窮邊極塞本前代戎馬出沒之區今雖制同腹裏而揆諸有備無患之義則禦暴守險營建其大要也故志之

城池

豐鎮爲雲中後戶自乾隆十五年裁汰豐川鎮甯衛所改設馬廳以來並無金湯之險足以固圉後雖倚山砌石環築土墉制類堡寨所恃衆志成城用作屏翰保障一方俾毳幕氈帳之徒不敢南下而牧馬而呂新吾先生云郡縣高城深池非如竹籬土垣遮人眼目則守斯

財政部印刷局印

土者所宜隨時修葺補其殘缺庶備豫不虞有合於重門待暴蓋取諸豫之意也乎

豐鎮舊在得勝口邊外地名衙門口村乾隆十八年大朔理事通判色明率民創築土城周五百七十五丈東西南三面均高一丈厚四尺各開門以司啓閉北面倚山砌石高七尺厚三尺二十一年開放牧地招民墾種漸次煙戶懋遷廛舍鱗密環土城而居者較之城內更繁三十八年同知八格勸諭商農捐貲展築仍舊土垣周八百四十五丈五尺東西南均高一丈基厚五尺頂廣一尺四寸西北隅築小土牆高七尺基厚三尺頂廣八寸北面接砌石垣高七尺厚三尺頂廣一尺西面濠廣三尺深七尺南面濠廣三尺深二尺門五曰東門曰東北門門外加築甕城曰西門曰西北門曰南門題曰永甯嗣後居民比櫛毫無隙地道光二十年同知興齡捐俸勸輸復行展拓仍築土墉周一千六百七十三丈五尺東西南均高一丈五尺基厚五尺頂廣二尺北面仍砌石牆高九尺基厚四尺頂廣二尺又建浮圖於北山巔名文筆塔今圮廢門如舊制

祠祀

祀典有五法施於民以死勤事以勞定國禦大菑捍大患是雖神道設教而實明德惟馨也豐鎮祠廟合於典者舉之莫廢豈梁武溺數十萬衆於淮上而盧崇同泰浮圖宋徽棄萬生靈於山後而徒高神霄教主孽自巳作猶妄祈福乞報乎夫蚩蚩顓蒙勸以福善之說而恝然者懲以禍淫之說而惕然矣故人雖愚不畏死猶知向木形土偶而稽首是衆教亦足補聖化之窮苟非狄梁之毀淫豈爲端木之去饑周公曰祀於新邑咸秩無文言雖祀典不載而義所當祀亦敍而祭之彼創始者必有取焉然則廳俗輝金煌碧暮鼓晨鐘亦未可厚非者詎得以蠱惑人心而槩廢歟

城隍廟在城內西街乾隆三十三年同知威中額三十七年同知八格建四十五年同知春普署同知增祿修六十年同知湍東額重修增建抱廈道光八年同知松祿咸豐四年同知恒祐相繼修葺俱有碑記

龍王廟在城內東街乾隆七年鎮甯所千總張祖述建四十五年署同知增祿修五十五年同知成熙五十九年同知湍東額重修嘉慶元年增建鼓樓道光二十七年同知書勳同

治四年同知文山六年同知成錦相繼重修俱有碑記廳境高廟子張皋兒大莊科四美莊官屯堡等處及各村莊龍王廟俱係創建茲不備載

關帝廟在城內東街乾隆十一年大朔理事通判長世圖創建五十六年同知阿永修嘉慶八年同知訥福署同知明祥二十年同知松音道光十五年同知松祿咸豐二年同知恒祐署同知伊麟泰署同知慶麟光緒六年闔城鋪商相繼重修俱有碑記一在奧包山巔乾隆四十八年創建有碑記行旅經此必詣廟拜跪有禱卽應匾額層疊香火不絕住持云此廟乃天現也乾隆三十年此地尚未陞科農人昧爽開墾見奧包旁有廟宛然　關帝宮當雲興雨霽時尤顯明遂於山腰建小祠後因時祀不便乃移廟於天現所增其式廓東南隅鼓樓近奧包焉嗣後屢次修葺石刻俱詳茲不贅一在廳治東百里舊大梁山徑險巇爲守口出入要路緣鳥道盤旋曲折而登攀崖踰嶺不啻羊腸坂蠶叢路之危峻行旅病之土人因建　關帝廟於山椒云

大王廟在城東二里小石元山舊有小祠祀金龍大王在今廟後石奧包側係遼天慶五年

建修嘉慶十九年同知松音重修移廟於山巔前近靈泉改建大殿三楹寢宮三楹道光二年同知松祿重修七年復於廟西南隅創建　呂祖閣一楹名看海樓閣右建亭二楹牌坊一楹院內腰亭三楹廚室二間二十四年同知聯綬又於後院寢宮左側建保嬰聖母祠右側建增福財神祠各一楹油酒仙翁附祀於　財神祠內咸豐二年同知恒祐重修俱有碑記一在城內　龍王廟左側乾隆二十四年通判圖明阿建

聖母廟在城內　關帝廟左側乾隆二十一年通判觀光建

財神廟在城內　關帝廟右側內兼祀　馬王乾隆二十一年通判觀光建一在城內西街光緒二年同知薩麟建有碑記

八蜡廟在城內東街　霜神廟西乾隆二十六年通判圖明阿建廟內兼祀　五穀神

霜神廟在　八蜡廟左　龍王廟右　風神　湖神附祀　龍王廟內俱乾隆二十一年同知八格建

火神廟在　關帝廟右　龍王廟左乾隆六十年建　老君　魯班　孫臏　吳道子附祀

廟中　太陽眞君則專祀於牌坊閣上咸豐四年被火焚燬同知恒祐重建
文昌　奎星一閣在小東門上
馬王閣在小西門上
玉皇　三清　三官　觀音一閣在城東南隅南門上向在廳署西南隅於道光十四年移建於此其舊址改建牌坊下修三元橋俱有碑記
正覺寺在城外東南郊嘉慶三年同知湍東額建二十一年同知松音修道光元年署同知奎斌重修咸豐五年被火焚燬同知恒祐建修七年工竣俱有碑記
酆侯廟在正覺寺内迤西嘉慶二十五年同知松音建道光三年同知松祿告成有碑記
河神廟在城東北隅大東門外倚晋雲山前瀕新城河創建無考同治三年雷震山崩毁損廟壁神像同知文山重建
牛王廟在　河神廟咸豐二年同知恒祐建
山神廟在　牛王廟内西巖之半椒旁有大仙祠光緒三年建背山面水稱爲勝境

厲壇　先農壇舊壝址道光十二年同知承章設立於大南門官廳內
白雨龍王廟在城東八十里八稜山
馬王廟在城西四十里馬王廟村內有　關帝　財神祠雍正十一年大同總兵李如柏建
初大同營牧廠在陽和衛是年移此道光元年因馬廠毗連民地有礙營牧復移牧廠於
正黃旗此處牧地空閒招民墾種因以廟名村焉三年增修光緒元年因廟貌傾圮神像
跛斜村民楊秉貞首倡重建輸孔方千餘緡移舊廟於路北增建正殿九楹李洪募化助
緣集腋成裘獲數千金建東西兩廡各五楹過殿三楹鐘鼓樓二楹山門二間樂樓三楹
廟外植以樹木礪山帶河稱勝境云
圓果寺在城東六十五里擺烟圖村
懸雲觀在城東百一十里雲門山其山高峻由正南乘石磴拾級而登路繞羊腸幾經盤曲
行六七里方至觀所內建　佛殿三楹東廡　觀音殿西廡　三皇殿各三楹大殿後有
石洞甚深邃內塑　三官像觀之西有仙人橋捨身崖形如虹腰人莫敢至高五六十丈

峻嶒突兀石色蒼翠丹碧相間陡出懸空勢若欲墮崖之巔有地一區約半畝餘俗稱早種晚收旁一大石上面平闊名金場面前有古洞南向深不可測相傳王禪老祖修煉處從百步外望之洞口最真近杳然無蹟每當月夜風晨天空人靜時常聞擊鉢聲三五里外更嘹喨然終不知何許人迤西又有古洞亦南向常有羽士在內修煉再循鳥道而躋盤廻曲折高數十仞若在雲表則陟山巔矣俯視羣峯如蟻垤然洋河諸水眞同襪綫其他龍首鴈門菱角葫蘆諸山海了了可辨至若奇花異草古蹟仙蹤既多且有眞塞北第一勝境也

公署

地既設官官必立署非侈壯麗便私安也蒞堂皇者種德名區澤周蔀屋勞心公務恩荅楓宸亦既聿來胥宇固當職思其居使以蘧廬傳舍視之官爲過客署如逆旅致令斗拱含風瓦衣臥地而猶泄泄寢興承前廨以儼臨蹴後福而倖去於敬君勤民之謂何所願堂上塗黃補苴不怠廳前莎綠灌溉常勤庶幾甘棠留召翠柏思萊不爲竹馬兒童銅蚨父老所竊笑也

廳治

在城內東偏舊係大朔理事通判公署乾隆二年大同縣知縣李伯醁估計鎮甯所千總王與朋督工建修十八年通判色明增修二十一年通判奉文裁缺衙署空閒詳准留作豐鎮廳署二十五年通判圖明阿重修三十八年同知八格增修咸豐二年同知恒祐建修光緒元年同知玉麟重修大堂二堂壯麗踰初

大門三楹 大堂三楹 二堂三楹 儀門三楹 書吏房東西各三楹 役班房東西各三楹 庫一楹在大堂東 庫書房

三楹門子房二楹宅門一座門房東西各二楹書室東西各二楹內宅門一座住屋三楹廂房東西各三楹花亭三楹廚房三楹東小院上房三楹西小院西房五楹南房三楹獄在大門西禁卒房二楹

司獄署

在廳署西側乾隆十一年鎮甯所千總張祖述估計承建

大莊科巡檢署

在廳境東八十里大莊科村乾隆三十四年同知威中額估計承建

豐鎮廳巡檢署

舊在廳境東北二百二十里高廟子村乾隆二十一年通判黃大鶴承建四十年移駐廳東北一百四十里張皋兒村

豐川營守備署

在廳境東北高廟子村乾隆四十三年同知威中額承建外堂內室軍裝庫三楹火藥庫一楹隨營外委住房四間營房一百六十間

四美莊把總署

在廳境東北八十里四美莊村乾隆三十四年同知威中額承建

豐鎮營把總署

在廳治東北隅乾隆二年大同縣知縣李伯鎌奉文估建二十五年通判圖明阿增建營房六十間舊係鎮甯所千總署乾隆十五年裁汰所官衙署空閒二十六年奉文撥給新設豐鎮汛把總駐劄光緒七年把總靳汝功重修大堂三楹二堂三楹大門一座二門一座庫房二間

財政部印刷局印

倉庫

倉以納粟米庫以貯金幣禹貢載之周禮職之依古無或改也然庫多在官府內署而倉必掌諸外吏啓閉尤宜嚴焉豐鎭常平倉儲以濟荒窮黎胥賴矣但官之挪移者劃償無術民之借領者還補無期遂致兩病以興利之舉而爲積害之端曷以善其後其必入勿中飽勿陷澤出勿外漁勿漏陂庶幾有備無患乎

國朝順治十一年令各府州縣俱有預備倉義倉社倉積儲備荒十二年題准各衙門自理贖鍰春夏積銀秋冬積穀悉入常平倉備賑置簿登報其鄉紳富民樂輸者多方鼓勵勿勒定數勿使胥吏侵尅及加耗滋弊十三年議准積穀賑濟務令修葺倉廒印烙倉斛選擇倉書糶糴平價不許別項動支十七年議准常平倉穀春夏出糶秋冬糴還平價生息務期便民如遇凶荒即按戶給散災戶貧民

康熙十八年題准地方官整理常平倉每歲秋收勸諭官紳士民捐輸米穀照例議叙留本地備賑鄉村立社倉鎭店立義倉捐輸積儲留本村備賑復公舉本村敦重善良之人管理

出陳入新春月借貸秋收償還每石取息一斗年終將數目詳報如有掊剋者照侵欺正糧例處分有强派抑勒借端擾民者察出治罪

常平倉在廳治東北倉厫五十間豐一厫裕一厫計十間乾隆二十八年置通判堂瑛承建二十九年增裕二厫裕三厫計十間三十年增裕四厫豐二厫二十二年三十三年增豐三厫豐四厫計十間俱通判朔璧承建三十四年增豐五厫裕五厫計十間同知威中額承建咸豐三年同知恒祐重修光緒七年同知德溥捐廉建修豐一厫裕三厫原爲徵儲牧地米石嗣因牧地改徵折色銀兩倉厫詳請存留分儲常平倉穀現今常平倉內實儲穀一萬二千七百八十五石六升

高廟子倉在廳治東北高廟子邨倉厫十間乾隆三十四年同知威中額估建現今守備署東有舊倉厫五間皆坍損不全五間僅存故址不知何時圮廢查前碑記上鐫乾隆十一年立其他字跡多磨滅不可識該邨正東七里即直隸張理廳屬之馬潮窯子邨也

庫藏

豐鎮錢糧歲內支解年清年欵並無存儲亦無閒款庫藏尙未興造乾隆末年始於大堂東側建庫一楹咸豐二年同知恒祐重修

財政部印刷局印

橋梁

渡以濟行旅梁以通車輿故周官司川澤之阻國制嚴津渡之修夏令曰九月除道十月成梁令人利涉而不病涉焉苟澤不陂障川無橋梁則厲深揭淺寒沍堪憂土淖泥濘沮洳足慮雖司塗之咎而將移於守土矣是必徒杠輿梁務期普濟使能舉偏興墜葺舊增新庶不復致單裹之誠亦不必踵國僑之惠也夫

通順橋在城南舊城濠上向係架木爲之咸豐元年改建石橋長四丈廣七丈有碑記

三元橋在城東街牌坊南舊城濠上

新城河橋在廳治東門外新城河上乾隆二十五年民人王良募建砌石爲橋長八丈廣二丈高一丈下洞三上有石檻嗣因疊次開墾牧地衆流會注河水漲溢石橋圮廢每年霜降前架木成梁長六十二丈廣一丈一尺高八尺立夏後徹梁本城八行鋪商任其事

五里橋在城東南得勝河上距廳治五里五臺岔村民任其事

望城橋在城東南得勝河上距廳治七里三臺道村民任其事

利涉橋在城西南聚寶莊河上距廳治八里富喜村民司其事

樂善橋在城東北一百八十里二道河後河上光緒六年創建豐盛堡闔鎭舖商任其事

淮銀石橋在張皋兒渾源渠上係南北往來要街上有石檻橋雖小而甚堅固

財政部印刷局印

義學

古者家有塾黨有庠術有序自王宫國都以及閭巷莫不有學俾肄業者八歲入小學十五入大學學古有獲非徒教以灑掃應對進退之節禮樂射御書數之文已也而又慮寒儒就傅力不能支於是有義學之設以廣鄉學之教育補成均之不逮焉昔漢明帝冠帶環橋使期門羽林之士皆通孝經章句時則有若單于猶且遣子入侍况我朝文德誕敷人遊太平之宇熙熙如上春臺俾郡縣廣設義學凡鄉城貧寒子弟皆納之軌物得身親講學明倫之地童而習之朝漸夕摩迄於成材上之建功立業次亦不失為謹厚循良成人有德小子有造譽髦斯士比戶可封雖風動時雍之盛不是過也豐鎮自設立以來並無學校黌宫而有義學以造就之君子詩書小人樂利文教亦蒸蒸蔚起矣故志義學而以教法附之

本城義學

在南街古地名衙門口設自雍正年間向係官捐資給乾隆七年通判顧世衡以龍王廟迤

東官地六十八畝城南三十畝河東三十畝東河畔十五畝共地一頃四十三畝撥入義學聽館師歲收租息以資膏火

鄉村義學

慈老溝村道光年間里民楊仲元施地一頃爲館師膳

小莊窩村道光年間廟僧沙爾沁施地若干畝歲收租息油麥九石八斗八升大炭二千觔給館師脯金膏火

教法

粵自帝敷五教王明七教樂正崇四術立四教春夏教以禮樂秋冬教以詩書蛾子時術學以積成故釋菜鼓篋以遜其志宵雅肄三以官其始夏楚二物以收其威教人之法由來尚矣秦李斯焚書坑儒古學既亡教法寖廢漢儒馬融絳帳講學前授生徒後列女樂南郡士林譏之迨宋儒蔚起以倡明聖道爲已任考亭鵝湖之學註釋經義輯著成書體用兼備詳且盡矣乃法久漸弛卑鄙之流視爲具文

國朝崇道重儒雍正甲辰春頒朱子白鹿洞規於郡縣俾學者從切己處做工夫非止寡尤寡悔下學之功能實乃希聖希賢上達之基址千古教法莫踰於此故因志義學而附記條目臚列於左

父子有親君臣有義夫婦有別長幼有序朋友有信

右五教之目

博學之審問之慎思之明辨之篤行之

右爲學之序

言忠信行篤敬懲忿窒慾遷善改過

右修己之要

正其誼不謀其利明其道不計其功

右處事之要

己所不欲勿施於人行有不得反求諸己

右接物之要

義塚

澤及枯骨西伯稱仁後世義塚之設亦仿古掩骼埋胔遺意宋天禧初於四禪院買地瘞無主骸骨官給錢六百幼者半之後漸廢弛仁宗復舉世祖詔京師漏澤園天下府郡縣各置義塚免科永著爲令仁政溥矣或曰昔范文正公置義田以厚宗族其子純仁以麥舟濟故人較之瘞貧骸於義地慈惠爲優然雖有生死之異而存心惟仁舉事惟義則一也夫造物所以生生不已王政推斯心而加諸後者祇此不忍之心耳而體此不忍之心以行不忍之事非仁人君子其孰能之則此義舉何可沒也故志之以爲繼起者勸

黃旗道義塚地十畝嘉慶十五年同知珠拉置

留雲窯村東南義塚地一頃一十畝道光三十年同知恒祐置有碑記

二十一溝村北義塚地五畝咸豐九年公義社置

哈達衕衕義地地一頃光緒七年忻州歲貢生薛壽朋置

財政部印刷局印

養濟院

按兩漢於鰥寡孤獨老眊篤癃之人每詔郡國軫恤間亦有粟布之賜宋致和三年韓琦請罷鬻諸路戶絶田募人承佃以夏秋所得之課給在城老幼貧疾乃詔天下置廣惠倉崇甯元年詔諸道置安濟坊紹興二年詔臨安府置養濟院明洪武五年詔天下郡縣立養濟院凡孤獨許入院月給米薪夏給布

國朝因之即哀此煢獨之仁政也故志之

養濟院在城南郊其創始不可考舊例每歲自仲冬朔起至次年仲春晦日止每名給米八合三勺薪水菜錢六文逐日領取又每名給皮衣一件恐苦樂不均同知委司獄監理其費除官賞給外紳庶有樂輸者飭房登簿詳報並飭大莊科張皋鎮巡司照例辦理逐月造册詳報道光三十年同知恒祐重修把總趙萬清仍顏其額每歲冬鋪商捐貲酌給米薪

巡幸

巡狩之舉昉自有虞沿及秦漢下逮前明巡邊軼事亦散見於史册所以省方勸稼考制度正禮法觀民風明黜陟洵盛典也遼宋金元雲中爲帝都西京地豐鎭密邇以巡以畋不可勝紀

國朝康熙中時巡載舉媲美唐虞廳雖窮荒邊陲實爲畿輔右翼迄今稱道翠華遙臨警蹕扈至士庶呼嵩歡騰舞蹈洵千載奇遇也

秦始皇三十三年幸碣石遂巡北邊

漢武帝元封元年帝親帥十二部將軍巡邊行至雲陽北歷上郡西河五原出長城單于臺

章帝元和三年春北巡狩二月進幸中山遣使者祠北嶽出長城

北魏太祖登國元年冬十月帝自弩山遷幸牛川屯于延水南出代谷會慕容賀驎於高柳

二年冬十二月巡松漠還幸牛川五年夏六月復幸秋八月又幸

六年秋七月講武於牛川

十二年冬十一月帝討慕容寶至參合陂
天興六年秋七月車駕北巡築離宮於豺山縱士校獵東北踰罽嶺出參合代谷
天賜元年冬十二月車駕幸豺山宮是年至五年凡四幸
三年秋八月行幸青牛山西登五要北原觀九十九泉
四年夏五月北巡自參合陂東過蟠羊山大雨暴水遂東北踰石漠至長川
五年春正月行幸豺山宮遂如參合陂觀漁于延水
太宗永興二年夏五月帝幸參合陂
四年冬十二月車駕北巡至長城而還
五年春二月幸高柳川
神瑞元年春二月幸豺山宮夏六月復幸明年冬十二月又幸
二年夏四月車駕北巡五月次於參合陂冬十月行幸沮洳城
泰昌元年春正月行幸豺山宮夏六月車駕北巡秋七月大獮於牛川

二年夏四月幸高柳
六年夏六月北巡至蟠羊山冬十月行幸代
八年夏六月北巡至於參合陂
世祖始光三年秋七月築馬射臺於長川帝親登臺觀王公諸國君長馳射賜中者金錦繒絮各有差
神䴥元年夏六月行幸長川冬十月北巡畋於牛川
高祖太和九年夏六月幸雲泉池是年至十九年凡十幸
十三年秋七月幸雲泉池與羣臣御龍舟賦詩
十八年秋八月北幸懷朔武川柔元撫冥諸鎭所過皆親見高年問民間疾苦貧窮孤老賜以粟帛
隋煬帝大業四年春三月車駕出塞巡長城
遼景宗統和二十年春三月駐蹕於鴛鴦濼是年至開泰九年凡六幸

興宗重熙十一年春二月如鴛鴦濼十四年春又幸十八年春又幸
十二年帝親征夏國會大軍於九十九泉
道宗淸甯六年春如鴛鴦濼是年至太康六年凡五幸
大安六年春二月駐蹕雙山
壽隆三年春正月駐蹕雙山
天祚乾統五年春二月幸鴛鴦濼是年至保大二年凡六幸
金世宗大定二十七年秋獵八月次雙山子
元太祖六年春二月帝自將南伐克捷於野狐嶺取大水豐利等縣
太宗三年夏五月避暑於九十九泉
英宗至治元年秋八月車駕駐蹕興和
明成祖永樂十二年春三月親征至大同夏四月次興和

封爵

古者建衆諸侯屏藩王室君班爵臣就封展親報功典至鉅也自秦郡縣海內盡廢封建之制後世持論者因王綰李斯異議於是各主一說互相排詆紛紛聚訟不可復置喙矣然漢唐以來藩封列爵歷代不乏考史記年家世表列傳或食封郡邑或拜爵名藩諸公侯王雖有實授遙授之殊而一時帶礪之榮亦猶行古之道也

東漢代王盧芳建武十六年封芳乘王莽之亂借邊外兵掠地光武數討之至是入居高柳乞降遂封代王十八年復亡出塞

武進侯隨憲昱弟建武十二年封

蜀漢新興王劉恂後主子景耀二年封後入晉襲後主安樂公爵　按新興郡魏地遙取美名以爲封號如蕭梁定襄侯趙宋雲中侯之類皆是

魏武進亭侯魯芝以討諸葛誕功封後進爵斄城鄉侯　按武進前漢屬定襄郡後漢屬雲中郡建安中已廢魏武更置新興郡是封號尚沿舊縣名也他皆類此

晉代公拓拔猗盧建興三年封初幷州刺史劉琨乞師代公助兵三萬琨甚德之請於朝封

爲代公又與琨并力討劉曜於晉陽破之遂晉爵爲王傳至道武稱帝改國號魏

定襄侯劉輿廣武侯琨兄爲東海范陽二王所用有功封謚曰貞子演嗣

定襄侯衛操勸說代公猗盧匡助晉氏東嬴公司馬騰聞而善之表加將號封侯

北魏新興王元俊太宗第七子泰常七年封後坐法降公旋國除　按晉志惠帝改新興爲晉昌郡即北魏之永安郡也地形志所載新興郡則梁武僑置非故郡地

定襄縣王元鸞恭宗孫太和十九年以赭陽失利由陽城陽王降封

新興公元丕河間公與都子孝文時由平陽郡公謚曰平

新興縣開國子衍穆魏郡公罷子

南朝新興王劉嵩宋明帝第十一子齊受禪降封定襄縣公

新興郡王蕭大莊梁簡文帝十三子大同元年由高唐縣公晉封　按潁州新興郡蕭衍置見魏地形志

新興王陳叔純宣帝第二十八子至德元年入隋爲河北令

定襄侯蕭祗梁封太清三年北降
定襄侯張冲臨沮伯邵孫梁武帝時以軍功封
西魏新興縣伯豆盧永恩以迎孝武封邑五百戶
唐新興郡王李德良長平王叔良弟武德初封孫晉襲
定襄王李大恩
新興郡王李誠代宗孫端王遇子
定襄郡王郭英乂太原郡公知運子廣德元年以軍功封
定襄郡王阿史那存禮安祿山將歸降封
定襄公李宏虢王鳳子
新興郡公趙文恪武德二年以佐命功封
新興縣公王君愕武德初封太宗時從征戰沒贈邢國公
新興縣公馬三寶柴紹家僮從定京師平薛仁杲封新興縣男貞觀初晉封

宋新興郡王吳蓋乾德中以憲聖后弟封
新興郡侯趙從都英國公惟憲子贈金州觀察使新興侯
元并王晃火帖木兒河平王昔里吉子泰定二年由嘉王改封雲中王牙牙由唐國王改封
省志云雲中王牙牙阿沙不花弟由康國公晉封按元史阿沙不花傳牙牙封康國王
生六子阿沙不花最賢又云母弟脫脫爲名臣又按康里脫脫傳脫脫父曰牙牙由康國
王封雲中王阿沙不花之弟此承脫脫言省志以牙牙爲阿沙不花弟且二傳俱不言牙
牙封公是由康國改王雲中其非晉封可知
宣甯王速哥謚忠襄忽蘭孫天德于思俱追封雲國公
宣甯郡王乃蠻台木華黎五世孫至元三年襲國王爵至順間封
宣甯郡王帖木兒不花至大四年封
宣甯郡王阿憐帖木耳至順元年封
威甯郡公月舉連赤海牙至順中追封謚襄靖

職官

郡守始於戰國漢更名曰太守百官志載北魏恒州領郡八州置刺史三郡置太守三舊制置州郡必置副貳以佐之亦猶縣之有令有丞有簿也專城分轄職雖不同要其蒞民守土之責則一考豐鎮改設廳治自乾隆十五年始歷代以來蒞斯土者職制各殊或以文領武事或以武兼文職世遠年湮姓氏不無闕失今按有籍可稽者悉著於左

漢雲中都尉 初名郡尉凡郡口二十萬舉一人典兵禁備盜賊景帝更名曰都尉

鄭吉 宣帝時

定襄都尉

趙不虞 武帝元狩中

後漢定襄都尉

陰承

北魏柔元鎮將

奚直 代人　　豆盧長 昌黎徒河人

撫冥鎮將

元業 太和中　　元篤 陽平王熙孫

柔元鎮司馬

元瓌 高涼王孤元孫

唐雲中守捉使 凡兵之戍邊者大曰軍小曰守捉

龐勛 大中時　　李克用 乾符三年

後唐雲中令

畢中昱 雲中人

金鎮甯軍節度副使

烏古論仲溫 蓋州猛安人

威甯防城千戶

劉伯林 濟南人宣宗時

雲中羣牧使 明昌四年置羣牧所使掌檢校羣牧畜養蕃息

䵍公 雲中人

元雲中義軍千戶 凡管軍七百以上爲上千戶所五百以上爲中軍千戶所三百以上爲下千戶所

孫威 渾源人太祖初

興和路達魯花赤

紐的該 博爾朮四世孫至正中

國朝大朔理事通判 雍正十三年設駐劄衙門口乾隆二十一年改設豐鎮廳

三吉札布 正藍旗筆帖式乾隆元年任

長世圖 鑲紅旗監生乾隆十年任

觀光 鑲黃旗進士乾隆十九年任二十一年裁

豐鎮理事通判 乾隆十五年改陽高管糧通判爲豐鎮理事通判移駐豐鎮

顧世衡 鑲黃旗廕生乾隆四年任

色明 鑲藍旗監生乾隆十五年任

劉之錧　山東諸城人監生乾隆十五年任

黃大鶴　江蘇如皋貢生乾隆十九年任

觀光　鑲黃旗進士乾隆二十一年任

圖明阿　鑲白旗筆帖式乾隆二十四年任

朝璧　正黃旗生員乾隆二十九年任

豐鎮廳理事同知　乾隆三十三年改豐鎮理事通判為糧捕通判移駐陽高改陽高糧捕同知為豐鎮理事同知移駐豐鎮

威中額　鑲藍旗舉人乾隆三十三年任

八格　正藍旗人乾隆三十五年任

三藏寶　蒙古人乾隆四十一年任

額膽額　正白旗人乾隆四十三年任

春普　鑲藍旗人乾隆四十五年任

湍東額　正黃旗滿洲蘇隆阿佐領下人筆帖式乾隆五十七年任

隆昌　鑲紅旗滿洲富喜佐領下人筆帖式嘉慶三年任

松山　鑲黃旗海福佐領下人筆帖式嘉慶四年任

訥福　鑲藍旗蒙古舒敏泰佐領下人筆帖式嘉慶五年任

松音　鑲紅旗滿洲圖桑阿佐領下人筆帖式嘉慶八年任

明祥 鑲藍旗滿洲宗室永懿佐領下人筆帖式嘉慶八年任

珠拉 鑲黃旗蒙古業布崇額佐領下人筆帖式嘉慶十四年任

塔清阿 正白旗滿洲祥齡佐領下人筆帖式嘉慶十七年任

吉齡 正紅旗滿洲德山佐領下人筆帖式嘉慶二十年任

保英 嘉慶二十年任

奎斌 正黃旗滿洲伊明阿佐領下人筆帖式嘉慶二十五年任

承章 正藍旗滿洲恒敬佐領下人筆帖式道光八年任

祥璋 正白旗滿洲達善佐領下人鴻臚鳴贊道光十四年任

松祿 鑲黃旗滿洲琦琛布佐領下人由內閣中書道光十五年任

德楞額 鑲黃旗滿洲恒山佐領下人筆帖式道光十五年任

富豐阿 鑲黃旗滿洲耀奎佐領下人筆帖式道光十五年任

札克當阿 鑲白旗滿洲富山佐領下人筆帖式道光十七年任

興齡　鑲黃旗滿洲公和世太佐領下人筆帖式道光十七年任

聯綬　正藍旗滿洲宗室潤壽佐領下人筆帖式道光二十三年任

書勳　鑲白旗滿洲多齡佐領下人官學生道光三十四年任

恒祐　正白旗滿洲內務府延裕管佐領下人筆帖式咸豐元年任

慶麟　鑲藍旗滿洲花里雅遜佐領下人官學生咸豐元年任

福祥　正藍旗滿洲松齡佐領下人官學生咸豐十一年任

文三　鑲白旗滿洲德通佐領下人筆帖式同治元年任

成錦　鑲藍旗滿洲德克精阿佐領下人筆帖式同治五年任

祿桂　鑲黃旗蒙古明寬佐領下人廕生同治五年任

福增　正白旗滿洲明慶佐領下人筆帖式同治九年任

玉麟　鑲黃旗滿洲阿克棟阿署佐領下人官學生同治十年任

薩麟　廂藍旗滿洲錫林佐領下舉人同治十二年任

徵齡正藍旗滿洲覺羅福長佐領下人筆帖式光緒元年任

定福廂紅旗滿洲海福佐領下人筆帖式光緒二年任

三照正藍旗滿洲覺羅福長佐領下人筆帖式光緒四年任

德溥正黃旗滿洲福壽佐領下人由侍衛處筆帖式光緒五年任

松昌正紅旗滿洲英琦佐領下人官學生光緒九年任

謙吉廂黃旗滿洲長清佐領下人監生光緒十年任

李恕順天府寶坻縣監生光緒十年任

謙吉廂黃旗滿洲長清佐領下人光緒十二年任

陳贊清山東濟甯直隸州監生光緒十四年任

謙吉廂黃旗滿洲長清佐領下人光緒十五年任

豐鎮撫民同知光緒十年六月初一日改理事同知爲撫民同知隸歸綏道管轄

豐鎮廳司獄

財政部印刷局印

師　權　江蘇上元人吏員乾隆二十一年任

邵禹倉　浙江人乾隆二十四年任

胡兆寗　大興人乾隆四十六年任

胡坊時　安徽甯國府甯國縣人拔貢嘉慶十年代理

曹天桂　順天府大興縣人監生嘉慶十五年署

童士檢　順天府大興縣人監生嘉慶十五年署

李予思　順天府宛平縣人議敘嘉慶二十年代理

何　梅　湖北施南府來鳳縣人未入流嘉慶二十年署

鄭恭和　浙江紹興府蕭山人嘉慶二十年補授

蕭肇晋　四川保甯府閬中縣人監生嘉慶二十二年補授

胡士楷　順天府大興縣人監生嘉慶二十四年署

羅奉鎬　順天府大興縣人監生嘉慶二十四年代理

財政部印刷局印

江思祖 江西建昌府南豐縣人詹事府供事嘉慶二十四年署

羅奉鎬 順天府大興縣人監生道光五年代理

胡鈞 順天府宛平縣人國史館供事道光十年選授

沈棠餘 順天府宛平縣人監生道光二十年署

呂立昇 道光二十四年兼理

朱立志 道光二十八年署

馮之晋 順天府大興縣人監生道光二十八年選授

黃增 直隸保定府清花縣人吏員道光三十年署

聶國英 直隸宣化府延慶州人監生道光三十年選授

汪川如 浙江杭州府仁和縣人國史館供事咸豐元年署

鄒衍本 江蘇鎮江府丹徒縣人監生咸豐五年選授

王以肅 順天府宛平縣人監生光緒五年署

魯承晉　江西建昌府新城縣人監生光緒六年代理
王　昌　順天府順義縣人監生光緒七年補授
魯承晉　江西建昌府新城縣人監生光緒八年署
李乃筠　山東濟南府歷城縣人監生光緒九年補授
王福田　陝西同州府大荔縣人監生光緒十年代理
高忠信　直隸順天府東安縣人監生光緒十年署
陳韞書　陝西西安府臨潼縣人吏員光緒十三年署
何開岳　甘肅涼州府鎮番縣人監生光緒十三年任

豐鎮廳大莊科巡檢

何元炳　廣東連平州人監生乾隆三十三年任
張宏位　安徽人乾隆四十六年任
何元炳　嘉慶三年任

周舞暘 嘉慶十六年代理
白忠贊 四川酉陽州黔江縣人監生嘉慶十九年署
茹啓昆 順天府大興縣人監生嘉慶十九年署
黃廷松 嘉慶二十五年署
李予思 道光二年代理
羅奉鎬 道光三年代理
張烈 道光十四年署
潘光祖 道光十四年署
姚汝平 浙江山陰縣人監生道光十九年署
呂培元 湖北武昌府江夏縣人典史道光十九年選授
胡鈞 道光二十三年兼理
陳汝弼 道光二十九年署

吳寶球　安徽甯國府涇縣人監生道光三十年選授

李延誥　河南府洛陽縣人監生咸豐元年選授

王楷壽　順天府寶坻縣人附貢咸豐九年調對

童培芝　順天府大興縣人監生咸豐十一年補授

紀鈖　順天府文安縣人監生同治八年署

崔文階　山東武定府商河縣人吏員同治九年補授

戴光涵　浙江紹興府余姚縣人監生同治十二年署

邵晉名　山東東昌府鄆城縣人吏員同治十二年補授

吳廷棟　江西南安府上猶縣人監生光緒六年補授

張增慶　江蘇蘇州府震澤縣人監生光緒九年署

楚思孟　江蘇常州府無錫縣人俊秀光緒九年任

豐鎮廳二道河巡檢　光緒十二年三月二十九日大莊科巡檢移駐

楚思孟　江蘇常州府無錫縣人俊秀光緒十二年任

豐鎮廳張皋兒巡檢

孫蘭言　直隸清苑人吏員乾隆二十年任

李震　順天府大興縣人監生乾隆三十年任

劉應顯　安徽阜陽人監生乾隆三十四年任

朱煌　江西瑞州府高安縣人監生乾隆五十二年補授

胡兆甯　嘉慶元年兼署

胡坊時　安徽甯國府甯國縣人拔貢嘉慶八年代理

魏廷勳　順天府大興縣人監生嘉慶九年署

李予思　順天府宛平縣人三通館供事嘉慶十五年代理

嚴榮　直隸保定府清苑縣人吏員嘉慶十六年代理

周紹琪　浙江杭州府仁和縣人監生嘉慶十八年署

詹　麒 浙江衢州府常山縣人監生嘉慶十九年署

方應垣 順天府大興縣人玉牒館供事嘉慶二十年代理

金春普 直隸保定府清苑縣人吏員嘉慶二十四年署

白忠贊 順天府大興縣人監生道光三年兼護

甯丙耀 道光六年署

孟騰蛟 道光六年署

施繼祖 順天府大興縣人監生道光八年任

賈汝勇 道光十二年署

呂立昇 順天府大興縣人議叙道光二十二年署

何其沼 廣東嘉應州監生道光二十八年署

周學謙 浙江甯波府象山縣人道光三十年選授

齊　治 咸豐四年署

趙夢松 順天府大興縣人監生咸豐八年補授

呂烈文 安徽甯國府旌德縣人監生同治十一年署

徐國梓 順天府大興縣人監生同治十一年補授

存　英 廂黃旗漢軍慶陞佐領下人監生光緒二年補授四年調署仁義鎮

李崇善 浙江紹興府會稽縣人監生光緒四年由靈石縣仁義巡檢調署

存　英 廂黃旗漢軍慶陞佐領下監生光緒六年回任

黃應業 浙江紹興府山陰縣人監生光緒九年任

沈守正 浙江湖州府歸安縣人監生光緒十年任

存　英 廂黃旗漢軍慶陞佐領下人監生光緒十一年任

財政部印刷局印

選舉

唐堯咨采側陋明揚虞舜考詢功臣枚卜此選舉之始也嗣是而後幣聘莘野之耕夫形求傅巖之築傭夢兆飛熊之釣叟賢興置兎之野人登明選公不拘資格商周尙已漢制舉孝廉策賢良方正隋置進士科唐因之爲帖括爲詩賦宋以經術金以詞賦經義策論中選者爲進士律科經義中選者爲舉人明以制藝歷代科目取士首重進士皆古者言揚之遺至若茂才異等始於漢貢士之名始於唐明制有恩拔歲之分亦有鄉試副貢之例而武舉則唐武后始置宋仁宗親試之明初立武學科目定武試科甲大抵不離乎虎觀明經鷹揚奏績焉

國朝掄才選士不拘一途踵前代科目復增監生優貢例貢之名並登蕋榜以彰人才之盛豐鎮稱魏遼金元用武地設科制科得與此選者史傳所載何寥寥也方今

聖天子求賢若渴有時再舉賓興即闢門籲俊之盛心鄉舉里選之遺意都人士乘運而與德行才藝各獻賢能以功名及時自奮將見濟濟翼翼莪莪如也爰採數人著之於篇以揚

前休且爲後進勵

國朝

武科

王浮龍　原籍直隸懷安縣人寄居礮房窯村廷元第三子道光戊戌科武舉辛丑會試武進士任浙江麗水營守備保陞甯海營參將賞戴花翎咸豐二年征粵匪陣亡奉旨優卹世襲雲騎尉

王寶龍　廷元第四子道光甲辰科武舉乙巳會試武進士欽點乾清門御前侍衛選補廣西懷吉營守備

王光龍　廷元第五子道光癸卯科武舉庚戌會試武進士選補陝西神木營守備保奏參將副將銜賞戴花翎

劉濟鉞　原籍忻州洋湖村人寄居公衙衙村道光巳酉科武舉

王連生　浮龍從姪同治甲子科武舉

副貢

賀九疇　原籍祁縣人寄居本城同治壬戌科副榜

拔貢

戴謙 原籍陽高縣人寄居大東溝村道光科選拔

賀九疇 咸豐辛酉科選拔

恩貢

徐在魁 原籍大同縣人寄居本城

歲貢

郭傳 原籍忻州人寄居粒我村

潘綏周 原籍左雲縣人寄居河口灘村

岳鳳池 原籍渾源州人寄居慶豐窯小山子村

例貢

厤世俊 原籍崞縣庫狄村人寄居萬全莊沙溝堰村

劉光裕 原籍平遙縣人寄居本城

張玉 原籍渾源州人寄居山喜坪村

郝魚泮 原籍忻州人寄居本城

兵防

文以致治武以戡亂此常經也如執耀德不觀兵之說謂窮兵黷武不若偃武修文於安不忘危有備無患之謂何故捍外衛內克詰戎兵兵可百年而不用不可一日而不備況豐鎮本蒙古故土久爲魏遼金元戎馬蝟集之場借箸而籌烏可緩乎前明嚴墩堠設重兵有騎卒以戰有步軍以守而且總鎮鷹揚奮武虎帳宣威非不握奇致勝防禦精詳而雲中五原猶間有烽燧之警今

國家車書統同薄海內外來享來王梯航貢職邊民樂業安享太平櫜弓戢戈誰曰不宜然猶峙糗糧勤簡閱以重干城腹心之選以防不庭不虞之患未雨綢繆誠可爲萬世法也詎得忘聖人足兵之訓而謂範陳八政師獨居終無容整飭戎行修明武備也哉

豐川營（駐防高廟子係豐鎮廳地方）

守備一員（乾隆三十四年新設）

馬戰兵二十五名（內外委一員額外外委一員）步戰兵四十六名守兵五十四名馬二十四匹（內營馬二

歲支官俸兵餉馬乾等銀二千三百十三兩九錢零五釐本折米四百五十倉石

（十匹官自備馬四匹）

隨營軍器

佛郎機砲二位（隨小砲十位） 生鐵子一千顆 鳥鎗四十四桿 腰刀一百一十口（內弓箭兵六十六口鎗兵四十四口） 馬兵白梭花盔甲二十頂副 步守兵青梭花盔甲九十一頂副

馬兵每名戰箭四十枝 步守兵每名戰箭三十枝 帳房二十三頂副 鍋鑼二十三口 鳥鎗鉛彈四萬七千五百二十顆 鎗砲火藥二千四十一觔四兩

教場

坐落本營迤東一里許

四美莊

把總一員

馬戰兵八名步戰兵二十六名守兵十六名馬九匹（內營馬七匹官自備馬二匹）

歲支官俸兵餉馬乾等銀九百六十一兩六錢七分一釐本折米一百八十倉石

隨營軍器

鳥鎗二十四桿　腰刀六十口（內弓箭兵三十六口鎗兵二十四口）馬兵白棱花盔甲七頂副　步守兵靑棱花盔甲五十三頂副　馬兵每名戰箭四十枝　步守兵每名戰箭三十枝　帳房十二頂副　鑼鍋十二口　鳥鎗鉛彈二萬五千九百二十顆　鳥鎗火藥九百六十觔

教場

坐落本莊迤東南一里許

豐鎮營（駐防豐鎮廳原爲豐鎮汛把總隸得勝路守備管轄乾隆三十六年改隸豐川營守備）

把總一員

馬戰兵九名步戰兵三十九名守兵十六名馬十匹（內營馬八匹官自備馬二匹）後裁馬戰兵一名步戰兵五名加守兵二名道光二十二年天津出師裁馬戰兵二名咸豐四年裁步戰

兵十四名守兵八名現今實在馬戰兵六名步戰兵二十名守兵十名歲支官俸兵餉馬乾等銀一千二百四十八兩四錢七分一釐本折米二百三十倉石四斗現在每歲應領銀六百零一兩五錢五分餘不等

隨營軍器

鳥鎗二十四桿　腰刀六十口（內弓箭兵三十六口鎗兵二十四口）馬兵白梭花盔甲七頂副　步守兵青梭花盔甲五十三頂副　馬兵每名戰箭四十枝　步守兵每名戰箭三十枝　帳房十二頂副（隨簾綳繩鐝梁柱鈎杆鍬钁鐮斧全）　鑼鍋十二口　鳥鎗鉛彈二萬五千九百二十顆鳥鎗火藥九百六十觔咸豐二年征兵交戰將原設軍火器械鑼鍋帳房鍬钁鐮斧等項俱破爛損壞不全現今實在存營長把刀五口撥沙皮金蟒緞旗一堂兵鎗十二桿備儲五年鳥鎗鉛彈二千五百顆鳥鎗火藥三百六十二觔

教場

坐落本營迤南一里許

財政部印刷局印

鋪遞

周禮行夫掌傳遞環人掌送迎蓋一取飛郵一取翔導焉至達節館穀之司與廬舍止宿之地又有懷方野廬二氏在乃羽檄旁午星軺苦辛前未及流水之行後已爲積薪之窒將奈何是惟按其里而餼於官開其軀以疾爲應軍與之處倍加額外俾無曠職無廢務無留難耳然則立鋪舍備烽燧墩堠塘汛兵弁主之以急遞也亦以防守也整飭豈容緩哉

廳屬鋪遞七 總鋪遞一南路鋪遞三東路鋪遞三

總鋪在本城

得勝鋪城南二十里

榆澗兒鋪城南五十里

孤店兒鋪城南八十里南接大同縣總鋪二十里

黑土臺鋪城東五十里

大莊科鋪城東八十里

張皋兒鋪城東一百四十里東接直隸張家口理事廳界

僻路塘汛二十處

裕如莊鋪　富貴村鋪　發祥村鋪　保和莊鋪　慶雲村鋪　聚財村鋪以上豐川營所管

隆盛莊鋪　拱照村鋪　樂成莊鋪　仁壽屯鋪　永善莊鋪　吉慶梁鋪　留雲窯鋪

平裕莊鋪以上四美庄所管

保全莊鋪　廣德村鋪　慶樂莊鋪　三臺道鋪　望城坡鋪　豐收坪鋪以上豐鎮營所管

驛站

三百里程途十二時定限泥封羽書豈細故哉至郵亭之設所以繼馬力之不及也蓋路當要衝差使絡繹不絕原設夫馬本有定額儻歲歉呼庚草豆騰貴或軍事旁午羽檄飛馳一當大差經過遞接不敷則咄嗟難辦手足莫措將何以應是惟預籌長策俾供役者無稍廢

弛主持者時勤嚴飭庶不至坐耗國帑重困官驛也

廳驛在城內額設驛遞馬六匹馬夫三名歲支銀二百一十四兩七錢四釐廳舊無驛乾隆十年抽撥大同縣甕城驛馬六匹夫三名每夫日支工食銀三分每馬日支草料等項銀八分四釐四毫遇閏之年加夫馬工料銀一十七兩八錢九分二釐

捕盜營光緒十一年經前署撫憲奎奏准口外七廳一律添設自是年七月初一日成軍

經制外委一員月支廉餉米折實銀三兩五錢八分六厘津貼錢三千文

額外外委一員月支廉餉米折實銀二兩五錢三分六厘津貼錢三千文

馬兵四十六名每名月支餉乾米折實銀二兩五錢三分六厘津貼錢一千文　營馬四十六匹

所需銀兩由歸綏道衙門按季請領其火藥鉛彈由本省軍裝局請領

隨營軍器

方旗二桿　尖旗四桿　馬鎗二十三桿　長矛二十三桿　馬刀四十六口　號衣四十六件　戰裙四十六件

財政部印刷局印

武事

昔趙倚武安君爲保障雁門之捷匈奴遠徙十餘年不敢近邊自漢文絶其和親遂入寇中原爲紫塞患而征人遠戍飲馬長城著於歌詠嗣後魏遼金元奠基朔方據漠北爲故土迄於有明窮邊極塞尤爲戎馬出沒之區武事不綦重哉我

朝德威遠播人不知兵共頌昇平生全安樂未有盛於此時者也然文人逸士登單于臺而弔古遙望龍堆近覘馬邑想見李驃騎霍嫖姚之偉績如在目前生於斯官於斯者苟以爲陳迹而弁髦視之則蔑古必不宜今其克奮武衛也幾希

漢熹平六年八月烏桓校尉夏育出高柳中郎將田晏出雲中中郎將臧旻率南匈奴出雁門各將萬騎出塞二千餘里鮮卑檀石槐逆戰育等大敗

後魏始光元年宣城王奚斤將軍安原閭大肥出雲中白道至漠南

延和五年大武西伐沮渠牧犍宣都王穆壽輔景穆居守長樂王嵇敬建甯公崇二萬人鎭漠南以備蠕蠕吳提果犯塞壽素不設備賊至七介山京邑大駭爭奔中城司空長孫

財政部印刷局印

道生拒之於吐頽山會敬崇等破吳提兄乞列歸於陰山之北斬首萬餘級吳提聞而遁走道生追至漠南還
隋仁壽元年行軍元帥楊素出雲州敗達頭可汗
唐貞觀四年二月總管李靖繇馬邑任城王道宗出大同道幽州都督衛孝節出恒安道
乾符五年正月雲中兵馬使李盡忠等夜執防禦使段文楚雲中守捉使李克用以兵趣雲州行募兵得萬人次鬬雞臺城中執文楚至殺之遂進擊甯武陷岢嵐軍
遼保大二年宋宣和四年也正月遼主延禧獵於鴛鴦濼聞金兵至遂奔雲州
三月金粘沒喝敗遼兵於北安州獲其將衛習泥列因知遼主在雲州宿衛單寡報其都統斜也曰機會不可失也於是斜也出靑嶺粘沒喝出瓢嶺遼主聞金兵將至趨白水濼粘沒喝以精騎襲之將近遼主行營遼主乃覺率輕騎走夾山遼主出奔使耿守中救雲州金斜也與粘沒喝擊走之時雲州城西有浮圖遼據守更下射攻城者斜也曰必奪是城乃可下會金將斡魯鶻巴魯攻浮圖奪之以精銳下射城中城中震慄留守蕭察刺開

門降
四年正月夏稱藩於金金以下寨以北陰山以南雲中之地二千里畀之雲中古雲中也
金大安二年八月留守胡沙虎及元木華黎戰於定安敗績元遂陷雲朔豐勝
元至正十八年二月黃河萬戶田豐降劉福通以曹濮兵轉掠而西踰太行焚上黨遂掠晉冀雁門及大同諸州復大掠而南
六月關先生破頭潘等分二道一出降州一出沁洲踰太行破遼州轉掠晉冀雁門之間至是復掠大同諸州及塞外諸路平章察罕帖木兒遣將關保擊却之
十月關先生南攻保定不下攻陷完州遂北掠塞外攻大同達魯花赤定者帖木兒棄城遁城陷
明正統十四年夏也先謀入寇都督同知毛勝偕平鄉伯陳懷等率京軍三萬鎮大同懷戰歿勝脫還
天順中毛里孩據套分掠水泉營及朔州佩將軍印楊信屢却之寇遂東入大同六年信

與副將徐𢘽叅將張瑛分道出塞遇敵戰胡柴堡敗之寇且戰且却復敗之獲馬五百餘匹

成化五年提督軍務王越選輕騎出孤店關俘敵於威寗海子

十九年亦思馬因大入大同總兵官許寗分遣副總兵周璽守懷仁寗與遊擊董昇營西山自將中軍擊之夏米莊敗績寗昇被圍數重幾陷亟發巨砲擊之敵多死圍乃解璽聞中軍失利亟還兵援夜遇敵乘勝前銳甚厲將士曰今日有進無退大呼陷陣敵少却久之短兵接臂中流矢拔鏃戰益急與子鵬及麾下壯士擊殺數十人會寗兵至中軍潰卒亦稍集敵乃退許寗等亦還

二十一年督軍務余子俊請築長城五月都指揮顧綱以京營兵六千助役

嘉靖十六年二月梁震出塞與俺答衆戰於玉林川廢宣寗縣斬百四十餘級三月又戰於紅崖兒斬百八十餘級十七年二月入安子山十八年閏七月俺答繇石窯溝入時五堡初就梁震禦却之七月又入總兵官周尙文禦之斬五十餘級內一人金帶錦裘二十

三年九月入大同總督翟鵬禦却之二十四年和川奉國將軍充灼坐罪奪爵怨望乃與襄垣中尉充𤓰謀引寇入大同殺代王以舉事應州人羅廷璽與其黨王廷榮以白蓮教惑衆入見充灼爲妖言充灼因與畫計約奉小王子入居大同藉塞外兵攻雁門取平陽充灼爲王事定卽計殺小王子充灼然之先遣人持火箭焚大同草場五六所而令通塞外語者衛奉闌出邊總兵周尙文邏卒遮獲其所獻表物鞫實以聞充灼等伏誅

二十九年俺答數萬騎入塞伏精銳谿谷中巡按御史胡宗憲信敵誘乘醉趣總兵張達出師達欲持重宗憲厲聲責之不得已率所部出達素勇敢好離營繞鬭至是憤怒挺身陷陣寇兵圍之數匝達左右突不得出副總兵林椿別擊零騎於彌陀山聞達急引兵西救一日三戰亦陷重圍矢如雨達椿俱死軍盡殁

三十九年二月大同總兵劉漢自鎮河口出塞擣寇帳於灰河斬首二十八級奪高駝一百七十餘隻時寇聚喜峯口外漢乘虛攻其巢穴以牽制之寇果狼狽西顧自後各鎮往往乘間出勦寇始有戒心遠徙其幕

田賦

則壤成賦什一取民古聖王輕征薄歛誠以朝廷之經費即民生之脂膏所關綦重不可不慎也自助徹廢而賦稅不均已非惟正之供唐設租庸調法猶爲近古後以軍興分兩稅趙宋相王介甫復定青苗法民不聊生矣今

國家務農重穀田野日闢邊外駐牧餘地疊次招民墾種土之肥磽不等賦之輕重因之洵法良意美也第豐鎮地多沙磧荒熟無常民少蓋藏遷徙靡定所謂按其圖則是核其實則非者蓋地闊民稀與其糧浮於地曷若地浮於糧是在撫字者時留意焉

一原額民糧牧地係雍正十二年裁豐川衛鎮甯所接收直隸張理廳移交撥歸經管並陸續開墾共地四千三十一頃三十八畝四分七釐二毫每畝徵銀一分四釐共徵銀五千六百四十三兩九錢三分八釐六毫八忽於乾隆二十六年奉文改徵本色米地一千三百一十二頃八十八畝四分七釐二毫內除正銀一千八百三十八兩三分八釐六毫八忽每銀一分改徵米八合共改徵米一千四百七十石四斗三升八勺八抄六撮四圭實

財政部印刷局印

徵民糧地二千七百一十八頃五十畝每畝徵銀一分四釐共徵正銀三千八百五兩九錢遇閏之年每正銀一兩加徵閏銀三分正閏銀每兩隨徵耗銀五分此項應徵正閏銀兩內除本衙門官俸役食銀八百二十一兩三錢六分又耗銀內除傾寶鞘木騾脚等項費用外餘剩銀兩按年解交綏遠城糧餉同知庫

存留項下

一存留官俸役食銀八百二十一兩三錢六分內

同知一員俸銀八十兩

書辦六名工食銀四十三兩二錢

門子二名工食銀一十二兩

快手八名工食銀四十八兩

皂隸八名工食銀四十八兩

民壯二十名工食銀一百四十四兩

新添民壯四名工食銀二十八兩八錢奉文自行捐廉給發
捕役六名工食銀三十六兩
轎夫四名工食銀二十四兩
傘扇夫三名工食銀一十八兩
仵作二名工食銀一十四兩四錢
禁卒八名工食銀四十八兩
更夫五名工食銀三十兩
改募解差四名工食銀一十九兩二錢
斗級三名工食銀一十八兩留支一名司庫請領銀二名
司獄一員俸銀三十一兩五錢二分
獄皁二名工食銀一十二兩
弓兵六名工食銀三十六兩係從馬廠地糧銀內留支

張皋兒巡檢一員俸銀三十一兩五錢二分
皂隸二名工食銀一十二兩
弓兵十名工食銀六十兩
大莊科巡檢一員俸銀三十一兩五錢二分
皂隸二名工食銀一十二兩
弓兵十名工食銀六十兩
一原額民糧改徵米地係乾隆二十六年奉文由前項民糧折色地內改徵本色米共地一千三百一十二頃八十八畝四分七釐二毫每畝徵米一升一合二勺共徵米一千四百七十石四斗三升八勺八抄六撮四圭遇閏之年每正米一斗加徵閏米三合正閏米每斗隨徵耗米二合此項應徵正閏耗米除存留運米脚價外餘剩米石按年解交綏遠城糧餉同知倉
一原額二道溝等處旗租地係乾隆四年招民墾種共地九百五十六頃二十二畝每畝徵

銀一分四釐共徵銀一千三百三十八兩七錢八釐向不徵收閏耗銀兩所徵租銀存儲廳庫聽候察哈爾都統委員領取公用由旗報銷

一原額太僕寺改折牧地係乾隆三十年奉察哈爾都統奏准自三十一年陸續開墾三十六年陞科共地一萬三千五百七十一頃七十四畝一分每畝徵銀一分四釐五毫共徵銀一萬九千六百七十九兩二分四釐四毫五絲遇閏之年每正銀一兩加徵閏銀三分正閏銀每兩隨徵耗銀五分此項應徵正閏銀兩除按年截留銀一萬二千三百五十四兩七錢五分解交直隸口北道庫外餘銀七千三百二十四兩二錢七分四釐四毫五絲又耗銀內除傾寶鞘木騾脚等項費用外餘剩耗銀隨同正項按年解交戶部

一原額太僕寺折色牧地係乾隆三十年奉察哈爾都統奏准自三十一年陸續開墾三十六年陞科共地五千二百七頃五十八畝每畝徵銀一分四釐共徵銀七千二百九十兩六錢一分二釐遇閏之年每正銀一兩加徵閏銀三分正閏銀每兩隨徵耗銀五分此項應徵正閏銀兩除原留改折項下運米脚價銀二千七百二十四兩九錢四分三釐解交

戶部外餘銀四千五百六十五兩六錢六分九釐又耗銀內除傾寶鞘木騾脚等項費用外餘剩耗銀隨同正銀按年解交直隸口北道庫

一原額五宇圖廟旗租地係乾隆四十三年庄頭二達子等認領共地三百三十六頃二十六畝每畝徵銀一分四釐共徵銀四百七十兩七錢六分四釐遇閏之年每正銀一兩加徵閏銀三分正閏銀每兩隨徵耗銀五分除耗銀解交本省藩庫外其正銀內除正紅旗總管委員領銀一百七十兩八錢以作養贍什拉扣揹六佐領下貧苦蒙民之用其餘正銀二百九十九兩九錢六分四釐存儲廳庫聽候察哈爾都統委員領取公用由旗報銷

一原額禮親王牧地係乾隆四十五年奉文查辦四十八年會同查明該府廠地坐落正紅旗所屬胡魯素太地方因碍游牧曾兌換該旗西爾濟圖等處地方於五十年詳准招佃認墾五十一年陞科共地一千三百三十二頃三十九畝每畝徵銀一分四釐共徵銀一千八百六十五兩三錢四分六釐遇閏之年每正銀一兩加徵閏銀三分正閏銀每兩隨徵耗銀五分又每畝隨徵該府私租銀四釐共徵租銀五百三十二兩九錢五分七釐該

府遣員自行領取所有應徵正閏耗銀內除傾實鞘木騾脚等項費用外餘銀按年解交綏遠城糧餉同知庫

一原額承安牧地係乾隆六十年奉文庄頭推出招民認墾共地二千五百六十四頃二十一畝八分每畝徵銀一分四釐共徵銀三千五百八十九兩六錢五釐二毫遇閏之年每正銀一兩加徵閏銀三分正閏銀每兩隨徵耗銀五分又每畝攤徵差銀一釐六毫二絲六忽二微二纖五沙共攤徵差銀四百一十七兩此項應徵正閏耗差銀兩內除傾實鞘木騾脚等項費用外餘銀按年解交綏遠城糧餉同知庫

將承安入官地畝

一拒墻口外馬廠地係大同鎮牧馬營地因水草並不暢茂馬匹不能飽食經大同鎮奏准

恩賞牧放營馬所有舊馬廠地畝於道光四五年間招民墾種陞科共地七百四頃三十七畝八分每畝徵銀一分四釐共徵銀九百八十六兩一錢二分九釐二毫遇閏之年每正銀一兩加徵閏銀三分正閏銀每兩隨徵耗銀五分此項應徵正閏耗銀內除傾實鞘木

騾脚等項費用外餘銀按年解交綏遠城糧餉同知庫

一禮親王白塔溝牧地係道光八年奉文飭查前放廠地内有與牧丁酌留牧廠一叚後因牧丁回京該府赴部呈明願將此地招民墾種於九年奉文自十年陞科共地五十二頃五十六畝七分每畝徵銀一分四釐共徵銀七十三兩五錢九分三釐八毫遇閏之年每正銀一兩加徵閏銀三分正閏銀每兩隨徵耗銀五分此項應徵銀兩内除傾寶鞘木騾脚等項費用外餘銀按年解交綏遠城糧餉同知庫

一順承郡王牧地係道光八年奉文查辦該府牧廠坐落正紅旗活賴溝地方因有碍游牧曾兌換該旗卓素圖等處地畝於九年奉部覆准開墾十三年陞科共地九百二十頃五十畝每畝徵銀一分四釐共徵銀一千二百八十八兩七錢遇閏之年每正銀一兩加徵閏銀三分正閏銀每兩隨徵耗銀五分又每畝隨徵該府私租銀四釐共徵私租銀三百六十八兩二錢該府遣員自行領取所有應徵正閏耗銀除傾寶鞘木騾脚等項費用外餘銀按年解交綏遠城糧餉同知庫

一承啓推給黃楡窪教民段振舉等牧地係同治八年間承啓家丁盧太得受租錢推給教民等開成熟地一百六十三頃九十二畝六分後續墾餘荒地六十四頃九十九畝六分二項共地二百二十八頃九十二畝二分均於同治十二年造報陞科每畝徵銀一分四釐共徵銀三百二十兩四錢九分八毫遇閏之年每正銀一兩加徵閏銀三分正閏銀每兩隨徵耗銀五分此項應徵正閏耗銀按年解交藩庫

一原額攤徵大同府原徵左等十四團操丁徭銀三百二十六兩九錢奉文在於額徵民糧銀三千八百五兩九錢太僕寺改折牧地銀一萬九千六百七十九兩二分四釐四毫五絲太僕寺折色牧地銀七千二百九十兩六錢一分二釐禮親王折色牧地銀一千八百六十五兩三錢四分六釐五宇圖廟折色旗租銀四百七十兩七錢六分四釐共徵地糧銀三萬三千一百一十一兩六錢四分六釐四毫五絲核計每正銀一兩加攤丁銀九釐八毫七絲二忽七微共加攤丁銀三百二十六兩九錢按年解交藩庫銀三百一十四兩九錢大同府衙門解差工食銀一十二兩

一阿魯庫楞官荒空閑地畝係同治八年奉　文查辦其地坐落察哈爾正黃旗第十四蘇木界內屢經查辦於光緒九年陞科共地二千一百七十五頃三十五畝一分五釐每畝徵銀一分四釐共徵正銀三千四十五兩四錢九分二釐一毫遇閏之年每正銀一兩加徵閏銀三分正閏每兩隨徵耗銀五分又每畝隨徵租銀四釐共徵租銀八百七十兩一錢四分六毫此項應徵正閏耗租銀兩除傾寶鞘木騾脚費用外餘銀按年併解歸綏道衙門交納

一三佐領官荒空閑地畝係咸豐八年奉　文查辦其地坐落察哈爾正黃旗達克党羅素勒拉什達爾濟玉林三佐領游牧界外屢經查辦於光緒九年陞科共地一千六百三頃六十畝五釐每畝徵銀一分四釐共徵正銀二千二百四十五兩四分七毫遇閏之年每正銀一兩加徵閏銀三分正閏每兩隨徵耗銀五分又每畝隨徵租銀四釐共徵租銀六百四十一兩四錢四分二毫此項應徵正閏耗租銀兩除傾寶鞘木騾脚費用外餘銀按年併解歸綏道衙門交納

一麥胡圖湘公牧廠地畝係光緒五年奉　文查辦該府牧廠坐落正紅旗豁爾托巴地方後因其地有碍游牧曾於道光十五年間兌換該旗麥胡圖等處地畝於同治十年奉部覆准開墾於光緒九年陞科共地一千一百四十三頃九十八畝三分每畝徵銀一分四釐共徵正銀一千六百一兩五錢七分六釐二毫遇閏之年每正銀一兩加徵閏銀三分正閏每兩隨徵耗銀五分又每畝隨徵該府私租銀四釐共徵私租銀四百五十七兩五錢九分三釐二毫該府遣員自行領取所有應徵正閏耗銀除傾寶鞘木騾脚費用外餘銀按年併解歸綏道衙門交納

一楡樹窪官荒空閒地畝係光緒八年奉　文查辦其地坐落察哈爾正黃旗游牧界外早經成熟於光緒十年陞科共地二百四十五頃九畝每畝徵銀一分四釐共徵正銀三百四十三兩一錢二分六釐遇閏之年每正銀一兩加徵閏銀三分正閏每兩隨徵耗銀五分又每畝隨徵租銀四釐共徵租銀九十八兩三分六釐此項應徵正閏耗租銀兩除傾寶鞘木騾脚費用外餘銀按年併解歸綏道衙門交納

一紅毛營德瑞牧厰地畝係光緒三年奉　文查辦該府牧厰坐落察哈爾正黃旗第九蘇木界内屢經查辦於光緒十二年陞科共地一千八百一十五頃五畝九分每畝徵銀一分四釐共徵正銀二千五百四十一兩八分二釐六毫遇閏之年每正銀一兩加徵閏銀三分正閏每兩隨徵耗銀五分又每畝隨徵地主私租銀四釐共徵私租銀七百二十六兩二分三釐六毫該地主自行領取所有應徵正閏耗銀除傾實鞘木騾脚費用外餘銀併解歸綏道衙門交納

一烏拉胡祿公牧厰地畝係道光八年奉　文查辦該府牧厰坐落正黃旗烏拉胡地方屢經查辦於光緒九年始經該旗指交地界於光緒十二年陞科共地七百一十頃八十二畝每畝徵銀一分四釐共徵正銀九百九十五兩一錢四分八釐遇閏之年每正銀一兩加徵閏銀三分正閏每兩隨徵耗銀五分又每畝隨徵該府私租銀四釐共徵私租銀二百八十四兩三錢二分八釐該府遣員自行領取所有應徵正閏耗銀除傾實鞘木騾脚費用外餘銀按年併解歸綏道衙門交納

雜稅項下

一徵田房稅契銀每年三四十兩不等

一徵當稅銀三百零五兩

一徵油樑稅銀一百四十兩

一徵矖缸稅銀九十二兩

財政部印刷局印

戶口

周禮秋官司民掌萬民之數自生齒以上皆書於版辨其國中與其都鄙及其郊野異其男女及三年大比以萬民之數詔司寇司寇及孟冬祀司民之日獻其數於王王拜受之登於天府蓋民爲邦本國非民不立王所受於天地祖宗者莫重於此豐鎭自設衛所以來按戶稽口卽以民籍實之嗣後生齒日繁凡成丁者咸入册卽窮陬僻壤皆隸籍焉自乾隆初裁衛所規模仍舊後雖改爲廳治而戶口猶是也第土田磽瘠民無常產生聚維艱牧斯民者所宜時加軫恤俾煙戶無嗟碩鼠歎牂羊焉

通廳現在土著民人二萬一千八百一十九戶

男婦大名口十萬零二千五百二十五名口

男婦小名口四萬三千三百零五名口

本城

實在土著民人四千四百八十七戶

男婦大名口二萬一千零八十三名口

男婦小名口八千八百八十七名口

東鄉

實在土著民人一萬二千七百六十九戶

男婦大名口六萬零一十四名口

男婦小名口二萬五千三百七十名口

西鄉

實在土著民人三千四百五十七戶

男婦大名口一萬六千二百四十二名口

男婦小名口六千八百五十六名口

南鄉

實在土著民人三百三十七戶

男婦大名口一千五百七十八名口
男婦小名口六百六十八名口
北鄉
實在土著民人七百六十九戶
男婦大名口三千六百零八名口
男婦小名口一千五百二十四名口
新收
現年滋生民人一百二十五戶
男婦大名口五百八十七名口
男婦小名口二百九十三名口
以上戶口按年稽實册報
原額徵丁徭銀三百二十六兩九錢乾隆五十九年詳奏

僉允丁銀全數歸入地糧徵收永不加賦

風土

古稱幽幷之民好勇任俠燕趙之士慷慨悲歌唐一行曰晉代負險用武之國豈北方風勁土剛其民習兵地氣使然遂沿爲風俗歟夫風樹於上俗成於下民從上也千里殊風百里異俗治因民也我

朝誕敷文德無遠弗届山陬海澨莫不欣欣向化道一風同革其舊俗矣豐鎭密邇

帝畿被服聲教尤早讀葛屨蟋蟀諸詩唐俗勤儉魏俗儉嗇塞北土瘠民勞俗尚質樸猶有古之遺風焉粤稽往古太史采風以觀民俗易曰省方觀民禮曰陳詩納賈是詢芻蕘備採訪亦司牧者之責也爰據府志所載及今俚俗所尚幷著於篇以資觀風者披覽焉

漢書地理志趙分得趙國鍾代石北民俗懻好氣爲姦不事農商自全晉時已患其剽悍而武靈王又益厲之故冀州之部盜賊常爲他州劇定襄雲中五原頗有趙齊衛楚之徙其民鄙樸少禮文好射獵雁門亦同俗

晉書地理志冀州地有險易帝王所都亂則冀安弱則冀彊荒則冀豐

財政部印刷局印

魏書食貨志太宗永興中勅有司勸課民由是力農歲數豐穰畜牧滋息

宋史王仲德傳北土重同姓並謂之骨肉有遠方相投者莫不竭力營贍若有一人不至者以爲不義不爲鄉邑所容

遼史地理志幷州有代朔其民執干戈奮武衛風氣剛勁自古爲用武之地

遼史兵衛志幷州以北勁風多寒隨陽遷徙歲無甯居

明史耶律楚材傳山後民質樸緩急可用

明布政李承式記雲北邊大藩鎭其俗驕悍軍氓雜處號稱難治

士習　士爲四民之首上之立德立功立言垂諸不朽次亦不失品行端方爲時表率非徒騁才藝苑博第科名也士而曰習則以廉恥自勵氣節自操囿於鄉曲子衿佻達儒林不齒矣竊幸敦謹之家父兄目不識丁性情酷嗜詩書其子弟卽不才亦必延師訓迪負未之暇卽令橫經往往誦讀數年輒棄學力耕間有聰明子弟亦半塗而廢又兼貧寒之家多其間質直自好之儒非負笈擔簦出就外傅不數載卽改業貿易無他憂貧之心勝於憂道故也

我

國家重道崇儒自太學以及府州縣衛並建學宮釐定章程於邊外獨缺彼時未設豐鎮耳迄今人頗務學苦無師承又且應試艱難以致中止儻能建學宮創書院設立黌序再延名宿主講訓誨辛勤將見朝漸夕摩越數年即士風丕變蒸蒸日上即以是爲嚆矢決之是又所厚望焉

農事　周以農事開基男務耕耨女重織紝誠以衣食爲養命之源一夫不耕則啼飢一婦不織則號寒民事不可緩也所以周公輔成王書陳無逸詩譜豳風使先知稼穡之艱難農之所係豈淺鮮哉大同孤懸塞外豐廳尤僻在邊陲土壤沃少瘠多氣候風高霜早三春無花四季多寒故農人往往於清明後始種麥立夏時始種穀小滿後始種黍豆等粟較之大同陽天諸處猶遲半月且無水田盡待雨露其民服田力穡雖有終歲之勤決無再穫之地因而俗尚勤儉恒存蟋蟀之風焉現今屢放牧廠招民開墾其東北鄉土較腴窮黎雲集村落星羅安居樂業頗無刁悍風自北而西而南地多沙漠磽确人苦貧乏不解詩書近年頗

多務學而應試維艱棄儒業者十有八九是在觀民風者亟立學校以廣教化焉

工作　國有六職百工與居一焉城中大街通衢有九小巷僻路亦數十餘條民房廛舍比櫛鱗密是以工用多而泥瓦木石諸匠實繁有徒雖師承不皆鳩拙然俗尚質樸不爲雕華鏤采故奇技淫巧不鬻於市尚有先民遺風金錫陶埴之類率皆樸素渾堅極其粗陋足供備用而已求如西洋之精奇則相遜遠甚其他工作技藝亦日用之常無異通都大邑惟是皮革毛襖口袋等物匠藝最繁較他處爲十倍云

商賈　易曰日中爲市所以通工易事懋遷有無也本城服賈者率皆太原忻代雲郡蔚州人居民爲商者不過十之一日在市廛亦但利逐蠅頭取給鵝眼微薄貿易而已非能擁厚貲居奇貨往來運販歸化綏遠張家口各城爲巨商大賈壟斷擅利所以俗尚勤儉有陶唐氏之遺風近年居闤闠者踵世邊居婚嫁隨之一切服飾競效素封之家務期華麗間有崇尙節儉不求麗都而反笑其齷齪然儉爲美德長民者苟能示之以儉則奢侈之俗庶不至靡所底止矣

冠禮　冠禮所以責成人之道也載在禮書儀制綦詳柳柳州時已稱數百年來人不復行其禮蓋古制浸廢久矣前明尚有沿其遺意者今天下皆不行故不贅顧冠禮雖久不行而子初生取乳名呼不連姓成童就傅始命名連姓呼之曰官名及長所業稍定乃字然僅朋儕呼之父師之前仍呼名其猶有古意歟

婚禮　古者仲春令會男女男三十娶女二十嫁今不拘也豐俗擇男女年齒相等兩家門第相當者媒妁通言兩家父母既許諾然後送庚帖合婚卜日男家先下聘名曰換帖有財禮羊酒首飾綢緞布疋貧富雖不同要即古問名納采禮也擇吉迎娶行納幣禮名曰下茶即附以請期書名曰通信即古納吉納徵請期禮也迎娶前一日壻家備肉麪納於女家謂其肉曰離孃肉麪曰離孃麪名曰催妝女家即以所資妝奩納於壻家及期壻家備肩輿鼓樂燈籠車馬擇女眷中嫻禮者二人如女家逆女名曰娶親女家亦擇女眷中嫻禮者二人輿至壻家名曰送親即古媵遺意其親迎禮村庄士庶家尚行之城中紳士富戶亦間有行之者庶人概不親迎僅以女眷攝之壻向猶俟於門外今則俟於庭堂而已新婦既至壻家

再擇女眷二人迎入中堂設香案行禮男拜女不拜名曰拜天地是夕行合巹禮如古制次日夫婦同拜祖先及父母及長族姑嫜親屬名曰拜堂即古廟見見舅姑禮也是日女家具酒饌送於婿家名曰圓飯即古饋舅姑禮也嫁三日壻見婦之父母女亦隨壻歸省名曰回門婦在壻家住九日在母家亦住九日名曰住九天取長久之義也至彌月亦如之女住一月乃還名曰住對月繼娶閨女與初婚禮同再醮則更簡畧矣至婚期過早甚有十二三歲授室者故夫婦年歲往往不論近年有學識者恐夫綱易授婦執多閱歷者恐求孫已先棄子頗改此俗而奠雁古禮一概不行

喪禮　喪事慎終易不如戚張横渠曰三年之喪二十五月而畢又兩月爲禫禮鑽燧改火天道一變而情不能已再期而又不可已更加三月是二十七月也蓋由初喪期而小祥再期而大祥統計二十七月而禫始除服爲三年之喪畢也豐俗親始歿孝子披髮跣足朝夕擗踊哭泣無數具棺入殮殯於中堂訃於戚友大功以上皆以麻括髮名曰下頭家人裂布裹首三日成服齊衰以下各服其服晨昏奠每飲必薦是日親戚僚友悉來焚紙弔唁名曰

財政部印刷局印

燒紙是夜用鼓樂哭訃於城隍廟名曰送燈村民哭訃於五道祠名曰告廟七日設祭焚紙錢受親戚賻奠名曰開弔亦有延禮生行家奠者每七日黃昏後然燈燭焚香楮男女哭泣柩前名曰燒夜紙貧民多有七日九日葬者富室亦有經年而後葬者惟紳士及庶民之知禮家於百日內卜日治葬葬期之前數日送引狀訃期遍報親知送靈前三日親友賻奠名曰辭靈其富者延禮生如開弔家奠儀及葬亦如之亦有用僧道導引者柩到墳前點神主祀後土祭壙畢反主於家凡置靈座用冥儀設魂帛立銘旌繪容像造明器告遷柩設遣奠期功之喪亦必素衣素冠皆如古制既葬三日主人祭掃於墓奠薦庶饈名曰安竈又曰復三必親封土修墓名曰圓墳紳士家亦間有三五日即哭於墓者但豐俗崇尙佛事近有苫塊之餘輒延賓朋逢七齋僧作樂皆飾一時耳目之觀非禮也程正叔曰治喪不用浮圖在落亦有化之蓋螺鈸西方之樂用之死者之側是以其樂臨死者也今士庶每尙浮圖惟好禮之家能遵文公家禮不作佛事

祭禮　祭先主孝所以報本追遠盡人子春露秋霜之感也程子謂無遠近多少盡當祭之

似亦太甚士庶不過三代仕宦不過四代上至始祖則諸侯之禮也又推始祖所自出則天子之禮也安可僭乎張橫渠曰祭用分至取其陰陽往來又取氣之來時之均也豐俗祭祀先祖自元日至除夕歲時薦新及父母生辰忌日紳士家皆祭庶人每闕畧焉惟清明節七夕家家與小女兒纏足穿耳學鍼黹取乞巧之意

中元節祭掃拜墓與清明節同但祭品多薦時鮮若瓜果之類家家門首插麻穀食新麥蒸麪人麪魚親戚互相餽贈

中秋節各家俱用瓜果月餅供月其供月之餅名曰團圓餅分結家人不及親朋親朋另買餅以遺之節後輪流請客食餅月盡始止預於半月之前麪舖俱開鑪做餅市中瓜果堆積聯絡不絕有如山如阜者然

重陽節多以饟羊獻天地名曰進平安牲飲菊花食餻間有登高者頗仿古人遺意

十月初一日家家門外焚燒楮帛五色花紙名曰送寒衣婦女號泣與清明中元節同

冬至城中鋪戶祀財神品儀甚豐其慶賀禮書舘與在官者同俗言新冬舊年故拜冬與拜

年同鄉村少異
十二月初八日名爲臘八前一日往河取冰融水次早晨喫棗兒豆粥不茹葷俗傳如來佛講經日也
二十三日祀竈以糖餳俗名麻糖雖久沿用不解其説至除夕守歲與他處畧同
七月望十月朔拜掃塋墓士庶共行若娶婦三月廟見亦應祭祀而今多不行其祭儀貴者用五簋士庶家以三四味爲式富室用羊豕鷄鴨酒醴黍稷麪食幷時鮮若瓜果之類貧家止用蔬食至祠堂之設此地槪無惟位木主於中庭拜跪從事而已其祀外神商賈雜技莫不立社酬神獨四月四日五月五日祀極隆重十八日次之除仲冬季冬兩月外靡月不崇祠祀而紳士多立竈於爨室於八月初三日十二月二十三日祀之庶人多雜祀外神於中堂且有雜祀於寢者非禮也其農人有虔祀龍神春祈秋報亦必醵錢獻牲演戲與各社同

節序

今夫志以紀事亦惟提綱挈領而已至節序之遞遷人事之不齊如祭祖酬神與夫日用飲

食賓朋宴饗瑣瑣者似可鄙夷焉而不屑道抑知冠昏喪祭儀禮綦詳閭巷歌謠風詩併錄與其挂一漏萬何如並蓄兼收況載在志乘正以驗人情知物理紀風俗考政治烏得畧而不書故志之

立春前一日治署率紳民出東門外迎春東郊名曰迎春用紙人一高三尺六寸五分按周天三百六十五度名勾芒神用紙牛一高四尺長八尺名曰春牛以勾芒神冠履服色與春牛頭尾毛色占一年旱潦豐歉次日立春之刻禮生導引用彩杖擊牛名曰鞭牛餞臘即所謂擊土牛以送寒氣也

元旦前一日家家壘若浮圖過夜半擇吉時用乾柴爇之名曰旺火前夕用白紙尺許長八寸寬合成方筩每面二寸如神主櫝然上貼紅紙三寸許按三代姓名書於其上名亡疏置諸神主之側具果脯素饈供於案前約家中男婦老幼拜祭名曰供疏元旦張燈結綵貼春聯具犧牲肴饌各以其力爲差祭天地諸神及祖宗畢家衆以次祝賀不論貧富飲酒食太平餑餑俗名匾食天明外戚友朋亦交賀待以茶酒兒童拜賀者賞或錢或核桃多寡不等

名曰拜年
初五日名破五又名五窮日黎明各灑掃穢垢送於門外又剪綵爲人在街頭相更換名曰送窮婦女忌針指補𥨊罅大抵是日宜補不宜破也
初八日俗名八仙日是日順禳星辰先是前臘各廟僧道與相識者送迎祥疏一道至期家家布施各廟焚化神疏有八仙社在城隍廟獻戲四期
初十日名十指忌鑿炭忌針指至晚逐家在室暗處點燈焚香俗名鼠娶婦
上元俗名燈節鄉下多扮燈官唱秧歌互相徵逐仿儺禮城中各大街設棚迓三官木主於其中或用鼓樂或扮秧歌或獻戲十四十五十六日各晚大放花燈有燈山燈樹燈樓各名色煙火有丈餘高大旺火及時發之礮聲震天滿城燈火照耀如晝男婦游觀塡闉塞巷行者如蟻聚者如堵治署飭差役巡查將近二鼓悉令下火此後鋪戶即接連擇吉發市發市之日各相拜賀
十六日至晚將除夕所供之亡疏盛以木盤燒化於門外名曰送疏亦有初三初六日送者

財政部印刷局印

二十日名爲小添倉二十五日名老添倉是日凡積米麪處必焚香拜祝甚有乘此日糴米麪以添蓄者是月先半月婦女忌鍼指日極多然是兩日尤忌俗語云過了老添倉羞死懶婆娘

二月初二日太陽星君聖誕家家設供日餅焚香以祭或有太陽廟獻戲者初二日名爲龍擡頭黎明戶家按是年治水龍數投錢於茶壺汲水井中隨走隨傾至家則以餘數合錢傾入水甕名爲引錢龍

清明寒食節家家禁煙火插柳枝蒸白麪鳥與兒童戲名曰寒燕蒸寒食點心可入藥祭掃墳墓焚燒楮帛城鄉婦女多野哭者

四月初四日忻定社祀　關帝儀極豐隆獻戲之外又扮架戲數十齣舉國若狂男女同途禮義自守者能禁約至其奉帝君神像隨架戲徧歷街衢殊爲不敬然　帝君座前用五色紙剪奇花異草極其鮮妍又用白麪染色做牌樓鐘皷樓飛檐鬥角情景逼眞用意之巧亦有足觀者

初八日子孫聖母會家家上廟還願至十二歲止有用銀人泥人木人紙人以替死者有用羊雞者有用笤箒神旛者有婦人跪長香者此俗不獨在城爲然卽鄉下亦處處有之

端陽節家家門上插艾黏符兒童臂纏綵繩食角黍涼餻飲雄黃酒以驅邪疫前一日關帝位前供果品花卉扮架戲二日與忻定社同名雲郡社

十八日城東大王廟獻戲酬神城中男婦各攜酒食茶具至其地聚會望海樓前觀山色聽流泉名曰踏青

六月初一日農民社　龍神位前報賽四日錢行社亦於是日在　關帝座前獻戲結綵懸燈觀者其麗不億

財政部印刷局印

物產

禹貢方物之獻各因其地冀州獨闕厥貢非因帝畿也不責有於無也豐鎮古爲新雲中僻陋塞北地瘠天寒實無奇珍然雖霜早收薄而土物之宜未可以邊陲而畧之也

周禮職方氏正北曰幷州其民二男三女畜宜五擾穀宜五種按此以周公分九州言

漢書河内曰冀州其民五男三女畜宜牛羊穀宜黍稷按此以禹分九州言然語與周禮無異未核其詳

穀屬

穀即粱也脫殼則曰粟米亦曰穀米總名小米今直名曰穀北人呼穀子有青紅黃白數種孟詵謂人不識粟李時珍謂人不識粱穗大毛長而粒粗者爲粱穗小毛短而粒細者爲粟性有軟硬之分其實一物也又粒細色白曰粱穀亦有大小二種其黏者有紅黃二色去殼謂之小黃米

黍苗穗似稷而大實圓重土高燥者宜黍黍以大暑種故謂之黍刈後乘溼打則稃易脫有紅靑黃白紫黑數種胥可釀酒其性亦分軟硬脫殼軟者謂之黃米硬者謂之斬米按詩

緝云黍有二種黏者爲秫可以釀酒不黏者爲黍如稻之有秔穤也李時珍云黍稷一類二種黏者爲黍不黏者爲稷猶稻之有粳穤也其說正相反嘗考黍稷之黏者曰秫不黏者曰穄又黍中亦有黏者曰穈黍穈實稷類也則詩緝之說近是然今通稱黍子不復知稷矣姑兩存以備考

稷似黍而小卽所謂穈黍也似粟而巨光滑過之先諸穀熟刈欲早過熟則實隨落米色特黃故土人稱黃米

穈卽黍之不黏者北人去殼炒之謂之炒米

稻一名稌有秔穤二種宜水田去殼謂之大米亦曰白米此地無種者

高粱卽茭子一名蜀秫以種來自蜀也南人謂之蘆稷有紅黃白三種黃白者性黏米可爲粥亦可造酒李時珍曰蘆稷酒最能益氣和中諺曰處暑不出頭割得喂了牛謂高粱也

麥有大小二種大麥俗名草麥卽府志所謂穬麥皮肉相連造麴用亦有礦其皮以食者作粥飯殊滑蘗可爲餳有露仁不露仁二種小麥皮薄多白麪食之宜人生於山地麪硬色

靑生於川地者麪軟色白有火麥紅麥白麥和尙麥諸種漢武帝勸民種宿麥白露前種小暑後刈種收隔歲故名宿麥此地早寒無種者大小二麥春風前後種豐鎭多在淸明後種立秋後始熟諺曰齊秋拔夏是也明史御史徐汝圭條上邊防兵食謂宣大產二麥宜多方收糴

雀麥見爾雅一名燕麥一名油麥俗名莜麥莜卽油字之譌夏種性寒宜邊地按博物志食燕麥令人骨節斷解古樂府云道旁兎絲何嘗可絡田中燕麥何嘗可穫言虛名無用也今油麥中有黑稃長芒而粒大者土人謂之燕麥府志云似非油麥考核未眞

莜麥俗譌作蕎麥去殼則爲秈籽其種較油麥爲遲早種者色黑遲種者色黃有黑斑二種諺曰中秋有月則莜麥多實別有苦莜一種俗名胡食子苗似莜麥而莖靑花白實似莜麥而棱角不峻味最苦淘去苦汁可作粉餌北人飼馬者多用以爲馬料

豆卽菽也種類甚多　大豆南人謂之蠶豆　小豆有赤白黑三種　豌豆有白綠二種白者味佳　菉豆有摘角刈梗油綠二種又有大菉豆熟最晚此地早寒無種者　豇豆有

深紅淺紅淡白三種又有菜豇豆柴豇豆二種胥可為蔬亦可佐粥　梅豆一名蓮豆佐粥甚宜為蔬最良有紅紫白三種　青豆有大小二種或名茶豆　黃豆有大小二種可造醬兼可作腐　黑豆俗名料豆入藥良有大小二種　扁豆有白犁二種花如小蛾翅尾俱全成實後磨粉麪　刀豆　羊頭豆　以上諸豆胥夏種惟豌豆扁豆宜春種

麻有二種大麻即草麻色蒼而顆大可榨油仁可入藥色紅黑者名胡麻莖如石竹花小翠藍色子可榨油古者中國止有大麻漢使通西域始自大宛得油麻故名胡麻一名巨勝

玉蜀秫苗葉胥似高粱穗如秕麥葉旁別出一苞垂吐白鬚久則苞坼子出顆顆攢簇有黃白紅黑四色黃白色者佳俗名玉秫又名玉茭子近年又有西洋玉蜀秫顆扁色頗白而味淡

黃芥子子可榨油又一種紫色者名黑芥子又一種紅色者似芥菜子而差大名菜子胥可榨油

千歲穀高四五尺葉闊而尖苗帶赤色葉旁皆穗穗皆長條下垂故名其子碎小光滑黏而

可食又有二種穗上簇而不下垂色黃名玉穀色赤者名老來紅

稗子顆大而白與野生者別五代史安重榮勸民種稗即此

蔬屬

蔓菁（一名諸葛菜紅白二種）　芥菜（花葉牛毛二種）　白菜（箭杆黃芽二種）　牛肚松（形似劈蘭煮易爛味美俗名回回白）　劈蘭（一名玉蔓菁俗名松根）　蘿菔（紅黃白三種俗名蘿蔔性制麪毒一名來服以來牟之所服也）　萵苣　菠菜（一名波稜菜又名青菜）　蒝荽（一作芫荽即胡荽生熟皆可食）　莙薘（俗名甜菜根葉皆可食）　芹（楚葵一名水英俗名胡芹）　莧（馬齒類莖葉皆高大可見從見青泥殺鼈得莧復生食鼈者忌之）　葱　韭（豐本又名懶人菜出應州者佳名金城韭本草孝文韭生塞北狀如韭云是魏孝文帝所植）　薤（葷菜以韭爾雅釋草韭山韭）　蒜（紫白二種）　茄子（紅白二種）　苣菜（甜苦二種）　地皮菜（似木耳而小）　地蕈（菌之大者生地上）　菌（蕈之小者生木上）　蘑菇（蕈類）　鹿尾菜（俗名羊尾把又一種名苦椿菜即麻黃根不可多食）　地筍（一名玉環俗名地留兒）　蕨（根如紫草莖青柴色味甘寒）　苜蓿（人馬皆可食）　地瓜子（其形似海螺）　莫（菜也似柳葉而長有毛刺可爲羹見魏風）　白薯（其大如拳俗名回子山藥）

瓜屬

甜瓜　西瓜　香瓜　菜瓜（有數種）　倭瓜　番瓜　看瓜　王瓜（一名藤姑）　葫蘆（有西葫蘆藥葫蘆等種）　瓠子

黃瓜

果屬

桃 杏 李 果 沙果 郁李 酸刺（俗名酸榴榴）

木屬

楊 柳 樺 楡 檉柳 白楊 松杆

草屬

蘋 萍 莎草（即臺草俗名莨草） 龍鬚 蓆箕（即蓆具草一名塞路古詩云千里蓆具草是也可爲掃帚又可編笸） 蒿（種類甚多） 茅 管

馬蘭 蓬（有數種） 地椒 艾 蘆 蒲 藍（即馬藍一名葴可爲澱）

花屬

牡丹 芍藥 菊（種類甚多） 葵（俗名向陽花） 石竹 山丹 拳丹（即百合花） 雞冠（赤紫黃數種） 鳳仙（俗名海納其色各別）

玉簪 粉團 紅蓼 水紅 金盞 荷葉蓮 篆枝蓮 萵苣蓮 罌粟花 虞美人

荷包 瑤墜 牽牛 月季 金菊 柳葉桃 蜀葵 戎葵 月季 石榴

藥屬

甘草 赤芍 白芍 大黄 柴胡 紫蘇 麻黄 防風 蒼朮 遠志 葶藶 蒺藜
杏仁 茵陳 薄荷 二丑即牽牛子 百合 秦艽 瞿麥即石竹苗 蒼耳 茅根 黄蓍 藜蘆
瓜蒂 粟殼 御米 黄精 扁蓄 車前子 地骨皮 益母草 大小薊 蒲公英
兎絲子 固精子 萊菔子 地丁草 夏枯草 萵苣子 瓦松 蓖麻子 郁李仁
扁豆子 巨勝子 藁本 木賊 王不留行 甘遂 旋覆花 斑蝥 皮硝 黄芩
肉蓯蓉 地膚子 蘇參 青黛 望月砂 夜月砂 谷精草 百部 茺蔚子 牛黄
紅娘 葶藶子 蛇蛻 紫花地丁 苦丁香 公丁香

羽屬

鵝 鴨 鷄 雉 鷺 燕 鵲 雀 鳩 鸛 鷹 鷂 烏 鴉有數種 鴿 鵏 鴟
山鵲隼 慈老 石鷄 半翅即半痴其性痴故名 鶉鴿即班鳩 布穀 啄木 鴻鴈 鴛鴦 蠟嘴
青鴲 山畫眉 白鴿一名百靈 脊令 鶺鶸 兎鶻 沙鷄

毛屬

馬 牛 驢 騾 犬 羊 豕 貓 狼 狐 狸 兎 夜猴 黃腰 黃鼠（即鼬鼠食地椒）

貛（味美） 鼠 麅 黃羊 山羊（即羱羊）

蟲屬

蜘蛛 蟯螂 蜢蚱 螻蛄 蟋蟀 蜻蜓 蚯蚓 蜂（俗名胡蜂另有土蜂） 蜜蜂 螻蟈 蝦蟆

蟻（大小紅黑數種） 蚊 蠅（大小二種） 蟬 蟊 賊 螟 特 蛾 螢 螟蛉 伊威 蠨蛸 蚰蜒

蛇（有數種） 蠹魚 螳螂 壁魚 促織 蛆 蛀 蛓（毛蟲有毒食樹葉） 秋涼（類屬） 螽（蝗屬） 蝱 蚋 蝴蝶

蚌 蝙蝠 壁蝨

水屬

魚 五色魚 水蛭 蜞 蝦

貨屬

靛 鹽 鹻 紅土 包黃 白土 石粉 豆粉 黃酒 燒酒 炒米 礞石 石灰

瓦器 氈貨 皮貨 硝 麻 胡油 醯 醬 天冰（塊粒如石腠理薄似紙層層剝之表裏如玻璃水晶狀然脆而不堅）

土人用以映窗令內外朗照無障俗名天皮

災祥

周禮眡祲掌十煇之法以觀妖祥保章氏掌天星以志日月星辰之變動辨其吉凶左氏亦謂分至啓閉必書雲物春秋書災不書祥書事不書驗凡以人事變於下天道應於上和致祥而乖致沴理有固然使人無時無處而不致其恐懼修省也是以古聖必競競於天人之際出王游衍無敢戲渝焉夫禾五穗麥兩歧虎北渡河蝗不入境六事責而膏雨降一言善而妖星徙孰非善政類應之祥徵然而夜星不見星隕如雨孛星入斗以及龍鬬石言隕霜拔木有蜚有蜮無麥無禾亦未嘗不時見於史册至若記災而幷記祥亦謂雨雹地震固足示怪卽芝產河淸麟遊鳳巢亦足見異修德而祥桑死聽神而虢國亡苟不委爲氣數之適然則人事之感通天道亦因之而變化震來虩虩庶可永孚於休也已

嘉慶七年夏五月本城富家巷民某宴客從窗飛入小蟲落屋壁似蚰蜒寸許行漸如筯長尺餘倚壁有几一几上有錫器二蟲飛近几几上二錫器鎔成汁蟲漸如蛇觀者目瞪口癡霹靂一聲破壁飛去滿座人昏倒後甦卻無所傷或曰龍也不然何其神歟

財政部印刷局印

道光七年夏五月龍降本城北坡居民院內長數丈頭南尾北身無鱗赤色其臭無比稟官拜禱用水數百桶灌其下俄而雲霧四合霹靂一聲騰空而去

十六年秋蝗害稼民大饑

咸豐十一年秋八月正黃旗可可無樹龍起於井適值蒙古婦汲水遂橫形於井外長丈餘本旗各官拜禱頃雷雨交至倏忽不見

同治八年夏五月金星晝見秋七月太白犯畢

九年秋七月二十七日雨至八月初六日止居民牆傾屋壞至十月有不能復其舊者

光緒二年正月張皋鎭東泉水漲高四五丈五六日方止漲後泉中生浮蘋鮮妍可愛是年邊外歉收而鎭獨豐

五月張皋鎭東起羊角風通天至地五色旋轉移時入　關帝廟凡經過地方田苗如火焚

五月二十四日午後陰雲密布張皋鎭北龍見上半雲霧籠罩不可見下半夭矯騰拏歷兩時許始入雲際少頃冰雹交集北山雪白

秋七月二十九日午後白毛溝村起龍初似羊角風入雲際漸如塔又漸如繩忽然平地雷聲大震風遂起飛砂走石塵霧漫天將十一灣村民塲牆移北於南相距數十步署無傾欹碌碡捲去半空落村南小溝數十人撼之不出禾稼吹去無數

五年秋夜青山雨雹大如車輪河灘宿鴈傷者無算次早居民爭利其肉至午雹猶未消山前後禾稼大傷

六年五月十四日大風雷紅旗地鐃爾鉢村民院內酒器約注三四十斤從窗櫺吹入旋轉移時復吹出將器與犬與羸並捲去半空器落本院內羸落院後山頭距院二里許犬落毛不浪村距院二十里許均無恙十六日即大雨岱海灘周圍數百里平地水深三尺人畜房屋田禾損傷無算當吹器入室時有臥而飲烟者掣其鎗撞入屋壁數寸許風定牢不可動用力拔出而已成破竹勢矣

七年五月初三日城南二十一溝村午後聞有聲自西北來勢如萬鳥奔騰俄狂風大作拔起村北楊樹八株百餘年物也周圍大七八尺許打壞居民屋頂無算

財政部印刷局印

幻異

今夫怪爲聖人所不語而幻異之端往往載在史册登諸志乘似與聖教相違顧聖人不語所以正人心維風化而史乘所書亦以紀時事徵休咎故星隕石言春秋書之非矜奇也蓋欲人見幻異而克自警省使幻異胥消於烏有是亦聖教維世之意也夫

嘉慶五年秋九囤溝路旁自來石人高丈餘腰大十圍狀似佛者至今存

本城東門外新城河邊有石牛一頭北臥石上蓋牛屬丑丑屬土取土尅水之意因以鎭河

或傳乾隆四十九年自來二石牛後一去一存不知何據

道光二年城南街有貨熟肉者夜間穿櫃內有紙錢十數枚至是每晚留心物色後有一人來割肉形容古怪異之去尾其後入正覺寺地藏王廟次日入廟徧訪與地方鬼像逼肖向施主說明用釘釘其兩足後廟燬災及廟重建諸像皆補塑而地方鬼像獨無

同治元年正月城東門外新城河邊居民見一角牛從河冰中出以角觸冰冰攢如阜是年禾大稔而民多疫

鄂博坪　關帝廟山門前有石獅凡車馬過路必將脂車油膏其口方保無虞不然恐有傾覆之禍

人物

天地者人物之逆旅人物者天地之胎孕天地英華之氣不間世而始鍾人物奇特之生不擇地而皆有是故人物之品議者重焉特是古往今來時易代更或難彙集品誼悉登志乘然存其名也實必副之紀其實也名可沒乎其上聖名賢爲萬世楷模者固可與天地同悠久即匹夫匹婦孝友彰於鄉閭貞烈出於慷慨生德不爽死矢靡他無非天地鍾靈毓秀而生亦能不朽於千古夫天地大矣其間丈夫女子忠孝節義雖各異致而苦誼孤行貞操炳若日星山川爲之生色皆人物也皆可傳也豈論地之名區與僻壤哉語云十室之邑必有忠信豐鎮雖處塞外其間氣所生不與倜儻磊落卓犖人寰以垂不朽於斯世君子疾沒世而名不稱人物可湮沒而不志也哉

韓廣成奉親克盡孝養性勤儉尚義貧稍裕輒喜緩急人有審屬巡檢某歿其妻妾子女貧不能歸哀鳴嗷嗷幾至流離瑣尾韓力任其事仗義捐金送歸梓里俾免黃鳥失所其他義行周急恤貧排難解紛不一而足歿後遠近婦孺聞之無不感歎流涕及葬送者千餘

人

李廣仁湧月灣人事父母以孝聞家素封而行義不怠族黨貧乏賴以舉火者甚夥道光十二年歲饑居民乏食李出粟數百石按口給食粟盡而繼之以麵全活甚衆十六年歲饑亦如之凡有緩急事皆曲成之而焚券不計償人皆服其高義

劉光裕字象賢性伉爽慷慨好義某年由豐之平遙至岱岳鎭曉行拾被套一檢之內有白金七十餘兩錢票四百千銀會票七百兩劉急返店貼報招認而冒認者踵相接劉皆不給俟夜半聞叩門聲啓之其人蹌踉而入汗如雨下自言省城會兌局某人從大同索債歸早行車上續殘夢遂遺若不得原物命合休矣言已而泣聲淚俱下劉見其情切詢所失物言之錙銖不爽遂如其言悉付之其人拜謝而去

周奉先太學生性仁慈喜施予光緒二年歲荒鄉鄰乏食周罄所有賑濟按口給食費靑蚨一千數百餘緡同知定詳請宮保曾賞給好善樂施匾額以示奬勵

趙萬成二道河村民也貿易歸途次拾一小袱約重七八十兩檢之白金也趙久待無人攜

歸貼報旋有失者崔旺踵門拜求趙詢問不爽原封璧趙崔德之贈匾以旌其閭

劉嘉德副魁大同人寄居豐舌耕訓迪成就頗多邊塞文風從兹日振

張　玉六品軍功家素封性不吝所有光緒三年春與隆盛莊村民張善政共捐銀六百兩以賑窮餓存活甚衆同知定詳請宮保曾均奬以好善樂施匾額

王清文仗義疎財尤好讀書里有婚喪竭力資助耕暇即率鄉鄰貧寒子弟聚於一處教讀書習字孝弟忠信之理盡心開導至次年東作方休三十餘年終無倦色卒年七十八鄉人爲之墮淚其子澤民亦慷慨好施遇有緩急傾囊佽助鄰有郝姓者貧無立錐親歿將謀鬻子以營葬地澤民聞而憐之捨地八畝與郝葬親令其父子生得團圓死無暴露鄉鄰欽之謂其有乃父風

許元科高廟村人也家素封鄉鄰貧窶者無不周給所出貸財並不登劵光緒三年歲歉民饑除罄家佽助外復買粟米數百石按口給食鄰里賴以舉火者指不勝屈因之全活甚夥人皆服其高義及沒之日聞者無不墮淚

孝子

今夫子之克孝分也分所當爲卽爲人之所難爲初非爲人初不必求知於天下之人與後世之人何足志顧孝爲百行之原子之孝雖非爲人雖不必求知於天下後世之人而天下後世之胥賴以安者必原於子之孝蓋一家之子孝而家齊一國之子孝而國治天下之子孝而天下平天下後世之事孰重於孝詩云孝子不匱永錫爾類又云永言孝思孝思維則子不足志孝子烏可以不志

續天珍新城灣村人也乾隆五十二年邊外大荒薪桂米珠民多流亡時珍尙幼其父外出十數年無耗珍母子乏食度日幾死者數後成立矢志尋親山陬水澨足跡幾遍一日至陜河套晚宿店主晉音也異之細叩來歷知爲其父遂述所自來父子相認悲喜交集已而將店產出售奉父歸買田屋父子夫婦重爲聚首珍婦尤善事翁姑鄉鄰稱之珍年八十二而卒至今六世家道豐裕子孫蕃衍人皆以爲孝德之報

申彭齡介休人因貧不能存與父由籍之豐傭工餬口後聞科布爾工價昂其父遂與鄰往

路出察哈爾正黃旗界至白彥溝天大寒平沙漠漠四顧無村落其父凍不能行齡急脫已衣與父欲父先行父拒之曰汝不急行父子俱斃於曠野誰收吾骨汝可先行儻附近有人可急將騎來尙可重見齡赤身號哭而去奔五六里有蒙古坐落齡投之舌僵猶以手指畫其父所蒙古人不解其意急火之愈不能言又以氈束身橫倒地上歷兩時許始蘇能言而手足之指因前火故俱墮落痛不能行哭求蒙古人將騎至父所而其父已冰齡大痛幾不欲生因念父屍未歸忍死疊石塚蒙古人憐其孝助以資斧匍匐歸豐每爲人言父死之故聲淚俱下謂生不如死得見父之樂也踰年春融負父歸籍後不知所終

高明豐泰莊人性孝友精醫術母卒父鰥有腹疾嘗侍湯藥十餘年不倦及病劇醫藥罔效明技窮物色賢己者醫之後有醫言糞味苦尙可療明嘗糞畧無難色其弟先亡遺子仲魁尙幼明愛如己出延師訓讀與子占魁俱遊庠其弟婦曲氏係繼娶隨前夫李姓之子明撫之成立其他善行如施藥勸善難以枚舉鄉鄰賢之

張仁大莊科村民也家甚貧力耕自給其父進財素患腿疾艱於步履每如厠仁親負出入

至於飲食雖甚急迫必親侍之久無倦色里人兢傳其孝年已八旬猶健焉

孝婦

今夫孝根於性子與女本無殊也顧子有婦則孝衰女爲婦則孝難非婦之性異也婦於翁姑無生育之恩有尊嚴之義較之子女則恩疏而愛薄而天下之爲翁姑者往往寬恕其子女而苛責其婦婦亦因其苛責遂暗相詬誶不獨不以翁姑之心爲心並不以子女之心爲心故子女之孝難而婦之孝尤不易苟有其人是亦唐氏乳姑之後進烏可湮沒而不彰故志之以爲世之爲婦者勸

喬氏賀大有妻年十七歸賀性婉淑事親孝姑卒翁老得癱疾動作需人賀既無伯叔兄弟又服賈外出經年不返而喬事翁曲體順從惟恐不當翁意勞瘁備至晷無倦色晝奉飲食湯藥不離側夜以繩繫臂而隔窗授繩於翁有所需掣繩動臂喬即隨掣而至如是數年其子九疇咸豐辛酉拔貢壬戌副魁人皆以爲孝德之報

李氏弓玉妻年十八歸弓性柔順最孝夫服田力穡終歲勤動而李事翁姑先意承志克盡

婦道姑歿事繼姑尤加孝敬繼姑又歿翁又娶李事之如一內外無間言不數年又歿翁已六十餘矣得腿疾臥病不能下牀李事之朝夕不離側恐他人不當翁意凡湯餌甘旨必親奉之牀褥穢垢必親滌之如是十年未嘗有倦色及歿哀毀盡禮鄉鄰賢之

劉氏庠生李揚藻妻十六歲歸李性溫淑最孝後翁年五十餘得饐症甘旨不能下咽惟求乳汁養之適劉氏生次子殀擠乳乳之六閱月翁病愈後間數月復病劉復乳之屢病屢乳至翁歿如是九年不倦時人難之親鄰皆以爲賢

常氏劉源之妻十七歲于歸事親孝祖姑年逾七旬得病將危醫藥罔效常哺幼子以他食而乳其祖姑數年不倦病尋愈鄉鄰皆以爲賢

樊氏翟廷寀妻性柔順至孝歸翟後其祖姑失明姑患腿疾動作需人是時其曾祖翁姑猶在年邁力衰終年臥病其夫服田力穡終歲勤動不暇內顧樊以一身支持力事三世飲食湯藥糞除穢垢數十年不倦內外無間言遠近賢之

節婦

自來婦主中饋無非無儀以順爲正而已譬之芳華春榮夏茂風蕩月妍責以經霜猶勁凌雪不凋蓋亦難矣又況有齋之女斯飢之季曷其有常然或以節著矢丹心於皓首或以烈傳蹈白刃於青春植大義樹綱常徽行懿德爲千古不可磨滅者不乏其人何兩間正氣萃於女子之多耶顧窮鄉僻壤莫爲表揚遂湮沒而不傳者不知凡幾我

朝表厥宅里於窮簷陋巷之壼儀閨範足增閭里光者凡年例已符不分存沒其姓氏皆得

上達

楓宸建坊

旌表以慰潛德以闡幽光而輕生刲股者不與豈徒巾幗之楷模哉抑使長樂老人輩靦顔而抱愧也爰採史志紀載並訪故老傳聞其軼事可嘉悉爲纂入不濫不遺亦標孤芳於奕世扶正氣於千秋云爾

相氏王孝妻年十七于歸家貧孝嘗傭工於外鄰有無賴徒某窺其夫出意謂質弱可欺以

言挑之相拒之甚嚴逼之相恐不免詭令出窺人遂闔戶而自縊乾隆四十五年　旌表
張氏姚攀龍妻年十七歸姚翁姑年邁環堵蕭然張事親孝持家儉年二十八夫歿遺四子矢志守節含苦茹荼撫子成立壽七十而終咸豐癸丑　旌表
王氏李振業妻年二十三夫亡遺子茂未週歲家無擔石王截髮毀容矢志苦守持家訓子克儉克勤壽六十而終咸豐三年　旌表
李氏劉恭妻年二十八夫亡矢志不二守節五十一年
范氏薄登旺妻十七歲歸薄年二十二夫亡無所出嗣夫兄子成運爲子扶養成立矢志靡他壽七十四而終守節五十二年
劉氏嚴存和妻年十七于歸三年夫歿矢志守節堅如金石姑病劉侍之每夜數起三年不懈姑歿哀毀盡禮後事繼姑尤謹其子遵母教亦以孝聞卒年七十五道光五年　旌表
李氏胡兆魁妻年二十九夫亡遺二子俱幼姑老且病李奉侍湯藥衣不解帶數年及卒哀毀盡禮力終大事辛苦萬狀撫子成立現年四十九

劉氏李彬妻年二十三彬亡劉矢志靡他守節四十年同治五年　旌表

王氏姚玉妻十九歲歸姚事翁姑克盡婦道年二十九玉亡遺二子俱幼家甚貧矢志苦守冰霜自勵年八十而終

白氏李玉英妻二十歲歸李家貧年二十四夫亡遺子未週歲白十指謀生撫孤成立守節四十九年壽七十三而終

潘氏劉建基妻庠生綏周之女十七歲歸劉溫婉有淑德夫亡遺一女號慟欲絕三日殮訖語家人曰吾困矣吾歸臥莫吾覺也人不之疑遂入室易吉服諸事妥理投環自縊天明人覺而體已冰矣時年二十五

李氏袁萬義妻十七歲歸袁甫三載袁歿遺子週歲家甚貧李截髮毀容立志堅守女紅自給撫孤成立卒年六十二

郭氏薄登厚妻年二十八夫歿遺子一尚幼郭守節撫孤冰霜自勵卒年七十二

李氏張宗第妻十八歲歸宗第後因富豪某言出無禮義不辱投環自縊聞者傷之

尙氏王梅妻年二十二梅亡遺一子方週歲翁姑老尙堅志事育之死靡他現年七十三
趙氏張廷祥妻年二十九廷祥歿四子一女室如懸罄趙守節撫孤冰霜自勵後諸子長家亦裕孫曾繞膝趙年七十七親見之閭里咸以爲苦節之報云
蕭氏張繼康妻年十九歸張張忻州賈人也家甚貧由忻之張臯鎮貿易因聘蕭忠義之女爲妻後因久病益致蕭條饔飧不繼蕭以鍼黹供晨夕炊經年無倦色繼康竟於同治八年季冬時病故蕭欲扶柩歸里誓以死殉適夫族弟之臯聲言家無斗筲勸其服闋他適其父憐其年幼無子欲奪其志蕭泣不從逼之蕭恐終不免佯爲喜色竟乘間投環自縊親族鄰里賢其節烈於九年十月間賻助偕其夫柩同歸梓里時年二十二
趙氏劉士奎妻諸生守正之女幼聰敏能讀書識字十七歲歸劉二十二歲夫亡痛極誓不欲生殮畢入室易吉服刎頸出血不死家人邏守之趙乘間以手自抉其喉而歿聞者烈之忻郡生員趙安宅爲之作傳
賈氏候選巡檢薛玉奇繼室年二十七夫亡子幼恩勤教養備歷艱辛壽六十七而終同治

元年　旌貞潔可風
薛氏胡錦雲妻年十七歸錦雲二十五歲夫卒有遺腹越六月生子薛矢志守貞孝養翁姑後四載翁姑相繼而歿家道益落以鍼黹度日備嘗艱苦撫子成立現年三十四
趙氏張吉星妻年二十九無所出吉星歿形影煢煢家徒壁立或勸他適趙矢志柏舟誓死不嫁依其母弟傑終身及歿傑送歸夫家合葬壽五十八而終
趙氏張德妻年十八歸張翁姑早逝家甚貧年二十四夫亡遺一子甫四歲趙守節撫孤截髮毀容鍼黹易食至有不舉火者累日後子漸成立家亦小康壽八十八而終於同治十三年　旌表
劉氏趙振妻十七歲歸趙家貧姑性嚴以尺寸繩人劉事之能得歡心年二十八夫亡時翁與姑在堂遺三子二女俱幼劉矢志守節敬事翁姑以鍼黹奉甘旨後歿哀毀盡禮竭力營葬夫弟無子氏以己之三子延夫弟嗣奉養周至以終天年後諸子長皆克家而長子啓昌尤能孝順壽五十九而終同治十二年　旌表孝慈節義

汪氏王清榮妻年二十九夫亡遺一子彌月一女九歲汪守節撫孤至於成立現年七十二

樊氏孟師仲妻年二十八師仲歿遺子五歲樊矢志守節撫孤成立親族贈其節凛冰霜匾額表其門

吳氏郭崇妻年二十六夫歿遺子週歲矢志柏舟誓死不二撫孤成立現年七十二

陳氏劉蔭民妻年二十七夫歿家貧親老遺子四歲陳茹荼含苦養親撫孤矢志不二四十年如一日同治十二年　旌表貞潔可風

趙氏俎彥海妻年二十七夫歿守節撫孤備歷艱辛數十年未嘗見齒現年六十四

于氏胥連陞妻年二十五夫亡矢志守節養親撫孤孝慈傳於鄉里內外無間言現年六十五

劉氏霍鈞彥妻年二十六夫歿遺子四歲劉守節撫孤藜藿是甘氷霜自勵數十年不倦現年八十四

趙氏俎永全妻年二十四夫亡子幼趙守節撫孤矢志不二五十九年矣

劉氏朱貴福妻年二十九夫亡二子俱幼劉守節撫孤甫能成立二子相繼歿遺二孫劉撫之如子及長又俱歿劉復撫其曾孫艱難辛苦備歷三世現年八十三

王氏楊彥榮妻十七歲歸楊事翁姑克盡婦道年二十八夫亡遺二子俱幼王守節撫孤冰霜自勵至老彌謹現年六十三歲

樊氏王光裕妻年十六歸王二十三歲夫亡遺一子未週歲樊守節撫孤心堅金石現年六十二

李氏郭大仰妻年二十五夫亡家貧親老子未週歲李矢志苦守奉姑至孝撫子成立嘗以十指度日現年五十三由大同縣學　旌表精白乃心

康氏王道直妻年二十八夫亡矢志守節二十九年現年五十七由籍　旌表

王氏貢生郭鴻珠妻二十九歲夫遺三子俱幼王立志守節撫養諸孤不出中門者幾三十年親鄰罕覿其面現年五十七

薛氏嚴化龍妻年二十七夫歿子六歲矢志守節上奉孀姑下撫孤子克孝克慈人咸稱焉

現年五十

李氏張允聖妻十八歲歸張家貧克勤克儉年二十八夫亡遺四子一女俱幼李守節撫孤辛苦備歷男婚女嫁胥賴鍼黹經紀焉現年五十七

武氏劉繼菴妻十九歲歸劉年二十九夫亡矢志守節撫孤成立現年五十五同治十二年旌表

張氏富永盛妻年二十九夫亡矢志守節撫孤成立現年五十五

李氏牛萬和妻二十八萬和歿守節撫孤誓死不二現年五十二

劉氏張近禮妻年十五歸張二十二歲夫亡無所出劉矢志守節誓死不二嗣夫兄子爲子盡心撫養過於所生俾克成立現年四十歲同治十二年　旌表

李氏呂士哲妻年二十四夫亡遺子盛周甫二歲李矢志守節撫孤形影相弔年三十九而終

周氏呂士麟妻年二十九夫歿立志苦守冰霜自勵撫孤成立現年五十五

宋氏弓龍威妻十六歲歸弓踰年夫亡無所出宋決志守貞毀容截髮冰霜之操良不愧也嗣夫兄子彥爲子盡心撫養甫能成立而宋三十六而終

李氏弓彥妻節婦宋氏媳也十八歲歸彥年二十五夫亡無子家貧或勸他適李矢志柏舟誓死靡他嗣夫從兄子建榮爲子撫養成立鄉鄰稱爲兩世守節冰雪雙清現年五十五

杜氏范治齊妻年十七于歸二十九夫亡遺二子俱幼家甚貧饔飧不繼茹荼含苦守節撫孤以鍼黹力作餬口艱辛備歷子俱成立現年五十七

王氏馬九霄妻年二十七夫亡遺二子俱幼王守節撫孤堅貞自矢因夫弟騰霄無子將長子文出繼撫次子章成立克儉克勤備嘗辛苦壽五十而終

龐氏郝延華妻十六歲歸郝年二十三夫亡姑老家貧遺一子甫三歲龐矢志守節事孀姑以鍼黹易甘旨一十七年終無倦色撫孤成立現年五十二

麻氏陳藍妻年十七歸陳二十六陳歿遺二子一女家貧繼姑欲奪其志麻矢志苦守之死靡他事繼姑曲意承順終於底豫撫子女成立艱辛備歷難以殫述現年六十二

財政部印刷局印

王氏郭鴻璽妻十七歲于歸事翁姑以孝聞年二十九夫亡遺子尚幼王守節撫孤經紀家務井井有條現年七十六

張氏劉榮妻十七歲歸張性至孝年二十七夫亡遺子甫週歲家甚貧父母欲其改適張嚴拒之矢志守節事親撫孤克慈克孝現年六十五

張氏肖尚通妻幼失明年十七歸尚二十五歲夫亡遺二子俱幼四壁蕭然無以自活張忍死以守與族中舂粮澣衣易升斗以哺二子茹荼含苦備歷艱辛現年五十六二子亦俱成立

李氏魏榮妻十六歲歸魏二十七歲夫亡家貧子幼李柏舟自矢撫子成立家亦小康守節四十餘年現年七十四

李氏張伏士妻性婉淑至孝年二十八夫亡姑老子幼李矢志事育克慈克孝守節五十餘年現年八十一猶健焉

王氏藺永貞妻家甚貧夫病篤時慮不能存令其身後更適王對夫誓曰聲淚俱下及歿王

年二十五矢志苦守撫孤成立備嘗艱辛現年五十九
鄧氏冀興印妻十八歲歸冀年二十四夫亡無所出矢志守節之死靡他現年五十二
張氏富世淸妻年二十八夫亡時遺一子張守節撫孤心堅金石現年五十二
劉氏李實妻十六歲歸李二十八歲夫亡劉矢志柏舟撫孤成立現年七十二
周氏李有財妻年十七歸李二十二李亡遺二子家甚貧李守節撫孤鍼黹力作艱辛備歷
冰霜之操老而彌謹現年七十三
劉氏劉德元妻十六歲于歸夫病瘵醫藥罔效語劉曰吾病危在旦夕汝靑年且無子必不
能守吾歿後待二年而後嫁吾瞑目矣劉泣曰夫善養之莫吾計也夫病愈幸也倘有不
測誓死以殉已而夫亡劉自盡卒如所言時年一十九聞者哀之
王氏劉建基妻年二十一夫亡遺子存佑甫三月王守節撫孤矢志不二而存佑幼卽以孝
敬聞王卒年三十七
李氏武建妻年二十八夫亡家貧無子矢志苦守節勵冰霜心堅金石數十年如一日現年

六十一
秦氏蕭仲威妻年二十五夫歿矢志守節仰事俯畜克孝克慈現年五十八
李氏李聯芳妻十七歲于歸年二十六夫亡矢志柏舟誓死不二現年五十九
李氏李建榮妻年二十八夫歿二子俱幼矢志守節撫孤成立現年五十五
李氏張永盛妻二十九歲夫亡遺子三俱幼家素貧李氏茹苦撫子成立現年六十四
賈氏張士英妻十七歲歸張氏年二十八歲張故氏僅遺腹守空幃以終身無虧大節幸克家而有子足慰幽魂壽五十一歲而終計守節二十四載由籍　旌表

技藝

士君子不爲良相則爲良醫蓋相燮理陰陽以治世醫診視脈症以活人精於醫術則功參造化道合陰陽與相無異理也存心濟物而於物克濟君子兼善淑世其用心如是而已苟因小道而畧之不幾湮沒人善乎至若倕班之工巧亦足以昭茲來許惜北地邊民魯鈍樸拙精巧寥寥無幾耳

陳孔輝精靑囊術在豐售藥活人甚多其子遐昌廷昌與孫朝梁朝棟曾孫德福元孫立業均能紹箕裘勿墜濟物利人故歷世匾額林立

張桂林字一枝性落拓不羈有奇才精醫術診脈投劑無不奇效識者目爲盧緩復生後誤中烏毒成痼疾俾晝作夜求醫者塡闉塞巷至有忍死以待而累日不得一面者人嘗慕其術之精而惜其運之蹇也

劉光裕字象賢平遙人父德元由籍之豐以醫爲度日計活人甚衆有隱德光裕生而穎悟讀書過目成誦後家貧親老棄儒學醫精脈理尤神於傷寒症投劑輒效人以爲仲景復

生其藥價廉且不與貧者較直以故聲名大震遠近求醫踵相接而光裕尤好善樂施凡施衣施食放生諸善事至老不倦壽七十而卒遺子三長照藜入大同邑庠次映藜性孝友亦能讀父書析薪克荷人咸稱爲三世名醫云

仙釋

虛無寂滅之教清靜嗚高不在聖賢正道之中孔子攻異端孟子拒楊墨韓子諫佛骨何嘗不嚴辨力闢深惡而痛絕之但彼隱居山谷煉氣修眞亦以靜可延年空可息智自行其善耳原非欲率天下而爭效之也奈愚夫愚婦聞一雲遊跨鶴見一卓錫飛舄遂炫異矜奇兢相誇耀甚至披剃棄家而不自惜斯誠足爲世道憂然當今之世羽客緇流不過借此爲衣食之資而且有不可勝言之事問孰是謝絕世故如關度靑牛寺棲白馬書授黃石遊從赤松服氣煉形不食人間煙火氣者然則果能修煉歸眞不獨非世道憂卽可爲羽客緇流法也統計數千百年仙佛遺蹤到處有之吾黨亦存其意而已概可沒乎哉

國朝

李筐筐陽高縣編筐工也好道術乾隆間棄其業居龍門山懸雲觀爲黃冠子人稱筐筐李師傅逸其名在觀修煉誦道德經歷寒暑不輟如是者有年忽一日跏趺於山門之西而逝道徒將委蛻肉身瘞土塔內後住持張永安欲毀塔取土陶甎修廟工人拆半日土甚

堅不可破日晡又拆時有羣蛇蟠聚其上衆皆驚駭莫之敢近事遂寢前有甎浮圖相傳其弟子示寂處

袁道士不知何許人也道光年間居懸雲觀學道修行常入定於捨身崕西之古洞行導引胎息法趺坐而化後人繪像於洞壁至今猶存

藝文

志以徵實辭達而已非如文選文集博採名作彙輯衆體侈鴻製也雖藝成而下文勝則史似不足取然自班孟堅著漢書分爲十志終以藝文後世經籍藝文志郡縣志載藝文凡義緣地起可以察政治紀人物覽土俗作志者率皆仿其體例以藝文終篇豐鎮雖處邊徼宏篇偉製傳者寥寥而殘碑斷碣搜羅於荒煙蔓草之中其爲學士大夫所記載名人逸叟所題詠亦間有之茲編所載藝文祇取其事之可法可傳不計其詞之有工有拙以故或垂古典或傳本末或關國政或著民風悉以年代挨次稽錄彼浮華靡麗者雖字雕句織不敢混載也

疏文

請免衛所屯田起科疏畧　　佟養量

看得雲鎮地處極邊山高風猛種遲霜早南府桃李開謝北地萌芽纔生則天時不若也腹裏肥膏每畝收粮二三石所謂寸金寸土雲屬土壤沙磧地價不過二三錢遇雨暘時若之

際收四斗者便稱有年則地利不若也況値逆闖變後繼以水旱不時復値姜匪兵戈擾攘人民顛沛不惟當事者確知諸王公大人所親歷而目覩者若再與腹裏州縣同科竊恐加多而並廢其少取盈而反致其虧夫有人斯有財損下卽所以益上伏乞

勅部議覆

書啓

丁歸地糧稟啓　嚴慶雲

查丁徭一項自康熙五十一年永免加賦之後渾源額徵民尖各丁銀二千七百一十八兩零嗣於乾隆十年奉文飭議酌歸十分之三仍徵丁銀一千九百三十餘兩此後節奉檄飭率以仍舊爲便緣持議者富衿大戶不利丁歸遂謂渾源地薄糧重將丁攤入輸納益艱以致遷就因循久爲窮黎之累慶雲於乾隆三十六年履任正當編審之期無業窮丁紛紛告愬細加查察因從前丁多有業之戶或經衰耗逃亡所承之丁卽在本戶攤賠甚至人盡戶絕則歸里甲均攤有無業窮民而身賠二三丁者亦有戶大產饒而止輸一丁者間遇外來

寄籍之戶五年編審陞插不過數人不足以紓苦累竊思人戶之興衰數年一變土穀出產終古不易與其令無業之丁懸而無著曷若準任土作貢之義輕而易舉與其偏累窮民向隅莫訴曷若均攤業戶辦納尚屬有資約計民糧每兩攤銀二錢三分九釐零屯糧每兩攤銀七分五釐零合無仰懇俯准丁盡歸糧不但窮黎得以蘇息並訟詞催科亦漸歸簡易矣

碑記

招墾牧廠曠地碑記

威中額

豐鎮東北即蒙古察哈爾正黃旗遊牧地也其南毗連民地者爲太僕寺牧廠東自哈檀和碩西自阿魯十八兒太綿長二百餘里寬闊四五十里自乾隆二十年間因水草不均移廠於正藍旗之商都河地方遂爾曠廢於今十餘年矣其間率多膏壤內外農民樂郊致慕乾隆三十年冬　直隸總督方　察哈爾都統巴　前大中丞彰　仰體
聖天子重農勸稼愛養黎元之至意以廠地荒廢日久召民承墾利濟邊疆合詞具奏特荷
勅部議准復輕其賦稅分別本折徵銀按晦一分四釐納米每頃一石一斗二升一夫授田

百畝五頃共成一分如遇交界山溝不足五頃者爲畸零地畝時委大員經營區畫膺其任者歸綏觀察長公安前平陽太守今調太原郡徐公浩本郡太守史公奕壤朔平太守羅公士昂前別駕今陞員外郎朝公璧甯遠別駕五公明阿各委佐貳督同丈明共得地二萬三千三百頃有零以豐鎮甯遠爲四號立六十七處村莊並留設村基場圃分駐專營塘汛隸甯遠者十之二屬豐鎮者居其八山連地接克資守望之稱碁布星羅允籍稽查之密遂爾通示州邑農民雲集編號掣籤各歸樂土兩載經籌已云周備第因山原間錯丈之時未免肥瘠不均是以膏腴之產農民播種爭先磽瘠之區地戶畏難殿後且有豪強侵占隸胥隱匿良懦未免向隅今大中丞蘇　來撫三晉首以開墾爲生計之本訪得牧地民隱急切偏枯復委本部太守史公朔郡太守羅公專督委官履畝清丈自乾隆戊子仲夏起至秋初告竣共丈得豐鎮所屬除豁除沙石河鹻等地一千二百三頃九十畝可墾地一萬八千七百七十九頃零正經界以鋤強梁追侵隱以惠窮黎意甚盛也某荷憲恩以地定繁難缺更司馬謬膺薦擢深切冰淵所當殫心竭力共効懇誠往來阡陌爰相爰度將各村號細數繪圖

勒石永昭遵守俾家喻戶曉不受欺愚此皆　大中丞念切愛民之惠政又賴兩太守心殷除弊之仁風而某與共任厥事者應州吳牧炳渾源州魯牧潢大同吳令毅陽高石令文秀亦皆克體憲懷維勤維慎以冀釐定一切者也若夫養民旣厚化導爲先職在守土實深兢凜所望爾民勤樸務本力農和氣召祥豐年屢告著休風於新地成美俗於邊疆共享昇平咸歌大有爰爲撮管弁言勒石永誌勿諼是爲記

大朔設官紀畧

長世圖

粵稽九邊古志自宣鎭陽和至大同平頂山延亘六百餘里俱順義王任牧之所前代未經附府本朝統一中外載附版圖其始爲察哈爾八旗及太僕寺馬廠地畝雍正三年以地土閒曠招民墾種隸直隸張家口徵納而刑訟事件未及設有專司嗣後人民日繁事務日多治理不可無官十三年巡撫覺羅石麟奏請改隸晋省於新平路邊外地名高廟子設衛守一員得勝路邊外地名衙門口設所守一員隸大同府管轄殺虎協邊外地名赤不漢契設衛守一

員助馬路邊外地名後營子設所千一員隸朔平府管轄廷允所請兼錫佳名隸大同府者曰豐川曰鎮寗隸朔平府者曰寗朔曰懷遠民事始有專責然地界毗連旗境蒙漢雜處界址易紊姦宄迭生蒙民交涉之件月不絕書衛所漢員言語不通文字不同難以飭理是年復經巡撫石麟奏准添設理事通判一員職兼大朔任統衛所綜計其地東至宣鎮張家口南竟大朔二郡所屬邊牆西抵歸化土默特北連察哈爾西四旗牧廠凡蒙民交涉案件一併管理而官制新設章程未備乾隆元年前通判顧世衡因民雜五方事兼蒙漢擬定罪犯輕重不齊鞫讞異候均無專所乃詳請添建囹圄以處囚禁而司禁尚乏專員世圖於乾隆十年蒞任即詳請添設司獄一員此設官命職之所自昉也查府州縣邑各有志乘綜紀顛末以垂永久各邊官制分設已逾十載而署牘未存深恐久而漫滅因取其梗概題記姓字以備後賢採覽焉

創修壩堰碑記

張晶 崞縣庠生

閒嘗考山川覽圖記而知豐府天下名區也其城東林木秀美清流激湍景物尤佳　關帝

廟及國之倉廩在焉車馬輻輳遊人往來於其間者固通衢也邇來河水泛溢隄防傾隤又近逼廟宇之側太府之藏豈特跋涉艱難而已哉然事非猝興工難遽竣非力倡大義者不能修也伏維同知　松俯仰左右顧而傷之於是樂施募化鑿石修隄栽種樹株向之泛溢者自此慶安瀾焉夫急公奉上小民之情也興利除害長吏之事也嗣後壅塞謹而倉無朽蠹之虞水潦備而神享安止之吉彼車馳轂擊往來其間有不望汪洋而欣利濟者乎因爲詳其始末述其繕修之事使知居民有安瀾之慶者皆長吏之德也

續建城隍廟抱廈碑記　劉嘉德 大同增生

從來莫爲之前雖美弗彰莫爲之後雖盛弗傳況建廟所以棲神詎可有初而鮮終哉如我豐鎮　城隍廟創建有年其續建馬殿兩廊寢宮鐘鼓樓等歷有碑記咸曰此即可妥神靈崇廟貌也然僅有高堂之赫赫而無大廈之巍巍當夫薦馨香陳俎豆品物殷繁庭前羅致有風雨漂搖之患將以妥以侑尊崇祀典之謂何茲於乙卯年糾首等復行募化續建抱廈禪屋重彩內外殿宇將見登其堂而鳥革翬飛煥然一新也庶幾原始要終不至得半而未

全此固人之功力也抑亦神之默助焉耳是爲記

建立三神廟併修理院牆碑記　　梁魁 崞縣庠生

關聖帝君覺世經有云敬天地禮神明誠以崇祀之典未始非福民之券也豐鎭自創設後居民卜吉於東南隅建立廟宇諸神森列禱雨者恆於斯祈福者恆於斯演戲獻牲者恆於斯迨丙戌歲招墾牧廠時而旱魃爲虐時而夷昧肆毒時而靑女作祟耕田食力作苦每至於無年廳主　八公憫念民瘼自備俸金建立湖神風神霜神三廟第廟院散漫圍牆傾圮猶爲制缺本城會首等體公建立之至意復沿戶募化鳩工修理祠宇輝煌牆垣整飭凡廟中應增加者無不畢舉而公亦時加督率是年也時雨普沛烈風少而嚴霜泯謂非神明之果報也哉遂搦管而紀其大畧如斯

重修關帝廟碑記　　白樂天 大同訓導

豐鎭城內東南隅舊有　關聖帝君廟一所正殿係帝居歆之處而聖母廟列於東財神馬王列於西自乾隆二十一年舊跡彰彰後經風雨鳥鼠傾圮殆盡自乾隆四十一年雖新添

建過殿而廟宇實憂廢墜是年二月初　阿公偶遊此寺見其祠宇零落惻然傷之以爲非所以妥神靈庇生民於是慨然捐俸並倡各屬員輸助因之在城四鄉紳衿商賈農工奉行德意不獨樂輸已財而且殷勤募化遂於三月間興工修造正殿煥然一新而東西二廟亦廓大其規模至於過殿並加潤色又新設東西廊房十間大門一座而且環立圍牆內外整齊大約廟宇建於卑溼之地尤費經營所以花費銀二千餘兩須知此等善事實係上行下效同心同德共成其盛而功乃告竣焉其所以妥神靈而庇生民者固應勒石紀之以見可大之基卽爲可久之緒也於是乎書

重修關帝廟碑記

趙元麟 順天舉人

嘗聞天下事創始爲難而觀成爲尤難詩云靡不有初鮮克有終是知成終者所以繼其始而規模於此觀大備焉豐鎭　關帝廟自乾隆八年繕完補緝歷有年所歲在癸酉東省教匪突起帝君大顯神威不數日間而匪徒蕩平我　皇上聞而敬之加封仁勇大帝焉浩氣充天地精忠貫古今雖罄名言之妙似難頌禱於萬一然自有仁勇之封而神威之赫濯益

盛人心之畏服益深於是豐川官吏商民慷慨樂輸共捐銀四千三百餘兩於甲戌四月間鳩工庀材審曲面勢新建牌樓二座一居山門之外一居神殿之前鳥革翬飛竹苞松茂巍然極豐川之觀帝君之威靈實式憑焉復移馬殿於二門之舊址建社房於正殿之東隅以及正殿廊房戲樓圍牆靡不煥然一新是知成終之功較創始更盛而要非神靈之感應非常又安能廟貌之輝煌獨著也哉至若正殿之後建橋房三間庶橋木不至損壞而利物濟人又其餘事也歟丁亥之秋厥工告竣於是勒石書名以垂不朽云

重修龍神殿碑記

劉見義 大同庠生

嘗思始修曰建復振曰興因而葺之曰修以是知事不能無因而起工不能無因而竣者也如我豐城舊有　龍神殿後設大王霜神先農八蜡配殿誠風調雨順共霑聖德之宏深秋報春祈皆仰神功之浩大其爾時殿宇輝煌垣墉整飭瞻仰者莫不謂廟貌之特隆矣後因風雨剝蝕隕墜不齊誠非妥神靈而昭祀典都人士目擊心傷不忍坐視遂殷然沿戶募化而本城士農工賈亦皆樂善好施不日之間即捐二百餘金而工竣餘復建修正禪房三間

凡廟中廢者舉祀者修煥然一新人莫不欣相喜而欣相慶曰猗與休哉爰爲之贊曰赫赫神明至德難名神無常享享于克誠五風十雨沛澤彌深神之格思視乎人心勒諸貞珉以垂不朽云爾

創建鄧侯神廟碑記

朱廷賢 紹興廩生

嘗聞有功於社稷者壇壝不遺有德於軍民者蒸嘗特重竊思鄧侯神王佐才也相漢而鎮撫軍民號稱三傑入關而先收圖籍法約三章其有功德於社稷軍民豈淺鮮哉既奉　勅封而內地州縣均有專祠獨豐城僅設牌位假祀於城隍廟中殊非敬神之道也　松公蒞任茲土每遇旱潦愆期輒詣廟虔禱屢蒙神佑數年來豐城廟宇無不捐俸重修茲因正覺寺佛殿左右皆有空地遂移三聖祠於左畔更建鄧侯廟於右畔購材運石興工季夏告竣孟秋此固人之力也抑神之默助耳是爲記

創修重陽閣碑記

松祿

嘗稽載籍　呂祖之於世靈應至矣觸處皆通求則必得時而調和風雨時而澤徧天下錫

福士民厥功豈不偉哉予於辛巳秋來守斯郡即欲廟祀以邀庇其民而簿書鞅掌未愜所願今適初夏雨澤愆期民心震恐予虔心默禱曰如賴夫呂祖之仙靈而得生民之甘雨予即建祠以報也自禱之後雨滂沱而田暢茂四野遂歡聲矣予倡言創修和者如一先捐已俸後藉衆擎乃相地於大王廟之東南隅既除既治爰爲呂祖閣一閣下爲亭二爲坊一院內腰亭二爲廚室二又因大王寢宮左右有耳屋三間改爲保嬰娘廟一增福財神廟一功既竣於廟前海灘復修以路及廟中匾額對聯桌几器用無不備具庶足以壯觀瞻而答靈庥也夫是役也功程浩大未能不日成之經始於四月初旬落成於十月下澣既勞商吏監造之心又賴士民資助之力安可不鐫珉以紀之

重修城隍廟碑記　松祿

吾豐城隍廟者豐人瞻仰之所也始於乾隆三十七年創修至今五十六載矣靈應非常居民有求必應焉上年瘟疫流行予率民祈禳之瘟遂止焉其靈應即此可得而知矣然年代綿遠旁風上雨不免摧殘穴鼠瓦雀不無褻瀆闔城士民咸憾焉以爲神之福人也如彼而

廟之頹圮也如此非所以酬神安民也於是會議重修豐之居民咸鼓舞歡欣以成厥事經始於四月初旬落成於七月下澣凡廟內廟外傾者立之欹者正之朽者易之漶漫者丹雘之不貪大不拘小不奢不陋仍舊爲新足展祀事按其中正也大殿三楹所位城隍東西廊楹所列十司神鬼又東西二楹所分祀土地等神殿之後寢宮三楹旁之兩廡所列城隍女使名位以及正殿之前左右小院二所東以致齋西以省牲又廟門馬殿東西樂樓一爲鐘一爲鼓他如石獅旗杆戲臺牌匾之屬無不煥然改觀既又運石以甃廟前之洋溝分金以修廟東之公館美哉洋洋乎斯亦極豐城之大觀矣因而豐之士民念董事之勤苦信士之樂施與夫神之靈應功之浩大僉曰是不可以不誌也欲請予以記其梗概勒於石辭不獲已予謂明有禮樂幽有鬼神司教化者所以盡心也城隍保障一方設廟致祭天下郡縣自前代以及我　朝敬祀備至誠以賞善罰惡洞如帝天也今修葺而祀之者當視爲善善惡惡之地不可幸爲祈福免禍之所偏告豐人於是爲記

重修關帝廟碑記

徐在魁　大同歲貢

撥文奮武立德不廢立功八極九州易名何曾易地如雲中爲冀北之古郡而豐鎮在大同之北百里人民安堵其統爲北冀也明矣大帝爲山西之聖人而顯威於嘉峪以西一時暴逆伏誅是佑彼西域也神矣至浩氣兼吞吳魏大義克配春秋靈應妙於天工士庶隆其廟貌無容贅矣乃歲月遞遷精彩宜煥於是捐辦糾理殿宇則金碧輝煌牌坊亦丹堊燦灼東西廡溯當年之仁勇鐘鼓樓振此日之聵盲山門過殿出入應效其步趨照壁圍牆瞻依若有所憑式娘娘廟拜禮者均歌繁衍財神廟禱求者共荷豐盈且社房咸與維新足備沐浴而齋戒樂樓重加修飾無間絲竹之賡颺斯固吾豐之盛舉而以饗以祀以安以侑傳之億萬世而不能忘也謹鐫於石以爲繼興者之鑒

創置義塚碑記　劉正寰 濟甯庠生

嘗思樂善者君子之心好施者仁人之志是以散貲財以濟孤苦鄉里傳芬措衣食以周飢寒道途感德大施小捨俱見仁心哀死憐生同歸善念然小捨則人之受恩有限大施則人之被澤無窮憐生者或有望報之心哀死者並無居功之念義塚之設善無量矣人鮮及矣

恒公蒞任斯土軫念生民推恩枯骨因思豐屬之地人民輳輻商賈充盈或家無稍積一坏之薄土未營或客死他鄉千里之遺骸誰寄秋風夜雨每多無依之魂蔓草荒烟時有不瘞之骨爰啓仁心興茲善舉擇於城西南之留雲窯邨東南灘地建置義塚一所計地一頃一十畝立石爲界樹碑作記男女攸分次序不紊自今以往庶無力營葬者不致暴露而與嗟卽有時遷葬者亦不至渺茫而莫辨矣謂非德政之一端乎爰誌其地而述其由並勒諸石以垂不朽云

新建財神廟碑記　賀九疇 壬戌副貢

且人有意所欲爲而未能竟遂其意者有禮所當爲而未能竟合乎禮者此事之所以貴審時尤貴度勢也卽如我豐自乾隆八年始建關帝廟而 財神廟卽附於正殿之西由來久矣或有以無專祠譏其不恭者然想當日位置之意雖屬牽就蓋亦限於時勢之無奈故不得不因陋就簡使人不至於舉典亡經耳神果有靈能無怨乎迄於今開疆拓地幅幀日闢物阜民康雖偏陬僻壤可稱極盛之區微神之力何以富足若此倘仍舊制甚非所以崇享

祝而肅觀瞻也爰糾衆公議謂城隍廟之東有官地一所宜建財神廟一倡百和莫不踴躍遂建正殿三楹而金庫銀庫附於旁山門三楹而鐘樓鼓樓列於側東西禪房各五楹鑿聚寶盆於院之中是工也起於甲戌之春於光緒二年夏告竣其輪奐之美煥然一新不必多贅而睹廟貌之森嚴悉動虔誠之念仰聲靈之赫濯俱無怠慢之容由是濬財之源疏財之流俾寶藏興於闤闠福星聚於閭閻深恩厚澤其感應不更有甚於往日者哉爰修俚語以誌其不朽云爾

重修關帝廟碑記

麻麗五 崞縣舉人

夫工作之興有創有因其成也有衆有獨創而出於獨者事成以表素志其責固然無所爲勸也若因而出於衆則揭其興廢之由捐輸之自勒諸石以遺後有示勸之義焉豐鎮東街舊有關帝廟一所其創建修葺之年前之石刻已詳無煩贅述茲自咸豐壬子重修迄今復多歷年所風雨剝蝕漸歸黯淡甍宇翼然形彩絶然非所以崇神居重祀典也而且西院禪室椽折柱欹不堪司香火諸耆老議及更新一倡羣和翕然破慳即獲八百餘金於是鳩工

庇材重建齋房三楹補葺僧寮廚庫五楹門窗牆壁咸煥其彩正殿廊廡偏殿社房以及牌坊鐘鼓二樓剝落者堊飾之漫漶者藻繪之又將外牌樓院之引路易甎以石凡材木瓦甓丹雘之事次第完整煥然一新罔弗務且固仰見金碧輝煌黝堊芳菲恍惚乎瓊宮紫府在人間也工既竣謀壽貞珉之垂永遠徵記於余余嘉紳庶好善樂施任事齊一風俗之茂美人心之輯睦於此一節觀其概矣是當記之以爲後勸遂搦管而紀其大畧如斯

重修南閣碑記

賀九疇

嘗聞之禮有云有其舉之莫敢廢也我豐自道光十四年始建南閣上祀　玉皇三淸下祀觀音三元誠爲一方之保障萬民之瞻觀也乃歷年已久風雨摧殘丹靑剝落目睹心傷不忍坐視今年春本城紳商集衆公議意欲募化重修一倡百和莫不傾囊助貲爰鳩工庀材至六月工始告竣不特缺者補之墜者振之且於閣之下復建禪房三間使主持有人庶社事不至廢弛非變本而加厲實踵事而增華猗歟休哉其將來蒙神庥者豈有量也哉是爲誌

財政部印刷局印

豐鎮廳志卷八

豐鎮廳同知德溥纂輯

藝文

漢樂府

瑟調曲

飲馬長城窟行 長城下有泉窟可以飲馬戰士遠行之苦始於此

靑靑河畔草緜緜思遠道遠道不可思夙昔夢見之夢見在我傍忽覺在他鄉他鄉各異縣輾轉不可見枯桑知天風海水知天寒入門各自媚誰肯相爲言客從遠方來遺我雙鯉魚呼童烹鯉魚中有尺素書長跪讀素書書中竟何如上言加餐食下言長相憶

國朝古樂府

長城謠 宋梅

噫吁嘻乎此長城列巘埤堄高崢嶸臨洮首役遼陽訖緜亘屈曲萬里程蒙某當日興建築

黔黎性命鴻毛輕孀人之妻孤人子四野嗷嗷聞哭聲哭聲動地哀欲絕翔風凛冽城爲崩紫塞屹立中外控祖龍慘淡經營成輼輬車雜鮑魚載海內逐鹿紛縱横金湯在德不在險一語千秋足定評噫吁嘻乎此長城

五言古詩

梁

詠霍將軍北伐　虞羲

擁旄爲大將汗馬出長城長城地勢險萬里與雲平涼秋七八月鐵馬入幽并飛狐白日晚瀚海愁雲生羽書時斷絕刁斗晝夜驚乘墉揮寶劍蔽日引高旌雲屯七萃士魚麗六郡兵哀笳關下聽玉笛隴頭鳴先聲鋒自讋三捷燧無驚玉門罷斥堠甲第始修營位登萬庾積功立百行成天長地自久人道有虧盈未窮激楚樂已見高臺傾當令麟閣上千載有雄名

唐

飲馬長城窟行（山西通志載唐太宗飲馬於龍泉寺）　太宗

塞外悲風切交河冰已結瀚海百重波山陰千里雪迴戍危烽火層巒引高節悠然卷旆旌飲馬出長城寒沙迷騎迹朔吹斷雁聲烽塵清玉塞羌笛韻金鉦絕漠干戈戢車徒振原隰都尉返龍堆將軍旋馬邑揚麾氛霧靜紀石功名立荒徼一征衣靈臺凱歌入天鎮縣樺門堡有斷碑一截載塞外悲風切層巒引高節胡塵清玉塞將軍旋馬邑二十字疑唐時立石

飲馬長城窟　釋子蘭

遊客長城下飲馬長城窟馬嘶聞水腥爲浸征人骨豈不是流泉終不成潺湲洗盡骨上土不洗骨上冤骨若不沈水四海有還魂空流嗚咽聲聲中疑是咽

出塞曲　劉濟

將軍在重圍音信絕不通羽書如流星飛入甘泉宮倚是并州兒少年心膽雄一朝隨召募百戰爭王公去年桑乾北今年桑乾東死是征人死功是將軍功贏馬牧秋月疲兵臥霜風仍聞左賢王更欲向雲中

塞上曲　常建

翩翩雲中使來問太原卒百戰苦不歸刀頭怨秋月塞雲隨陣落寒日傍城沒城下有寡妻哀哀哭枯骨

塞下曲　常　建

黃雲鴈門郡日暮風沙裏千騎黑貂裘皆稱羽林子金笳吹朔雪鐵馬嘶雲水帳下飲蒲萄平生寸心是

前出塞曲　杜　甫

挽弓當挽强用箭當用長射人先射馬擒賊先擒王殺人亦有限列國自有疆苟能制侵陵豈在多殺傷

後出塞曲　杜　甫

朝進東門營暮上河陽橋落日照大旗馬鳴風蕭蕭平沙列萬幕部伍各見招中天懸明月令嚴夜寂寥悲笳數聲動壯士慘不驕借問大將誰恐是霍嫖姚

塞上逢盧仝　劉　乂

直到桑乾北逢君夜不眠上樓腰脚健懷土眼睛穿斗柄寒垂地河流凍徹天覊魂泣相向何事有詩篇

代北言懷　喻坦之

困馬檢關北那堪落景催路行沙不絕風雨雪兼來草得春猶白鴻侵夏始迴行人莫遠入戍角有餘哀

登單于臺　李士元

悔上層樓望翻成極目愁路沿蔥嶺去河背玉關流馬散眠沙磧兵閑倚戍樓斜陽三會角吹白旅人頭

宋

李牧　司馬光

椎牛饗壯士拔距養奇才塞馬方驚避秦兵已鬪來旌旗移幕府荊棘蔓叢臺部曲依稀在猶能話郭開

金

古長城　李愈

秦築萬里城保祚迄蟠際阿房赤炬炎亡秦維二世勿謂約椽愚千秋資控制

元

秦長城　陳孚

驅車出長城飲馬長城窟朔雲黃浩浩萬里見秋鶻白骨渺何處北風卷寒沙蒙公劍下血化作川上花祖龍一何愚社稷付征杵長城土未乾秦宮已焦土千載不可問似聞鬼夜哭矯首武陵源紅霞滿川谷

望李陵臺　柳貫

平沙北流水青山在其上李陵思鄉臺駐馬一西向草根含餘凄峰尖入寒望俚言雖莫稽陳迹尙可訪想其深入初步卒亦材壯手掌天子威氣奪名王帳覆車陷邊塵此志迺大妄一爲情愛牽遑恤身名喪縷縷中郎書挽使同跌踢安知臣節恭之死不易諒河梁執別處

出語謾惆悵家聲故燀赫三世漢飛將兵法有死生人運迭休旺忠回在信史豈沒功罪狀馬遷當腐刑强欲雪其謗士思豈能無層雲塞亭障千載麒麟圖吾將執元鬯

七言古詩

金

幷州少年行

元好問

北風動地起天際浮雲多登高一長嘯逸灝層霄摩我欲橫江鬬蛟鼉萬弩迸射陽侯波或當大獵燕趙間黃熊朱豹皆遮羅男兒萬馬隨撝訶朔發細柳莫朔那掃雲黑山布陽和歸來明堂見天子黃金橫帶冠峩峩人生只作張騫傳介子遠勝僵死空山阿君不見幷州少年夜枕戈破屋耿耿天垂河欲眠不眠淚滂沱著鞭忽記劉越石拔劍起舞鷄鳴歌東方未明兮奈夜何

明

修邊謠

尹耕

去年修邊君莫喜雪作邊牆牆下水今年修邊君莫憂石作邊牆牆上頭邊牆上頭多凍雀侵曉霜明星漸落人生誰不念妻孥畏此營門雙畫角

樂耕行

蔡天祐

君不見農家百畝田號爲青銅海祖孫世相守此樂不更改春來下種先深耕牽牛拽犁布穀鳴土膏脈起人易犁雖用人力猶爲輕南方水田猶異此男女手足多胼胝橫斜深栽插秧齊儂歌互答眞可喜四月五月雨水勻高田下田如綠雲稂莠已芟佳禾長物色生態殊欣欣後苑之東地如掌繁華正好恣心賞如何甘作稼穡場要與太古同擊壤造化育物同吾心盛德大業昭森森果然有相存乎我天人一理堪推尋詩書之暇來田畝召彼農夫與田叟較晴量雨細商訐此輩誰知調燮手吾王上念中興功欲佐天子問年豐同與小民荷帝力晴烟淡靄優游中豐年上瑞本無價帝力謳歌通大夏始知樂耕樂無窮更將此樂普天下

五言律詩

北周

關山月　　司空王褒　臨沂人

關山夜月明秋色照孤城影虧同漢陣輪滿逐胡兵天寒光轉白風多暈欲生寄言亭上吏遊客解雞鳴

明

早登興和　　金幼孜

未曉戒嚴程鳴弓度寒城川雲隨地起野火雜星明虎旅聽笳動鑾旗傍蹕行草靑沙路軟渾覺馬蹄輕

塞上喜秋稔　　翟鵬

雷嶂稱天險霓旌滿路光驛通三晉遠城鎖五原長雞田飛雪冷燕麥引風香邊事封初定家家泛羽觴

七言律詩

望雲中塞　謝榛

幾年欲向塞門遊北度桑乾重旅愁畫角悲凉孤館夜黃榆搖落九邊秋壯心未擲班生筆浪迹堪憐季子裘回首江湖任鷗鳥漫嗟華髮滯燕州

附

豐川行　王楨

滄海桑田幾更變河山猶是舊眞面近年邊地果如何荒域業已成芳甸我來豐川訪古封晋魏事業杳無縱元山傳是唐人寨曰周曰薛誰適從事業欲向東流問空留古蹟餘風韻英雄割據今已矣先民曷嘗爭聲聞長城夜月白如銀不見當年牧馬人幸際五原兵革掃編氓共樂太平春行人莫道黃雲戍民居鱗密如碁布文教蒸蒸看日上苞桑萬載金湯固

出塞行

麻麗五

男兒生不能如西域使張騫歷徧大宛月氏之河山又不能如傅介子立功異域斬樓蘭班定遠萬里封侯入玉關幸際昇平不用武吾儕入官惟學古牛耳騷壇稱冠軍赳赳武夫何足數今年青衿競識韓雲程發軔慶彈冠山河表裏内地耳我獨憑臨絶塞沐雨櫛風倚雕鞍出雁門度桑乾馳驅雲中道盤旋狐嶺端憶昔埋頭書案費窮研韋編絶兮鐵硯穿中夜聞雞頻起舞常恐諸生先著鞭雖然壬子錢中選謬登賢書膺鶚薦也教席帽早離身差免紅勒覥人面辛未春明選佛場經營慘淡酣鏖戰或如相如題橋氣凌雲列子泠然行御風聲價十倍快登龍不至目於胥井呼鞠藭豈期平生牢騷坎坷抑塞磊落之壯氣鬱爲當年崎嶇嵲屼嶔崟嶮巇之奇蹤去年北向塞門遊白草黃沙滿地秋驛路漫投班生筆邊城仍著季子裘自慚浪迹五原郡揶揄空笑窮相命畫角戍樓吹悲笳聲相應坐教騏驥控於三邊驊騮老於九鎮歲辛巳秋中旬唐林别故老適館來豐城是爲金豐利縣唐大同軍撫冥北齊鎮高柳漢兵營古來將帥今寂寞干戈化作絃歌聲豈知朔方寒徹骨正須勁節勵氷

財政部印刷局印

清君不見長城萬仞挂山邊北斗七星懸半天朔風時一起吹屋似牽船明妃一去三千里
蘇武曾禁十九年羈臣思婦古如此遊子豈必非同然我今寫出一篇出塞稿中有鳴琴挾
劍之逸客路人不識皆停鞭飛狐倒馬在指顧龍堆馬邑相盤旋東望居庸山海西眺榆林
甯夏張掖酒泉歷代墩堡營衛邊關鎮口豐功偉烈凌雲烟

藝文詩補

黃旗草地晚行即景

同知 承 章

紅日已沈西四圍山色晏車行轆轆聲驚起一羣鴈

明月清風店

明月原無月清風卻有風黃沙俱一樣飛起蔽長空

花臺

在三瑞里民居院內見用帶草泥坏壘作花臺野意扶蘇青葱可愛因吟一律以誌

嫩草連泥取將來壘作臺四圍清似水一片綠如苔雅可供詩句情能動酒盃誰知村僻地卻有化工才

民風

生來儉省迥非凡肉食居家禁最嚴此地民風眞可慕羨他男女不貪饞

石元山

英雄初遇李王時百萬貔貅聽指麾遺跡於今古井在山頭不見樹牙旗

新雨初霽

四面參差疊翠巒停車一望眼光寬而今頗得居官趣無限雲山任飽看

細雨霏霏灑道途禾苗滋潤一塵無歡歌知是農家樂今歲秋來賦易輸

卽時有感

凍地消融四月初幾番耕種動犁鋤西瓜熟在中秋後沁齒寒凉冰不如

遊大王廟

纔一登高眼便淸遶山泉水自洄瀠平鋪隴陌靑無際遠疊峯巒翠有情北望川原多毳幕

南瞻高下見邊城沙荒地亦隨時化到處煙村雅趣生

紅旗草地遇雪

北風蕭瑟雪如銀蕩蕩乾坤絕點塵有興吟詩權勒馬無村沽酒莫停輪連天素影千峯靜

帀地淸光一片新恍若玻璃成世界寒凉且耐賞觀頻

海留素太阻雨悶坐

悶坐茅簷有所思簾前細細雨如絲一官覊絆難尋樂百事經綿懶賦詩蒙職惟知貪利路
刁民不解感恩慈爲人作嫁眞堪笑勞碌奔忙到幾時

附

周德威屯兵處　　范大元

昔者屯兵處蒼蒼亂石橫如今風雨夜猶作戰場聲

石牛

牛石鎭東門尋常帶水痕牧童何處去千古臥黃昏

馬射臺

臺古惟遺址猶傳馬射名當時征戰地剩有暮雲橫

長城

驕虜昔難平秦牆紫塞横輿圖今萬里不必限長城

喇嘛洞

洞裏人何在尋來總未逢石牀高臥處祇有綠苔封

鴛鴦河

河本無情者緣何兩兩投鴛鴦愁別苦不遣水分流

石牛　張鳳翔

何日化爲牛寥寥曠代留怪他心不轉空向水東流

牛心獨秀

孤風高秀處羅列少兒孫賸有雲霞繞氤氳接遠村

昭君出塞　范大元

一去紫臺前飄飄宛似仙琵琶辭漢闕環佩入胡天馬上風偏冷關頭月自圓黃金如許贖書寄鴈雲邊

塞下曲

漢將出天山單于夜遁還陣開雲乍密弓滿月初彎曉騎隨金鼓春風度玉關可憐魂夢裏

猶自弄刀環

其二

日落大旗飄天山一望遙三軍傳夜柝諸將射飛鵰馬飲長城窟笳吹萬里橋樓蘭何日斬
戍役罷姚嫖

五巖圖古刹屯雲

山寺何年造高峯卓不羣懸巖晴暮雨古殿宿秋雲座易薰香靄檐難透夕曛尋幽臨絕頂
身世入氤氳

大海灘登孤山有感

雲重壓三邊登高望遠天山頭埋暮雨林角挂秋煙大漠龍蟠塞長城馬飲泉古來征戰地
滄海幾桑田

清涼山風洞 相傳此洞與天鎮縣風神山洞相通

古洞通天鎭雲山歷幾程峯眉描柳色谷口咽風聲境邃龍眠穩林深虎嘯生乘時能破浪

萬里寄豪情

鴛鴦河　張鳳翔

本是雙飛鳥緣何此錫名應同珠合浦不異玉連城瀉出靑無際翻來碧有情漫愁離別苦常伴水洄瀠

五巖圖龍泉降雨　王瑞菴

造化從來結構奇懸巖石磴瀉漣漪神龍本是非常物旱禱甘霖四野施

奇峯獨聳 即猴兒山

何處飛來此一峯嶄然天外碧芙蓉巉巖莫謂恒山峻超過恒山又幾重

海樓夜月　張鳳翔

星移斗轉夜初晴氣象應知畫不成祇有多情天上月送來光彩總無聲

牛心獨秀

孤峯突兀秀無倫添得豐川物色新儻有仙人能引路應教舉手摘星辰

馬脊雙流

岧嶤天外似昂頭神駿從來畫不侔萬里浮嵐雲拱向兩灣滴翠水爭流

青山寶藏　　范大元

珊瑚鐵網水中懸誰料青山玉種田雪裏瓊飛冬嶺上雨餘珠落夏雲邊璇懷春浦川俱媚圭蘊秋峯月亦圓更有晴霞留晚照峯峯紫氣接長天

又

休言荊璞最難求寶藏從來此地留明月影沈光不夜碧霞精歛氣橫秋稜如琥珀鋒鋒利色比雲英靄靄浮想是媧皇遺五色補天曾補大羅不

碧海風濤

輕寒獵獵逼西風萬頃波濤湧碧空突起鼇山翻雪白倒懸烏日謝天紅玻璃世界眞仙境瓊玉峯巒似化工彷彿靈胥迴八月雲垂海立闔門東

又

財政部印刷局印

果然海上有三山莫謂虛無縹緲間一陣黑風來朔漠千層白浪起峯巒雲騰神馬來飄忽壁峭靈鼇駕往還蓬島漫言修不到而今蓬島在塵寰

雲門古洞

仙師何日去雲門洞口遺蹤尙有痕丹訣不曾留朔漠梵音猶自響黃昏白雲地僻封幽境紅葉秋深認遠村徧訪空山人不見蒲團導引共誰論

又

洞門寂寂水潺潺雲去雲來任往還碧蘚無情埋古跡綠陰何事鎖禪關龍盤寺塔秋燈暗鹿擾僧廚落葉間此境從來人罕到到來能使俗塵刪

煙浦靈泉

石元山下海樓前尋得豐川第一泉夜靜浮沈邊塞月朝來呼吸滿城煙龍蛇有感隨萍出鷗鷺忘情傍石眠莫謂荒陬無勝地此中靈異已多年

又

依依垂柳覆重淵一勺能參造化權礎待靈根三尺潤瓶添仙露十分圓幾經酷暑炎風日

倏作翻雲覆雨天自有甘泉神廟祀邊城無歲不逢年

牛心獨秀

牛心山下水涓涓高臥重霄不計年林角觸時靑覆地峯頭昻處碧摩天泉微靜喘雲邊月

壁峭難耕隴上煙自放桃林歸未得牧童村指杏花巔

又

環豐林壑景偏幽突兀牛心據上游雨後晚霞留一角朝來晴翠豁雙眸削成峭壁孤峯出

望到齊煙九點浮幾度振衣看直上最高登處好回頭

馬脊雙流

山如馬脊最爲奇雨水分流左右宜蹄沒麥苗新雨候鞭垂楊柳暮煙時淡濃屏嶂皆成畫

高下人家並入詩更上嶺頭攀石磴何人遊騎忘歸期

又

龍盤虎踞鎭雄邊馬脊園林別有天水到合流歸野浦山因高聳跨炊煙碧溪春暖紅塵外金勒風嘶紫陌前回憶永和修禊事蘭亭觴詠敍當年

海樓夜月

蓬萊仙境石橋頭晚景登臨記勝遊雲淨邊城山過雨天空古寺月橫秋煙叢絮白煙中樹水底燈紅水上樓夜半倚闌頻領畧高歌宜唱小瀛洲

又

盈城車馬厭喧闐能隔紅塵地亦仙數里孤峯雲外寺一輪皓月水中天波平綠送東園樹風定青來北郭煙無限詩情何處著夜闌泉響聽涓涓

山寺朝霞

山寺樓臺近碧空晴明風景望無窮遠山遙送千重翠旭日初臨一點紅河抱曉光來塞北樹含秋色入園東倚闌最是宜人處萬丈飛霞射彩虹

又

雞聲纔動曙光寒鳥語時聞夜色闌紅到僧窗花欲放白生禪室月將殘依山煙樹全然火
滿寺樓臺半染丹萬里朝霞晴出海東來紫氣日三竿

西閣晚晴

晚來登閣雨初晴西望人家入畫屏日色漸分鴉背紫山光遥送馬頭青虹垂樹挂絲千縷
鷺下風翻雪一汀萬丈落霞紅未了盈城燈火點星星

又

登臨宜雨復宜煙晚景新晴别有天捲去濃雲山外擁送來斜日水中懸秋高黄葉家家樹
春暮青疇隴隴田最是冬來多積雪數峯了了夕陽邊

南樓秋曉　姚升聞

邊城風景似中州曙色登臨最上頭萬户有鷄皆報曉四圍無樹不含秋東園場圃全依水
北郭人家半住樓塞外輿圖何日闢甘棠誰與樹荒陬

龍口垂涎　劉映藜

神物何緣下九天空山蜿蜒幾多年來從風雨滄溟外瀉出珠璣碧落邊白練常飛千尺雪青山劃破萬重煙他時儻若從雲去應普甘霖徧陌阡

詠壩道　劉昕

雄山直欲與天齊野店荒村望裏迷車走雷霆坡上下雲深縷縷嶺東西泉飛萬丈峯頭挂雪積千層月頟低此道崎嶇何日闢到來時聽馬聲嘶

雲門古洞　張鳳翔

漫言邊外少名山認得蓬萊在此間古洞不嫌靑靄障閒門常向白雲關麀馴幽澗頻來去鳥入深林任往還無怪當年多羽客而今人到俗塵刪

煙浦靈泉　吳宗周

煙浦微茫古剎前淸泉不竭水涓涓流來晝本無雙地瀉出豐川別一天雲霧釀成三日雨波瀾溉徧四圍田會看人慶豐年樂靈異能參造化權

南樓秋曉　王楨

晨迎曉日快登樓遠近山河一望收峯淨東南烏欲曙天空西北鴈橫秋環城禾黍連雲密接地煙霞映日流縱目憑欄俱入畫新晴靄霧不曾留

西閣晚晴

淋漓好雨快初晴返照偏宜此閣迎一抹煙霞紅入畫半隄楊柳碧連城遙天鷺影飛飛白近郭泉聲滴滴淸漫道黃昏光不久黃昏最足釣詩情

薛剛寨

峯頭古寨舊遺痕唐將聲名今尙存馬道半留馳射跡陣雲無復戰兵屯英雄堪壯河山色姓字空傳父老言嶺外夕陽迴照處寒流日夜聽潺湲

北海騰蛟　王瑞菴

破浪翻濤大海中蛟龍吞吐氣如虹昂頭易撼波心月掉尾能生水面風更有山巒排左右儘多雲霧繞西東知君不是尋常物直與鯤魚變化同

財政部印刷局印

雜志

雜志一篇昉自劉向以其事可存而文無類可附也厥後雜纂雜俎雜錄雜事雜編諸書皆同此意故雖稗官委巷言近怪迂瑣碎而究其指歸足以彰風敎勵世俗補先代掌故之缺畧破時流識見之迂謬凡文無前後之次事有不歸門類者悉以雜志總之資叢談備洽聞焉夫豈小說者流無關正史也哉

李賀以歌詩謁韓吏部時爲國子博士分司送客歸極困門人呈卷解帶旋讀之首篇鴈門太守行曰黃雲壓城城欲摧甲光向日金鱗開却授帶命邀之（讀書隅見）

鴈北歸必銜蘆越關則輸之淮南子以爲鴈愛氣力銜蘆以避矰繳俗傳以爲過海投蘆爲桴以息氣力或云輸蘆以供稅供稅之說誕矣過海爲桴何秋來獨無而春始蘆耶蘆避矰繳之說不知來時何以爲避且使上林射鴈蘆何能避耶予考鴈從風而飛春夏南風故北飛秋冬朔風故南飛秋冬過南食肥體重故借蘆以助風力耳塞北風高則無事此故投於鴈門關姑識之（推蓬寤語）

財政部印刷局印

眞定人楊洪裕少時嘗漁貂裘陂忽有馳騎至者以二石燕投洪裕一翼掩左一翼掩右曰北嶽使者也言訖忽不見是年生後周太祖楊淑妃明年生太尉廷璋家遂昌盛宋史

山西地寒六月初旬五臺嶺頭澗底層冰積雪皚皚尚衣薄綿陳伯安兵備代州言北上鴈門至應州歷雲中更寒然燰木實產其間此陰中陽也陸深燕閒錄

元萇性剛毅雖有吉慶事未嘗開口而笑高祖遷都萇以代尹留鎭因別賜萇酒雖拜飲而顏色不泰高祖曰聞公一生不笑今當隔山當爲朕笑竟不能得高祖曰五行之氣偏有所不入六合之間亦何事不有左右見者無不扼腕大笑魏書

太和中廣川王元諧薨有司奏王妃薨於代京未審以新尊從於卑舊爲宜卑舊來就新尊詔曰遷洛之人自茲厥後悉可歸骸邙嶺皆不就塋恒代其有夫先葬在北婦新喪在南婦人從夫宜還代葬若欲移父就母亦得任之其有妻墳於恒代夫死於洛不得以尊就卑欲移母就父宜亦從之若異葬亦後之若不在葬限身在代喪葬之彼此皆得任之其戶屬恒燕身在京洛去留之宜亦從所擇魏書

太武時大月氏國人商販京師自云能鑄石爲五色琉璃於是採礦山中於京師鑄之既成光澤乃美於西來者乃詔爲行殿容百餘人光色映徹見者莫不驚駭以爲神明所作自是琉璃遂賤人不復珍之

幷代人喜嗜麪切以吳刀淘以洛酒漆斗盛之擊鼓集老幼自以多寡取之至飽

五巖圖卽五宇圖也距廳治四十里山有五巖故土人又名五巖圖峰頭常若屯雲山麓有龍泉又有古洞洞中堅冰長夏不消亦一奇也

北海騰蛟海在隆盛莊鎭北距廳治八十餘里鎭水倒流注爲大澤聞嘉慶年間澤中起蛟滓漫百餘里遂成海及今久雨新晴遙望海中有樓閣橫空烟霞結彩亦勝地也

本城北大場面有井二相去咫尺一甘冽烹茶最美一苦澁不可飲惟滌器用之

五股泉在正黃旗界距廳治二百三十里水分五味其尤美者味似酒飲一勺輒醉說者謂醴泉出焉

王發芝焦山尾邨人也少貧不能婚及年三十始聘劉氏爲妻產必雙男四乳而生八子俱

成立鄉鄰羨其多男因呼其郝爲八虎溝

富貴郝白廟子有聶某其父歿日與無賴徒相徵逐博具罄謀嫁其母議定詭奉其母詣舅氏至媒家其母素不識錯愕驚問媒以實告其母大哭罵曰吾必親睹雷擊汝也後其母又寡家貧無以餬口復歸聶某一日偕其母與妻刈禾田間雷雨大作俱詣廟避雨雷擊聶死其妻昏倒半日始甦其母相隔咫尺目睹黑霧中有物攫其子而耳無所聞說者謂不孝之報

姚升聞山陰縣諸生也性誠篤勤學好問誨人不倦老彌勵常訓子姪與門徒曰人生三事不可糊塗交友擇師結親不能慎始必悔於終常銘座右以爲後來者勸

水母廟在海留素太郝距廳治一百餘里建自乾隆年間廟前龍池其水滔滔不絕農圃灌溉田園咸賴其利池內多生浮萍草嚴冬時尤覺鮮妍可愛眞奇觀也亦祥異也

財政部印刷局印

豐鎭廳志跋

地方之有志乘地方官吏之職守也亦地方人民之師法也凡文明之邦政教整肅其志乘必詳備況世界大通不有實測之圖統計之表奚以資政府之所調查學校之所研究是地志一書良足珍也今察哈爾興和道屬不過七縣口北張獨多三廳前屬直隸爲察區左翼迨以右翼即今隷察區之豐鎭涼城興和陶林在山西設治之時猶爲廳治既又劃入綏遠今乃轄於本區晋綏尹興以後徵文考獻左翼尚有口北三廳志刋本惟右翼尚付闕如殊滋隱憾今春師範傳習所開始創立擬編察哈爾鄉土志爲國民課本以七縣草圖及調查表册會萃參稽

財政部印刷局印

已如馬跡蛛絲之彷彿追尋矣適因檢定教員躬臨豐鎭爰與邦人士諮詢沿革益恍然於斯邑爲昔之要隘察區之治亂繫焉蓋豐鎭居興和涼城陶林之中鐵路交通旣庶何加端資富教顧欲謀教育必先注重圖書乃能啓迪社會因諏訪豐鎭廳志數日不得旣而於舊牘中拾得殘本半册亦思存其本來面目付之鉛槧略資考證乃因公未竣又稽數日復得郝氏藏本始窺全豹是編成於光緒七年豐鎭廳屬大莊科巡檢移駐二道河卽今之興和縣治是昔日之一廳今日兩縣之地也至於引水經注而兼及涼城縣考單于臺在正紅旗更及於陶林縣蓋舊志雖名一廳而於四縣均有關係斯時晉　（龢）校試諸生卽

以豐鎮風土記命題藉察閭閻疾苦如土匪之掠奪糧食之騰貴皆地方有司之責任宜以民團巡警治其標教育實業維其本者也吁光宣以來迄乎民國廢興存亡茍無紀述非豐鎮官紳之咎歟夫志乘陳迹也名宦之治績鄉賢之德業秉政教者所當徵諸實而表其微也晉紱不文奉

命來尹興和與都人士搜殘訂墜竊謂邑不可一日無志志不可百年不修雖然修志豈易事哉有焉而不載爲漏漏則無徵非其有而載之爲誣誣則不信是宜生其地者據所見聞隨時綴錄而又得官其地者總其裁成考覈而訂定之俾一方之事實不漏不誣乃可信今而傳後今奉

命調任口北匆匆未竟厥志爰就已往之志乘檢閱一周脫者補之譌者正之閒有漫漶訛舛字義難曉無可考證者姑付闕如以俟賢哲校正既畢乃付鉛印貢獻邦人增訂續修責在後起韓文公云莫爲之前雖美弗彰莫爲之後雖盛不傳區區之心亦猶是爾

中華民國五年七月興和使者江都單晉龢味仁父謹跋

〔清〕高賡恩 纂

土默特旗志

十卷

清光緒刻本

土默特志

卷之

土默特旗志卷一

總目

凡例

輿地

疆界圖考　疆界圖

沿革冠以表　城池

山川以上卷一

封建

源流卷二勳績圖贊附　世系卷三表附

佐守

年班　升轉
城垣　衙署
官吏　國書
學制（學校試法附）　學堂
武備　差役
台站　要隘
倉庫　戶口（以上卷四）
賦稅（輸田附）卷五　祀典（召廟附）卷六
理藩則例　卷七
風土

食貨　風俗以上卷八
職官
職官考　職官表以上卷九
人物
忠節　義行
烈婦　節婦以上卷十

土默特志凡例

一星度分野氣候之類及疆域城邑之詳皆與綏遠歸綏志同茲不復錄

一土默特奄有五廳地所治在我所主在彼以全圖予之溯　懷柔也首紀一統志揭建置沿革城池山川之略昭大統也其未及者概與歸綏同亦以統之

一封爵之初以王公表傳爲經以蒙古源流藩部要略游牧記爲緯知斯旗之先固大有人在也

一土默特之傳上泝十數世下暨八九世序以宣之表以綜之繩爾祖武即沐我

皇仁念之哉

一土政析爲十數端略仿武功志之例蟬聯爲篇又考

理藩院則例專屬乃旗者以總之監　成憲也

一年班蒙所獨宜紀也廟祀官署何以惟土有之重剏

也以見諸廳之弗備也

一學制後補試法靖士氣也禮典冠　文廟崇正祀也

後附以招著羈縻之道也紀輸田勸忠愛也紀食貨

風俗開道化也蒙之人其勉旃

一蒙語非漢人所易解茲編如城池山川卡倫等數數

見之故別爲譯文一卷又輯蒙言襍志一卷依類以

求可也無煩複贅

一職員各列爲表綴見在名銜猶綴志之義也繫要職重所守也列世職存其緒也

一人物亦列四端先忠節勸從王也次義行勸從善也貞烈與節孝並著彰倫紀著從一之道也

一土俗非無孝義節烈之人文士鮮而不知訪輯故耳茲力諷之乃由參領等錄送數人亟登之以爲倡

一籌蒙疏牘綏遠將軍所以宣布聖德一視民蒙者也其事略具於此其文入綏遠志中懼複也諭蒙不以文也

土默特全境圖考

土默特左右兩翼地廣四百五十里袤四百三十五里周徑千餘里東至察哈爾鑲藍旗（又云古爾登察汗庫連）南至邊墻西至烏拉特東公旗（又曰察汗鄂博）北至達爾汗貝勒旗（又曰托斯圖鄂博）東南至殺虎口西南至鄂爾多斯準格爾達拉特兩旗（又曰托托城境）西北至茂明安並沙爾沁河岸東北至四子部落旗所謂四至八到也推之遠脈則大青山由正西烏拉特旗入本旗包頭鎮境蜒蜿分支闢脈斜向東北四百餘里分入察哈爾鑲藍旗並四子旗部落境諸嶺聯絡由城東北向南至土默特境黃河由西界烏拉特旗界內蘇吉等村曲

入行徑和林格爾境斜向東南流至清水河廳西南出邊墻入偏關縣界紅河亦名渾河由殺虎口入境向北而盤向正西由清河廳西南叉河口地方入黃河大黑河即依克圖根四子部落並察哈爾旗入境流至托克托城廳西入黃河小黑河由哈拉沁溝流出向西至渾津西入大黑河清水河由大水口入境向西入黃河什拉烏素河由西溝門發源向西流入黑河哈達木力河由山後發源流出山前入黃河皆經土默特界限之內故非包數旗貫數廳盡諸名山大川不足見一界之全茲得其所藏圖與志略中之圖合參之縮爲此幅以見

中朝幅員之闊當年之頒賜外藩而無少慳者乃如此其

圖中所指另有記茲不盡書

歸化城土默特旗沿革表

兩漢	定襄雲中二郡地後漢屬雲中郡
三國	
晉	
北魏	雲州　後魏初建都于此號盛樂城後置州領盛樂雲中等郡
隋	定襄郡
唐	單于大都護府
五代	後唐時入遼
遼	豐州天德軍　屬西京道
金	豐州天德軍　屬西京路
元	豐州天德軍　屬大同路
明	宣德初築玉林雲中等城設兵戍守後爲蒙古所據嘉靖間諳

遂居此是爲西土默特隆慶間封爲順義王名其城曰歸化

土默特旗志卷一下

大清一統志載建置沿革山川考

歸化城土默特在右二旗東北百十里在喜峯口北二百
里東西距四百零三里南北距三百七十
里東至四子部落界一百三十八里西至鄂爾多斯左翼
前旗界二百九十五里南至山西邊城界二百十里北至
喀爾喀右翼界一百六十里東南至鑲藍旗察哈爾界西
南南至鄂爾多斯左翼前旗界一百八十里東北至四子
部落界一百十里西北至毛明安界一
百七十里至京師一千一百六十里

建置沿革

漢定襄雲中二郡地後漢屬雲中郡後魏初建都於此號
盛樂城後置雲州領盛樂雲中等郡隋復置定襄郡唐置
單于大都護府五代後唐時入遼置豐州天德軍屬西京

道金因之元屬大同路明宣德初築玉林雲川等城設兵戍守後爲蒙古所據嘉靖間諳達築城於豐州攤採木架屋以居謂之拜甡拜甡漢言屋也舊作板升今改正諳達舊作俺答拜甡一統志註下同是爲西土默特隆慶間封諳達爲順義王名其城曰歸化

諳達察哈爾小王子近支也初瑪古里海弒小王子西北諸部們都爾嘉勒斯賚等互相仇殺其餘衆立小王子之支子爲迪延可汗仍服屬於察哈爾迪延死傳其次子賚音納蘭部衆寖強有子七人長吉納駐牧河套即鄂爾多斯次曰諳達黠多智駐牧開元上都迫附宣大自稱都哩木可汗旋爲察克爾汗所逐乃移駐豐州灘嘉靖十九年分道入寇越大同度雁門入寧武嵐靜等處殺人畜萬計二十年復入太原屠石州二十一年糾諸酋入掠太原破州縣三十八衛十殺二十餘萬人二十九年入古北口簿京師掠郊關近郭意欲滿始去開拓疆土南至大同山西邊北至永邵卜東至喀喇沁西至鄂爾多斯有衆四十萬當甲於諸境把罕寨濟者諳達第三子鐵背台吉子也初

失父諸達妻實鞠之爲娶烏新部女曰大成妣姬鼐濟又自聘呼圖克沙律女未及婚會諸達戚家女已聘鄂爾多斯矣諸達自娶之號曰三娘子鄂爾多斯怒起兵相攻諸達懼奪鼐濟所聘女與之鼐濟恚恨扣敗胡堡來降詔授指揮使是時諸達老傷孫突南走計中國恚其數入邊必甘心焉及欵塞聞無恙乃大喜使使來定約稱臣貢方物開市已詔鼐濟歸諸達迎之河上使使入謝隆慶五年詔封諸達爲順義王套酋吉納子濟農等皆爲諸達姪婁巴圖昆都楞汗諸達親弟而烏斯巴延永協布多羅圖們等皆其支庶諸達於諸部爲尊行力能合之凡六十五人各授都督指揮千百戶等官有差每年貢馬開市凡十一處在大同者三曰得勝口曰新平曰守口在宣府者一曰張家口在山西者一曰水泉營在延綏者一曰紅山寺堡在甯夏者三曰清水營曰中衛曰平虜衛在甘肅者二曰紅水偏頭口曰萬溝塞萬歷九年諸達死子鴻台吉襲王十三年鴻台吉死子格根襲王三十二年格根死其長子和克圖台吉已先故孫博碩克圖應嗣而三娘子所生布特達實哩之子索特納木者狡黠多智欲襲封摩明安者格根次子亦欲襲王部落無定主明年正月喀爾喀五路台吉者鴻台吉之次子糾集七十三部落聚豐川灘與索特

納木爲雖至九月博碩克圖始遣使噶爾台巴圖爾濟噶等請封三十四年始受封如故事其後五六年間部落自相仇殺盜賊並興水草枯落遂至衰弱察哈爾復侵擾之及其子額默布濟吉爾嗣立國遂破滅○瑪古里海舊作毛里孩們都爾舊作滿魯都嘉勒斯賁舊作加思蘭迪延舊作夕顏賚音納蘭舊作賽音那蘭吉嚢舊作吉囊都哩木舊作都隆把罕鼐濟舊作把漢那吉烏新舊作兀愼鼐濟舊作那吉呼圖克沙律舊作胡克沙金濟農舊作吉能巽巴圖昆都楞汗舊作老把都昆都力汗烏新巴延舊作兀愼擺腰永協布舊作永邵卜圖們舊作土蠻鴻台吉舊作黃台吉仰克圖舊作晃兒布特達實哩舊作不他失禮索特納木舊作瑣諾木摩明安舊作毛明安噶爾台巴圖爾濟噶舊作敢抬把都兒計虎額默布濟吉爾舊作俄木布楚虎爾今俱改正

本朝天聰六年

太宗文皇帝親征察哈爾駐蹕歸化城土默特部落悉降九年大軍滅察哈爾命貝勒岳脫駐守歸化城格根汗之孫

俄木布乳母之夫曰茂罕潛與阿薄賂爾喀通僞稱俄木
布爲西土根汗謀叛事覺誅茂罕執俄木布以還崇德元
年其酋古禄格毛圖來朝命偕俄木布返并還其世所守
順義王印編爲二旗以古禄格爲左翼都統杭高爲右翼
都統設佐領協領等員並駐城中康熙三十五年
聖祖仁皇帝自白塔駐蹕於此其官制並同内地雍正元年
增設同知等官乾隆四年於歸化城之東北築綏遠城移
鎮守將軍駐劄城中二十八年以兩翼旗都統事務改歸
將軍管轄二十九年分設清水河薩拉齊和林格爾托克
托城通判與歸化綏遠二同知共屬歸綏道以屬于山西

省其土默特編分旗地如故又有輔國公一乾隆二十一年封貢道由殺虎口茂罕舊作毛罕今改正

城池

歸化城在殺虎口北二百里明代所築蒙古名庫庫河屯周圍二里高三丈南北門各一外郭東西南三面三門諳達歸順改稱今名

綏遠城在歸化城詳綏遠志中

托克托城舊城在黃河東岸歸化城之西一百四十里卽湖灘河朔

山川

陰山在城北三十五里卽翁公山西自河套之北起烏喇忒西境綿亘而東至歸化城東北層巒峻嶺共五百餘里其間土名不一如白雲哲持虎太白拜洪戈爾牛心諸山以至蟠羊山五達蘇爾哈叨烏諸谷皆陰山支體

崔巍屏踞勢最高峻

黃河在城西南一百六十里自烏喇忒境東南流入又折界凡境內之水入黑河者有納札海河及達河朱喇馬台河德布色黑河哲爾德河巴漢土爾根河西喇烏素河呼克圖河哈爾几河黑勒庫河几滙十餘水由沙陵河以入于黃河其入紫河者有察漢吉圖河努衡格爾河兜毛河並彙流入于黃河　按西土默特駐歸化城其牧地東西四百里南北三百七十里自雍正間設立同知乾隆四年築綏遠城增設同知通判列爲六廳以屬于山西省其版籍遂同內地故部內所有山川古蹟祠廟物產皆與六廳卷相同茲類敘山川之大者以存其槩餘並見六廳卷內不復具列

土默特旗志卷二

源流 勳績爵賞附

剌麻札布土默特人姓博爾吉古特元太祖十六世孫阿爾坦裔阿爾坦號格根汗初由河套徙豐州灘築城架屋居之曰拜甡明史訛爲板升者也與明通好封順義王以歸化名所居城至今仍之阿爾坦九子長僧格號杜棱汗子格爾圖以避察哈爾東徙隣哈喇沁爲土默特東路卽今駐牧巴顏和碩之土默特右翼札薩克其居西路者自格根汗凡四傳至博碩克圖汗仍居歸化城察哈爾强役屬博碩克圖汗不從偕喀喇沁部布顏台吉等敗察哈爾

兵四萬於土默特之趙城又敗其赴張家口請明賞兵三千與察哈爾林丹汗交惡博碩克圖汗卒林丹汗襲有其衆我

朝天聰六年大軍征察哈爾以林丹汗西奔唐古特移師趨歸化城博碩克圖汗子俄木布及其部頭目古祿格杭高託博克等率衆降

詔安堵如故八年以林丹汗竄死大草灘

遣使取道歸化城往諭唐古特

命其所部人護送之九年睿親王多爾袞帥師收林丹汗子額哲於黃河西託里圖地貝勒岳託留駐歸化城部人告

竿言俄木布乳母之夫毛竿潛通明沙河堡守將以歸化
城叛僞稱俄木布爲西土格根汗且導明使約喀爾喀兵
爲外應貝勒岳託遣諜往喀爾喀兵在途追襲之無脫者
執俄木布以歸
諭古祿格抗高託博克分守歸化城轄土默特部衆崇德元
年
詔編所屬三千三百餘丁爲二旗以古祿格爲左翼都統抗
高爲右翼都統領之並世襲託博克尋代抗高子巴桑掌
右翼嗣是博碩克圖汗裔分隸左右翼稱台吉剌麻札布
祖素爾巴勒濟圖父達木巴世居歸化城隸左翼乾隆二

十年

詔徵歸化城土默特兵千隨北路大軍勦達瓦齊於伊犁剌麻札布獻馬三百匹叙功授一等台吉

乾清門行走二十一年

命隨承恩公明瑞赴巴里坤徙厄魯特達什達瓦部衆於阿勒台并以其女妻和託輝特郡王青袞咱卜會青袞咱卜叛

詔隨左副將軍喀爾喀親王成袞札布由烏里雅蘇台進勦偵青袞咱卜欲逃往俄羅斯復隨參贊大臣納穆札爾等輕騎尾之抵抗哈將噶斯青袞咱卜就擒捷聞

詔增設土默特一旗封剌麻札布爲輔國公授札薩克隸烏
蘭察布盟
勅曰朕仰荷天庥撫綏區宇中外臣工凡有效力宣猷勞績
茂著者罔弗優封爵秩用奬忠勤爾土默特一等台吉剌
麻札布追擒叛逃奮勇有功朕甚嘉之爾其副朕豢養之
隆恩歸撫爾旗人衆恪守典常靖共爾職勿蹈愆尤敗乃
成業國有常刑最哉無斁二十五年以不入
覲及違例妄行罪議削爵
諭曰剌麻札布自優封公爵以來不思感激朕恩奉公守法
乃日耽逸樂恣意妄爲本應照議削爵但念公爵究係從

前勤勞所得著加恩免削其札薩克及乾清門行走之處
併革退飭令回旗效力三十一年剌麻札布卒次子索諾
木旺札勒襲四十九年

詔世襲罔替古祿格者土默特人姓納喇其先本姓土默特
因滅扈倫國之納喇部遂以爲姓世居葉赫部葉赫部亡
依土默特博碩克圖汗於歸化城號楚琥爾博碩克圖汗
卒察哈爾林丹汗攻滅土默特役屬之天聰六年大軍征
察哈爾古祿格偵林丹汗由歸化城西遁懼掠匿山砦乃
免旋請内附九年來朝

優賚之崇德元年授左翼都統與右翼都統抗高並駐守歸

化城三年春以喀爾喀札薩克圖汗擁衆逼歸化城馳疏

聞

上統大軍征之札薩克圖汗遁師旋

諭古祿格及抗高曰爾等所守城小濠狹勢難禦敵宜於城

外建築層垣以資捍衛垣如城高一丈五尺闊稱之俾可

屯兵其上垣四面置四門門各置甕城四隅各建望樓垣

外環以深濠工竣之日內城外垣嚴加防守敵自不敢窺

伺爾等其善爲之夏率參領翰瑚等九十六人來朝　遣

宫迎宴

詔授一等男爵賜弓矢冠服冬遣烏巴什等貢朝珠文綺四

年獻所獲明歲給幣五年授其子烏克蘇穆佐領職協守
歸化城六年正月古祿格遣第巴圖等貢駝馬三月復遣
納穆習禮等解送來降蒙古
奬賜白金有差順治元年遣使獻方物
賜雕鞍弓矢皮幣二年晉爵三等子
特頒珠頂貂帽朝衣玉帶甲胄弓矢等物以殊異之六年睿
親王多爾袞征喀爾喀古祿格以兵來會偵喀爾喀遁乃
歸康熙五年卒長子烏巴什泰襲三等子召赴京隸蒙古
正白旗四子錫喇布留歸化城襲都統九年卒子古睦德
襲二十二年內大臣奇塔特等奉使厄魯特察獲所掠歸

化城人巴朗歸之古睦德二十五年古睦德來朝以厄魯
特巴圖爾額爾克濟農和羅哩携衆降附將由歸化城入
覲
命速歸護降衆未幾以廢職罷都統
召赴京授佐領隸蒙古正白旗以其叔父阿喇納襲爾喇納
者古祿格之第五子也由佐領襲都統二十七年偕副都
統阿迪等選兵偵禦噶爾丹三十年
命護視附近歸化城遊牧之喀爾喀衆無致失所三十五年
偕阿迪等隨大將軍費揚古擊噶爾丹於昭莫多師還運
礮七十九置歸化城三十六年正月助軍駝三月

駕由歸化城視師甯夏以土默特士衆委靡弓馬不嫻皆由
左翼都統阿喇納及右翼都統阿弼達等軍律廢弛所致
詔削職停右翼都統世襲改用京員以阿喇納兄子古睦德
重襲左翼都統四十三年卒子丹津襲先是烏巴什㮚襲
三等子卒阿玉什襲阿玉什卒子多爾濟襲五十九年多
爾濟以罪革三等子
命丹津兼襲雍正元年疏請建文廟於歸化城左右翼各設
滿　教官一歸化城增設理事同知一
允之復以訓所部弁兵嫻弓馬
諭右翼都統如世襲舊制以阿弼達子根敦補授其副都統

職聽丹津察舉九年大軍議剿噶爾丹策零命丹津與副都統五十六酌辦歸化城駐兵事宜尋因移駐洪果爾鄂隆詔察給兵騎十二年以烏喇特部被災損牧畜遵旨察閱戶口發歸化城帑賑之十三年九月奏歸化城每年觧額爾德尼招糧米四萬八百石向用內札薩克等牛車及喀爾喀官駝請自來年始募商駝挽運停喀爾喀官駝令善牧備軍用又應運米向由山西巡撫撥觧道行不無竭蹷請以商人所納倉米十萬石就近觧送庶經費可省動用亦便

上從其請十二月
命大臣赴歸化城視形勝地築城屯田以丹津及根敦協理
之乾隆元年設馬廠於歸化城北
詔丹津董牧務二年卒先是丹津子達奈居京由世襲佐領
歷官散秩大臣卒無子以丹津族子札什泰襲佐領至是
丹津妻請卽以札什泰爲丹津嗣
詔停襲左翼都統仍襲三等子兼授三等侍衞二十四年
諭曰左翼古祿格所遺都統職前因丹津無嗣停襲著加恩
照右翼例改授三等男爵令三等子札什泰兼襲三十年
卒子福保襲三等子兼三等男其掌右翼之託博克姓巴

拉格特一作博濟吉特世居歸化城隸土默特博碩克圖汗部

因察哈爾林丹汗滅土默特遂爲所屬天聰六年大軍征

察哈爾托博克偵林丹汗西遁籲請內附九年來朝優賚

之崇德元年授三等參領隸右翼與都統抗高協守歸化

城三年卒子瓦騸來朝授一等輕車都尉世襲瓦騸以佐

領授騎都尉五年

詔晉託博克一等參領賚弓矢冠服諸物六年賜貢使圖們

博奇等宴及甲冑冠服順治元年獻駝馬貂皮三年隨豫

親王多鐸擊喀爾喀土謝圖汗及車臣汗兵於札濟布喇

克四年敘功

簡授右翼都統時抗高子巴桑以軍務獲罪削職以託博克代六年復隨英親王阿濟格討叛鎮姜瓖於大同數報捷康熙九年卒

賜謚果壯長子瓦騸以騎都尉兼襲一等輕車都尉

加恩予三等男爵卒弟古嚕襲都統職十三年

詔選兵入邊會剿陝西叛鎮王輔臣十四年正月偕副都統席第等率土默特兵七百至榆林聽調

諭奬其赴命之速三月由榆林迎提督陳福軍於興武營會鄂爾多斯部貝勒索諾木亦帥兵至五月合圍花馬池叛賊朱龍糾衆來援大軍迎擊之朱龍遁城守賊出降花馬

池平六月隨大軍復磚井安邊諸堡七月進圍定邊撫定下馬關師還駐榆林八月由西安援剿固原十五年正月甯夏兵變

詔古嚕等防禦靈州定邊等處旋請屯黃河岸扼寇衝　允之三月敗賊衆於靈州六月關隴平敘軍功以兄瓦騎已卒兼襲三等男二十年卒子拉察布襲二十一年拉察布卒以其子什第襲三等男以其叔父烏巴什襲都統什作一碩第卒子達什色棱襲達什色棱卒子納木札布襲納木札布卒子甘保襲烏巴什者託博克第三子康熙二十一年由佐領襲都統二十八年備兵防哈爾丹二十九年運

殺虎口倉米濟都統額赫納軍三十五年副都統多爾濟
等隨西路大將軍費揚古進擊噶爾丹
命安郡王瑪爾渾統土默特兵防歸化城噶爾丹既敗遁瑪
爾渾移駐愛畢哈錫喇穆棱界留兵所部以烏巴什子副
都統阿弼達領之是年烏巴什卒弼達以副都統襲都
統三十六年以不事訓練罪削襲改用京員札喇克
圖俄赫楚忠相繼代任雍正元
諭曰歸化城土默特兩旗原在札薩克內其都統副
都統等官皆係本部初附功臣子孫世職前因廢弛軍務
革退都統另選京員管轄今舊習漸改訓練兵弁行伍整

齊凡行圍出征等事與內地弁兵一體効力不負
聖祖仁皇帝教育生成之意宜復舊制以阿弼達之子副都統根敦襲補右翼都統其副都統缺仍令丹津將兩旗內應補人員與原任都統副都統世家子孫內保送擢用欽此根敦係阿弼達長子初授副都統康熙五十九年授叅贊大臣隨振武將軍傅爾丹由阿勒台進勦策妄阿喇布坦至格爾額爾擒宰桑貝坤等百餘人復焚其糧於烏蘭呼濟爾
上優賚之雍正元年襲都統職二年
詔率滿洲兵二千赴巴里坤防禦青海叛賊羅卜藏丹津尋

分兵千駐土魯番師旋入覲
賜孔雀翎及
御書福字白金等物九年三月大軍議剿噶爾丹策凌根敦帥土默特兵千赴涼州聽調七月會西路軍於巴里坤偵噶爾丹策凌遣兵由伊犁犯北路軍於和通呼爾哈諾爾根敦隨西路大將軍岳鍾琪為搗巢計襲擊烏魯木齊大敗之追至額爾穆克河而還

十月

上諭以土默特將弁兵丁連歲從征甚屬勤勞已命頒給賞賚至都統根敦向在阿勒台軍營效力十有餘年今復至

巴里坤赫著勞績朕甚嘉之特賞御用冠服及銀二百兩
以示獎勵十年隨副將軍常賚等帥兵三千餘赴哈密援
剿十三年撤兵由塔勒納泌入嘉峪關還軍歸化城是年
詔偕丹津協理屯田事乾隆元年敘功
賚幣四年入朝七年卒子達班爾什襲入覲
賜孔雀翎隨扈五臺山以校射獲優賚十九年卒
詔停襲右翼都統改三等男以子賽音鄂里克圖襲二十年
諭曰歸化城右翼都統原係
國初土默特抗高所遺世職後改授託博克嗣因子孫不
勝其任由京員補授四次復念有可用之人是以令根敦

及子班達爾什襲授是職朕思都統有整飭軍伍之責非
閒散世職可比班達爾什之子賚音彌里克圖係前鋒職
今若驟膺都統不惟恐弗勝任且旗內台吉大員甚多亦
恐未必服其調度著將班達爾什所遺都統職另簡京員
補授其本支內加恩改授三等男爵令賚音彌里克圖襲
欽此是年入覲授左翼副都統二十五年以病罷二十六
年卒無嗣以從弟賚音岳蘇圖襲三等男爵至乾隆二十
六年裁歸化城都統一人二十八年復裁一人以土默特
歸駐劄綏遠城之建威將軍兼管仍設副都統二人一駐
歸化城一駐綏遠城協同將軍管理

按土默特三傳乃
欽定蒙古王公表傳原文傳成於乾隆中年以後承襲世次
尚俟確查補入傳中所記
太宗文皇帝征察哈爾年月與魏氏記異其左翼右翼亦第
分古祿格與託博克等所統兩旗而言與魏氏記左
翼爲濟拉瑪裔右翼爲元裔者亦異彼兩翼在歸化
城土默特外此兩翼則專指土默特之在歸化城者
也各世職距城頗遠其家藏譜牒亦未肯輕以示人
僅識其受封之始如此
右張略所識以記受封之始此後古祿特一派只

襲子男二爵歸入京旗其在土默旗者在左翼三
甲轄下其託博克一派自烏巴什後又襲七次曰
察勒布烏巴什子也傳阿達及根楝及板達拉什
及阿爾賓及瓦瓦及舒明皆嫡傳至舒明則第
賞給驍騎校當差候陞右翼都統亦裁由是　特
簡京員及綏遠協領各員爲副都統管理土默特
兩翼駐紮於茲詳綏志中今於歸綏志附土默特
一門即以張略所出王公表傳者聯爲一卷題曰
上卷再以土人都哈爾札布所輯摘敘其要爲下
卷諸篇

土默特旗志卷三

世系 三表附

夫土默特內蒙古之一旗也相傳蒙古爲黃帝遠裔傳嘗以帝少子始均爲北狄之祖陳殷所云元祖起沙漠自稱黃帝之後是也元以前吐蕃國號亦稱土伯特與土默特音相似元之亡也子孫之在漠南北者率百餘部而漠南諸部則爲內蒙古內蒙古之中八部十六旗與阿拉善青海兩厄魯特則爲太祖弟哈布圖札薩爾之裔也阿巴噶阿巴哈納爾二部四旗則爲太祖[illegible]布格博勒圖之裔也翁牛特都二旗則太祖弟諤楚因之裔也至太祖十六世

孫阿爾坦之裔則有翁牛特一旗及土默特右翼一旗及歸化城之閑散輔國公而其外又有浩齊特蘇尼特烏珠穆沁敖漢奈曼鄂爾多斯札嚕特巴林克什克騰喀爾喀十部二十二旗與外喀爾喀同祖達延車臣汗皆姓博爾濟吉特而爲太祖十五世孫之裔也惟喀喇沁及土默特左翼二部四旗則爲太祖臣濟拉瑪之裔姓烏梁罕是內札薩克四十九旗之中有兩土默特矣其烏梁罕之土默特天聰間歸我授札薩克封達爾漢鎮國公善巴者所稱喀喇沁之土默特非歸化之土默特也姓博爾濟吉特之土默特其祖爲元祖十六世孫阿爾坦號格根汗初由河

套徙豐州灘築城架屋號曰拜甡即板升也有明通好授順義王印名所居城曰歸化是生僧格號杜稜汗再傳噶爾圖以遊察哈爾東徙鄰喀喇沁即今東路之土默特其居西路者自格根凡四傳至博碩克圖汗仍居歸化察哈爾脅之率其部落敗察哈爾於趙城又敗於張家口林丹汗嗛之伺其卒襲有其衆我

朝天聰六年平察哈爾移師歸化城博碩克圖子曰俄木布集衆降

詔居守之九年睿親王略林丹汗地留貝勒岳託於歸化城所部人告俄木布乳母夫通明將以叛岳託追襲喀爾

喀兵執俄木布歸因命其部目杭高託博克分守歸化城崇德元年以古祿格都統左翼杭高都統右翼事見上卷自是博碩克圖裔分隸左右翼稱合吉喇嘛札布之祖曰素爾巴勒濟圖父曰達木巴世居歸化乾隆間數徵歸化城兵助剿達瓦齊暨青衮咱卜諸部喇嘛札布以功由一等台吉晉爵輔國公授札薩克轄土默特一旗隸烏蘭察布盟迭被優詔後二十五年以罪議削爵

詔貸之而退其乾清門侍御差三十年卒傳子索諾木旺札勒曰喇嘛札布者則歸化城之土默特也

詔以輔國公世襲罔替此土默特之宗支也至歸化城之

土默特非其同姓而來歸我者又有二宗一古祿格以功授左翼都統（事見上卷）一託博克亦以功代杭高子巴桑爲右翼都統（事見上卷）皆土默人皆傳其世居歸化城古祿格傳子錫喇布及五子阿喇納以罷削孫古睦德復襲之曾孫丹津襲都統兼三等子爵卒後其子札什泰停所襲之都統改三等男爵札什泰子福保以下但襲爵而左翼都統絕託博克傳次子古嚕及三子烏巴什孫拉察布至拉察布之弟阿弼達以罪削其子根敦仍襲之至其孫明達爾什卒後停所襲之都統改三等男爵其曾孫賽奇弼哩克圖以下亦但襲爵而右翼都統亦絕後由京員簡放副都統

以後土默特而統轄綏遠將軍其居歸化城如故仍分隸左右翼稱台吉現土默特有二等台吉兼勳舊佐領者二員四等台吉兼勳舊佐領者一員四等台吉兼世管佐領者一員其子孫年已及歲者均爲台吉而輔國公一爵歸左翼三甲其世係之概若此

土默特爵三隸綏遠城將軍世系表三

此爲西土默特亦曰歸化城土默特入烏

職爵 號名	輔國公	喇嘛札布
世系 初封	元太祖裔世居歸化城	乾隆十一年封札薩克輔國公二十五年以罪削札薩克三十一年卒
子	索納木旺札勒	喇嘛札布次子乾隆三十一年襲四十九年詔世襲罔替
孫	齊嚕布	嘉慶二十年襲咸豐五年卒
曾孫	根丕勒多爾濟	咸豐八年襲光緒元年卒
元孫	貢格巴勒	光緒二年襲光緒二十七年卒

蘭察布盟

原授左翼土默特人

都統今襲三等子兼三等男

古祿格

天聰六年來歸居歸化城崇德元年授左翼都統順治二年授三等子康熙五年卒

錫喇布

古祿格第四子康熙五年襲九年卒

阿喇納

古祿格第五子康熙二十五年襲三十六年以罪削

六世

福保

札什泰次子乾隆三

古睦德

康熙九年襲二十五年降佐領三十六年仍襲四十三年卒

丹津

康熙四十三年襲都統五十三年襲三等子乾隆二年卒都統停襲

札什泰

丹津嗣子乾隆二年襲三等子二十四年以前停襲之都統改三等男爵令其兼襲三十年卒

十年襲三
等子兼三
等男

原授右翼都統今襲三等男　託博克

土默特人天聰六年來歸居歸化城崇德元年授叅領三年授一等輕車都尉順治四年授右翼都統康熙九年卒

古嚕　託博克次子康熙九年襲二十年卒　烏巴什　託博克第三子康熙二十一年襲三十五年卒

拉察布　康熙二十年襲二十一年卒　阿弼達　康熙三十五年襲三十六年以罪削

根敦　雍正元年詔仍襲都統乾隆七年卒

班達爾什　乾隆七年襲十九年卒都統停襲改授三等男

六世　賽音弼哩克圖

七世　嗎勒增　乾隆五十五年襲嘉

八世　納沁　嘉慶十八年襲道光

九世　吉朗阿　道光三十年襲光緒

世

乾隆二十慶十八年二十九年六年卒
年襲三等卒 卒
男二十六
年卒

賚音岳蘇
圖

賚音弼哩
克圖從弟
乾隆二十
六年襲

土默特旗志卷四

法守

其年班則左右兩翼台吉輪值各一年所貢湯羊十八
御府所資以頒賞也台吉八各具一 台吉雖增亦十八人任
之貢馬匹百六十三石靑二千觔乾隆三十四四十等年
詔罷之以恤藩臣無佗貢
其陞轉則上而參領下而驍騎校前鋒校每晉一階必咨
送理藩院（今改部） 帶領引 見一次現在新例參領佐領仍
前引 見雲騎尉以下官員不引 見永著爲例通行在
案設有副都統 記名仍

召見前參領烏爾圖納遜亦復
召見二次有案
其城曰歸化南門亦曰歸化皆因忠順之歸義而名之者
也北曰建武東曰承恩西曰柔遠其舊南門鼓樓曰威固
初爲唐盧世德所建乃土城也謂之豐州至明季始砌以
甓改今名國初繙清語曰胡呼和屯乾隆年奉
旨歸化譯以胡呼和屯意多不合著改爲庫克和屯其名始
定城周六里餘高三丈有奇南北二門經左右翼弁兵與
台吉等修於康熙中年乾隆初元又葺之道光中築土垣
爲郭是城也京畿之鎖鑰晉垣之襟帶烏伊諸盟之屏蔽

庫科烏諸拗之門戶而綏城之所爲犄角也雖曰守在四
夷其能忘險哉
其衙署則北門內南向者土默特旗正都統衙門八曰丹
府[redacted]統於乾隆間奉裁舊衙爲其子孫世守久爲歸化稅
局所僦居道東巷有旗務衙門轅門儀門兩堂具備東爲
戶司署西爲兵司署東北爲印房總理署又東有旗庫其
外有漢稿房專主漢文稿其滿蒙文件均隸兩司丹府遞
南而西向者爲今副都統署其內衙室仍南向門堂寢室
前鋒營同事處具焉城外西南有道署理事同知署西北
有巡檢廳及監獄城北有舊都司署今爲續備軍營同在

歸城外不備述

其地方官吏理蒙民交涉案件者先由將軍都統　奏設五廳委用理藩院筆帖式五員至七員後改置蒙民理事府又設歸綏道改置撫民理事同通以道轄之現歸化薩拉齊爲理事同知托克托和林格爾清水河三廳爲理事通判均在土默特界內又置巡檢以副廳治之所不及蒙人衽席之安皆

天家之賜矣

其國書則報部文件止用清文不用漢文迨後內地民人漸集漢文風氣一開蒙人遂多肄漢書凡有公文案件報

部則用清文咨各札薩克旗則用蒙文移道廳均用漢文近歲大半以漢文往復不爲例禁所拘惟各署繕書則以嫺滿蒙者應之耳

其學有禁習漢文之例公文案牘皆用蒙文慮忘本也自建

文廟設義學以來則漸習漢文矣文教涵濡猺獠潛化近歲土默特學生亦應童子試於五原薩拉齊廳之間經兩廳請於學使學使咨於禮部准與漢文一體赴考尋經寶瑞臣學使以文理優長取入廳學二名曰巴文峒曰奎傑是其文字萌芽造就殆未可量今聞往太原肄業學爲師範而歸化立學已有土默特學生十餘名綏遠將軍

貽穀新開學堂亦招蒙人附課其中周孔北方之學所以能化朴僿爲文明者豈不信歟至其學滿蒙文者理藩院定例應送繙滿蒙文之生十名聽諸署差遣歸綏道署二監督總局稅廳二歸化廳二薩托和清廳俱一在署三年勤愼無過由道廳加考呈軍府都府察勘無異予以升階

附學校考

蒙古繙譯童生考試例

光緒九年九月二十九日巡撫張之洞奏七廳改缺後應議各事宜內稱五廳所治皆係土默特地面查土默特筆帖式閒向有准考繙譯鄉試之說但此處

蒙古亦概未赴考今既在土默特地面立學該蒙古
係屬土著自亦未便獨令向隅似應於歸化廳一處
設土默特繙譯學額二名由歸化城副都統於土默
特官學生內考錄送學政一體隨棚考試將試卷封
送禮部或何處通曉清漢蒙文衙門校閱取進後仍
發交學政咨送副都統榜示俾其涵濡
文教漸化愚頑於治理不無裨益雖向無辦過成案值此
整飭邊政之際未便稍事拘泥自繙譯鄉試仍照筆
帖式調京考試之例辦理十月初六日奉
旨該部議奏光緒十年四月吏部等部議　奏前摺內稱

臣等悉心核議各該廳所治土默特地面蒙古係屬
土著所請添設繙譯學額之處亦應俟漢民學額議
定時將繙譯童試章程照例舉行以裨風教奉
旨依議
光緒十年九月十一日署巡撫奎彬等奏七廳向難
遽定學額擬請援案酌量取進原請設土默特繙譯
學額現在漢學既歸專設是否一律舉行應候部議
九月十八日奉
旨該部議奏至十一年正月二十二日禮部等部議奏前
摺內稱土默特繙譯學額擬升任撫臣張　奏請額

設一名由歸化城副都統考[illegible]咨送學政隨棚考試等語經臣部議俟漢民學額[illegible]定後查照繙譯童試章程舉行在案今七廳漢民[illegible]准其就近應試酌量取進該蒙古係屬土著更未便獨令向隅亦應自下屆歲試爲始由歸化城副都統查明該處如實有繙譯精通者准其一體考試遵照定例每五六名取進一名並照前奏以二名爲限如報考人數不敷卽行停止其考試事宜應詳查繙譯童試例案由該副都統遵照辦理毋庸咨送學政考試奉

旨依議

蒙古漢學童生考試例

光緒三十一年二月二十六日山西學政寶熙咨呈禮部公文略曰據署五原廳同知姚學鏡薩拉齊同知清治合詞禀稱卑廳等童試錄取土默特蒙古文童巴文峒奎傑二名文理均屬優長應否一同送考禀請示遵等情前來查光緒十一年正月大部議覆口外七廳漢民既設專學土著蒙古亦未便令其向隅應查明有繙譯精通者准由該副都統詳查繙譯童試例案遵照辦理等因夏以該處蒙民向無通曉漢文之人故僅定有考試繙譯之專章而於報考漢

文作何辦法未經議及現據該廳等稟稱土默特文
童巴文峒奎傑二人文筆優長有志上進足徵
文化涵濡日久風氣漸開且當蒙地新闢蒙漢錯處之時
亟宜變通辦法藉泯畛域而澤以詩書擴其學識化
喬野爲文明尤爲無形之轉移查各省回民錯處久
與漢民一律考試又全書土苗事例內載嘉慶八九
兩年大部議准浙江之畬民四川之番民有願應童
試者准其與平民一體報名赴考其卷面亦不必分
别漢番仍照原取進如漢民肆行阻撓者照例辦理
等因各在案今蒙童巴文峒奎傑報名應考核與一

律予試之例相符況蒙民近甚囘番尤宜一體相待
兼以各廳人文未盛亟應變通辦法准其一律應考
以開風氣而免向隅相應據實咨請　云云禮部核准
立案
乙巳科由歸化城土默特右翼六甲參領屬下蒙古
文童二名一名搭齊佈佐領下巴文峒一名德勒格
爾佐領下奎傑已由學政考取文生
其學堂經將軍貽穀所籌三十年因新法起設監督一員
月給津貼五兩[illegible]額四十名每名月給津貼銀一兩二錢
學科如定章教習漢文一員十二兩滿蒙　員七兩司事

一員三兩常年經費九百兩是謂小學堂三十一年又設蒙養學堂一所生額五十名其經費自都統就地籌俊外由將軍查有蒙旗歐脫地中爲四子王察哈爾所爭田並達旗四成地又有瀕臨黃河最窊下之地二十頃而漢民私墾蒙民禁格者均議作綏遠學費批歸蒙學公費三十二年　奏定

其武備則六十佐領下原有披甲兵五千名領催三百六十名每佐領牛彔六名辦牛彔差使之前鋒二百名應軍轅差者百二十名應都轅差者八十名其餘爲叅領佐領所差遣者各二名驍騎校所差遣者各一名派赴各臺站

卡倫渡口以資捍禦者又若干人此外在兵戸兩司印房旗庫巡捕營四門以及　壇廟教場倉廒防備之兵紛紛瓜代合之見多分之見少且服役以有餉而勤常操以無鏜而惰況承平日久將鮮知兵士卒嬉遊漸成風氣以視國初蒙兵之驍勇而南北用兵足資調遣者逈不侔矣春秋二仲之蒐獨僅得千餘人雖設爲操練營員未易成爲勁旅後所操一營已停僅定以百人更番操演祇以兵無薪餉全倚戸口地畝且耕且牧充當各路苦差故難望其操練成軍也自光緒二十六年以來由前將軍都統疏請由士兵內挑選精壯派叅佐等官訓練編爲常備軍近奉

新章飭各營設武備學堂改練一切新操現經貽將軍
奏明先練二百員名分爲左右兩翼認眞教練所資槍銃
前由德商定購二百四十枝皆七馬力毛瑟馬步快槍仿
照所訂綏城學堂規制其津貼口分等款由六成地租項
下籌備春秋兩次由將軍校閱俟操法漸熟更擬更換二
班以符常備續備等制惟鉅款未易續籌耳
其差役則六十佐領下蒙兵五千內有領催三百六十名
每牛彔六名前鋒二百名奉將軍差遣者百二十隸都統
轅門者八十系領差委者三佐領二驍騎校一以及派赴
各卡倫渡口外皆在兵戸兩司印房旗庫巡捕營

壇廟四門教場倉廒處當差

其台站有三一烏里雅蘇台定邊左副將軍一科布多參贊大臣一庫倫辦事大臣所司台站凡領餉換防等差由土默特派弁兵迎送其三台由歸化起程者曰首台察齊魯木台爲二台補爾克速爲三台相距各九十里其經費由本屬生息項下開支歲八九百金若第四[illegible]已至大漢德力歸達爾漢貝勒旗境接辦矣驛站者亦即台站之路也凡將軍各署公文經行台站例由土默特六十佐領下出丁接送至今有村名八十家五十家或二十家在驛之旁皆以驛兵之目而名之者歟察齊魯木一作察齊拉補爾克速一作佈爾克素

謹案康熙三十一年設立外藩蒙古各驛站每驛相去百里惟科爾沁土默特內行走不另置驛又自歸化城至鄂爾多斯八百里置驛第八蓋將通道於四裔亦使外服共效馳驅之役所以齊車書於大同也考臺站遺規及土默特之所紀可以傳

皇道而宏漢京焉

其要隘謂之卡倫則官渡二處每處原設官船二隻兵十五名一胡灘和碩在托克托廳東南距歸化城百八十里一南海子在薩拉齊廳西南距歸化城三百里皆設防禦驍騎校各一員無俸餉又卡倫十一處每處按月由兵司派官一員兵五名察汗鄂博在城西三百三十五里五當谷西二十里噶爾第谷在城西二百十里四處在達

爾扞旗薩廳分境內又有七谷曰特孟庫珠在城西八十里曰奇爾庫在城西三十里曰韓滾在城北二十里曰哈拉沁在城東北二十里曰鄂奇特在城東北四十里曰烏里雅蘇台在城東六十里曰和林格爾在城東南百二十里在歸化廳分境內又卡倫八處此四處卡倫按月派官一員蒙兵各十五名官每月盤費四兩五錢兵每名月給一三兩共二萬兩息銀項下一[redacted]爾登卡在城正北五十里二哈拉托勒亥卡在城北百里三哈拉哈少卡在城正北百里四東哈魯勒卡在城東北百二十里五韓滾特克在城西北百三十里六庫特依在城西北百五十里七特哷木圖在城北百七十里八克哷滿在城西北百五十里又二處胡雅克圖察漢庫圖勒又與烏蘭察布一盟六旗共設卡倫十二處四子部落五卡達爾汗三卡茂明安一卡烏拉特東

西中各一卡

綏遠城所載卡倫十一處與此不同曰𩋫滚在城北二十里又二十里曰哈喇沁又二十里曰鄂奇特又三十里曰烏里雅蘇台又三十里曰和林格爾城西北八十里曰阿埒庫又六十里曰特門庫珠又一百二十里曰蒐魯第又五十里曰蘇勒哲又五十里曰烏達又四里曰察漢鄂博每月輪派土默特官兵巡防而此不言者葢同治間　奏停十一處之役而此特自守其要害非役於軍府者歟

又案識略謂卡字後人所造字彚補作從納切解

曰楚屬關隘地方設兵元塘謂之守卡今讀如克雅切取不上不下之義意所謂上下關鍵也近日稅關小者皆曰卡倫字義鮮有解者疑爲語助若庫倫索倫之類紀文達所著書注曰戍守瞭望之地曰軍營瞭望之名大率扼其衝要以防姦究必據山川形勢之險而爲往來所不能越者故記關隘無要於此歸綏之卡多於內地蓋統諸廳而籌之備之以與土默特劣兵而守之者也然此與土默特頗有異同一則蒙漢文字繙譯各殊一則彼之所轄有隘於一道之地者可參而觀之

其倉在歸化城內駝橋街內設隆字一厫倉穀二千石係支放副都統署俸並托里拉克召喇嘛口糧及養濟院月米之備今以舊章霉草露積云虛有存焉者則舊都統堂東一庫釐存房地租銀煤炭稅銀以備春秋祭祀將軍都統廉俸官學膏奬及修補軍械操演公費繕書鋪司台站差使工食一切賞卹之用膏奬操演變而學費矣其他源源待給尚可問諸筦鑰之司乎

其戶口則左翼所統共戶千六百四十又九職官至甲兵男婦幼丁共口七千七百三十又六右翼所統共戶千七百有四十職官至甲兵及男婦幼丁共口七千八百六十

又四綜計三千三百八十九戸一萬五千八百名口國初以來蒙人亦繁盛矣當日興師遣戍常以千計舉數百里之衆生養休息二百六十餘年椒聊瓜瓞當如何緜緜繼繼蕃衍盈升而今民數乃如此以燕晉秦邊鄙之人塡塞於其境枝强尾大毋亦有可慮者乎揆其式微之故非謂租賦之不給物産之不饒無以養其身也實以王化所播聖教所被常阻於金河紫塞之遥則富貴與生俱來轉以甚其人情之竊惰而耆欲之爲累貪悋之見欺且日以蹙其生計固不徒格根喇嘛捨身招提多自斬其嗣續也蒙人警焉治蒙者思焉

土默特旗志卷五

賦稅 附輸田

其所賦之田向由歸化城代徵渾津黑河等處本色米二千六百一十六石有奇又改折米五百八十八石薩拉齊廳代徵本色米二千零五十三石有奇改折千七百十七石有奇和林格爾代徵本色米三千六百九十七石有奇改折二千六百二十七石有奇清水河代徵折色米二萬九千一百三十七石有奇

其所稅之關向者牲畜等稅皆自派員起徵每價一兩抽錢八文以充公費年終報理藩院核銷至乾隆二十六年

由殺虎口管理每年包給公費七千兩著爲例至三十一年改派理藩院章京駐歸化管理牲畜稅未幾奏移歸綏道接部則經收至光緒二十三年又由省改派道府以次委員專司關稅仍照給公費並穀價千五百兩以外旗境內各溝若大靑山哈莫爾阿利莫圖淸水河喀喇烏克爾圖四處產煤炭之窰向由土默特派參佐各一員驍騎前鋒兩校坐收額稅以資辦公年終咨報戶部理藩院今改戶日度支院核銷至今不改日部

輸田記附

土默特旗衆自被　中朝收錄救援始有今日故尺

地一民不能私爲我有維是境內田土陸續納屯墾

爰助饘饟者所在㝵多有交五廳管屬征糧者有交

右衛八旗以及綏遠城八旗作爲游牧者原奉

旨與土默特爲公共游牧今則續墾數十百里矣本境荒

田而外有糧廳管屬之莊頭地有撥給公主之地有

代買米地有撥補莊頭等項地無不由土默特効納

札薩克四十九旗之中若土默特之首倡大義以助

天朝無或畛域者蓋可風焉爲之羅列於後

一雍正十三年六月歸化城都統丹津協辦尚書通智

等奏請將土默特境內閒曠膏腴之地八處作爲大

糧官地飭交地方征糧以備軍食奉　旨飭廳丈放征收賦役在案

一曰善岱墾地一千五百頃原交托廳後歸薩廳征米五千倉石二曰西爾格三曰補退四曰什拉烏素此三處共地七千頃交薩托二廳徵米一萬倉石五曰清水河墾地二萬七千頃交清廳徵米八萬倉石六曰特穆爾昂力行七曰渾津此二處墾地二千五百頃交歸廳徵米七千倉石八曰廠木哈克墾地二千五百頃交和廳徵米八千倉石

以上八處共墾地四萬頃每畝以三升徵米共徵

米十二萬倉石
一歸化廳於乾隆二年七年九年十六年五十四年
奏放渾津黑河二里官地四百三頃六十七畝六分
五絲
一薩拉齊廳於乾隆二年　奏交丈放長泰寧善四
官地一千九百三頃七十四畝五分八釐二毫五絲
一托克托廳於乾隆二年　奏交丈放安興遵三里官
地一千一百一十八[illegible]十七畝四分
一和林格爾廳於乾隆二年　奏交丈放物阜民安上
下七里官地三千二百五十四頃三十七畝一分

一清水河廳於乾隆二年　奏交丈放時和年豐家室盈寧八里官地一萬三千四百二十六頃一畝九分二釐

以上五廳共放糧地二萬一百五頃九十八畝六分五釐二毫五絲

一乾隆三十七年　奏交五廳丈放代買米地一千五百九十三頃九十八畝每年應徵銀二千五百兩

一乾隆六十年嘉慶二年丈放山後八旗廠地六千九百五十五頃

一嘉慶十四年丈放撥補莊頭四旗廠地七百九十頃

五十畝五分

一乾隆五年二月開禁蝦蟆壩後私墾廠地案內有雍正十三年民種十七犋牛地一段每年應納租五十一兩

一乾隆三年効納綏遠城八旗牧廠二萬四千一十六頃五十畝原奉旨公共游牧今已經奏墾

一雍正年間奏給右衛八旗馬廠一段在和廳界

一雍正年間奏給十家莊頭地六百餘頃在歸廳界

一康熙年間効納公主地畝約數千頃數目未詳在歸廳界

一乾隆四十二年奏交五廳地畝二百頃上下作爲鰥寡孤獨賞項每年徵銀三百餘兩

一乾隆二十六年　奏放大青山十五道溝官地四百四十三頃七十五畝每年徵銀一千三百餘兩

一清廳界內亦有右衛庙盤旗牧厰原放地四百三十八頃

一光緒十三年　奏放土默特六成官地三千六十三頃二十四畝六分

以上各項糧地官厰各地約有十餘萬頃此外又有帶產歸駟站當差蒙丁之地不在此數

按近年有報退及未盡報退各項糧地　薩拉齊廳之所徵爲多如包頭鎮米地一百四十頃

盡數報退薩爾沁村米地三十頃七十三畝退地四頃烏爾巴齊村米地二十九頃退地十九頃六十五畝磴口村米地十九頃八十畝退地八頃巴拉蓋村米地十四頃四十九畝盡數報退黑訓營村米地八頃七十五畝退地三頃九十五畝朱爾圪代村米地四頃退地八十八畝烏垻村米地四頃九十八畝全數報退什不沁村米地百一十六頃十九畝退地三十九頃六十九畝蘇波爾蓋村有豁七綫三地一段其內亦有報退字樣白彥察漢村米地三十七頃九

十畝盡數報退獨力埧米地四十七頃二十七畝退地二十一頃三十一畝大代村米地二十八頃四十八畝退地十七頃九十八畝　和林格爾廳之所徵如巴爾旦村米地十頃盡數報退甲拉爾村米地六十一頃二十五畝退地三十五頃六十九畝四分肯只貝村米地三十頃退地十八頃五十畝公布忽同圖米地二頃五十畝如數報退公喇嘛米地一十頃零十五畝燈籠素村米地三十頃二村開除地九頃五十畝■歸化廳征收之黑沙圖花溝二村米地十

五頃盡數報退麻什村米地十二頃退地六頃
七十畝又沙拉烏素喇嘛營猥家營黑土窪紅
巧爾村共五村鰥寡孤獨地五段盡數報退[illegible]
淸廳所征八里糧地內報廢地八千五百餘頃
廂藍旗廠地內報廢二百六十二頃五十畝

土默特旗志卷六

祀典 附召廟

蒙古稱廟曰召供佛者衆不特喇嘛爲然故其寺院撲地
率皆棟宇崇宏煇煌金碧其在歸化附近奉
旨勅建或賜名者十數皆有復呼弼勒罕札薩克達喇嘛住
持其在遠而私修者更不可枚舉今作綏遠專志與歸綏
全志擬仿靈壽志及續河南志畿輔志之例寺觀姑從其
闕惟是雍正五年尙書通智與都統丹津諸人請建
聖廟於城南門外其規制祀典如他郡縣又置官學於其
旁選子弟之秀者入學教以滿蒙及漢文字教習與學生

旨予費又立旗官學曰啟運書院俾諸生學文兼習弓馬
又建先農壇關聖廟列入祀典此皆蒙旗中卓卓可傳之
盛事不可以略而歸綏大召概爲蒙古呼圖克圖所建每
奉
敕命頒賜額字士人重佛以爲外方孔子人心所歸非徒觀
之壯也爰列廟召一錄祔祀典之後以存遺制至漢紳
民所建祠廟他郡縣僉同且非蒙部所崇奉茲不著綠

土默特都統丹津等於雍正二年　奏立
孔子廟正殿三楹東西各三楹曰東廡西廡後殿三楹曰
崇聖祠後殿東廂六角亭內有井曰泮池西廂建祭器

庫前殿前中門三楹曰泮宮門左右二門曰禮門曰義路禮門有正亭三楹曰名宦祠義路右小亭三楹曰鄉賢祠泮宮前中設泮橋東西小亭一曰東齋所一曰西齋所泮橋中有櫺星門左右各小門一櫺星外有左右牌坊額曰德配天地道冠古今櫺星南有照壁曰萬仞宮牆照壁東西兩轅門週繚以欄乃士默特作育人材之始基也

大成殿至聖先師孔子神位

崇聖祠啟聖五王顏曾孔孟以次追尊之先賢

東廡先賢蘧子以次三十九人

先儒公羊子以次二十六人
西廡先賢林放以次三十八人
先儒穀梁赤二十六人名宦祠祀將軍都統有功德
於土人者忠義節孝祠牌位如制春秋二仲上丁行釋
奠禮月朔月望行香釋褐釋菜禮均如儀
先農壇於雍正五年經歸化城都統丹津具　奏奉
旨於城東三里許建修正殿三楹供祀
先農神位東殿三楹西殿三楹八角亭一座設爲反坫東
屋三椽西屋三椽中設大壇繚以門垣週圍籍田地五
頃遵照禮部行文致祭之日每年由土默特派員恭備

祭品戶司移知歸綏道歸化廳至日歸綏道率同知巡
司由廳飭知鄉耆備辦籽種牛犋副都統主祭歸綏道
以下陪祀各服蟒衣行耕籍禮

關帝廟於雍正年由土默特叅領等官施地建修趾在城
南門東南小東街每年春秋二季並五月十三日致祭
三次由土默特派員恭備祭品副都統主祭道廳等官
助祭至於光緒初年歸綏道祭於地方所立廟旗務員
弁仍如舊

文昌廟未建時假用無量寺前殿致祭於光緒元年闔旗
官員建廟於城南稍東正殿三楹後殿三楹東殿三楹

西殿三楹大門三楹上祀奎星於三層樓每年春秋致
祭如儀

書土默特都統丹津修　文廟事後

雍正初元歸化城居民客商卜地庀材將爲都統丹
公建生祠祀之以比費大將軍都統辭焉而工與材
具不可止乃與尙書通智疏請勑修　孔廟定爲春
秋致祭並儲欵以備修葺於將來卽此一節可以見
丹公之賢矣讓美一也翼聖二也垂教三也惜物四
也使夫爲吏而邀頌諛竊俎豆者有餘愧焉而出之
外藩世閥豈不難哉迄今苗裔雖微而讀王公表傳

並謁費公祠肸蠁勿替焉蓋與　國初諸勛臣爭烈

矣甯河高賡恩

召廟記附

歸化城內外所建各召廟

無量寺崇德五年都統古祿克楚琥爾　奏

奉

諭旨派員偕該寺德木齊等監修旋奉

賜寺名曰無量供

萬歲聖牌於中康熙三十六年經札薩克達喇嘛內齊托音

胡圖克圖奉

旨換蓋黃瓦寺在歸化城正南一里許內設札薩克喇嘛達
喇嘛各一名寺一名大招
崇福寺於康熙丁卯年建奉
賜今名寺在城東南一里許內齊托音胡圖克圖住管札薩
克喇嘛達喇嘛各一名寺一名小招
崇壽寺於順治十八年喇嘛沙拉布建康熙三十三年
其徒喇嘛朋素克重修奉
賜今名寺在城西南三里許內設呼弼勒罕札薩克喇嘛達
喇嘛各一名寺一名蓬松招
延壽寺亦舊寺也康熙三十五年修復在歸化城正南

一里許奉

賜今名召哆圖胡圖克圖住管內有哆弼勒罕三名札薩克喇嘛達喇嘛各一名

延禧寺初祗蒙字名嘉慶六年達爾漢巧爾濟胡圖克圖稟由掌印札薩克達喇嘛詳理藩院轉　奏奉

諭旨易名延禧內設達喇嘛一名

慈燈寺當崇福寺僧陽察爾濟胡弼勒罕充副札薩克達喇嘛時於雍正五年進京　年班　奏懇於城東南四里許捐建雍正十年蒙

賜今名著該僧住管內達喇嘛一名

隆壽寺距城西南二里許於康熙八年巧爾濟喇嘛達
賴創建至三十四年葺而新之由掌印喇嘛報理藩
院請
賞今名嘉慶十年灾迄光緒十一十二等年重建內札薩克
喇嘛達喇嘛各一名寺一名愛木氣招
弘慶寺距城正南五里許於康熙六年甯甯胡圖克圖
建奉
上諭賜今名內札薩克喇嘛達喇嘛各一名
甯祺寺於康熙六十一年土默特兩翼官弁兵丁捐建
乾隆十九年添建東北之至勝塔一座二十九年又

添建西北之至忠塔一座四十九年奉
旨賜今名內左右達喇嘛各一名
廣福寺土默特參領甲布之家祠也後其家人施給張
嘉佛於乾隆三十年
賜名廣福
隆福寺在東門外百步康熙三十四年故巧爾濟喇嘛
達賴之徒恩克所建因隆壽之名曰隆福寺現仍歸
隆壽寺管轄未設達喇嘛
以上寺一十一座俱坐落本城附近乾隆八年奉
特旨賞給香燈地畝以資諷經僧徒養贍以外各寺異此

仁佑寺前於乾隆二十年准理藩院咨行
奉旨在後喀爾喀旗境果畢托哩補拉克地方修建每年給
香燈供品僧徒常年盤費等項銀三百四十餘兩由
土默特記檔作正報銷載入則例又每年應給口糧
本色米七十九倉石餘由歸化廳採買穀石項下給
領典至隆也湖厰所由因康熙三十四年
聖祖仁皇帝親征厄魯特駐蹕果畢托哩補拉克地方軍行
之水忽御馬驚嘶蹄下出泉甘如醴當時
諭扈從王大臣還朝之日於此建龍神廟故有此
旨寺西北距城千餘里向烏科兩城之路設達喇嘛一名諷

經喇嘛二十名有缺由土默特掌印喇嘛處選充

廣覺寺之修在乾隆三年將軍移駐綏遠城之後將軍

五年一詣查閱寺在五當谷內俗呼曰五當召距城

三百四十里內駐東喀爾班迪特胡圖克圖管轄最爲

黃衣叢集之所其地松栢鬱翠虎鹿馴遊時有異獸似猞猁猻哈達罕種類不可殫述

查此召原建於土默特界內乾隆九年烏拉特旗

强爭之奉　旨查辦議定三構泉淵北地準烏旗

借牧

廣化寺在歸化城西百里畢齊克齊正北大青山內前

明中葉有寶圪都察漢喇嘛在此山洞長齋諷經傳

教僧徒至於順治十二年涅槃其徒綮漢迪彥齊察
哈爾迪彥齊額爾德尼迪彥齊三人皆建寺持戒以
其師高弟子㛮斯哈卜迪彥齊爲師順治十五年在
佛洞下廣建殿堂康熙五十八年重修雍正二年
奏請賞給度牒乾隆四十八年復
賜寺名廣化住㛮斯哈卜迪彥齊胡圖克圖一名達喇嘛一
名
慈壽寺在城西五十里之什報齊村北大青山之陽順
治十二年建康熙間
賜今名綮漢迪彥齊胡圖克圖建即住管設大喇嘛一名

崇禧寺在城東北鄂奇特谷距城六十里順治十二年

建康熙五十二年

賜今名額爾德尼迪彦齊胡圖克圖建郎住管設大喇嘛一

名

慶緣寺在城西北二十里五素圖村西山之陽順治十

二年賓圪都察漢喇嘛佛建此寺成郎涅槃其徒察

哈爾迪彦齊重修又於乾隆四十七年添修經堂廣

殿經理藩院轉　奏奉

旨賜名察哈爾迪彦齊胡圖克圖住管設大喇嘛一名

法禧寺慶緣寺之僧徒麻郎布巧爾濟祿佈生王吉勒

建修

賜今名住持即建寺之呼弼勒罕

廣壽寺初有慶巧爾濟喇嘛納旺丹丕勒當蒙

恩賞官帑用建廟宇於五速圖之山奉

旨名其寺距城二十五里不設達喇嘛歸延壽寺兼管

永安寺　延壽寺沓胡圖克圖建之於烏蘭察布地方

者也彼時公主業於城正北修府於此寺院相望公

主佈施鉅萬令移之五速圖郪東山中察漢哈達俗

呼哈達召亦不設達喇嘛管轄如前

普會寺習哷圖胡圖克圖於山後沙拉穆楞建之落成

於乾隆三十四年
賞寺名在城北百五十里山後其寺之黄黒僧徒一切經典
廟規均歸延壽寺喇嘛經理惟另設達喇嘛一名
尊勝寺康熙元年札雅班廸特胡圖克圖由喀爾克札
薩克圖漢部落旗赴京奉
諭旨著該胡圖克圖率僧徒等在於歸化城地方建廟住持
比歸遂於哈拉沁山溝内建此寺康熙三十六年
賜名曰尊勝寺距城百二十里該胡圖克圖住管設札薩克
喇嘛一名
增福寺在城西南百二十里里素郵有呼弼勒罕住管

上供

聖祖仁皇帝御靴因康熙三十五年過胡灘和碩官渡撫綏
河套蒙衆駐蹕於茲父老攀轅留此遺念云旁有龍
王廟

御筆額曰誠無不格當日加封金面龍王

按土默特志略所輯共四十一召附歸化城者十一
在四境者二十七在境外者三今所錄於其境外並
四境所建省其十八而存其十二皆以

御賜寺名及有繫於公務而存之也其所省之寺或未入通
志黃教內者概行補錄歸志以存其名總之此篇以

國典爲尊非如識略作呼圖克圖紀著札薩克喇嘛世譜云者故夫香燈地畝各欵及於報案歸兵戸司呈副都統札飭會訊者舉不著於是編

土默特職官考卷七

土默特官秩之多幾倍於滿城將軍所屬才六十員耳土
叅領而下至百六十餘員優禮外藩傳龜襲紫任及子孫
初離襁褓遂珥貂璫
眷何隆也稽夫協領有兼官佐領有世管且上公之後仍
上公台吉之後皆台吉承廕諸職且與
國爲休焉是烏可以不紀至若某官某民舊籍不可得聞
姑取當今氏譜書而著之亦猶涑水諫碑之意爲之題名
俾見指者知所法戒焉爲考如左而列表其下

左右翼長二人　　叅領十八人

佐領四十八人　驍騎校六十人
兵丁五千名前鋒二百名　領催三百六十名　披甲四千四百四十名
弁兵無俸餉馬皆自備均給田有差每兵一名種地一
項官弁遞增每春秋二季派撥兵一千名操演爲操
營每名月給銀一兩五錢由土默特庫支發
叅領十二員每叅領管五佐領各須給關防一顆以上
各官由該旗蒙古內挑選咨送理藩院帶領引　見
遇有處分案件折罰牲畜
印房寓戸司東北隅詳公署　其管理人員係由叅領內派
委一人總理督同兩班章京辦理承發事件

又有兵司戸司操演營三處各設翼長一員頒給關防

由十二參領內挑選咨報理藩院其兵司管理命盜

鬥毆賭博案件其戸司管理戸口田土案件與綏遠

城左右司同其操演營則專管春秋二季操演兵丁

該三處遇有事務仍呈請副都統辦理不得專擅

土默特志政典考卷七

理藩院則例所載五十三門其諸蒙旗之所當法而戒者條列綦詳大抵各旗所同不容區別而其中亦有專條焉吾於土默特得如干錄之志中爲則例一門其百數十旗公共之典簡帙繁重仍宜攷諸藩部云爾

額設叅領等官

歸化城土默特兩翼左翼六甲設叅領六員佐領三十員前鋒校十員驍騎校三十員右翼六甲設叅領六員佐領三十員前鋒校十員驍騎校三十員外設防守南海子官渡防禦一員驍騎校一員防守湖灘

和碩官渡防禦一員驍騎校一員八品筆帖式三員九品筆帖式四員以上官員設副都統一員管理隸綏遠城將軍統轄

補放叅領以下名管

歸化城土默特兩翼額設叅領佐領防禦前鋒校驍騎校等官遇有缺出由綏遠城將軍揀定正陪送院帶領引

見補放如佐領中有世襲者即照襲職例辦理其餘仍照例辦理至筆帖式由該將軍考取列名備文報院由院轉咨吏部核准補授

歸綏道衙門設立帖寫

歸綏道衙門設立繕寫滿洲蒙古文字人二一名由土默特學生內挑選應給飯食銀兩該道員自行捐給五年無過該道員出具考語呈報該將軍遇有應陞缺出分別錄用

歸化城同知等衙門各設帖寫

歸化城同知衙門內設立繕寫滿洲蒙古文字人二名綏遠城和林格爾等廳衙門內各設繕寫滿洲蒙古文字人一名均由歸化城土默特學生內挑選五年無過出具考語呈報該將軍遇有應陞之缺分別

錄用每年每名各給飯食銀六兩由綏遠城房租項
下支給報銷
禁止民人折算典當蒙古地畝
一種地民人不准以所種蒙古地畝折算蒙古賒欠
借貸銀錢違者各照違制例治罪其定例以前已
經折算之地統限三年以所得三年地租清還利
息清結後停利再分限五年以所得五年地租清
本銀儻地租不敷折算准其按年遞展以本利清
給爲斷出[illegible]蒙古歸地後該民人情願接種仍令
按年按畝納租不願接種聽該蒙古自便永遠禁

止折算

一蒙古地畝不得典給種地民人違者各照違制例治罪其定例以前已經出典之地如蒙古備價回贖該民人立即交出儻有勒掯情事將民人遞籍贖地原價交旗充公地歸蒙古如蒙古一時無力回贖該民人典種已過三年者准其再種四年已過五年者准其再種三年已過十年者准其再種二年抵銷地價地歸蒙古歸地後該民人情願承種仍令按年按畝納租不願承種聽該蒙古自便

永遠禁止出典

一種地民人不得重價轉典民人舊典蒙古地畝違者追出地價交旗充公地歸蒙古民人遞回原籍其定例以前已經轉典之地不許種過年分准其再種五年抵銷地價地歸蒙古免其私典旗地之罪歸地後該民人情願承種仍令按年納租聽該蒙古自便永遠禁止重價轉典

一除界內種地民人交納租息之房屋地基外不得添蓋房間再招游民違者均照私墾開墾例治罪

一種地民人應交租糧均限年清年款其偶遇拖欠一年者准分作二年帶還積欠二三年者准按分

作二年之限遞緩年分帶還如欠至三年以外逾
限不完將地撤出歸還蒙古其租息嚴比着追清
結後將該民人遞籍儻有抗霸等情加枷號兩個
月滿日遞籍

奏定界址章程

一與茂明安兩旗界址自白衡果爾山所設封堆起
迤東至大小兩毫賚設封堆二轉東北至哈達圖
河至南北二山山頂設封堆二迤北至烏蘭霍碩
設封堆一又北至克抽鄂博所設封堆定爲茂明
安達爾汗貝勒土默特三旗交界自克抽封堆西

北至副都統衙門徵租官房兩所設封堆二起迤西爲茂明安旗界迤東爲土默特旗界

一與達爾汗貝勒兩旗界址自克抽封堆起至向東北之山頂設封堆一迤東於哈拉圖温都爾茂蓋圖庫謝齊洛薩查鄂博磨棟鄂博哈達瑪勒河源奔磴圖哈拉鄂博霍拉保山托速圖山各設封堆以托速圖山定爲達爾汗貝勒土默特四子部落王三旗交界山迤北爲達爾汗貝勒旗界山迤南爲土默特旗界

一與四子部落王兩旗界址自托速圖山起向南至

東巴彥封堆設封堆一自巴彥封堆向西南至土
默特所屬之烏蘭察布六札薩克會盟處又至烏
蘭察布泉源各設封堆其泉源封堆迤東爲四子
部落王旗界迤西爲土默特旗界
一與達爾汗貝勒兩旗以哈達瑪勒河源爲正中交
界迤西至克抽封堆迤東至托速圖山設立碣石
山之北爲達爾汗貝勒旗界山之南爲土默特旗
界
一與茂明安兩旗搭界之德勒格爾共鬱賽爾呼土
克等處種耕居民於田地處所各設封堆分清兩

旗地界東地租交土默特界西地租交茂明安

一烏蘭呼土克烏蘭諾爾地方由達爾汗貝勒旗向

設之卡倫二處改移設於該旗界內所遺空地於

錫勒格圖呼圖克圖徒衆內派人二名撥給盤費

在移設兩卡倫處駐劄防守賊盜

一與四子部落王達爾汗貝勒茂明安旗各交界處

所原立封堆相隔稍遠者均加立封堆由各旗註

檔備查

一與四子部落王達爾汗貝勒茂明安旗各交界所

設碎石沙土封堆每年秋季由歸化城副都統行

文各旗派員定期修理一次呈報副都統備查
一與四子部落王達爾汗貝勒茂明安旗如有因事
關交界報部者先呈報將軍副都統詳查轉報如
有仍前逕行報部者嚴參治罪
一與茂明安兩旗搭界處所已開地數住居民數飭
由歸化廳與副都統衙門派出之員察核
一地畝除河之南渠之西不禁開墾外其沙拉哈達
巴彥河迤北之地及沙拉圖迤東渠東之地均作
爲游牧由將軍副都統會印劄飭土默特及各札
薩克等永遠遵行

支用記檔銀兩

春秋二季操演兵每季三十日計兵一千名每名每日給盤費銀各五分共需銀三千兩於記檔項下支領每年春秋二季操演鳥鎗並夜間點放炮位需用火藥三千五百四十觔需銀二百八十餘兩均由記檔項下支領

駝價生息備辦差務

駝五百隻每隻變價銀二十兩共銀一萬兩由歸綏道交當鋪商民每兩每月生息一分按四季交副都統衙門備辦烏里雅蘇台科布多等處公務差遣及

迎送官兵驛站盤費等項之用

煤窰錢文分别支用

煤窰二十二座每年共徵錢千餘串不等所徵錢文內十分中三分作爲管理煤窰之官兵盤費外其餘支給遠方出差之官兵盤費二百串其每年年終賞給奮勉官兵五百串作爲三等獎賞其餘易銀存貯歸化城副都統衙門以備修理軍器之用

牧場地畝租息分給窮苦蒙古

開墾牧揚地畝共計一千六百四頃五十一畝四分五釐每年共徵租銀二千八百四十七兩六釐所徵

租銀賞給土默特之窮苦蒙古共計九百名每名核
計三兩一錢六分三釐三毫其餘不及一分之三分
六釐銀即增給末名造冊報院核銷此內遇有逃亡
者仍給伊家養贍家口無家口者另揀貧窮蒙古賞
給其未經墾過之牧場永行嚴禁開墾

地租分賞鰥寡孤獨

撤出蒙古等名下地一百九十八頃八十八畝內開
除水沖沙壓地畝外現實租給民人地一百九十三
頃四十二畝每年徵租銀三百餘兩均賞給該處鰥
寡孤獨作爲養贍之資

公費於稅務項下支領

歸化城商民輻輳之處所有煙油酒三項及皮張雜

貨等物俱應歸入落地稅內照例徵稅其駝馬牛羊

除進口外若繞道趨赴他省售賣者亦應一例徵稅

至鐵器不許出口原恐改造軍裝器械若種地農具

及平常日用器皿給票驗放毋許守口官弁刁難勒

索亦應照例徵稅各項牲畜每價銀一兩徵制錢八

文向係土默特蒙古徵收作爲公費旣已歸入正項

仍令土默特等照每年應用之數具領關支該監督

隨時報部於任滿時造冊報銷

膳

進

恭遇

皇上由熱河前詣

盛京道經土默特札薩克達爾汗貝勒旗喀喇沁札薩

克貝子旗地方各進

膳一次該貝勒等先期報院代奏奉

旨後遵行

殺虎口驛站節要

殺虎口漢站額設馬四十匹每匹日支草豆銀九分

零九毫每十匹准報二成倒斃每匹除扣皮臟銀五
錢應給倒斃價銀七兩五錢每年應領價銀六十兩
按兩季支領每年於正七兩月赴山西藩庫支領到
站發給其八十家二十家薩勒沁歸化城蒙古四站
額設喂馬及准報之例皆與殺虎口同惟草豆銀八
分三釐二毫有奇小異外草臺馬五十匹不支馬乾
其倒斃價銀由稅務監督支領章京一員坤都一員
兵丁五十名前四站並杜爾格一站皆同均用土默
特旗下人惟杜爾格站只草臺馬外棟素海吉克蘇
巴彥布拉阿魯烏爾圖巴爾素海察罕札達該六站

皆同杜爾格均用鄂爾多斯旗下人

大青山後移駐卡倫

大青山後一帶察罕庫圖勒卡倫原設官一員兵十五名於呼雅克圖地方舊設滿洲官一員兵十五名並土默特官二員兵三十名內撤出土默特官一員兵十五名移於察罕庫圖勒及鞥滚特克二處與滿洲官一員兵十五名按月輪替分駐會哨巡緝於巴彥布拉克原設之滿洲官一員兵十五名土默特官一員兵十五名移於特爾默土地方駐劄於察罕庫圖勒迤西土默特與茂明安烏拉特接壤處所之克

力溝地方添設卡倫一處由各該旗出派官一員兵
十名駐劄巡緝如山後遇有呈報失事責成卡倫官
兵各按分定界址封堆追蹤嚴緝但有推諉卽予叅
辦其鄉村散放牛馬遇有搶刦無論蒙古民人責成
歸化廳督率里長保正與出派官兵一律緝拏限滿
無獲照例開叅其集鎭商民捐蓋房間原爲官兵而
設卽由官爲經理不得招致流民其附近西哷圖呼
圖徒衆錯襍駐劄之卡倫兵丁有無窩盜爲匪情事
由該佐領驍騎校稽查管束該卡倫官兵盤費銀兩
由土默特庫存駝價生息修理軍器兩項銀兩項下

撥出銀九千兩交歸綏道發商生息支給其添設克力溝卡倫官兵由出派之該旗管轄卡倫官兵盤費銀兩於修理軍器生息項下減半支給一年各支用若干均由該將軍入於記檔銀兩冊內年終報院

蒙古罪犯就近會審

歸化城各同知通判承辦蒙古與蒙古交涉命盜等案由該同知通判處驗訊通詳呈請綏遠城將軍就近與土默特之參領等官會審起限由將軍處咨院具奏完結蒙古與民人交涉命盜等案亦呈請該將軍就近與土默特參領等官會審起限由山西巡撫

咨會具奏完結於各扎薩克等旗分行取會審官員
之處永行停止結案後將審擬之處由歸綏道衙門
行知該扎薩克
世職兼条佐領私罪降級分別折罰俸銀牲畜
世職官員兼管条佐領官若因私罪降級調用者照
兵部例載職任兼世職罰俸例辦理其無俸土默特
官員應罰俸銀之處照例折罰牲畜
地方承緝定限
地方人命盜刦案內脫逃蒙古人犯該同知通判詳
報後由該副都統委派土默特官員承緝自派出之

日起命盜案犯初次勒限六個月逾限不獲將承緝不力之員記過一次展限一年緝捕二次逾限不獲將承緝不力之員一年之內應陞之處停其開列再限一年緝捕三次逾限不獲將承緝不力之員罰五牲畜承緝偷竊等項案內脫逃人犯初次勒限六個月逾限不獲將承緝不力之員記過一次展限一年緝捕二次逾限不獲將承緝不力之員一年之內應陞之處停其開列仍報部註冊其未獲人犯通行緝捕辦一年之內將原案人犯全行緝獲其停陞之處准予開復應陞之缺照常列名其續派接緝之員逾

限不獲亦記過一次
地方各案脫逃蒙古人犯其不知旗分佐領者另行
派員承緝如知其旗分佐領實係土默特人犯即責
成該佐領照承緝之例勒限緝捕逾限不獲亦分別
記過停陞既經處分之後能將原緝人犯全行緝獲
者報院開復免其停陞於應陞之處照常開列如知
該犯係別旗之人一面派員緝捕仍行令該札薩克
嚴拏治罪如人犯在該旗地方藏匿不行縛送經歸
化城官員訪獲或被他人首出罰該旗札薩克一九
牲畜獎賞緝獲出力之人如非別旗人犯揑報別旗

者俟拏獲人犯審明後將揑報之員照窩隱盜賊例

議處

官員承緝各案蒙古逃犯逾限不獲應罰牲畜逐案

各限一年交出將所罰牲畜存公以備獎賞急公效

力之人該員等雖經處分如能將原案人犯全行緝

獲者其記過之案准其查銷未納牲畜免其交納

承緝蒙古逃犯之員初次限內將盜犯全行緝獲者

准其記錄三次如緝獲他人承緝之犯准其加一級

命案人犯全行緝獲者准其紀錄二次如緝獲他人

承緝之犯准其紀錄三次刦竊等案人犯全行緝獲

者准其紀錄一次如緝獲他人承緝之犯准其紀錄
二次並一次所給牲畜以爲獎賞如遇應罰五牲畜
之案一案准共以紀錄一次抵銷四案准其以加一
級抵銷一切陞遷准計加級紀錄辦理

內札薩克喀爾喀等處移覆旗下咨文定限

地方之命盜案內有關提內外札薩克等旗之人犯
及咨查事故並特令緝拏者喀爾喀四部落定限六
個月內札薩克各旗定限四個月該札薩克等如逾
限推諉不將人犯解送不即查覆案情遷延時日者
由承辦官申報該上司即行指名參奏報院分別議

處

各旗章京驍騎校等官捐輸駝馬議給級紀加銜

翎枝

內外札薩克各旗管旗章京副章京參領佐領驍騎校土默特兩翼察哈爾八旗熱河之額魯特等處參領佐領驍騎校前鋒校護軍校等官捐輸駝馬八匹者給予紀錄一次捐至十六匹者給予紀錄二次捐至二十四匹者給予紀錄三次捐至三十二匹者給予加一級捐至六十四匹者給予加一級捐至九十六匹者紀予加三級捐至一百二十八匹者給予加

四級捐至一百六十匹者給予加五級止捐至二百
匹以上者比照王公台吉捐輸章程擬給加銜陞銜
翎枝捐不及八匹者概不給予議敘

土默特旗志卷八

食貨

其產五穀略備莜麥卽油麥靑稞者曰靑莜麥民食所重又有小麥其味佳種者猶鮮次胡麻次糜又有莜子卽內地粱也糜爲饘粥比戶啖之莜子以飼畜爲粲者寠人耳黍稗間植焉豆種頗多黃黑紫綠扁豌豍蓮悉以佐穀及煙葉辣芁之類資於人者亦閒播其種

其瓜則西東南王果則桃杏李蘋海棠賓㮕多有之惟瑣瑣葡萄爲茲土佳品載一統志中

其植松栢間生桑椿尤尠榆柳樺楊水隈山曲稍燥處叢

焉而楊柳之繁如腹郡

其藥則黨參黃蓍甘草之類產此者尽大黃枸杞芍藥亦隨在而生

其獸猥貛狐虎豹麅及黃羊青羊之類向多獵者近少材武之人矣

其禽家則鴨鵝之類野則雉鸖沙鵝之屬若鵰鶚青莊則他境所少土之產也

其畜惟牛羊馬為最夥驢贏其餘也同馬市皮革不能自韌𢧵毛不能自組亦惟與骨角類俱[redacted]於南賈而已

其魚維鯉出自黃繞流綱羅之法土人罕習之故得者寥

盈尺尙合古人不竭澤不數罟之意

其服惟繭綢來自山左登萊等郡大布夏葛之類亦購自客商客民頒工不勤紡績故也

其薪樵之山及牧地曠土煤炭山谷多可採有大炭暨藍炭之分境內大靑山哈莫爾阿利莫圖喀喇烏克爾圖囚溝皆有稅額歸本旗公費以外若五當溝巴圖溝萬家溝黑牛溝俱產煤而不旺亦未盡礦法之長

風俗

風氣剛勁狃習勞苦不見紛華異物而遷故家給人足戒備整完遼史

朔漠以畜牧射獵爲業生生之資於是乎出遼史

俗無室廬隨水草以居遷徙不常金史

塞外蒙古氊帳房最佳風不能動日不能透寒不能入奉使日記

貴者褥被皆以皮爲之或貂或狐羊從便同上

一地兩租地戶自相爭奪先放後逐蒙漢激爲事端鍾道秀稟稿

土部附近邊內其飲食起居竟與內地民人無異漸至惰窳成性有地而不習耕耘無畜而難爲孳牧晉撫張之洞奏

蒙人生子有盡翦髮者留顱門髮一撮者名曰馬髮十二

歲到奶奶廟以驢還愿或薙以草後留髮辮曰十二和尚
都參領志畧

男十五以上比丁之年父兄爲加官帽以桿五尺量其身

是謂成丁乃編入戸籍充當旂差

女十五以上戴笄卽滿洲大髻也 同上

居喪過三週年招延戚鄰 志草

蒙性嬾惰蹈常習故更而張之必啟其疑 籌邊舉要

蒙古游牧爲生初多肉食近以漢民北耕亦甘食五穀然

仍不習農業 同上

疾病災祲多延喇嘛以修禳之出佈施錢以供香火盈千

累萬不惜 同上

蒙古相見向以哈達定婚用幣帛儀謂之哈達喜其初似絹尚繡佛像頗雅觀至今已太薄無所用

婚嫁帖套盛囊銀器 志略

生長少朔漠本有樸厚勇猛之氣 綏遠奏稿

俗兼蒙漢教雜洋回 晉撫岑疏

蒙民困窮日甚一日種族零落廬帳蕭條台吉而上才足自存兵丁之屬衣食多缺 同上

開墾之地設官編戶耕佃樂業蒙漢永安 同上

外近蘩華內實勤儉蓋寄居多關南晉北人猶有唐魏之

遺風焉各廳志略

蒙古民族接見先問家畜之安否後及家人之安否及臨去告辭離席而出帳幕主人送于數步外示尊敬之意此惟官吏高僧常受此特禮五原廳志禮儀下同

途中遇人各出所携之鼻煙相供以是爲禮

見貴人始則跪於其前自述口儀甚表尊敬之意及其既久言語粗鄙呼笑自若如無人在其前者五原廳志略習氣下同

喪無棺槨之備以火化之或以氈毯裹其屍棄之原野謂以屍體食禽獸爲種善根其敝俗至

上元前後三日各家聚石炭於門首累作幢塔狀然之通

明竟夜名曰旺火除夕至元旦庭院亦各爇炭取其明也

中秋節夕陳瓜菓於庭拜月以西瓜茄菜雕鏤作燈燃以紅燭五原廳志歲時二節

土默特旗志卷九

職官

土默特官秩之多幾倍於西城將軍所屬才六十員耳土

叅領而下至百六十餘員僅以禮外薦傳龍襲紫任及子孫

初離襁褓遂珥貂璫

眷何隆也稽夫協領有兼官佐領有世管且上公之後仍

上公台吉之後皆台吉承廕諸職且與

國爲休焉是烏可以不紀至若某官某民舊籍不可得聞

姑取當今氏譜書而著之亦猶涑水諫碑之意爲之題名

俾見指者知所法戒焉爲考如左而列表其下

職官考

左右翼長二人　叅領十人

佐領四十八人　驍騎校六十人

兵丁五千名前鋒二百名　領催三百六十名
披甲四千四百四十名

弁兵無俸餉馬皆自備均給田有差每兵一名種地一

項官弁遞增每春秋二季派撥兵一千名操演爲操

營每名月給銀一兩五錢由土默特庫支發

叅領十二員每叅領管五佐領各須給關防一顆以上

各官由該旗蒙古內挑選咨送理藩院帶領引　見

遇有處分案件折罰牲畜

印房寓戶司東北隅詳署公其管理人員係由參領內派
委一人總理督同兩班章京辦理承發事件
又有兵司戶司操演營二處各設翼長一員須給關防
由十二參領內挑選咨報理藩院其兵司管理命盜
鬥毆賭博案件其戶司管理戶口田土案件與綏遠
城左右司同其操演營則專管春秋二季操演兵丁
該三處遇有事務仍呈請副都統辦理不得專擅

職官表一

左翼

叅領缺十二
首甲松阿哩
二甲達恒泰 署理戶司關防管理戶口田土案件

佐領缺六十
公中賀色畚 兼叅領
世管納遜
公中森額
公中蘇克精額 兼叅領
公中達恒阿
公中巴彥爾
公中德波珂
公中倭什珂 兼叅領

驍騎校缺六十
札勒恒泰
補音泰
阿哩貢
蘇通阿
福承
瑞恒
兆納蘇圖
謙津蘇隆

三甲 阿靈阿

四甲 倭什珂

署理兵司關防管理命盜鬭毆賭博案件兵司戶司各設翼長一名須給關防由叅領內挑選

世管	阿木格	穆特賀
世管	補隆巴雅爾	鳳林
世管	烏爾圖達賴	札什巴勒
公中	阿靈阿 兼叅領	阿勒滕鄂齊爾
公中	圖孟鄂齊爾	鄂齊爾
世管	珠隆阿	圖敏額
勳舊	塔沁阿	常明
世管	圖森阿	圖敏泰
勳舊	綏克鄂爾札布	補音德勒格爾
世管	德克津佈	音德賀

五甲	蘇克精額
六甲	若憲

公中	若憲	兼參領	多倫武
公中	德勝		富珠哩
世管	金善		穆精阿
世管	齊哩克泰		額克哩貢達賴
公中	伊精阿	兼參領	景文
世管	泰順		瑞春
世管	巴圖納遜		阿克都善
公中	納木吉勒		阿木格
公中	錫齡		錫拉搽阿
公中	德音泰		色爾古隆

右翼

首甲　哈芬阿

二甲　賀色畚

公中	松阿哩	兼參領	阿木格林沁
世管	額勒德珂		額勒德珂
公中	阿哩雅		額德勒庫
世管	國安		雙明
世管	經濟		錫齡阿
公中	達恒泰	兼參領	烏爾圖納遜
公中	吉祥		納遜
世管	舒敏泰		滿篤戶
公中	納爾洪阿		慶春
公中	哈芬阿	兼參領	圖勒芬阿

三甲 德隆額
四甲 蘇聯春

世管 福隆阿 格汝第
世管 托克托佈 阿堯爾贊
世管 烏雲珠 特古斯巴彥爾
公中 國仁阿 德克津
公中 蘇聯春 兼參領 納木吉勒瑪
世管 都楞 納遜習第
世管 塔慶阿 珠隆阿
世管 富雲珠 巴音朝克圖
世管 納斯洪阿 納斯洪阿
世管 都楞桑 圖伽佈

		五甲 伊精額					六甲 都格爾札布		
公中 胡圖哩	公中 和紳泰	公中 都格爾札布	世管 崇林	公中 吉忠額	公中 喜蒙額	公中 諾蒙格啰勒	世管 塔齊佈	世管 蘇通阿	公中 德隆額
		兼叅領							兼叅領
依習丹贈	賽沙佈	特古斯納木圖	崇林	哲克敦額	噶勒斌阿	札拉芬	豐紳	富林	明順

額勒德孟圖	托　津
世管綽克都爾魯布	世管音德賀

職官表二

世襲輔國公 現未承襲

騎都尉 雲騎尉 恩騎尉 十二員　車部 驍前鋒校渡口防禦驍騎校　筆帖式員八應監

賚濟札佈溫德遜　倭仁泰　八品 補音泰 額爾更達賴

塔齊佈德　寶發福哩　穆精阿 外二員現未承襲

達 賴補隆巴爾雅　防禦二名　色囉佈

墨克菁爾格勒太　平阿林泰　九品 札克森阿

巴音朝克圖圖　孟豐紳額　驍騎校二名　錫林泰

烏索尼喀依哩佈　阿昌阿

圖孟格吗勒舒敏泰　音德本

富林常喜

賫沙楚喀金善

外四員現未學襲

都楞山

補音圖胡陞

穆精阿

塔淸阿都

林寶

圖敏

烏爾滾

經濟

國安

富興

福坦

土默特旗志卷十

人物

開國之傑如阿爾坦格根汗如博碩克圖如喇嘛札布如古祿格託博克杭高三公元勳偉略卓然可傳已入源流世系篇不復殫述此外從征勁旅委骨沙場皆有助於
聖代龍興之運國殤芭舞祀典攸光降及後世氏族蕃昌豈無人焉出乎其中祇以二百年來
朝野雍熙鮮所表著又乏中國文字爲之紀述其埋沈於冰崖雪磧黃沙白草之中者不知凡幾矣自咸豐軍興而後此間將上得再效其長纓馬革之思營冊部檔間著名

籍忠魂毅魄之雄天地山川不能容其磨滅焉緣錄忠節一篇而以佗類坿於後

忠節

立功將領

頭品頂戴　記名副都統圖爾格齊巴圖魯左翼叅領兼右翼公中佐領烏爾圖納遜由前鋒於咸豐五年選補右翼驍騎校六年二月奉派前往山東曹單一帶防勦管帶馬隊官兵臨敵驍勇屢獲全勝攻破雉河集等處身受頭等傷一處　賞給五品頂戴於八月在亳州十八里鋪地方接仗擒斬逆酋奪獲軍械無算奉　旨賞戴藍翎於七

年二月攻奪烏龍集進勦楊家集獲勝並立解固始縣城

圍八月克復正陽關霍邱縣等處案內奉　旨以防禦前

用九月奉札飭管帶土默特等處馬隊官兵前往獨山聽

候調遣是月某日合力進攻立解固始縣圍奉　旨以佐

領即補並　賞換花翎於八年三月奉撤歸伍是年十一

月補授右翼公中佐領九年奉調派委營總帶領土默特

馬隊官兵馳抵天津海口大粱子張家灣通州八里橋等

處與嘆兵接仗殺傷甚夥身受二等傷二處是年十月又

隨同　欽差大臣僧親王行抵直隸河間府等處防勦十

二月河南歸德府之戰奪勇爭先斬殺無算奉　旨以叅

領即補並　賞圖爾格齊巴圖魯勇號同治元年七月因
捻匪大股竄入魚台一帶地方我軍奮勇衝殺殲除殆盡
案內出力　賞加副都統銜二年二月因擊獲捻首多名
[illegible]　欽差大臣僧親王保　奏　賞加頭品頂戴是年補
授叅領四年五月奉　旨前往江南聽候　欽差大臣兩
江督部曾公差遣七年七月補行引　見奉　旨著回任
是年十二月洄匪竄出鄂爾多斯旗游牧地撲犯河千經
綏遠城將軍定安　奏派統帶吉林黑龍江馬隊渡河進
勦八年正月因在杭錦旗一帶屢戰先捷奉　旨交部從
優議敘嗣經兵部　奏議給三等牌一面又加給五等牌

一面是年三月間因股匪竄擾後套纏金一帶地方奉
旨著督率所部前赴纏金一帶獨也勦辦於是月間在烏
拉特旗合木爾和碩及阿拉善旗紅柳溝等處賊匪次第
殲除奉　旨著以副都統記名簡放二十年舊傷復發兼
之積勞成疾以參領終

歸化城參領烏爾貢札布前於咸豐三年帶管土默特馬
步隊蒙兵一千五百名前往直隸山東江南各省勦辦捻
匪屢著戰功奪獲名城歷經各大臣保　奏得授頭品頂
戴記名副都統並　賞戴花翎給予伊克斯巴圖魯勇號
因在營久積勞病故

陣亡弁兵

順治三年土默特官兵一千五百名隨親王多鐸擊喀爾喀土謝圖汗及車臣汗於札濟布拉克地方是役也陣亡驍騎校烏素珠拉等三員兵一百六十七名

六年土默特官兵五百餘員名隨英親王阿濟格討叛鎮姜壤於大同是役也死事多名

康熙十三年土默特官兵一千餘員名奉調入邊會勦陝西叛鎮王輔臣是役也陣亡佐領驍騎校等官四員兵九十七名

十四年土默特官兵七百餘員名勦叛賊布爾尼於花馬池

是役也陣亡兵十八名
三十五年隨西路大將軍費揚古進擊噶勒登是役也戰
歿官五員兵二百三十餘名
五十九年土默特官兵一千餘員名隨振武將軍爾丹阿
力台進剿策妄拉布坦於格爾額爾克地方陣亡兵四十
餘名
雍正九年土默特官兵一千餘員名赴涼州會西路軍於
八里坤隨西路大將軍岳鍾琪擊烏魯木齊大敗之追至
額爾穆河而還是役也陣歿病故官四員兵四十餘名
是年十月奉

上諭土默特將弁兵丁連年從征甚屬勤勞已命頒給賞賚
向在阿勒台軍營効力十有餘年今復至八里坤懋著勞
績朕甚嘉之等因欽此
十年副將軍常賚等率兵三千餘赴哈密援勦是役也陣
亡兵七十餘名
乾隆五年土默特官兵二千五百餘員名奉調前往烏松
珠拉地方征勦叛逆是役也陣歿世管佐領鄂慶等四員
兵一百八十餘名
二十年土默特官兵一千餘名隨北路大軍勦辦達瓦齊
於伊犂是役也驍騎校色登等二員死之兵亡七十餘名

二十一年復隨承恩公明瑞赴八里坤徒厄魯特部衆於阿勒台是役也歿於軍者佐領阿爾賓一員驍騎校阿爾哈達等二員兵一十七名

自咸豐三年起至同治年間陸續戰死傷故官兵

土默特佐領委參領管帶土默特馬步隊六十七於咸豐十年在於江皖豫山東等省疊著戰功歷保至二品花翎郎補參領因軍營受傷行至山西省城沒陣亡兵一百二十餘名

咸豐六年土默特世管佐領沙津滿達勒在山東臨清州一帶剿匪屢立戰功冠縣之役將捷矣窮追遇敵死之是

役也陣亡蒙兵二百餘名
咸豐十年公中佐領額林佈在山東魚台縣剿匪死之又
公中佐領森蓋押護粮台在山東濟南府戰没並陣亡蒙
兵七十餘名又叅領阿克敦在於安徽壽州力戰受創後
没於軍中
又佐領温讀遜在山東曹州府與賊決死戰受創畢命
叅領福隆阿在湖北麻城縣力戰歿於行間
驍騎校齊蜜特多爾濟在於安徽亳州等處血戰没於陣
驍騎校音登額在應州府六十里鋪赴敵死
前鋒校圖孟吉爾圪勒在河南方家集死之

義行

右翼三甲蒙古披甲鄂勒吉圖於雍正年間調往伊犂哈蜜等處剿匪及青滚咱卜善後於雍正十三年奉撤入關生大習爾麻大習爾麻生巴圖吉爾格勒一以拯難卹貧爲事生業寖落生桃爾戸桃爾戸生贇佈父子且傭且樵以養其親雖家貧如洗終其父之身無所苦楚厥後以勤約稍集家資購田勸穡桃爾戸亦以積善繼其先志久施方藥活人最夥同治年卒年八十又五贇佈復能繼之光緒年七十八歲物故贇佈三子長阿恩格次札穆森三搭秉泰一善相傳鄉閭稱之札穆森長子都格爾札布歷官

叅領弟兄三人有子十一　叅領子音德賀左翼驍騎校

烈婦

右翼九品筆帖式噶爾孟光緒十八年病歿無子妻雲納氏年三十二歲痛夫憯切誓不獨生九日不食親故慰之默然既卒同日窆

節婦

叅領德力克札瓦之母道光中夫故年才十九父兄憐其少也欲嫁之不可强言之悲不自勝曰所以不從夫於地下者徒以此子在耳幸勉以大義不使他日無面目以入黃泉足矣勿復出此言由是壹意撫孤令先讀漢文經籍後習滿蒙文字入司習公務洊歷驍騎校公中佐領母年

七十餘矣二十五年由都統詳請　旌表並給匾額於根保爾什村建坊

右翼世管佐領索納穆多爾濟道光十二年病没妻烏梁漢氏年二十六有遺腹産男沙津滿達勒氏撫之成立襲職佐領氏爲求良師教之學以孝聞生二子曰塔齊佈曰倭世佈咸豐八年沙津滿達勒奉調出師委營總管帶土默特馬步隊一千五百餘往山東臨清州一帶討賊六年之久身經數十戰同治二年至冠縣剿捻已獲全勝以孤軍尾賊失大隊賊突至圍數重戰没於陣見忠烈傳妻雲巴氏時年二十九仰事孀姑俯畜孤幼後塔齊佈於同治

間襲職烏梁漢氏光緒九年故年八十一歲矣雲巴氏現年七十有三待　旌塔齊佈以難廕應襲雲騎尉以既襲佐領讓其弟政府不允始兼襲

右翼六甲蒙古達印世居包頭鎮早卒妻雲碩佈氏年方二十一歲以姪海寶爲嗣海寶娶妻雲巴氏生一子富興甫五齡雲巴氏故後數年海寶亦故雲碩佈氏撫育孤孫久之娶族女雲碩佈氏爲孫媳生子巴文峒後富興擢前鋒校孫媳旋沒又撫曾孫巴文峒成立於光緒三十一年考取薩拉齊文生蒙童之入廳學自此始雲碩佈氏青年立節撫三世之孤家世鵲起其母德之可風者歟

右翼六甲塔爾巴巴圖特氏世居包頭鎮應收租役同治
八年娶補爾吉特氏年二十九歲生子和代夫殁氏守節
撫孤和代至十六歲娶婦巴武氏事姑至謹宗戚無閒言
生子成成和代旋故巴武氏亦壹志從姑以死自誓有勸
之他適者輒曰吾夫病劇時刺血和藥已拼吾命如鴻毛
矣聲情激烈無復敢言者成成年十五娶雲碩佈氏越二
年補爾吉特氏故年六十又四巴武氏痛姑致發舊疾亦
故年四十九時光緒三十三年也姑媳雙節待　旌

張樹培　總纂

薩拉齊縣志

十六卷

民國鉛印本

薩拉齊縣志

補英達賴署签

薩拉齊縣志目錄

序文
題詞
攝影
例言
志館題名

卷一 輿地

沿革
疆界 附圖
山川 附圖
土壤
氣候
溝谷 附表
水谷 附表
涸谷 附表
要隘 溝谷 津渡 一

小大鉛印局承印

淖泊
沙磧鹹灘
已耕未耕地 附表
官有地 附表
民有地 附表

卷二 建置

城市 城壕 城垣
廨宇 公有財產
街巷 附圖表
祠廟 附表
區鄉 附圖表及蒙語表
溝渠 附表及民生渠合同 規則 歸薩托三縣引用黑河水章程
橋隄 附橋樑表 保安石壩章程
營堡 附表
醫院
公共場所

卷三 勝蹟
召寺
塚墓
卷四 民族
蒙族
漢族
回族
外籍
戶口 附表
卷五 職官
歷代官吏 附表
循吏政績
卷六 政治
民政 附表及鄉村細目
財政 附表及規則 稅率 預決算 官產
教育

小大鉛印局承印

學校 附表及校舍
教育機關 附留學生表
交通 附表及圖
墾務 附表
防務
警政 附表及保衛團並保中制度
司法
監獄
自治 附表
儲恤 附表及義地
選政
卷七法團
縣教育會
縣農會
縣商會
街公所 即鎮公所

回教會
協進會
園盟會
卷八 產業
農業 附表 附農礦總圖
商業 附表
工業 附表
礦業 附表
牧業 附表
林業 附表
漁業 附表
野產
卷九 社會事業
公益 附表
公用 附表
慈善 附表

卷十　經濟
金　融
貨　幣
銀　行　附表
錢　法
典　商　附度量衡表
卷十一　禮俗
歲　時
婚　嫁
喪　葬
巫　醫
方　言
卷十二　生活
衣　飾
飲　食
居　處　附土炕於尾頁

娛樂
秧歌
歌謠
童謠
俚歌
卷十三 宗教
釋教 附表
道教 附表
喇嘛教 附表
耶穌教 附表
天主教 附表
回教 附表
卷十四 人物
仕宦 附表
軍職 附表
科舉 附表

小大鉛印局承印

考職

議員　附大學專門畢業

孝義　附表

節烈　附表

耆壽　附表

卷十五　藝文

散文

碑記　各寺廟及石壩

韻文

漫墨　志餘

卷十六　雜記

天灾　附表

人禍　附畋撫表

怪異

佚聞

（附勘誤表）

薩拉齊縣志序

吾族復興蒙邦肇建河山光復版圖廓張廣袤數千里巴盟原爲蒙古舊疆襟山帶河旗縣分時控制西陲而薩拉齊縣剏置久遠地方饒庶尤爲巴盟之冠背山面河沃原平野戶口蕃殖風俗淳樸咸爲歷代之重鎮洎近世土地開拓物產增益人文蔚起迺成今日通都大邑惟自清初設治迄今二百年餘其間滄桑變易政治因革彰往察來尙無縣志之作方志不備奚從考稽文獻無徵曷知損益此固地方政教之缺失亦文化之遺憾也夫伊古侯封百里今之縣邑古之小國也四境之內自有其疆界山川社稷政事典章文物方志同史詎可闕文然修志須備史才塞外屬邑之乏志書匪惟爲政者之易忽亦由史才之難得耳薩縣令朝陽韓君紹祖東國俊彥也筮仕蒙邦勤政好學深諳治理自宰是邑及今數載百廢具舉輿情浹洽迺於施政之餘考察風土嘗以縣志尙無成書深爲守土者之失職爰乃周諮博訪倡議剏修遂於成紀辛巳春延聘在野名哲鄉耆多士開館編纂歷時半載而告完成綱目燦然體例嚴整取裁適合不蔓不支準古酌今浸成巨著書成來請序於余瀏覽一通斐然可喜綜觀薩邑之鄉土民族社會生活物產羅列周詳而二百年來政制人事沿革興替亦悉見乎是蓋志例參酌新舊本末考覈翔實洵足傳信而補闕允稱方志之創作於是足徵韓令之成績與編纂諸公之苦心矣是編也不特爲吾盟地方史乘之權輿殆亦蒙邦新興文獻之嚆矢焉余故樂而爲書數言弁諸簡端云

成吉思汗紀元七百三十八年夏五月中澣巴彥塔拉盟長補英達賴謹識

小大鉛印局承印

薩拉齊縣志序

蓋聞漢書地理起自孟堅周禮職方源襲禹貢司馬彪續志郡國顧野王別著輿地以及李吉甫元和郡縣圖誌兼傳劉澄之永初山川古今並載華陽一志（晉常璩著）傳表胥全隱侯特編（唐杜佑著）風土成紀溯厥方志式此權輿綜茲數家堪爲左證自是而後種類繁多私家著述諸州紀載醋駁靡一代有傳人迨宋元列郡方志勃興明清兩朝學說極盛康武功之簡淨世仰名家章實齋之發明時宗特例邇來文明進化潮流歸趨李擬盦之學（李泰棻方志學）尤主存眞瞿宣穎之攷（瞿兌之方志攷）兼重寫實志雖地方義同國史先覺後覺其道一焉薩拉齊邑居要衝境轄蒙漢陰山後障大河前橫幅幀平闊百里之物產豐腴戶口殷繁四郊之人民生聚況歷代來扼爲雄鎭魏有懷朔兼州唐設雲中守捉遼金開遠軍之成特置節度元明雲內州之廢始轢甌脫留犂撓酒不少遺風勅勒傳歌猶餘舊咏古爲朔方之强戍亦今巴盟之隩區也迺自清朝乾隆設廳二百年間蔚成大邑滄桑屢變教學寖興縣志一書尚無創作稽文考獻茫昧何從數典忘祖淵源奚自塞泉塞水（詳本志）混而莫名樞陰梱陽迷實難辨徒踽踏於方隅之內恒因循於擾攘之餘舊蹟既湮新編亦失聞前孝感屠令曾輯有鄉土志略近繆故紙早成劫灰欲蘄徵信蓋亦難矣紹祖自束髮受書幼聞詩禮負笈肄業長好典墳文章與圖書並習每感才難政治共經濟猶諳深慙膚淺洎因薄宦遠佐新邦猥以輇才來宰是邑憶於己卯下車伊始首會士紳兼詢風土禮也亦例也以縣志未修語焉莫詳當爲爽然深思擬舉條經兩載歷籌畫以圖成謀及衆紳終倡言而決定

小大鉛印局承印

先組會以籌備繼立館以實行爰是延聘博雅名流鄉邦多士主持總纂分任編修舉凡綱目折衷古今並合體例取裁新舊因革損益之係乎地衣冠文物之存乎人曁以民族生活社會事業新政之法令復興之規模靡不綴實修明燦然具備惟以束於經費限於時期未及半年樂觀告竣雖繁簡之各殊幸本末之胥著冀刊存而補闕堅傳信於開來本署寮屬以逮耆紳努力其間並援助斯役者或兼采訪之勞或任經營之計同心同德有始有終稼書靈壽（陸隴其任靈壽縣令脩靈壽志著名清世）敢希前喆之餘光廣德焜煌（廣德殿焜煌堂俱詳本志）願附遺山之野史聊紀鴻泥之跡不負斯民庶賡喤引之聲勿忘先路云爾辛巳九月上浣知薩拉齊縣事朝陽韓紹祖謹序

薩拉齊縣志序

志者何紀其實也實者何叙其實詳其事也況夫陵谷變遷地理不能永保其形勢政治推移疆域不能永維其本原社會進化人物亦不無隨時代而有消長固不僅制度沿革之日異孝子節婦之日多也長此悠悠漫無徵考不有紀載文獻曷存志之時義既如是重且大則吾縣志之宜修也汲汲矣溯考薩拉齊之設治始於清乾隆初年創建原爲廳治及民國更始乃改爲縣我

蒙古復興新邦奠定尙因其舊然自創迄今縣志未修已二百餘年矣吾邑地當孔道居鐵路要衝亦盟西之門戶地絡紆縈物華彪蔚歷治以來官吏之興廢衣冠之盛衰與夫孝義節烈之存乎人因革損益之係乎地胥關掌故亟待修明詎祇昭制作勵風化詳物產擴見聞爲司牧者之責也哉幸前年朝陽韓令來宰吾邑百廢具舉政罔不綱從下車日采風問俗志事有無即先注重乃於今春特與本縣紳耆再三商討籌畫設館修編延蘄陽張潛叟先生尸其事以歸豐兩志爲觀摩標準而益以近代名人之方志學說爲義例從違潛叟學識淵博官塞最久衡今酌古縷晰條分駁不苟同醕不立異故志例粲然翔備體裁彌復簡明足以開前導之途徑堅後人之傳信誠堪爲鄉邑光矣是役經始於暮春成於初秋爲時五閱月而蕆事庶乎制作於斯昭焉風化於斯勵焉物產見聞於斯翔擴焉二百餘年之文獻莫不有徵則創修斯志之有益於薩也更匪淺尠矣豈惟閭里之光即持是以告盟屬之有同志者當亦樂觀厥成而皆聞風興起者耳時

成吉思汗紀元七三六年十月中澣領巴彥塔拉盟副盟長事邑後學默勒根巴圖爾壽亭氏謹譔

小大鉛印局承印

小大鉛印局承印

薩拉齊縣志序

右薩拉齊縣志十六卷歷半年之光陰合數人之心血左圖右史頗費搜羅舊籍殘編不時檢討集思廣益先籌畫於行間羣策和衷共斟酌於字裡澄心靜慮不染塵氛博訪周諮常尋父老蒐摘華而增色筆少生花因紀實以成文篇多創草綱領纔提操持匪易綜其要旨約有數難黃河千里導自星源丹閣九重基從雨礙懸崖築室未免鑿空閉門造車難期合軌樂於觀成艱於圖始一難也一木雖椽焉支大厦百狐有腋始積成裘街談巷語泛等於空片羽吉光渺焉莫覩縱然涉獵無所取材二難也鄉嬛仙館已少藏書宛委空山更無陳蹟郡關秦漢考古實迷鎮連魏唐證今何據欲資參酌膠輵已窮三難也案牘官書類多掌故田賦檔册頒定成規兵燹數遭都歸刦燼鄉土殘志祇賸遺聞因革損益未由徵實四難也太沖三都功經十載洛陽萬本紙貴一時通邑史乘自當別論五月期限何有餘閒勉力而行撫躬亦瘁五難也至於揮毫同志磨硯分編愛惜寸陰勤勞終日洪王之多識（洪君毓英王君月如）並力鑽研張趙之精思（張君元文趙君水亭）尤虞疏舛六十老翁梓鄉先進流風遺俗語煩令威重來（丁翁紹先經驗宏富風土習俗屢煩闡述）廿萬餘字筠管常操累卷連篇書如賈生再上（繕寫賈生至終不懈）所幸邑候好學倡存文獻久抱熱心（韓公育庭首主倡修）縣府多才援濟典章尚皆要政（縣府各科訪供志材）守闕拾遺總求必信殫精竭力克底於成他如言不居要則藻豐而傷煩事不徵古則思紛而近謬貪摛摭而眞象失好穿鑿而前規亡夙不敢忽頗以爲戒況乎發凡之作莫難於創而述者之難復過於作故僕參

考先例務合近時撰錄矜愼抄撮守約今之所編多寡不均釐分爲卷繁簡互備良以方朔萬言阮咸三語

愜心酌理貴有當焉名山之託僕非其人嚆矢之思或近乎是聊述經過之感想以作他日之證明可乎鄙

陽張樹培濳叟氏謹跋

成紀七三六年九月上澣屬稿既定題於縣志館之南樓上時年六十有一

小大鉛印局承印

薩拉齊縣志編成題辭

文獻足徵

巴彥塔拉盟長補英達賴

薩拉齊縣志編成題詞

地方史鑑

巴彥塔拉盟
民政廳廳長 胡格金台

文獻足徵

最高檢察廳長劉繼廣

劉繼廣印

興蒙先導

薩拉齊縣參事官東健題

文化基源

薩拉齊縣
參事官 望月稔 題

太 祖 像

韓縣長紹組

總務科長趙聘卿

警務科長王宗莘

民政科長薛潤田

農務會長張步雲

縣城鎮長劉子明

商務會長楊青蘭

門 正 署 縣

門山廟帝關

門東城縣

薩拉齊縣志序

例言

一　方志體例原與史近溯厥源流出自班氏再遠稽周禮外史所志又高曾之榘範矣歷代以還沿襲成規或志郡縣或記風土分門別目依事類增條流繁密體裁愈備迨前清會稽章氏倡議郡縣之志視同國史發明義例間矯前非方志之學益形進步然論者猶有以乖古法爲疑近代名流仍主章說謂方志者雖非國史實地方之史居今稽古欲知民族之結合民力之消長及社會全體活動之眞跡當以方志爲輪廓旨哉斯言確屬至理蓋志方輿不外土地人民政事諸大端裨益國史援用較多文獻足徵尤資利賴故本志體裁酌定主旨折衷古今名以類從區標總目分爲十六卷參考多例當以卷稱藉作提綱罔敢立異

一　溯考史乘四庫全書提要原列乙部亦是政書期於斟斟輿圖旁稽掌故徵存文獻匯通古今茲依歷代舊志及近代方志學家修訂各種門目略爲增併首冠輿地末綴雜紀合計中間共十六門以爲總目義取通行體遵舊定稍越正軌概無取焉

一　本志以總目分卷凡十有六曰輿地曰建置曰勝蹟曰民族曰職官曰政治曰法團曰產業曰社會事業曰經濟曰禮俗曰生活曰宗教曰人物曰藝文曰雜紀

一　前人方志標目各異或總名爲志內有紀表志傳之稱或與志併列復有譜錄考略之異全書既名曰

志似不必再贅多名疊矩重規幾忘本義本志遠從常璩華陽國志近援乾隆口北三廳志同治深州風土記及民國冀縣志等例統一曰志不再附書

一　本志總目計十六門但統屬近繁者則依類區爲正目計九十八凡有事體相近者則別爲附目列於正目計十一其詳具見目錄

一　本志所編各門名稱先後雖與舊志各例稍有未符因革損益分併錯綜均援陽原李氏凝齋新訂方志目錄悉心參證依次排列準諸現代期合潮流決非嚮壁妄加虛造

一　方志大旨州書郡乘古祇詳地理今必及民族生活古祇辨風土今必兼政治宗教法團與社會分載民衆之理智寓焉產業同經濟並提民生之利病存焉以及禮俗或求諸野或間於鄉靡不廣采旁搜祛浮覈實達今泥古未免拘墟擇善從長無傷大雅冀足徵信不厭詳求

一　職官自漢書百官立表而循吏則爲傳後世相沿不相差次考陸氏靈壽縣志例合名宦於秩官門內略有變通蓋仿唐人廳壁題名記而表其姓名賀氏會稽太守贊而志其惠績不自近始也本志斷自清季始守土各官悉著於表政績則取其有造於薩邑者他不備書率由斯例合爲一編

一　人物考舊志例多爲列傳若準諸志於例未純玆仿晉省通志例別擇品流分而爲九或概錄其人或特著其事法當略古而取近名宜副實而刪虛詳爲甄綜義無脫漏旣光前哲亦勵末流至於賢良姆儀節孝貞烈年例相符視爲一體男女平等彙而錄之以闡幽光以彰潛德大學暨專門畢業長途負笈學歷最深十載成名著功匪易均予題名激揚後進餘如不合縣況者悉不仿列

一前人謂方志中藝文編端載詩歌廣徵序記直以蕭樓之選而冒班志之名頗爲不合但窮邊遐壤箸述無多墨客詞人流傳亦尠以此爲目戞戞其難茲參范石湖吳郡志例凡文筆之有關掌故堪以考見地方建設時事因革者無論生存兼收並采藉開蒙疆之文化聊符近代之提倡至本縣金石搜羅隱僻別薛芟荆寥寥莫覩僅就遺存碑碣堪供考據者已悉鈔載不再分編

一方志舊例凡有前聞軼事無類可歸者合之則雜此佚觭棄之則惜同雞肋故或以雜志另編或以志餘殿後亦猶蒙莊漫錄天祿識餘之意也本編仍師其意統以天災人禍怪異佚聞有關於本縣者彙爲雜紀聊留鑑戒以儆癡氓倘補勸懲曷殊野史因殿本志例無忒焉

一本志建置編內祠廟與勝蹟編內召寺看似重復推究其實所謂祠廟係就近代普通建築而言召寺則係指遠代遺蹟且有特殊宗教關係者朝代屢易風景不殊魯殿靈光巍存亦僅故特分列以示崇異

一政治編內列舉各項新舊不分存革悉隷因地知政因政知時有事過而境遷有人存而政舉爰用采摘官書稽察舊案都爲十一事詳略互存各附以表取便觀摩俾識國計民生所由繫也然意主徵今事期證實略備一邑之要以資考鏡法團編亦同此例

一本縣轄境原爲土默特旗地當年設治土曠人稀今日邑民多屬晋裔自昔移殖闢地開荒由租而墾由墾而賦輾轉生聚蔚爲大邑蒙漢雜處情感久孚邇雖分治依然無間故本志內所編墾務鑛產以逮人物凡屬已往固當引徵即於今時亦皆分紀締造艱難應垂後範蓽路藍縷不昧前徽匪僅溯原

小大鉛印局承印

聊存遺獻

一 本縣河西分管地南鄰東勝東南抵準格爾旗界西南跨達拉特旗一隅戶口約有五千面積里數尙待詳測唯適戎馬倉皇烽烟未熄大河橫阻恢復尙稽應載事實暫從闕略

一 本志編載前事斷自清季爲始再進無法攷查今事即以成紀七三六年終爲止餘暫割愛間有援引古書附註原名不敢掠美

一 本志文字專重寫實如山川勝蹟風土禮俗及富於興趣者稍爲澹描略資點綴不尙詞藻並避艱深徒紙上之濃華慮空中之樓閣他如政治經濟宗敎法團或偏重於掌故者悉依實叙不在虛文述而不作力求明簡冀醒目而通俗免奪主而喧賓況參攷無書何從渲染期限復促鮮暇鑽研此編者區區苦衷當爲有識者所能共諒

一 本縣設治最早遠在前清乾隆二十五年間二百年來尙無縣志據查通書附載前某通判曾編有鄉土志未付乎民原同烏有玆次縣長韓侯爲存文獻深恐湮沒苦心孤詣力主倡修地方士紳翕然拱贊惟事屬草創考訂維艱根據既無完密曷易且志材簡闕頗費周章搜輯已窮端賚采訪用勉告成祇郵畫宮於堵牣具規模耳拾遺補闕且俟後賢匡謬析疑尙望同志

薩拉齊縣修志館題名

總纂

前綏遠省政府秘書　蕲陽　張樹培

主修

薩拉齊縣縣長　朝陽　韓紹祖

薩拉齊縣現任參事官　靜岡　望月稔

監修

薩拉齊縣總務科長　闈塲　趙聘卿

前薩拉齊縣總務科長　北京　黃壽昌

館長

前薩拉齊縣縣長　邑人　丁紹先

總務股

股長　現任縣公署庶務股長　襄平　李檣

股員　前縣政府第二科長　邑人　田瑞符

編輯股

股長　前綏遠西北日報社長　邑人　張元文

股員　縣立大東街小學校長　邑人　王恒
股員　前包頭地方法院推事　邑人　趙亭
股員　前□報局局長　□□　洪□

調查股

股長　現任縣公署警務科長　奉天　王宗孝
股員　現任縣公署行政股長　撫寧　蕭勃昌
股員　現任縣公署稅務股長　北京　蔡景賢
股員　現任縣公署警務股長　天津　高文翰
股員　現任縣公署警備股長　鳳城　唐博文
股員　現任縣公署保安股長　邑人　崔英
股員　現任縣公署會計股長　熱河　劉虞臣
股員　現任商會會長　交河　楊青蘭
股員　現任農會會長　邑人　張步雲
股員　現任鎮公所鎮長　邑人　劉子明
股員　現任萬國道德會會長　邑人　徐子文

校繪股

股　長　現任縣公署民政科長　平　泉　薛潤田
股　員　現任縣公署教育股長　綏　中　齊自明
股　員　邑　人　賈誼典
股　員　現任縣公署理財股長　邑　人　盧濟容
股　員　現任商會文牘　邑　人　楊向榮
股　員　現任縣公署文書股長　宣　化　馬道生
校　梓　古渝關　赤東光

小大鉛印局承印

小大鉛印局承印

卷一 輿地

沿革

◎薩拉齊之命名始於前清乾隆初年設協理通判二十五年合併善岱（伊蒔善岱亦係協理通判職）改爲廳治直隸歸綏道民國元年歸綏道改爲觀察使轄內各廳改縣由觀察使中間經過幾度演變始於民十八年改設綏遠省本縣仍屬之迨至成紀七三二年蒙古聯合自治政府成立後改綏遠爲巴彥塔拉盟本縣仍因舊名而隸於巴盟至於古代戎路變遷滄桑之易文獻無徵爰就稍能綴紀者撮要分述其概以待哲匠斧正焉

◎戰國爲趙之雲中九原地秦屬雲中郡西部地

右戰國秦（西元前二四六年後）

◎漢置咸陽（莽曰賁武）楨陵（莽曰楨陸）犢和三縣隸雲中郡楨陵並爲西部都尉治咸陽今縣治楨陵在縣東犢和在縣北故縣屬東境爲雲中郡之西北部臨沃（莽曰振武）稒陽二縣隸五原郡在今縣西並有曼柏武都南興（漢地理志作南輿）三縣亦屬之故縣屬西境爲五原郡之東南部又縣西境兼得朔方郡東之一隅

右前漢（西元前二〇六年後）

◎光武中興始置幷州以領邊郡今巴盟境皆幷州界內故本縣亦屬幷州惟郡縣略有省併如雲中

小大鉛印局承印

郡有咸陽箕陵（即犢陵）而無犢和五原郡有曼柏武都而無南輿即稒陽亦省至建安末郡縣並廢省并州入冀州別置新興郡治九原縣集塞下荒地郡縣同時併入今縣當在管內

右　後　漢（西元一九〇年間）

◎降及三國地屬魏治然魏初雖復幷州陘嶺以北地皆棄之故西自雲中五原東抵遼水胥歸蒙古佔有今縣或爲蒙民游牧地

◎北魏初就漢五原郡地置朔州鎭尋改懷朔鎭後又改置朔州即今烏拉特旗地並於漢之稒陽石門障置廣陵郡以石門中川二縣隸屬焉石門即今包頭故本縣屬昔朔州與廣陵郡之東南境北齊北周無大變革

右北魏齊周（西元二二〇年後）

◎隋初屬金河北境並置油雲縣同隸雲州嗣雲州東徙大利城廢油雲併入金河改隸勝州繼改勝州爲楡林郡雲州爲定襄郡今縣在楡林郡金河縣西部楡林縣西北部

右　隋（西元五八〇年後）

◎唐仍屬楡林金河西南部屆調露初置雲中守捉城於單于大都護府西二百北七十里即今縣治

右　唐（西元六一〇年後）

◎遼時在西初置代北雲朔招討使司尋改爲雲內州治柔服縣並建開遠軍節度又東置寧人縣（一本作寧仁）屬焉初隸勝州後改隸西京路北境屬豐州天德軍振武縣西部地南境入東勝州武興軍之

榆林縣北端

右　遼（西元九三七年後）

◎金時節鎮州仍舊惟省寗人爲鎮併入柔服別屬東勝州並在本州東置裕民縣尋廢復置改名雲川縣即今縣東南界又省豐州天德軍振武縣爲鎮入富民縣故今縣北部當爲富民西南部地同時省榆林河濱而置東勝縣爲東勝州治故今縣南部仍在東勝縣北端

右　金（西元一一一五年後）

◎元初省雲川縣後又省州治之柔服縣入州隸大同路爲下州今縣北當隸大同路之豐州西南部南隸東勝州境之一部

右　元

◎明初雲內州廢而復置雲內縣屬豐州尋又廢旋有察哈爾王族俺答住牧豐州灘舊雲內州及豐州各地爲西土默特今縣皆爲其游牧地

右　明

◎清初察哈爾西土默特部改編爲二旗分左右翼今縣即該旗右翼五六甲地乾隆初設薩拉齊及善岱二協理通判是爲本縣定名之始六年設歸綏道駐歸化城（今厚和市）薩善二通判隸焉二十五年裁善岱併入薩拉齊並改薩爲廳治二十九年將本縣西部之大佘太析隸於五原廳

右　清

◎民國元年改歸綏道爲歸綏觀察使轄內各廳改縣二年裁觀察使以綏遠將軍爲行政長官統轄軍民兩政並與山西分治三年改將軍爲都統設道尹轄縣仍舊並設土默特旗總管分理旗務十二年析縣西包頭鎮及附近鄉村置包頭設治局尋改縣十八年改綏遠爲省治重整縣界復析縣北五當召地別隸固陽本縣全境乃茲確定

右民國

◎蒙古復興聯合自治政府成立於成紀七三二年冬季自疆域奠定後改綏遠省爲巴彥塔拉盟本縣仍隸屬焉並將縣級晉爲一等矣

右蒙古自治邦

山西通志薩拉齊廳考（清光緒十八年刊通行志）

◎戰國趙雲中九原地漢置咸陽楨陵犢和三縣隸雲中郡楨陵爲西部都尉治西境兼得五原郡之臨沃稒陽二縣地而五原東部都尉所治之固陽城別在郡西北非今廳境後漢省稒陽建安末諸縣並廢北魏爲懷朔鎮之南境置塞泉城於河北又建講武臺廣德殿於陰山爲諸帝時巡之所肅宗改懷朔鎮爲朔州於漢稒陽之石門障置廣寧郡以石門中川二縣隸焉孝昌中州僑治幷州界郡縣並廢徙隋開皇四年置油雲縣於界內隸雲州二十年雲州東徙大利城縣廢入金河隸勝州唐調露初置雲中守捉城於單于府西北二百七十里即今縣治也遷於其西置代北雲朔招討司尋改爲雲內州治柔服縣建開遠軍節度開泰八年又置寧人縣屬焉隸西京道金仍爲節鎮州省寧人爲鎮皇統元年於州東置裕民縣尋廢大

定十九年復置改爲雲川縣屬焉隸西京路元初省雲川至元四年又省州治之柔服縣及司侯司入州隸大同路爲下州明洪武五年廢宣德元年復置雲內縣屬豐州正統十四年又廢清朝乾隆初設薩拉齊及善岱二協理通判六年隸歸綏道二十五年改理事廳裁善岱協理併入同治四年改設同知光緒十年改爲撫民同知廳編戶舊分四鄉凡二百二村

◎謹案漢雲中郡屬咸陽楨陵犢和三縣五原郡屬曼柏南輿武都三縣考彝陵楊氏歷代輿地沿革圖內有咸陽楨陵曼柏等縣曼柏且在河西犢和武都南輿無考至前漢楨陵與後漢箕陵據省志楨陵在今縣東箕陵當爲楨陵譌文按圖前楨陵遠在托克托西南後箕陵近在薩境是一是二究滋疑間犢和一縣前屬雲中後漢省併據魏帝紀泰常五年行幸翳犢山西至五原太安元年畋於犢倪山翳犢犢倪或是一山又有水名犢渚似皆緣漢縣而得名者地在五原以東當與今縣北界爲近又稒陽縣與稒陽城（又曰稒陽塞）亦非一地稒陽城爲東部都尉治卽秦時九原（漢爲五原）西境去此頗遠稒陽縣則確屬縣西境省志謂石門障當其北似卽今楡樹溝或不遠矣自茲以降他如北魏之廣寧隋之油雲遼之寧人金之雲川（卽裕民）雖俱在薩地欲如按圖索驥古名今地遞嬗貂合方隅不謬者但亦頗難廣証綜稽邊荒郡縣之沿革最便搜尋莫詳於漢亦莫確於漢其次爲酈道元水經注因服官北魏歷游邊郡引証亦較詳然間尙有乖誤況吾輩遠處千百年後從事故紙堆中或徊低古壘廢墟探其陳蹟或默察蛛絲馬跡測其背影沿流竟委大體無譌其難更有不可勝言者矣倘後之人繼踵斯編而重爲操觚者得免望古鑿空或不無小補也歟

疆界

◎（位置）位中緯度間北緯四十度十分至四十一度東經一百十度十五分至一百十一度

◎（縣境） 東去城百二十里以多爾濟河與厚和爲界西界包頭六十里南越黃河二百里以鄂爾多斯左翼後旗與東勝縣爲界北以陰山溝谷去武固二縣界一百一十里東南去托克托縣界一百二十里東北去厚和市界一百二十里西南去包頭市界七十里西北去固陽縣界七十里

◎山西通志薩拉齊廳境在道治西二百四十里東西廣二百二十里南北袤一百里東至多爾濟河歸化城界一百二十里西至鄂博口（即今包頭城西門外鄂包是）烏拉特旗界一百里（包頭未設治前薩轄之西界）南至黃河岸鄂爾多斯右翼後旗界二十里（舊河套二十里於同治六年南移今距城四十里）北至後鄂博茂明安旗界八十里（南北袤一百里恐誤今實勘爲三百一十里）至旗治一百六十五里東南到善岱村托克托廳境一百一十里到托克托廳治一百五十里西南到黃草窪（通作窪）黃河岸鄂爾多斯左翼後旗界九十里東北到白衡戈爾山茂明安旗界一百二十里西北到後五當溝烏拉特旗界七十里到烏拉特治一百里

◎兼轄鄂爾多斯左翼後旗地東西廣四百三十里南北袤二百二十里（東至托克托兼轄地界南至王愛召沙梁界西至杭錦旗界北至黃河）

◎內蒙紀行錄鄂博（一名腦包）隨在皆有多疊石爲之在沙漠中則以柳條爲之其狀圓其頂尖高約五六尺立小旗於其上旗書藏經桿間繫有哈達多方年必一祭以牛羊爲犧牲招喇嘛誦經附近居

民多禮拜之平時行至鄂博處必下馬膜拜並檢地上石子堆於其上其意與內地崇拜社神相似但有以鄂博爲標計用者其用意與界石相同形勢與膜拜頂禮之鄂博無異惟不樹旗桿耳

◎謹案縣界四至方隅除西因包頭鎮劃分設縣河南岸兼轄鄂爾多斯左翼後旗地尚未查勘稍有變動外餘與通志廳境尙無歧異

小大鉛印局承印

舊薩拉齊廳管界圖

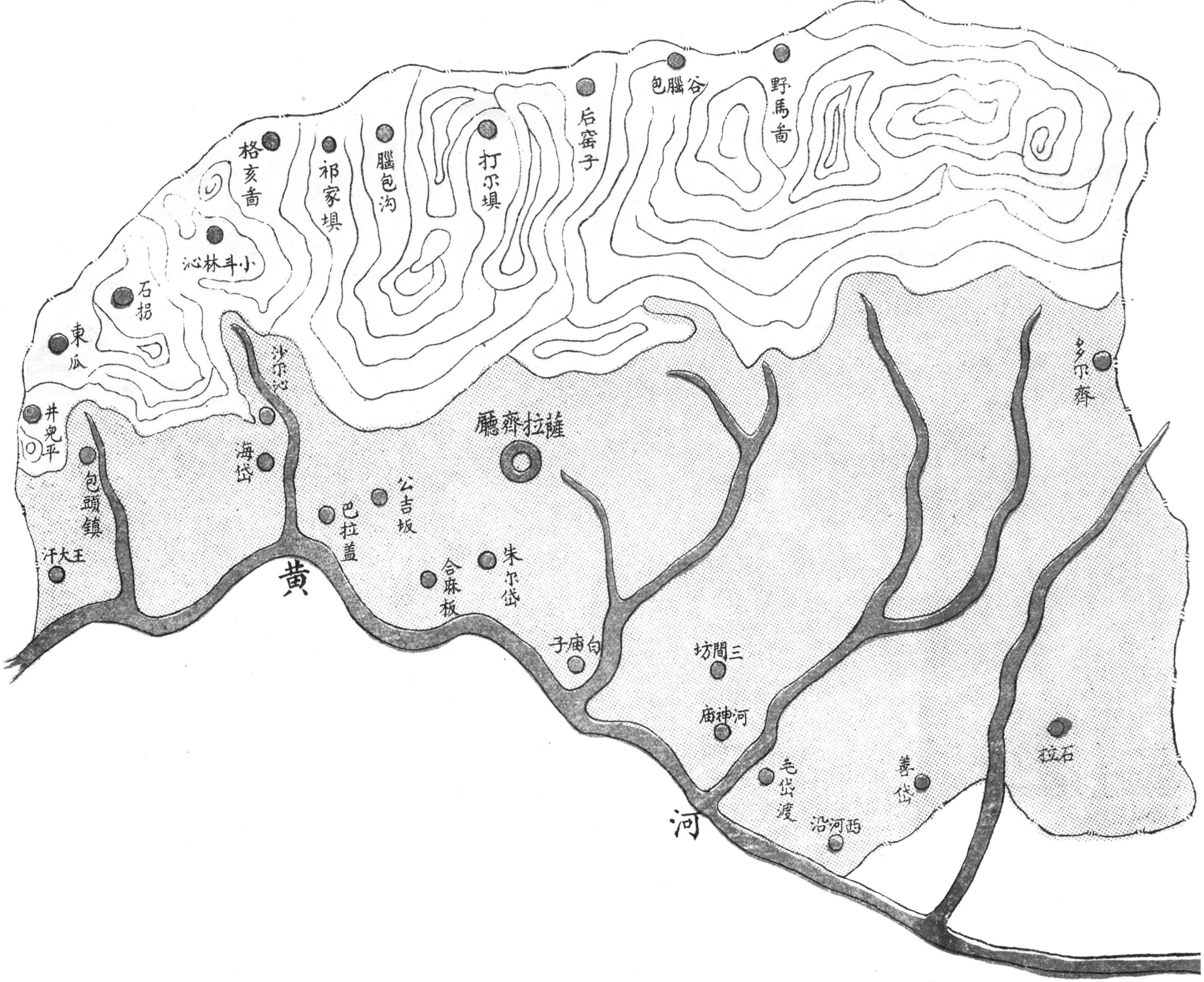
薩拉齊廳
黃河
多爾齊
石拉
善岱
西河沿
毛岱渡
河神廟
三間坊
白廟子
合麻板
朱爾岱
公吉坂
巴拉蓋
海岱
沙爾沁
王大汗
包頭鎮
井兒平
東瓜
石拐
小斗林沁
格亥畜
祁家塓
腦包溝
打爾塓
后窑子
谷腦包
野馬畜

◎（面積） 轄境廣大全面積爲三萬六百四十五方里縱三百一十里橫一百八十里

薩拉齊縣各區轄地面積表

由縣政概況摘列

區別	面積	備考
第一區	一、〇四七方里	
第二區	一〇、四八三方里	
第三區	七、三九八方里	
第四區	六、三〇九方里	
第五區	五、四〇六方里	
合計	三〇、六四五方里	

山川

◎東亞地勢西北高而東南下傾斜臨海薩邑處西北奧陸拔海近千米距海尤遠故氣候雨量物產皆因自然環境之殊異而特顯其個性

◎本部雖位漠南高原實爲巴盟縣旗中標高最低平者陰山壓其北黃河貫其南黑河跨其東民生渠導其西東達京津西制甘寧北臨外蒙南控山陝秦漢而還歷爲漢蒙滿回等族之接觸地文化交輸種血互滙治爲民族漸移地帶

◎（山脈） 境內僅陰山一脈橫亘北部餘皆白沙黃土一望平原至脉岩以火成岩爲主蘊石綿

石炭間藏水晶赤鐵等礦

◎中國地勢變遷史　蒙古南部數千百里皆爲焦灼之象地盤陷落火山爆裂巖汁迸出

◎西北叢編薩拉齊地高三千三百二十尺

◎（陰山）　陰山亦名大青山大斤山又稱秦山皆一脈也蜿蜒東去隨地易名北距縣城十五里東西走向縱長一百一十里橫廣一百九十里海拔約二千米達

◎中國地質史　蒙古高原初成陰山未現遼古造山運動發生蒙古高原南部發生斷層陷落其陷落者爲歸綏平原穩定者爲陰山故陰山僅有南麓而無北麓以北麓仍接蒙古高原故也今設將陰山降於地表或將地表升及陰山其原始之地層仍儼然整合山以溝谷論斷爲壯年期幼於中國東南諸山老於西南諸山

◎北征錄　蒙古地勢遠見似高阜至卽又平夷今來塞外始知其言不謬斷層陷落之象尤足證實

◎山西通志　陰山脉循河源而來橫運大漠東入遼海古稱爲北幹者實則葱嶺北支迤入漠北山乃中幹中之北幹也其在山西邊外者自河套而北統名陰山經烏拉特旗界凡五百餘里而入境自包頭鎭而東統名大青山連茂明安喀爾喀（卽達爾漢）兩旗及察哈爾牧場亦五百餘里而出境今攷其在薩拉齊廳界者統爲黃河北山

◎方輿紀要青山在大同府西北塞外唐貞觀十五年李世勣擊薛延陀踰白道追及之於青山卽此又陰山橫亙中外大限常以此分九邊考自陰山而北皆大磧磧東西數千里南北亦數千里

◎兩漢邊郡考略云一統志陰山俗名大青山西自河套北烏拉特西境東至歸化城東西綿亘五百餘里蒙古土名隨地而異皆古所謂陰山也

◎又舊通志大青山東接察汗兒界（案即察哈爾今爲八旗牧場）西直抵襖兒都司以黃河爲界（案即鄂爾多斯蒙古此依明史舊文本）北有數口胥連大漠高十餘仞袤二百餘里廣百餘里中產松栢望之蒼翠似屏

◎牛頭朝那山　距縣西北九十里在茂明安烏拉特兩旗界俗名集蘭陀羅海

◎夾　山　在五當谷即五當溝發源處距縣西北約七十餘里

◎紇那山　同上（以上三山今劃屬包頭固陽縣境）

◎宿嵬山　距縣北七十里

◎白衡戈爾山　縣東北境

◎錫拉德布色克山　縣北境

◎克壽山　縣北境

◎山西通志其在河套北者西起石門水之左曰牛頭朝那山在薩拉齊廳西北九十里烏拉特茂明安兩部俗名集蘭陀羅海也其南爲五當谷有夾山有紇那山谷道修岨東出達水澗溝門即蘇爾哲谷其水南經廳治入河西出達榆树溝有博托河其水西經包頭鎮（即包頭鎮）入河有漢惠坡有鄂博口古稒陽道也爲中外衝途又宿嵬山在廳北七十里迤東曰拜蠹克兒山（即白衡戈爾山）又南曰錫拉德

布色克山背陰山大青山之異名金史地理志雲内州柔服縣有夾山在城北六十里（案柔服在縣西沙爾沁村夾山即五當溝諸山）蒙古游牧記烏拉特部東百十里有宿嵬山蒙古名扎拉

◎九峯山　諸峯重疊合而拱峙頗擅形勝爲境內諸峯最峻拔者壁削阪陡攀登甚艱峯多自然林距縣城東北四十里

◎沙爾沁峯　孤峯挺峙石骨峻崢矮松古栢叢生岩谷沙爾沁召踞其山腰尤饒景趣在縣西北五十里

◎河流　境内河流以十數計著者有二曰黃河黑河

◎黃河　南距縣城四十里發源於青海之星宿海導自積石因色黃而得名依地勢之起伏屈曲以入甘寧沿賀蘭山之東麓北流入後套復沿狼山南麓而東流明末改行新道舊道即今套北之烏加河也復東南流至磴口入境環縣南流凡一百五十里入托縣境河寬二里深約二丈餘河水混濁挾沙帶泥河床淤淺坡緩流弛有航行帆船及皮筏之利汽船常患擱淺不能通行上流雨量集中於七九兩月故秋季常氾濫沖刷左岸淤積右岸左右推移互成腴瘠民俗相傳遂有三十年河東三十年河西之諺並饒漁利尤多鯉以開河時捕者最佳遐邇知名近河漁戶賚爲生活每屆立冬封河（冰結曰封）春分開河（冰消曰開）其間概爲航行暨捕魚季節至該河以上流域係於清同治六年改道原來流域係由本縣土合氣三卜樹大成西德圪坦葫蘆頭五盛公澄口楡樹營南官地毛岱西河沿流入托縣境內茲附原河道略圖如下

◎爾雅釋水　河出崑崙色白所渠併千七百一川色黃百里一小曲千里一曲一直

◎水道提綱黃河至甯夏府橫城堡東北出邊爲河套鄂爾多斯兩翼六旗地經左翼後旗北烏喇特旗南直行五百里（原注古五原郡及三受降城地陰山相接不斷自此蜿蜒而東至歸化城案此由烏喇特旗南行中間即薩境）至大圖爾根河入河之處轉東南流大圖爾根河即黑河至東北合諸水來注之山西通志西河循陰山而東至包頭鎭南之黃草窪入薩拉齊廳境北當大青山之西麓東經薩拉齊廳西包頭河五當河北來注之又東逕廳治南屈東南流蘇爾哲河冒帶河北來注之

◎又通志引水經注河水又東經塞泉城南而東注（案當今薩拉齊廳西沙爾沁諸村間又東經咸陽故城南王莽之貴武也河水屈而南流白渠水注之

◎又通志內謂河自達拉特界枝津南出東流爲泊自泊復歧爲二至包頭鎭南之南海子入河一支東南流又一枝津自西南來由杭錦旗界東行二百里與之會又東流百里至二道河（托縣界）西岸入於河枝津之南有沙磧俗名黑界北距大河百餘里皆達拉特杭錦諸旗所駐凡五部並歸薩拉齊廳兼管又黃河隸廳境一百七十里屈南之處爲冒帶渡在廳治東南六十里入河小水俗概名沙河

◎謹案黃河隸今縣境西自磴口起繞南流東至冒帶渡入托境共約一百一十里磴口西已劃歸包頭治

◎（黑河）距縣城東百里河幹流經厚和西南流入托縣境注黃河本縣境內黑河乃其支流原由厚和西流至兵州亥村南入薩五區境又西至大水橋村復南流逕牛糟營村出境注黃河隸縣境者一百

里寬七丈深六尺沿河濬渠頗饒灌溉之利不便航行間有捕魚小艇魚產較黃河稍遜惟河床淤淺秋季洪水期輒泛濫成災水質汚濁隨流淤成河灘地層鋪壘聚漸爲沃壤

◎水道提綱謂黑河即古白渠荒干亦曰金河源出殺虎口外海拉蘇台坡名喀喇烏蘇西北流有納札海河安達河朱喇馬台河皆自東北山來會遂史之九十九泉出官山水經注荒干水也又西流受北德布色克河水又西南流合東來之哲爾德河（源出凉城縣北）始名伊克土爾根河折正西流至歸化城南有巴哈土爾根河即小黑河也（水經注之武泉水隋書之紫河）自東北山西南流經城西南有札達海河來會又西流有西拉烏蘇河呼圖克圖河二河源自殺虎口北山西北流合而來會（水經注之白渠水今名黃水源出和林格爾縣）又西流有哈爾幾河黑勒庫河多羅圖河（水經注之白道中溪水也）察蘇齊河諸水（水經注之塞水也在薩拉齊縣東一百二十里與厚和市分界）俱自北來注之又西南至黃河自西來折而南流之處匯爲代黑山湖又西入黃河

◎明一統志金河在雲内州東南一百五十里（案此在薩縣東南境之黑河頗相近）綏遠概況大黑河一名伊克圖爾根河古之芝十水也（或作芒干或作荒干芒荒頗近芝字譌文）亦名金河舊說發源於歸綏東北之官山實則大黑河之水殊不止此其最初會合數水雖各有專名然均爲黑河之源迨既納哲爾德河水之後始名伊克圖爾根河古籍于最初數水未能悉舉其名故統稱之曰芝干水自羣流會合由歸綏東北之下拐角鋪繞出縣南沿流復納衆水至北阌子入托克托縣境而注于黃河

◎翁文灝等中國分省新圖黑河源於陶林縣和林縣之山地翁圖方位正確具科學之價値似當以

翁圖爲依歸水道提綱謂河出殺虎口外與翁說近是

◎包　頭　河　在城西百里(已劃屬包頭縣境)

◎無　黨　河　在城西北五十里

◎蘇爾哲河　在城北十五里

◎邁達里河　在城東六十里

◎山西通志五當谷西出達楡树溝有博託河（包頭似爲博託轉音）其水西經泊頭鎭入河

◎案蘇爾哲谷在薩拉齊廳北十五里所謂水澗溝門者其水南入黃河又五當溝即布當圖山其水爲布當河亦書作無黨河

◎又通志據乾隆輿圖有博託河（即包頭河出廳西百十里楡树溝經包頭鎭流入河）無黨河（出五當溝經廳西五十里沙爾沁村（蘇爾哲河（出廳北大西溝南流十餘里左合一水西南至廳南二十里之白廟子入河）邁達里河即冒帶河在冒帶渡北源有二並出廳東北七十里山谷南至比斯合爾合而西南流至冒帶渡入河袤八十里諸水並與今圖同其名字之歧則蒙語對音無定字也

◎綏遠概況包頭河源出楡树溝無黨河源出布當圖山經五當溝均南流而注于黃河蘇爾哲河源出蘇爾哲谷邁達里河源出赫隆貴谷南流至冒帶渡注于黃河

土　壤

◎原始地表皆爲岩石歷經侵蝕風化表岩漸被剝蝕而爲心壤（本土）復經河水冲積及風力堆

積客土亦漸移積日多本縣土壤除心土外皆爲黃河黑河及溝水所沖積與西北風所堆積者

◎黃河沖積　河上流土鬆質輭植物稀少雨量集中驟如傾盆且坡度大水流急土壤被侵隨流而下河中携帶多量泥沙抵中流坡減流緩所携泥沙壅積河床間或河水汜濫泥沙隨水流而沖積

◎黑河沖積　源出陶林和林二縣山地比入本縣坡減流緩不時汜濫岸側土積甚厚

◎溝溪沖積　陰山諸溝溪挾運山中泥沙積於河北一帶

◎風力堆積　本縣西北各地冬季爲高氣壓所籠罩勁風怒號挾石飛沙迨風減力疲土沙徐降而爲土壤

◎考本縣土壤成因旣異故壤質分佈亦異茲略分述如左

◎陰山溝谷多礫土中含小石雜以黏土饒灌溉之利者爲沃壤否則爲瘠壤耕作較艱

◎陰山民生渠間爲礫壤混合土通空氣透日光富養料利耕作

◎黃河北岸多砂埴混合土呈黃色中含養料頗富耕作亦便蓄水力大。

◎黃河南岸爲砂丘土含養料少日光空氣水分等皆易流通而患在易乾倘遇雨量充足亦宜耕作

◎中國地勢變遷史中國北部海漸涸竭氣候漸乾風吹壓土轉揚數千里於是秦嶺以北漸埋黃土之下今仍轉移未衰

◎綏遠概況綏遠之土壤大部分屬於黃河沖積層一八六八年美國地質學家本拍里氏曾云（黃河自河套而東遽取南北方向必爲近代所成）復因陰山地層隆起始急轉直下而向南行故今之陰山

以南土壤大部分含有黃河上游帶來之黃土及砂壤河流迂緩所在又得淤積之黏土極爲肥沃由陰山流下之溪川積冲而來之礫石及粗砂往往成一厚層故有許多表土較薄之地方表面雖瘠劣但一經深耕之後表土與黏壤之心土混合而能耕種又據社會教育所之簡單調查薩拉齊紅土黑淤土黄沙土均有故土質肥沃生產力較强

◎謹案本縣地處秦嶺以北據中外學者考查土壤尙爲肥沃原因雖非一端而大部分土地均能耕種故今生產力確能增强者亦在此

氣候

◎氣溫　冬季爲高氣壓所籠罩夏季爲低氣壓所蟠據乃亞洲溫帶大陸性沙漠氣候一月平均氣溫爲攝氏零下十二度七月平均氣溫爲二十四度溫差三十六度其升降率乃大陸性氣候之特質不僅冬夏氣溫寒暖顯著即一日間之升降亦甚殊異故有「早穿皮襖午穿紗懷抱火爐吃西瓜」之諺

◎雨量　地處與陸寒期亘長冬春及初夏多西北風少雨晚夏及秋季多東南風多雨全年平均雨量在三百四十三公厘以上集中七八兩月故乏農田價値（凡雨雪雹霰露統稱雨量）

◎朔平府歸化志立春節必有大風春風始解凍清明甫種麥豆穀雨種莜麥胡麻處暑節早田乃熟白露前三後四嚴霜降草木半凋寒露百草枯人衣裘立冬地凍冬至後冰厚盈尺（案薩歸接壤大概類此）

◎奉使日記塞外風悪侵體輒病宜煖不宜凉

◎貽穀奏疏天氣則寒早煖遲地脉則瘠多腴少

◎同知方龍光稟開凍遲而降霜早每年稼只一季

◎薩廳志草春分後冰消雁始北鄉立夏棗梨始花夏至王瓜生種糜穀蕎立秋前後二麥始登白露節降霜始食瓜果近年五六月已熟秋分後前雁南鄉霜降後冰結人服裘立冬廣漠風起冬至前後唾冰指欲墮夏無暑偶著紗羅不過二三日耳風雨便須袷綿冬寒頗甚童穉野人皆被羊裘

◎歸綏道志草氣候篇薩邑土語夏秋多則霜不甚早八月曉寒則凝冰淒然地無潮溼氣屬高寒白露降霜植物生長休止

◎陰山爲氣溫雨量之限植物各顯其適應性

◎民十六苦旱點雨未落

◎民十八冬氣候燥寒氣溫特低達攝氏零下二十四度斃果樹野畜

◎七三五年伏夏陰山溝谷降霜凋毀田禾

◎綏遠概況綏遠氣候乾燥雨量甚微爲高原氣候之特性夏季極涼而冷一年間僅有五月至九月之百餘日溫度超過攝氏十五度以上故農作物每年只有一熟至雨量之稀少亦影響綏遠之農作據過去統計民國十六年苦旱全年雨量僅得三，五一公分四月六月微雨然已成災象十七年全年雨量五，〇四公分四五七八月未見滴雨六月亦僅下雨〇，一五公分遂釀成空前未有之旱災當時薩托兩縣受災最重至氣節與播種關係茲據調查薩拉齊播種期多在穀雨立夏小滿芒種之間收穫期在處暑

寒露間

◎謹案本縣民國十六年苦旱點雨未落十七年旱災尤重兩年旱災致成異常饑荒現象餓莩徧地民不聊生鬻子賣妻以度苦日悽慘流離不堪寓目誠百年來之浩刼也於是有倡在薩托兩縣境內修渠防旱之舉藉工賑以拯災黎幸有當道與華洋義賑會籌商遂有轟動一時薩托民生渠之建造雖耗鉅欵未竟全功及十八年災象猶存冬令氣候爕寒氣寒特低達攝氏零下二十四度甦野畜果樹不少又成紀七三五年伏夏陰山溝谷降霜田禾凋毁亦多均屬塞外天時特殊象徵若參以歸綏道志草及綏遠概況所列各情形懲前比後實足爲縣人未來殷鑒

溝谷

◎山初生成原無顯著之溝谷表面僅有褶曲形勢因岩石部位及硬度不同迨經侵蝕風化陷落冲刷諸作用後硬度强者留而爲峯弱者蝕而爲谷

◎原始谷坡度大水流急冲蝕力向下行不及兩側谷面爲（Ｖ）字形呈幽深狀洎冲蝕進展坡減流緩爲（Ｕ）字形呈廣曠狀本邑山諸谷皆在壯年期谷形界（Ｖ）（Ｕ）之間谷有水谷涸谷之別源於泉而永年不涸者爲水谷源於兩水而成溪流者爲涸谷各谷如左

水　谷

◎麥　達　溝　位縣城東北四十里源出納令溝流長一百六十里

◎水　澗　溝　位縣城北十五里源出霍統圖流長六十里

◎五當溝　位縣城西北五十里源出後石拐及紅沙墺流長一百二十里

◎馬留溝　位縣城西北二十里源出札槐溝後墺及廟爾渠流長四十里

◎樓房溝　位縣城東北四十五里源出溝內迤東狹谷流長數里中有瀑布一滙而成溪溪將出溝忽潛行地層傳清聖祖西征曾飲驢於此

◎右述諸溝溪夾岸暨溝口皆饒灌溉之利平時溝水咸供農用而無剩餘雨時水量驟增除灌田外悉注黃河

澗谷

◎巴圖溝　在城西北二十里

◎棗溝　在城東北三十里

◎寬店子溝　在城西北二十里

◎大斗林沁溝　在城西北三十里

◎白石頭溝　在城東北六十里

◎鐵匠溝　在城西北四十里

◎察素齊溝　一名萬家溝在城東北一百二十里即水經注之古塞水也源出萬家廟之東西二泉經察素齊鎮西注入大黑河南流至托克托縣境入黃河

要隘

◎本邑北屏陰山南障黃河西以包頭作守東以厚和爲塞腹地居中雄恣天然沿山一帶峽谷幽深疊嶂重巒駐兵扼其要確爲天然險阻總其要隘如左

溝及谷

◎萬家溝　在城東北百里

◎盤鍋溝　在城東北五十五里

◎白石頭溝　在城東北六十里

◎樓房溝　在城東北四十五里

◎乾溝　在城東北五十里

◎沙圖溝　在城東北四十五里

◎棗溝　在城東北三十里

◎麥達溝　在城東北四十里

◎水㵎溝　在城北十五里

◎霍洞溝　在城西北二十里

◎馬留溝　在城西北二十里

◎鐵匠溝　在城西北四十里

◎五當溝　在城西北五十里

◎寬店子溝　在城西北二十里

津渡

◎仁義社渡口　在城西南五十五里
◎炭廠子渡口　在城西南四十里
◎二忙渡口　在城西南四十五里
◎紅眼窰子渡口　在城西南五十里
◎銀匠窰子渡口　在城東南六十五里

淖泊

◎淖泊之生成或以河流壅塞或以地層陷落本縣諸泊類皆壅塞而成者其中最大者爲四五兩區間之拉素海子一名興農海子面積約五十二方里產蘆葦饒漁利居民有以織葦捕魚爲副業者次爲二區所屬零星小泊產鹽鹹等昔在遊牧時代淖泊皆爲水草田牧人依爲生活
◎綏遠概況西海子在薩拉齊縣東界喬家營子村南秦家營子村北（案卽興農海子）

沙磧鹹灘

◎人類以其智能征服自然自然以其艱險控制人類故土地之利用以現勢論分可耕與不可耕二種於不可耕地中除山林河川外概爲荒地或以沙磧或以鹽鹹本縣荒地統計十二萬一千零七頃較旣耕地未耕地山林地河川地皆廣

◎（沙磧）沙磧因蓄水量小蒸發量大呈乾旱狀植物稀少荒亦不毛若行灌溉亦可成爲良田否則無農牧價值分佈於第二區境及陰山溝谷中

◎（鹹灘）鹽鹹地表浮呈白色實不可耕設廠煑鹽其利甚溥惟製法簡陋中含雜質色暗味苦有待改進但境內之鹽鹹灘地尚多或因零星分佈或因鹽質淡薄既不能稼穡又不可煑鹽除鹹地無廠外茲將鹽灘地已設廠者略於後

◎公吉板村鹽廠　距城西三十里

◎巧爾氣村鹽廠　距城東五十里

已耕地　未耕地

◎昔在遊牧時代轄境皆爲牧塲移民墾殖濫觴於雍乾間是時山陝貧氓迫於饑寒潛行入境向各蒙旗承墾類皆秋去春來有如候鳥洎乎光宣設局招墾民國成立獎民領荒其後土著客民安土重遷故農田日闢惟以地曠人稀年荒時棘抑或水利未溥人工缺乏迄今合官民已耕地約爲一萬五千九百四十八頃可耕地而未耕者約爲二千三百五十餘頃

官有地

◎計既耕地未耕地荒地山林地河川地共爲十四萬一千一百九十餘頃

民有地

◎計既耕地未耕地荒地山林地共爲二萬四千二百八十餘頃

薩拉齊縣土地利用現度表（因未清丈此係約數）

屬別	可耕地		不可耕地			
	已耕地	未耕地	荒地	山林	河川	總計
官有地	37,062畝	5,342畝	11,6866畝	1,53,003畝	577,904畝	14,119,492畝
民有地	1,557,738	2120,063	114,590	526,417		2,428,808
合計	1,594,800	225,405	11,986,181	2,039,420	577 904	16,5?8,295畝

薩拉齊縣街鄉土地調查表 成紀七三五年

區別	街鄉名	面積	既耕地	可耕地	山地及其他	總計	備考
第一區	城內街公所	4,5方里	935畝		1,465	2,430	
	勤民鄉	588,2	115,995	12,207	189,426	317,628	
	勤業鄉	454,7	71,955	8,622	164,961	245,538	
第二區	儉富鄉	828,1	50,835	18,164	378,174	447,174	
	儉裕鄉	923,7	47,807	23,572	427,419	498,798	
	儉豐鄉	8.7731,3	33,999	100,866	4,580,037	4,714,902	
第三區	德澤鄉	2,873,6	46,854	28,641	1,478,949	1,554,444	
	德隆鄉	2,278,6	71,868	5,508	1,153,230	1,230,606	
	德育鄉	2,241,3	91,457	1,752	1,117,093	1,210 302	

第四區	協助鄉	2,382,7	104,777	5,558	1,176,323	1,286,658
	協農鄉	2,344,5	125,257	5,931	1,134,842	1,266,030
	協耕鄉	1,582,3	298,764	3,857	551,821	854,442
第五區	和愛鄉	942,1	105,970	4,106	398,658	508,734
	和睦鄉	833,9	170,372	3,076	339,858	450,306
	和厚鄉	1,258,7	133,880	5,750	540,068	679,698
	和仁鄉	528,4	54,001	2,265	229,070	285,336
	和平鄉	1,843,1	95,962	5,530	893,782	995,274
合計	17	30,645方里	1,557,738畝	235,405	14,755,157	16,548,295畝

呂祖廟小學校	大北街呂祖廟內
清眞小學校	大南街三道巷路南
耶穌堂	大西街路南
天主堂	大西街路北
清眞寺	大南街路西
純一善社	小南街三道巷路南
蒙疆電氣設備株式會社薩拉齊縣駐在所	大北街路西
大蒙石綿公司	人市街路北
駝業公會	大北街路北
炭窰聯合辦事處	仝右
家畜交易所	城隍廟街
穀粮業交易所	東通順街路北
佛學研究所	關帝廟街
育英小學校	耶穌堂內
萬國道德會	大東街三元店
萬國道德會附屬小學校	大東街三元店
天主堂小學校	大西街天主堂內

小大鉛印局承印

純一善社小學校	大南街三道巷路南
土默特右翼五六兩甲警察署	大北街旗杆巷路北
一貫道會	大西街
泰東報分社	中大街路南
縣公署職員劇團	
合計	五十八

薩拉齊縣公有財產一覽表

成紀七三五年

名稱	地址	房屋間數	建置年月	現狀	駐在機關
警察署	中大街	二〇	民國十四年	整齊美觀	
縣公署	大西街	一二九	乾隆六年	整齊完美	縣公署
縣立大東街小學校	大東街	九〇	光緒三十年	校舍多有破爛	
保公所	太平街	一四	民國十四年	內有房屋數間不甚完美	警察大隊
舊平民醫院	大西街	四〇	民國十二年	尚爲整齊	
縣立模範小學校	大北街	二九	民國十四年	整潔完好	大東街小學校
農會	大西街	一二	民國十七年	同右	
禮拜寺巷女子小學校	禮拜寺巷	二七	民國二年	同右	

小大鉛印局承印

職員宿舍	後炭市街	二	一	民國十八年	同	右
農事試驗塲	東門外	一		民國十二年	同	右
第一林塲	東門外	二		民國九年	同	右
第二林塲	西門外正西	一		民國廿一年	同	右
興亞道塲	東門外小襖兌村	八	一	成紀七三四年	同	右

街巷

◎本縣城廂分四區統二十八街七十二巷設鎭公所轄之隷縣署

縣城鎭公所街巷表

區別	街別	巷別	備考
東區	大東街	礮子巷	
	玉皇廟街	五道廟巷	
	城隍廟街	董厚益巷	
	東順城街	口袋房巷	
	東橋街	園子巷	
	廟後街	弓家巷	
	東太平街	劉家巷	

小大鉛印局承印

	河槽街	郝家園巷
		西忻縣營巷
		西忻縣營巷
		王永泰巷
南區	大南街	頭道巷
	觀音廟街	二道巷
	大塲面街	三道巷
	中市街	回回巷
	水圪洞街	三官廟巷
	復興隆街	一人巷
	廟後街	焦家巷
	柴火市街	菅家巷
	關帝廟街	太匠巷
		馬陰陽巷
		德懋永巷
		郭鐵鑪巷
		周效文巷

小大鉛印局承印

龍王廟	道光十五年	六月六日	兵州亥村
龍王廟	咸豐四年	五月十八日	後善岱村
龍王廟	咸豐八年	九月十五日	董家營村
龍王廟	乾隆九年	六月初一日	保同河村
龍王廟	乾隆十年	八月十五日	善岱村
觀音廟	同治五年	二月十九日	善岱村
娘娘廟	光緒二十二年	四月二十八日	善袋村
魯班廟	嘉慶十二年	六月二十四日	仝上
大仙廟	光緒二十八年	正月十六日	仝上
五道廟	光緒二十二年	十月一日	仝上
財神廟	民國七年	正月十五日	仝上
龍王廟	乾隆八年	正月十八日	塞蓋村
觀音廟	同治六年	二月十九日	朝號村
龍王廟	成紀五一五年	三月二十八日	哈素村
關帝廟	成紀五三七年	五月八日	多爾濟村
五道廟	成紀六五九年	四月四日	西河沿村
土地廟	成紀六三八年	四月八日	二十家村

小大鉛印局承印

觀音廟	成紀五九八年	二月二日	二道河村
水神廟	成紀七一九年	三月三日	后馬群村
龍王廟	成紀七〇〇年	仝右	高商人窰村
觀音廟	民國六年	二月十九日	托思和村
靈王廟	民國八年	二月二日	仝右
關帝廟	道光八年	五月十三日	道試村
關帝廟	光緒二十四年	五月十三日	圪力更村
觀音廟	道光八年	二月十九日	仝右
財神廟	同治五年	七月初六日	仝右
龍王廟	道光九年	九月九日	協力氣村
眞武廟	民國十二年	正月初一日	仝右
龍王廟	光緒二十二年	九月九日	打色令村
龍王廟	道光八年	正月九日	塔爾拜村
五道廟	道光八年	正月初一日	塔爾拜村
五道廟	道光二十年	仝右	仝右
玄天廟	宣統三年	仝右	仝右
龍王廟	道光八年	九月九日	古雁村

小大鉛印局承印

娘娘廟	道光八年	四月八日	仝右
龍王廟	民國六年	四月十八日	毛岱村
龍王廟	民國十年	七月十五日	沙海子村
龍王廟	民國四年	五月十八日	朱痳營村
五道廟	民國二年	三月三日	玄天社村
五道廟	民國七年	四月四日	永豐村
風神廟	民國五年	三月二十八日	三格爾架村
火神廟	民國十三年	五月二十五日	東馬召村
財神廟	道光十五年	七月六日	道試村
龍王廟	光緒二十年	九月九日	什呢板申
關帝廟	道光十二年	五月十三日	下達賴村
龍王廟	光緒十八年	九月九日	東苂芃梁村
關帝廟	道光二十一年	五月十三日	秦家營村
龍王廟	道光二十一年	九月九日	仝右
觀音廟	道光十二年	二月十九日	仝右
五道廟	民國五年	正月初一日	仝右
龍王廟	道光十三年	九月九日	南龐家營

小大鉛印局承印

龍王廟	同治五年	九月九日	仝右
龍王廟	光緒二十二年	九月九日	打色令村
五道廟	道光八年	正月初日	塔爾拜村
龍王廟	道光八年	九月九日	同右
五道廟	道光二十年	正月初一日	王基營村
眞武廟	道光十八年	正月初一日	同右
龍王廟	道光八年	九月九日	古雁村
關帝廟	宣統三年	五月十三日	同右
龍王廟	光緒十五年	九月九日	三卜樹村
呂祖廟	光緒二十三年	四月二十日	打色令村
關帝廟	道光十二年	五月十三日	打色令村
龍王廟	民國六年	四月十八日	毛岱村
眞武廟	民國二年	三月三日	玄天社
龍王廟	民國十年	七月十五日	沙海子村
五道廟	民國七年	四月四日	永豐村
龍王廟	民國四年	五月十八日	朱麻營村
風神廟	民國五年	三月二十八日	三格爾架村

小大鉛印局承印

火神廟	民國十三年	五月二十五日	東馬召村
關帝廟	民國十八年	六月二十四日	侯家營村
財神廟	同治五年	七月六日	圪力更村
馬王廟	民國二十一年	七月二十四日	南關家營
玄天廟	道光二十一年	正月初一日	古雁村
關帝廟	宣統三年	五月十三日	同右
龍王廟	光緒十二年	九月九日	三卜樹村
五道廟	光緒十五年	正月初一日	同右
關帝廟	道光十二年	五月十三日	托思和
三官廟	民國二年	正月十五日	同右
五道廟	道光十五年	正月初一日	同右
玄天廟	道光三年	同右	同右
財神廟	民國十四年	六月二十四日	侯家營村
關帝廟	乾隆三十二年	五月十三日	板申氣村
關帝廟	嘉慶八年	七月十八日	威俊村
關帝廟	道光七年	同右	鴜鷺氣村
關帝廟	嘉慶十三年	五月十八日	黑麻板申

小大鉛印局承印

龍王廟	乾隆二十九年	六月二十日	公吉板申村	
龍王廟	道光元年	五月二十五日	黑麻板申	
關帝廟	乾隆二十四年	五月十七日	大水橋村	
娘娘廟	乾隆二十四年	四月四日	同右	建築斯廟時初奠基立架於淖上村是夜更深其所立之架突移大水橋二村相去五里
龍王廟	光緒十三年	每月十五日	同右	
觀音廟	同右	同右	高泉營村	
觀音廟	同右	同右	忻州營村	
大仙廟	光緒十五年	每月初二日十六日	高泉營村	
大仙廟	同右	同右	八壩牛窩村	
蚜蚄廟	光緒三十年	同右	七卜村	
娘娘廟	道光十五年	四月八日	雙龍鎮村	
財神廟	嘉慶六年	正月初二日	縣城內	
呂祖廟	嘉慶八年	八月初一日	同右	
城隍廟	乾隆三十一年	五月十一日	縣城內	
玉皇廟	乾隆四十八年	八月十五日	同右	
觀音廟	乾隆三十六年	四月初八日	同右	
關帝廟	雍正四年	五月十三日	同右	

小大鉛印局承印

關帝廟	道光二十二年	五月十三日	朱爾圪岱村
娘娘廟	乾隆二十七年	四月十八日	縣城內
龍王廟	乾隆七年	六月二十六日	東園村
關帝廟	嘉慶七年	五月十三日	沙爾沁村
玉皇廟	乾隆五十三年		同右
財神廟	乾隆二十七年	正月初二日	同右
娘娘廟	乾隆五十九年	四月初八日	同右
關帝廟	乾隆三十二年		鄂爾圪遜村
河神廟	咸豐八年	七月初二日	同右
娘娘廟	同右		同右
財神廟	乾隆三十二年		同右
龍王廟	嘉慶三年		海岱村
關帝廟	同右		同右
龍王廟	嘉慶十三年		上七合氣村
三官廟	光緒十五年		同右
龍王廟	乾隆十七年		大把拉蓋村
關帝廟	同治五年		石拐村

小大鉛印局承印

呂祖廟	同右	同右
觀音廟	道光三年	沙爾沁村
文昌廟	咸豐五年	何家圐圙村

區鄉

◎薩縣界山貫河土厚壤沃水草豐美實爲宜農宜牧之區自清乾嘉間山陜人民相偕租墾地利始闢初猶春來秋歸有如候鳥墾者漸衆演爲村落查自清光緒十年改爲撫民同知廳後編戶分爲四鄉凡二百二十村彼時地方承平政簡刑輕村設會首區爲數班按年昆值掌自民國以還政治變革劃全境爲五區區設區董由民公選掌管區內庶政并改會首爲社長民十九易區董爲區長廢民選爲官委復改社長爲村正民二十一編村爲鄉鎮計百七十有八改村正爲鄉鎮長民二十五廢區長制村設自治指導員新政樹立區設警察署成紀七三三年廢村制編爲十六鄉城內四併鎮爲一街鄉設鄉公所街設街公所掌屬村鎮事今因之案鄉鎮現已另行組織矣

◎第一區警察署設城內轄一鎮二鄉十六村第二區警察署設二十四頃地村轄三鄉三十二村在縣城東南四十里第三區警察署設水淵溝門村轄三鄉二十五村在縣城正北十五里第四區警察署設蘇波羅蓋村轄三鄉三十二村在縣城東北四十里第五區警察署設善岱村轄五鄉七十五村在縣城東南九十里

◎山西通志清朝乾隆初設薩拉齊及善岱二協理通判六年隸歸綏道二十五年改理事廳裁善岱協理併入編戶舊分四鄉凡二百二十村案此爲薩拉齊建廳設鄉之始

鄉鎮改組

◎本縣於成紀七三三年依舊政鄉鎮制將全縣鄉鎮改編爲一街十六鄉施行二載餘卒以縣域遼闊鄉份較少窒碍行政又兼村落過多靡濫公欵之處爲數不尠乃於七三六年十月再將鄉街重行改組同時廢除（街、村）增鄉設鎮施行年餘仍以地制不宜乃於七三八年二月一日復將全縣鄉鎮併爲九鄉三鎮地域雖較過闊然以新政已入正軌民知漸醒爲利公私兩益計似有合併之可能現在本縣共有十二鄉鎮計鄉置鄉長一人下設司計及總務、自衛、經濟三系各系置系員若干人鎮置正副鎮長各一人餘同鄉制

薩拉齊縣鄉（鎮）及屬村一覽表（因新鄉鎮村落戶數尚未擘劃竣事暫依舊制表列之）

鄉（鎮）別	所在地	屬村	戶口 戶數	戶口 人口	備考
縣城鄉鎮	城内關帝廟		五、六一六	二六、六〇	
沙爾沁鎮	沙爾沁	沙爾沁			
		東園			
		薛盛水窩			
	小計	三	一、一二三	六、六〇二	
善岱鎮	善岱	善岱			
		保同河			

	章善台		
	安民		
	台上		
	杭蓋		
	拉莫營		
小計	七	一、〇七三	九、五五五
勤民鄉吳壩	吳壩		
	南園子		
	大襖兒		
	米爾圪岱		
	磴口		
	德圪岱		
	明沙淖		
	二虎營		
	黑訓營		
	七座第庵		
小計	十	一、〇六九	五、九六三

小大鉛印局承印

勤業鄉	小禊兑	小禊兑		
		公蓋營		
		小廠圐圖		
		西老莊營		
		新村		
		石老莊營		
		榆樹營		
		王沁營		
		高才舉營		
		白廟子		
		王格爾架		
		趙家格梁		
		海子		
	小計	一三	六九一	四、二九〇
儉豐鄉	五盛公	五盛公		
		小把拉蓋		
		大成西		

小大鉛印局承印

		楊家圪堵		
		康換營		
		王海和營		
	小計	六	八七四	五、八六七
儉富鄉	二十四頃地	二十四頃地		
		南馬蓋兎		
		沙街		
		高商人營		
		苗六圐		
		東什大股		
		什泥橋		
		楊號卜		
	小計	八	九七九	六、一三八
儉谷鄉	五犋牛窰	五犋牛窰		
		鄔四營		
		大拉莫窰		
		西什大股		

		銀匠窰		
		竹拉沁		
		廠素圐圖		
		白萬圐		
		發彥申		
	小計	九	八一二	六、五三五
德盛鄉	北只圖	北只圖		
		沙兵崖		
	小計	二	六〇〇	三、八七四
德澤鄉	溝門	溝門		
		威俊		
	小計	二	八六九	五、五二五
德育鄉	鄂爾格遜	鄂爾格遜		
		公吉坂		
	小計	二	一、〇六二	六、五二八
德隆鄉	板申氣	板申氣		
		馬留		

小大鉛印局承印

		鴜鷺氣		
		黑麻板申		
		朱爾圪岱		
		小板申氣		
		范虎營		
		苗六營		
	小計	八	一、〇一五	六、八三六
德惠鄉	大巴拉蓋	大巴拉蓋		
		上七合氣		
		下七合氣		
		海岱		
	小計	四	七五〇	五、五〇一
協同鄉	東老藏營	東老藏營		
		麥達橋		
		新營子		
		丹進營		
		麻唐營		

小大鉛印局承印

	小計	五	九五九	七、一一九
協助鄉	何家圐圙	何家圐圙		
		蘇波羅盖		
		麥達召		
		巧爾氣		
	小計	四	一、四二〇	七、七五五
協農鄉	托斯和	托斯和		
		東只尢梁		
		三卜素		
		圪力更		
		習力氣		
		什泥板申		
		道試		
	小計	七	一、〇二〇	七、五四一
協成鄉	缸房營	缸房營		
		崞縣營		
		秦家營		

小大鉛印局承印

	龐家營			
	白銀廠汗			
	王基營			
	吳朋圪堆			
	八犋牛營			
小計	八	七一七	六、二七二	
協耕鄉毛岱	毛岱			
	任三窰			
	侯家營			
	三眼井			
	三合社			
	北官地			
	張五老營			
	杜手匠營			
	大廟營			
	朱麻營			
	三間房			

小大鉛印局承印

		馬召		
		河神廟		
	小計	一三	一、〇〇三	八、五九四
協力鄉	小韓營	小韓營		
		永豐村		
		福壽村		
		王家營		
		苗四營		
		六合社		
		瓦不亥淖		
		玄天社		
		大古營		
		黑沙兔		
		牛皮營		
		葛家營		
		沙海子		
	小計	一三	八六三	六、八〇七

小大鉛印局承印

和平鄉	哈素	哈素			
		善友板申			
		北西河沿			
		後馬羣			
		前馬羣			
		參將			
		雲社堡			
		妥妥營			
		竹拉沁			
	小計	九	一、一二一	七、六八〇	
和鄰鄉	朝號	朝號			
		董家營			
		後善營			
		什拉			
		卄家子			
		兵州亥			
		㭻木汗			

和仁鄉	高泉營	高泉營		
		炭車營		
		大水橋		
		北淖		
		南淖		
		飯鋪營		
		六合社		
		北壽陽營		
		忻州營		
		梁頁營		
		平泉營		
		十二犋牛營		
		蘇家營		
		三合成		
	小計	七	一、一九五	八、九八三
	小計	一四	一、一一八	八、四七六
和睦鄉	公布	公布		

小大鉛印局承印

	黑素			
	大岱			
	獨力壩			
	小沙金兎			
	大沙金兎			
小計	六	一、二一三	八、七五八	
和厚鄉雙龍鎮	雙龍鎮			
	張寬營			
	南西河沿			
	定襄營			
	大五台營			
	劉家營			
	繁峙營			
	王木匠圪堆			
	大壽陽營			
	壕沿			
	陽句營			

小大鉛印局承印

	小計	一一	一、〇五六	八、六六五	
和義鄉三道河		三道河			
		二道河			
		小灘子			
		木頭湖			
		朔州營			
		大貴營			
		何四營			
		壯丁營			
		一間房			
		路三圪堆			
		郭廷貴營			
		太平莊			
		安樂村			
		武鄉縣營			
		糟牛營			
		以肖板申			

小大鉛印局承印

小計	一六	八九七	七、五二二
合計	一八五	二九、〇九六	一九三、六六四

歸綏道志薩拉齊廳八鄉十四鎮一百七十七村分晰照錄以備參考

前清光緒三十二年

鄉別	村別	距縣城里數	村別	距縣城里數	備考
東鄉	霍家園	五里	小廠圐圙	八里	
	東老藏營	三十里	丹進營子	四十里	
	上習力氣	四十里	下習力氣	四十里	
	瓦窰上村	四十里	六合莊	四十里	
	四座茅菴	四十里	馬廠村	四十里	
	油房營子	三十里	楡樹營子	十五里	
	西老藏營子	十五里	石老藏營子	十五里	
	王大夫營子	四十五里	沙兎溝	三十五里	
	波羅營子	五十里	麥達召	三十五里	
	巧爾氣	五十五里	王家營子	五十里	
	蘇波羅蓋	五十里	打色合	五十里	
	任三窰子	五十里	缸房營子	六十里	

板召廟	六十里	西黑沙兎	六十里
白雁廠	六十里	北卜子	六十里
丁家壕	七十里	十二犋牛營子	七十里
吳朋圪堆	八十里	北圪堆	八十里
炭車營子	八十里	托斯和	八十里
什泥板申氣	八十里	平權營子	八十里
孤咀營子	八十里	壽陽營子	八十里
劉家營子	八十里	北撓兒	八十里
五里橋	七十里	賈家營子	七十里
南撓兒	八十里	董家營子	八十里
公布	九十里	大岱	九十里
西河沿	九十里	什樂村	九十里
善友板申氣	九十里	壽陽營子	九十里
古雁	九十里	東只几梁	九十里
善岱鎮	九十里	里素	百一十里
多爾濟	百二十里	參將營子	百二十里
計	五十六村		

小大鉛印局承印

鄉別	村別	距縣城里數	村別	距縣城里數	備考
東南鄉	張老五營子	四十里	康四營子	四十里	
	勉勵營子	四十里	杜守節營子	二十里	
	高商人營子	四十里	大小廟營子	五十里	
	毛岱鎮	六十里	沙尖	五十里	
	小壕沿	六十里	永平鎮	七十里	
	朱公營子	五十里	粮隴營子	七十里	
	四杆旗	六十里	南官地	六十里	
	丁貴香營子	八十里	孟三營子	八十里	
	苗四營子	八十里	太平莊	八十里	
	後荒地	八十里	忻太莊	八十里	
	郭廷貴營子	九十里	賈二圪堆	九十里	
	雙水泡	九十里	木頭湖	百十里	
	杜丁營子	百二十里	獨立壩	百二十里	
	杭蓋	百二十里	伊肖板中氣	百二十里	
	三道河	百二十里	七星湖	百三十里	
計	三十村				

小大鉛印局承印

東北鄉	三卜樹	六十里	東東壩	五十里
	河灘	六十里	六道河	七十里
	南溝門	六十里	生道溝	八十里
	圪力更	九十里	托托沿	六十里
	納令圪堆	六十里	腦包兎	七十五里
	保合氣	五十里	東九號	百三十五里
	哈達不氣	百三十里	納令溝	百三十里
計	十四村			
西鄉	板申氣	十五里	黑麻板申氣	二十五里
	東園	四十五里	沙爾沁	四十五里
	毛七賴	七十里	古城灣	七十五里
	臭水井	八十里	包頭鎮	九十里
	腦包	一百里		
計	九村			
西北鄉	威俊	九里	把克圖溝口	二十里
	斗林沁溝口	二十五里	五當溝口	五十里
	古城塔	九十里	瓦房窰	百十里

小大鉛印局承印

鄉別	村別	距縣城里數	村別	距縣城里數	備考
	石拐	百十里	廠沁爾溝	八十里	
	雞爾卟	百零五里	東溝門	五十里	
	大西溝	六十里	省進梁	百二十里	
	白菜溝	百一十里	甲浪灣	百二十五里	
	格核兎	七十里	白泥溝	一百里	
	五當召	百二十里	板申兎	七十五里	
	後壋	七十五里	康保爾	五十里	
	蒙圪氣	七十五里	陝進營子	六十里	
	德勝溝	九十里			
計	二十三村				
西南鄉	吳壩	三里	朱爾圪岱	八里	
	小板申氣	二十里	七座茅菴	十五里	
	金家圪堆	三十里	小鄂爾格遜	三十里	
	鄂爾格遜	三十里	公吉板申	三十里	
	七合氣	六十里	阿善登口	六十五里	
	同官營子	六十里	趙子亮營子	七十里	

小大鉛印局承印

	南海子	九十里	胡家營子	百二十里
	青龍背	七十里	黑豆壕	六十里
	把拉蓋	四十里	五盛公	三十里
	四股金窰子	三十里		
計	十九村			
南鄉	趙家圪堆	二十五里	五犋牛窰子	三十里
	紅眼窰子	五十五里	高才舉營子	二十里
	葫蘆頭	三十里	章蓋營子	十五里
	六成地	三十里	四成地	五十里
	偏關營子	二十五里	王光亮營子	十五里
	海子	二十里	登口	十里
計	十二村			
北鄉	北只兎	十一里	水淵溝門	十五里
	小孔圪堆	五十里	尚家溝	五十里
	白官肖窰子	五十里	祈家壩	六十里
	後老窩鎮	六十里	木瓜溝	六十里
	腦包村	六十里	忽洞溝	十五里

小大鉛印局承印

鄉別	村別	距離縣城	村別	距離縣城
	前腦包	六十里	鎮上	六十里
	廠汗溝	六十里	達連濠	百十五里
計	十四村			
合計	一七七			

外鎮十四處

◎東善岱鎮距縣治一百一十里初設協理通判後併於廳居民百餘家大小舖戶三十餘家

◎南冒帶鎮南接黃河二十餘里北鄰大小廟營居民四百除家大小舖戶二十餘家

◎西包頭鎮距縣百里南隔黃河二十餘里北靠大青山東臨五當溝河居民一千五百餘家大小舖戶五百餘家

◎北蘇勒哲霖鎮改名水澗溝門距縣十五里門倚山口大河居民八百餘家大小舖戶二十餘家

◎東蘇波羅蓋鎮距縣四十里居民四百餘家大小舖戶十餘家

◎東麥達召鎮距縣三十五里背大青山居民三百餘家大小舖戶十餘家

◎東託斯河鎮距縣七十里走歸化大路居民五百餘家大小舖戶十餘家

◎東哈素村鎮距縣八十里居民二百餘家大小舖戶四五家

◎東老藏營鎮距縣三十里居民五百餘家大小舖戶十餘家

小大鉛印局承印

◎西南河岸北南海鎮距縣百里居民二百餘家大小鋪戶十餘家
◎西額爾格遜鎮址黃河岸北距縣四十五里沙爾沁南五里餘居民五百餘家大小鋪戶十餘家
◎西公吉板申鎮距縣三十里居民五百餘家大小鋪戶十餘家
◎西黑麻板申鎮距縣二十五里居民四百餘家大小鋪戶十餘家
◎西土合氣鎮南枕黃河十餘里距縣五十里居民二百餘家大小鋪戶十餘家
◎共十四鎮四

蒙語村名表

蒙語名	漢譯	蒙語名	漢譯	蒙語名	漢譯
麥達爾召	彌勒曾佛法之名	白只戶	總要富	麥達爾橋	召東有橋
多爾濟	藏語佛號	蘇波羅蓋	達賴生此因而建塔	大陽	大衆
色呼齊	醒世人	鄂塔爾板申	採青	圪力更	有妻者
陶思浩	磚或村落	什尼板申	新屋	古爾板毛獨	三把樹
達頓	喇嘛居住	索塔爾亻	黃色匠人	土斜圖	有靠
桃兒號	回民	忽拉格氣	治羊羔者	鐵門更	印
祝拉慶	畫匠	打色令	截斷	托托岱	已定
腦木汗	忠厚老誠	三格爾桀	有神保護	巴拉蓋	蜂蜜

小大鉛印局承印

倒拉板申	七間房	上哈氣	廚夫	哈只格爾	跛者
西薩拉齊	務奶食	包頭	上旗由此包回	察汗腦包	白色堆記
察汗庫倫	白墻	烏爾巴齊	黃河曲水	巧爾齊	喇嘛職銜
章京營	佐領居住	哈拉烏素	黑水	伊肯板申	大房子
印蓋圖	有蛇	七佈爾	乾也	善岱	有倉
諾爾	水池	拌州亥	雀	阿木亥諾爾	三姑娘水池
章圪塔兒	章京所住	白彥察汗	富也白色	朱爾圪岱	六指
什拉爾	黃色	鄂爾圪遜	荊棘地	阿素	行動舉止
潮號爾	入有麻子	馬連爾	馬連草（或云野貓）	保同河	捕魚迷魂陣
北只圖	言有字	故濟爾圖	有[illegible]	納太	軟弱一團
黑沙圖	有棚院	沙金兎	有佛法者	沙北那爾	衆徒弟
毛七賴	當行凌虐	哈麻爾板申	山島子屋	廠沁爾溝	神幡
威俊	官長胞弟	勉厲營	梅令官住地	板申氣	造房匠人
章蓋營	佐領住地	什泥橋	新來人衆	那令溝	向陽山溝
哈達不氣	修理山岩之人	惱包兎	有界堆	忽洞溝	井溝
板申兎	有房子	格亥兎	有豬	廠汗溝	白石溝
文圪氣	石槽	康保兒	沿邊濕地		

◎歸綏道志各廳村莊其名稱之稍存古昔者十無二三餘皆蒙古俗語佶屈聱牙借音成文無一定字義

◎謹案歸綏道志內載鄉鎮村數約共二百與通志編戶分鄉村數尚符但當時包頭統轄在內迄今包頭劃分西北隅亦有割讓全縣村莊仍有一百七十足徵村戶繁滋增益弗尠藉覘二十餘年之間愈形進步云

溝渠

◎自禹平水土菲衣食卑宮室而盡力乎溝洫遂開千古水利之源較井田功尤鉅及井田廢而阡陌開畫溝澮渠原隰流暢灌溉合法愈濟其窮故秦鑿鄭白二渠兵食足用無內顧憂遂併六國以霸天下迨後世涇渭一帶渠成關中物產豐饒民食愈為殷富傳播大陸尤其明徵溯我蒙疆之渠史當以河套唐渠為濫觴自貞觀七年開延化渠引水入庫狄澤旋陵陽咸應永清等渠先後並起雖年遠遺跡無存而後人效法遺功匪淺於是平原沃野宜牧宜農諺謂黃河百害惟富一套即指此矣薩邑北隣沙漠南濱大河氣候乾亢旱魃時擾欲補自然之闕陷非利溝渠不為功唯在昔地曠人稀工昂穀賤縱圖水利難敷工資僅以桔槔取水播種開渠費重尚以為迂晚近移殖漸繁情勢特異民智進化亦悉渠優渠成水到則禾黍豐收渠廢水失則膏腴無望據民國二十二年調查本邑既成渠道凡有十九灌域達一千三百餘頃足徵農民深諳渠效已感最大之覺悟其中大黑河渠最久且著經厚薩托三縣境長百餘里第農民引水澆田屢起爭執致釀械鬥甚至流血嗣前建設廳二十年夏召集沿渠關係鄉村代表會議公決規定四十四鄉黑

小大鉛印局承印

河用水章程通行遵守永弭爭端尙有民生渠由縣西磴口村瓦窰口起東南流至托城南直入黃河止長百九十五里並有支渠十四灌域預計約達兩萬餘頃確爲邑境各渠工程之魁先是民十七年大旱赤地千里薩托兩邑災情尤重省當道提議開渠救旱以工代賑適由地方官民協力籌濬數年心血慘澹經營惜尙未竟全功因事中止另詳附載爰將縣轄渠道表圖刋存備攷

薩境渠道表

已成渠道

渠名	渠長	渠寬	渠深	渠口	水源	經過地點	溉田數	備考
大黑河渠	百里	六七丈	五六尺	厚和市流入境內	平山頭一帶泉水	由厚和鐵帽爾村入縣經善岱亭村	四百九十一頃	雨潦年通年灌溉天旱祇沿河地能灌溉
麥達溝渠	三十餘里	三四丈	二三尺	麥達溝口	溝水及山水	麥達召東老藏營蘇波蓋	清水二十洪水五十頃	
蘇褜溝門渠	三十餘里	二三丈	二三尺	蘇褜溝口	蘇褜溝泉水及山水	溝門威俊村等	清水廿三洪水五十頃	
五當溝渠	三十餘里	四五丈	三四尺	五當溝口	五當溝泉水及山水	少爾沁七合氣巴拉蓋	清水四十洪水六十頃	
威俊村頭道渠	一里半	四尺	三尺	水澗溝河漕	水澗溝河漕		三四十頃	無經過地水出渠口即到地
威俊村二道渠	二里	四尺	三尺	同右	同右		五六十頃	同右
威俊村三道渠	三里	四丈五尺	三尺	同右	同右		五六十頃	同右
東河漕渠	五里	五尺	五尺	麥達召河漕	麥達溝河漕	麥達召河子營包蘇波羅蓋	五六十頃	近年渠水向西冲流不能按時灌田
西河漕渠	五里半	六尺	五尺	同右	同右	麥達召將包東老藏營村	八九十頃	

薩托渠	六十里	一丈五尺	三尺	北園子村東北黑河	黑河河漕	南北園子乃莫板安民里素召上等村	百十餘頃	渠身在薩境三十里托境三十里
木氣溝渠	十餘里	一丈	二尺	掌蔴台村通薩托渠	薩托渠河漕	安民召上里素善岱	十餘里	
土合氣渠	八里	八尺	二尺	五當溝河漕	五當溝	沙爾沁東園	十二頃	
大巴拉蓋渠	五里餘	八尺	二尺五寸	同右	同右	沙爾沁鎮	二十餘頃	
小巴拉蓋渠	六里	八尺	二尺五寸	同右	同右	沙爾沁鄂爾格遜大把拉蓋	三十餘頃	
新農試驗場渠	二里半	六尺	二尺	富農渠	水澗溝	東西老藏營	八九頃	
蔴塘營渠	十餘里	一丈	三尺	東河漕	麥達溝	東老藏新營	二十餘頃	
蘇波羅蓋渠	七里	一丈二尺	三尺五寸	麥達溝	同右	麥達召麥達橋何家圐圙	四五十頃	
善岱渠	四里	八尺	三尺	薩托渠	大黑河	安民召上兵州亥	四五十頃	
公義渠	二十六里	一丈	三尺五寸	黃河	黃河	和八乞日保旦窰子東將句西河沿	不詳	
民生渠	另詳							

籌開渠道

渠名	渠長	渠寬	渠深	渠口	水源	經過	溉田數	備考
富農渠	二十餘里	七尺	三尺	水澗溝門河漕	水澗溝門河漕	溝門北只圖馬達火盤牛牧社新村	四五百頃	
興農渠	二十五里	二丈	三尺	五當溝河漕	五當溝河漕	鄂爾格遜公吉板小板申氣	五六百頃	
朱爾圪岱渠	十餘里	八尺	三尺	縣城西河漕	水澗溝河漕	朱爾格岱境內	三十餘頃	

廢渠

渠名	渠長	渠寬	渠深	渠口	水源經過	溉田數	備考
海岱渠	九里			五當溝	五當溝西河漕	沙爾沁鎮	二三十頃	
五成窰渠	六里			善岱河漕	舊大黑河	保同河大岱鄉		大黑河南移故廢

◎民生渠　邑處內陸雨量稀少頻年旱魃民不聊生溯自民國十一年本邑士紳延五原水利專家王君同春蒞薩勘測渠道由薩包界之磴口村黃河北岸築口設閘鑿渠一百四十五里通接黑河利用黑河之故道稍事修濬轉注黃河長五十里計共一百九十五里因地之狀成三角形擬由幹渠側鑿支渠南接黃河以洩餘水歧分支水引水灌田愈爲寬廣且免旱虐衆僉引爲善舉嗣以需欵甚鉅無力籌辦計遂寢迨民國十六年因旱減收十七年點雨未落荒漠不毛災象綦重餓殍滿途掘鼠羅雀鬻妻賣子度命者薩邑尤甚於是邑紳丁培基于孔昭楊作舟諸君力倡即時開鑿民生渠以工代賑災黎藉得昭蘇旱患預防未雨乃集議草計劃需欵約二十萬元會省政府及建設廳尙皆關心民瘼書上即獲允准欵由煙畝附加及平綏鐵路賑災附加以四個月爲限並由省府遴派丁培基賈懷永婁貽忱王大勳等四君赴京與中國華洋義賑救災總會接洽當承以事關義舉允與省府均資合辦以補不足至義賑會欵俟渠成後由水租收入項下分期償還往返籌計已入深秋即組工程總監處推丁于二君董其事募集各縣災黎七千餘衆當年九月十八日興工翌年義賑會與省府訂立合同復由省委郭象伋閻肅爲委員參與渠事旋由工程總監處接收已竣工程及未行計劃未幾撤銷工程總監處重組工程處以美人艾德敷任處長塔德任

總工程師因辦理未善與工人間發生齟工齬人時有逃散者二十年春省府欲早觀厥成行兵工策加派七十師及七十三師官兵四千名至六月竣幹渠並支渠七未竣者七支款八十餘萬元灌域七千頃廿二年省政府義賑會薩托兩縣代表九名重組綏遠省民生渠水利委員會辦理工程暨行政是年秋黃河泛濫渠口閘門冲毀渠道淤淺不能灌溉未行計劃及應辦工程後亦因事中止新政樹立移隸縣公署籌辦現正在策畫中尚未果行想後待定有期焉

◎綏遠概況　民國十七年綏省大旱赤地千里道殣相望主席李培基籌設賑務督辦處用謀救濟以薩托二縣災情最重災民最多乃於建設廳廳長馮曦倡議開挖民生渠以工代賑徐永昌繼任又聯合慈善機關及地方人士改設綏遠賑務會賡續辦理十八年冬李主席復主綏政努力進行旋以賑款不敷又由省府與中國華洋義賑救災總會一再磋商貸借鉅款並担任工程事宜二十年春爲促斯渠早日完成因人不敷乃由省署商同軍方由七十及七十三兩師内抽撥兵士四千人加入工作至六月而幹渠及支渠數道告成幹渠長百九十五里每里按一百八十丈計算由薩拉齊縣西磴口村黃河沿之瓦窯口開口起東至大土合氣村西計長十里渠口寬九丈底寬六丈渠深一丈至把拉蓋村南計長十六里渠口寬八丈底寬五丈渠深七尺至鄔磯房計長十三里口寬七丈底寬四丈四尺渠深五尺至高家野場村入大黑河舊槽此段計長一百零六里渠口寬六丈底寬四丈渠深四尺自此折而南行沿用大黑河舊槽略加修築通至托縣城南直入黃河計長五十里渠口寬六丈底寬四丈渠深二尺支渠十四道平均口寬一丈六尺底寬一丈四尺深五尺現已完成九道全渠包括熟地四萬餘頃預計全渠成功後水力能達到灌溉

者至少亦在二萬餘頃幹支各渠因黃河水勢激急夏時尤漲落無常故渠口均築閘門並沿渠築堤以防危險前後用款計近百萬民國二十一年爲完成自十道支渠至十四道支渠並渠口河壩工程起見規定捐辦法八條以籌經費又爲促進人民與渠道發生關係乃由省府與義賑總會商妥提前組織民生渠水利公會以資管理而便澆水水會業於是年十二月一日成立並接收自渠口至七座茅菴第二閘工程其自第二段以下則俟修竣一段交接一段以期逐段早沾水利因渠未放水經費不能征乃由該會向中交金城大陸保商五銀行息借五萬元訂明由民生渠全渠收入（即水租渠捐等）項下撥還並以全渠建築物二分之一爲第二抵押品由省政府負責担保現預計全渠完成尚需四十萬元茲將省府與中國華洋義賑救災總會訂立合同及民生渠水利公會章程附列於下以資參考

◎薩托民生渠合同　民國十八年六月訂立

◎茲以綏遠地方氣候乾燥近年以來復以天災人禍民食告匱飢饉載途中國華洋義賑救災總會（以下簡稱總會）於籌賑之外復爲實施工賑預防旱災起見並承綏遠省政府（以下簡稱省府）之委託墊欵補助開鑿薩托民生渠以利灌溉而裕民生爰經總會及省府雙方訂立合同如左

計　開

一　目的爲在綏遠省之包頭薩縣托縣境內開鑿渠道引黃河水灌溉農田所有工程上設置包括幹支各渠閘門以及必須之橋梁梯槽水壩抽水機器等項

二　款項如左列各條

（甲）省府指撥之數爲中華民國國幣二十萬元本合同成立之時由省府先撥半數計洋十萬元交由總會接受以備支付其餘半數計洋十萬元儘本合同成立後兩個月內照撥之

（乙）總會借墊之數爲中華國幣廿四萬元內計現款十七萬元及在綏遠平糶糧價結餘至少七萬元

（丙）上列兩項外工程所需款項不敷之數應由省府暨總會雙方竭力籌補之

三　墊款　所有現時以及日後總會增加之款項悉係借墊性質本渠一切收入除去經常費必需之修繕費總會借款之息金以及業經總會承認之其他合理費用之外悉數撥回總會以維賑款以總會墊款及息金完全歸清爲止其利率在首先之五年內定爲年息八厘以後每二年遞增半厘最高以一分一厘爲度此項債務即以本渠全部爲抵押品

四　工程及管理由總會計劃並建築之渠成之後所有管理及營業之責任在水利公會未成立以前委託總會担任之公會之組織另定之

五　公會上條所指管理經營等責任在債務清了後由總會會同省府設法組織水渠公會俾得接收管業而資永久

六　所有工程時期必需材料工具等項以及渠成後債務未清以前營業及管理之一切材料工具省府准予豁免一切捐稅及各種營業捐項

七　地價　所有幹支各渠以及一切附屬品所占之必需地畝悉由省府協助收用之並由省府按照現

時地價依據總會工程處所發收用土地報告塡發地價憑單發交原地主收執此項憑單將來在本渠收入項下指撥專款分年收回之

八　保護　工作時間一切人員原料款項及渠成後之全渠生財人員款項均由省府負担保護之責

九　本渠主要目的係爲增長農產減少天災所以全渠灌漑區域內不準種植罌粟設有違背是項禁例者省府担任依法予以最嚴厲之處置

十　合同　本合同由總會省府雙方代表鑑印成立並由綏省農民代表及商會副署作証合同全文共繕四份省府總會農民代表商會各執一份存證

◎民生渠水利公會章程　民國二十一年九月十六日公佈

◎綏省人民多年渴望之薩托渠工實現於民國十七年大旱之後鑒於渠務之發展端賴管理之合法綏遠省政府特會同中國華洋義賑救災總會依照下列章程組織管理機關定名曰民生渠水利公會

第一章　總則

第一條　本會定名爲民生渠水利公會

第二條　本會工作之目標（一）興辦水利以免災荒（二）改善農務以裕民生

第二章　理事會

第三條　本會設理事會由理事九人組成之其員額內三人由綏遠省政府（以下簡稱省府）派充三人由中國華洋義賑救災總會派充（以下簡稱總會）其餘三人別爲一組代表地

小大鉛印局承印

方由薩拉齊托克托兩縣政府與綏遠華洋義賑分會各推一人任之

理事任期爲三年但第一屆理事之任期各組中一年者一人二年者一人三年者一人由抽籤法決定之前項理事期滿連選得連任

前項理事出缺時由原選機關隨時派員補充之

第四條　理事會設理事長一人就省委派之理事中推選之設名譽書記名譽會計各一人就理事中互推之設執行部主任一人就總會委派之理事中互推之其任期均爲一年被連選者得連任

第五條　理事會主持本會一切事務尤以左列事項爲其職掌

甲　訂定本會各項章則

乙　審核本會預算決算

丙　編製表册及報告陳報於省府及總會

丁　續成民生渠未竣工程

戊　促進渠區內農事及農民生活之改善

己　協助官府在渠域內禁種罌粟之法令

庚　籌償總會借墊渠款之本息

辛　籌劃本會經費

關於上項執掌理事會根據其決議委託執行部執行之並爲執行是否適當計得隨時酌派代表理事一人或數人審查本會一切業務並將調查情形報告理事會以備復核惟此項調查員並無執行責任並不得干涉執行部主任行使其職權

第六條　理事會開會時以全體三分之二列席爲法定人數其決議以列席三分之二並其中省府及總會理事各有至少一人之同意行之

第七條　本會理事因事故未能出席時得以書面委託同一機關選派之他理事兼代列席

第八條　本會理事均爲義務職惟視察渠務及出席會議時得由本會酌給川資旅費

第九條　理事會常會於每年四月九月內舉行之經理事三人或執行部主任或二渠十村以上人民代表之開列事項書面請求時理事長得召集臨時會

第十條　常會或臨時會開會時應由書記至少三星期前備函開列會議事項集會時日及場所通知各理事

第三章　執行部

第十一條　本會爲實施理事會議定之會務起見設執行部歸執行部主任負責辦理之

第十二條　執行部主任視事之繁簡得酌量情形僱用役員若干人助理事務

第十三條　本會執行部辦理細則另訂之

第四章　會計

第十四條　執行部主任於每年九月內理事會開會時提出下年度預算案四月內理事會開會時提出上年度決算案於理事會以備審核並轉送省府及總會請其核准

第十五條　本會會計年度每年自二月一日起至翌年一月三十一日止

第十六條　本會收支一切款項及簿册賬據每年應分兩期提請省府與總會會選之會計師莅會檢查其檢查報告由理事會報於省府及總會存查

第十七條　有關本會資產及銀錢之文契票據均須名譽會計及執行部主任之連署

第五章　水租

第十八條　用水規則及徵收水租辦法由理事會另定之

第六章　附則

第十九條　本章程於總會借墊渠款本利償清並本會經改組完成時即行失效

第二十條　本章程如有未盡事宜得由理事會擬具修正案提請省府與總會協議經雙方書面核定時始爲有效

第二十一條　本章程經省府與總會協定後由省府公佈之並自公佈之日起發生效力

◎附改訂歸薩托三縣四十四渠引用黑河澆水章程暨保管章程之緣起

◎查大黑河流域由武川縣發源自大灘速力圖旗下營蜿蜒經西南入歸綏縣討不氣循四村水地轉西至東西黑河達賴莊茂林太東㙍白廟子至西甲浪營小黑河之水亦復匯入經渾津橋循西南薩托

兩縣境內以入黃河綿長在二百餘里曩昔草萊初闢地畝耕種無多水有餘裕及至清末荒地開闢日多渠亦時有增修在東黑河各村以上一帶地畝有清水山洪之時流水量甚足又係平口用水素無問題東黑河以下有小黑河哈拉沁蜈蚣壩東西烏素圖各水繞流附近各地亦無缺水之處所以歷年以來尚無爭水糾紛之風惟清季光緒三十三年冬下游發現爭水風潮經歸綏道整理水分判定以薩縣善里九旗四村每年自九月初一日鐵帽爾村使水五天初六日起善里九旗四村使水三十九天澆畢鐵帽爾村使水八天餘水在歸上游分使立碑爲記民國以還大黑河流域經公家清理墾務以後水利日興田隴加多渠道日增在東黑河上下各地水尚敷用群皆相安在歸綏縣西甲浪營討爾號以下暨薩托兩縣沿岸各村以經過上游平口用水之後到達下游多不敷用遂有爭執械鬬築霸截水之事十六年間民政實業兩廳訂定使水辦法十七年成立水利公會十九年河水泛濫渠道橫流以致形勢變遷或受奇旱影響素來又無澆水章程有所遵從每屆春秋汎監歸綏縣朱堡爾村打壩截水械鬬聚訟較前尤烈建設民政兩廳以大黑河情形今非昔比若不另訂妥善辦法誠恐水利不能振興而糾紛日見其甚至西甲浪營討爾號以上向無問題自應仍依舊日習慣辦理其有關係者亟待召集規定即於二十年四月間召集有關係歸綏縣上下游暨薩托兩縣三十五鄉代表閻寬胡沂劉守耀邢得民等二十一人開會討論以西甲浪營討爾號以上用水辦法仍依其舊不再更章其西甲浪營討爾號以下規定用水支配管理澆水之辦法研究兩次結果一致按照決議即將前設水利公會取銷前定管理大黑河沿岸各村使水辦法五條作爲無效另訂引用黑河澆水章程管理澆水章程以資遵守旋據歸綏縣第三區西北兩圈九鄉永順渠公民代表

丁開山等請求准照舊案用水當經查明以圖地用水按照碑記所載均係平口用水不得攔河築壩本不應分給水分因永順渠向來引入小黑河之水流入大黑河再於大黑河築壩遏水轉入永順渠支渠以資澆地此次規定水分未便使其向隅即事實上亦當另行救濟飭令歸綏縣於三十五鄉已定熱水期間勻給十天以示公允嗣後無論何鄉均不得再事請求庶水利有所規循藉達一勞永逸之計並經呈奉省政府令飭允准照辦分別令歸薩托三縣轉飭所屬沿河各鄉一體遵照辦理茲將關於此項圖說章程附刊於後分發各鄉以資遵守爰爲記其緣起以資未來之考證 章程附

歸薩托三縣四十四鄉引用黑河澆水章程

第一條 本章程分水及用水日期由二十年四月十五日經建設廳民政廳會同召集引用黑河三十五鄉代表會議議決自此規定之後均應共同遵守不得違背（查原議係三十五鄉嗣後西北圈永順渠九鄉呈請又復加爲四十四鄉）

第二條 分水輪次暨用水日期訂定如下

（甲）分水輪次

一每年分春熱秋冬四水春水自驚蟄日起熱水自芒種前二日起秋水自秋分前三日起冬水自冬至日起至驚蟄前一日止

（乙）用水日期

一每年春水先水歸綏縣上游起點計討爾號七天西甲浪營鄉三天渾津橋鄉一天西王莊鄉三

天趙家莊鄉三天張家莊鄉三天蘇家莊鄉二天前朱堡鄉四天阿力拜店上鄉三天阿力拜鄉三天兩莊東西廠克鄉七天忻州營鄉一天下游南什軸鄉五天雞蛋板申鄉五天黑河鄉七天塔布子鄉七天雨施格氣鄉六天惱木汗鄉九天鐵帽鄉十三天共計九十二天

一每年熱水先由歸綏縣西北圈永順渠與旺莊賈家營田家營西地郭家營姚府西莊大黑河桃花板九鄉引用十天（查該九鄉係混圈種不能按各村分配日期再此十日水期係由歸綏上下游勻給九天地由永順渠引水托縣乃莫板申暨口肯板申勻給一天合併聲明）依次計爾號鄉五天西甲浪營鄉二天渾津橋鄉一天西王莊鄉二天趙家莊鄉二天張家莊鄉三天蘇家莊一天前朱堡鄉五天阿力拜店上鄉二天阿力拜鄉二天三兩莊東西廠克鄉六天忻州營一天北園子鄉一天托縣白塔爾鄉一天南園子鄉二天東灣鄉一天什力鄧鄉四天一間房鄉二天黑蘭圪力更鄉二天乃莫板申鄉二天口肯板申鄉二天薩縣寒蓋鄉四天安民鄉二天里索鄉六天召上鄉三天善岱鄉五天歸綏縣下游南什軸鄉二天雞蛋板申鄉二天黑河鄉三天塔布子鄉五天雨施格氣鄉三天惱本汗鄉四天鐵帽爾鄉六天（查熱水薩托兩縣在歸綏縣北園子鄉築堤在應分四十天熱水期內應少澆三日讓北園子鄉引用以上共計一百零七天）

一每年秋水先由歸綏縣上游起點計討爾號三天西甲浪營鄉一天渾津橋鄉一天西王莊鄉二天趙家莊鄉二天張家莊鄉二天蘇家莊鄉一天前朱堡鄉二天阿力拜店上鄉一天阿力拜鄉一天三兩莊東西廠克鄉五天忻州營鄉一天北園子鄉三天托縣白塔爾鄉二天南園子鄉四

小大鉛印局承印

天東灣鄉三天什力鄧鄉八天一間房鄉四天黑蘭圪力更鄉三天乃莫板申鄉五天口肯板申鄉五天薩縣寒蓋鄉七天安民鄉三天里索鄉十一天召上鄉四天善岱鄉十天另餘一天以薩托大壩相距九旗地六十里之遠舊有河槽太深用水須將河槽灌滿方能澆地故留此一天爲流河槽之期共計九十五天

一冬水爲歸薩托三縣四十四鄉共用之水由冬至起至驚蟄前一日止平口任水入河但有稍冰期各鄉各用本段渠內消冰之水以免爭執

第三條 河內應築之壩歸綏縣上游計討爾號鄉一道西甲浪營渾津橋鄉在西甲浪營築壩一道王莊趙家莊在西王莊築壩一道張家莊蘇家莊前朱堡爾鄉阿力拜店上鄉阿力拜鄉東廠克在張莊築壩一道三兩莊西廠克鄉忻州營鄉在三兩莊築壩一道歸綏縣下游南什軸鄉雞蛋板申鄉黑河鄉塔布子鄉兩施格氣鄉惱木汗鄉鐵帽爾鄉每鄉築壩一道薩托兩縣十三鄉仍在北園子鄉築壩一道自此規定之後不得隨意築壩如有不遵即行送交該管縣政府從嚴懲辦

第四條 各鄉應築之壩用水時必須事先半個月築竣

第五條 監察員按照澆水章程所定每段每次澆完後應會同接水監察員放壩接水

第六條 監察員澆水時期應常川在渠按照澆水章程監察

第七條 每次放壩接水應由雙方監察員督飭將壩底柴木取淨以免淤澄如有違背應由接水者

小大鉛印局承印

負責賠修

第八條　歸薩托三縣四十四鄉引用黑河應以原有渠道澆用不得再開新渠

第九條　各鄉澆水應受監察員之指導如有違背暨械鬭情事即以破壞水利論應由該管縣政府傳拘送交地方法院按以刑事犯嚴行懲辦

第十條　每年推舉監察員應報由各該縣政府呈請建設廳民政廳備案

第十一條　監察員不能監察時得另推舉之

第十二條　監察員任期一年但得連舉聯任

第十三條　監察員日需旅費應由本段內各鄉公攤但每日至多不得過五角以免靡費

第十四條　監察員在鄉辦事如有徇隱受賄暨不按澆水章程辦理時得嚴懲之

第十五條　原有水利公會撤銷

第十六條　本章程自公佈日施行

管理歸薩托三縣四十四鄉引用黑河澆水章程

第一條　本章程依照歸薩托三縣四十四鄉引用黑河澆水章程爲管理之規定鄉民均須遵守

第二條　管理之法應由四十四鄉每鄉推舉管理員一人管理本鄉境內澆水事宜

第三條　澆水分爲五段第一段爲歸綏縣西北兩圈九鄉第二段由歸綏縣上游討爾號鄉起至北園子鄉第三段由托縣白塔爾鄉起至口肯板申鄉第四段由薩縣寒蓋鄉起至善岳鄉第

第四條　五段由歸綏縣下游南什軸鄉起至鐵幘爾鄉第一段九鄉管理員九人中推選監察員二人監察該段應分熱水十天時期澆水第二段十五鄉管理員十五人中推舉監察員二人監察該段應分春水四十天熱水三十三天秋水二十五天時期澆水第三段八鄉管理員八人中推舉監察員二人監察該段應分熱水十六天秋水三十四天時期澆水第四段五鄉管理員五人中推舉監察員一人監察該段應分熱水二十大秋水三十六天時期澆水第五段七鄉管理員七人中推舉監察員二人監察該段應分春水五十二天執水二十五天時期澆水

第五條　春水應築之壩必須於上年地土將凍之時築成其築成之壩應另修退水渠以資宣洩各鄉澆用春熱秋三水如第一壩按照規定日期澆完即由第二壩接用所有第一壩灌域境內各支渠即須堵閉第三壩接水按照第二壩依次類推

第六條　如遇夏令山洪暴發時所有黑河上下游歸綏縣各鄉之壩暨北園子鄉之壩均應及時折毁使水下流入於黃河以免潰決淹沒之虞

第七條　本章程自公佈之日實行

小大鉛印局承印

橋堤

邑處平原襟山帶水溝渠雖有內河甚稀縱略約之偶存多亂流而超渡邇年大渠橫流始見飛虹而懸磴昔日深厲淺揭胥免濡軌以蹇裳爰撮津梁並附堤堰列表敘實以紀其要

縣轄重要橋梁表 成紀七三六年

名稱	位置	通越道路	建築年月	備考
五當溝橋	德育鄉東園村	盟汽道	成紀七三五年	
民生渠第二大橋	德育鄉士合氣村	沙仁警備道	民國十八年	
民生渠第三大橋	儉豐鄉小把拉蓋村	鄂五警備道	同前	
民生渠第七大橋	德隆鄉樊虎營村	薩五警備道	同前	
民生渠第八大橋	勤民鄉七座茅菴村	薩郞警備道	同前	
民生渠第九大橋	勤民鄉二虎營村	薩龍警備道	同前	
民生渠第十六大橋	協助鄉丹進營村	薩毛警備道	同前	
民生渠第十一大橋	協耕鄉侯家營村	薩毛警備道	同前	
民生渠第十二大橋	協農鄉缸房營村	薩善警備道	同前	
民生渠第十三大橋	協農鄉新營子村	陶雙警備道	同前	
黑河大橋	和睦鄉獨力塡村	薩托汽道	民國十九年	成紀七三三年重修

小大鉛印局承印

◎保安石壩　位水澗溝門村西北接石門築自乾隆四十年爲廳理事查公發起捐募而修建者緣邑治低凹山洪暴發直墜城隅泛濫狂流屢易沖决居民被害者再續於民國六年二十三年二十六年補葺三次尙未堅牢嗣七三四年邑宰韓公紹祖關心民溺痛鑒前轍量地鳩工徹底改建純砌以石並將壩身延爲七十二丈壩基鞏固礬石永安復組保管委員會以時勘查誠百年之大計堪以永垂不朽也

◎石門　鑿自咸豐六年廳同知文公任內初水澗溝溪水出溝後向西南流本村水田難臻灌溉水利陡　大而困且深乃依山鑿石門約束而操縱之水不橫溢逕直入田村人沐其惠感其德民到於今稱之猶有去思云

◎案重修石壩碑記俱詳藝文門不贅述

附薩拉齊縣保安石壩保管委員會組織章程備考

一　本會定名爲薩拉齊縣保安石壩保管委員會（以下簡稱本會）

二　會址附設於商會

三　會員定名爲十人至十三人

四　會員由商會農會街公所溝門嘉樂村威俊板甲氣朱爾圪岱吳壩等村各派一人再由地方熱心公益推選二三人担任之

五　由會員中推選經理副理各一人掌管會內事務每半年期開大會一次如有緊要事故得臨時召集會議決定之

六　本會負保管及修理石壩之全責

七　如有興工及應辦事項由經理召集會員開會決定之倘經理因事缺席時由副理代理之

八　石壩工程需用款項及人工時經會員大會決定後呈請縣公署核准施行

九　本會擬由石壩北端開鑿水渠用洋灰建築將南壩河漕沙灘地五十餘頃築壩植樹用溝水淤灌漸成膏腴之地定爲公田內之生產除隨時修理石壩需用外以作地方公益

十　此項公田由本會保管經理之

十一　石壩以南至鐵路二十八空橋以北之河漕沙灘由本會告知無主者收歸公田有主者酌給地價

十二　公田沙灘地每年召工淤灌俟成沃田後由原淤灌人耕種之限期五年如願繼續承種者得徵收其租金

十三　本規則如有未盡事宜得隨時呈請增減修改之

十四　本會規則經開大會決定後呈縣公署核准施行之

◎官壩　邑位山陽河陰地勢低下山洪氾濫輒受水害舍馬從舟遷徙移播民苦久之道光八年理事廳神公壽麟糾合士民鳩工建壩綢繆未雨永遏禍淵東起邑北里許西南訖吳壩村西旣障狂瀾且植堤柳迄今壩跡尚存第百年古木或以腐或被斫伐存者寥寥宣統三年同知劉公先昕倡修未果後任呼延公庚補葺之

◎案修築土壩及重修官壩均有碑記詳藝文門不贅

小大鉛印局承印

營堡

◎清末民初地方承平民皆安居鄉無匪患雖有少數駐軍緝捕巡私或駐紮於廟宇及大商店故村無碉堡邑無兵營民國四年盧匪亂起城鄉被擾閭閻不安自茲雀苻疊起搶刼勒贖伏莽潛滋歲無寧日農村經濟破產村民遷徙流離九年迺於城內西北隅修建營房一所增兵駐守及二十六年重葺城頭女牆時折用營房土坯改建公共體育場前數年間雖曾寧靜然維時未久游匪重來兼之赤黨蔓延尤難防範農民飽經痛苦自衛心長故較大聚落挖壕築堡而護之衝要僻地築碉爲險以守之藉保身家俾資守望亦猶古人衆志成城之意也歟爰分區列表如左

薩拉齊縣建築圍堡暨圍壕村莊表

區別	建築圍堡村莊	建築圍壕村莊	建築圍堡村莊	建築圍壕村莊
第二區	二十四頃地村		五犋牛窰村	
	小把拉蓋村		竹拉沁村	
	大喇嘛窰		發彥申村	
	苗六圐子村		西十大股村	
	鄔四營村		東大社村	
	張義成窰村		銀匠窰子村	
	仁義社村		后稷社村	

小大鉛印局承印

	金家圪堵村			
第三區	沙爾沁村	板申氣村	上七合氣村	威俊村
	下七合氣村	溝門村	北只圖村	沙兵崖村
	鄂爾圪遜村	納太村	大把拉蓋村	
第四區	波羅營村	蘇波羅蓋村	缸房營村	東老藏營村
	上小韓營村	東萁艽梁村	下小韓營村	老藏新營村
	瓦不亥淖村	丹進營村	任三窰子村	楡次營村
	新村		張子淖	
	黑沙兎		白銀廠汗村	
	侯家營村		三眼井村	
	小三眼井村		廟營子村	
	三間房村		張老五營村	
	巧爾氣村		毛岱村	
第五區	保同河村	參將	王木匠圪堵村	後馬羣村
	北喇嘛營村	前馬羣村	大岱村	西河沿村
	哈素村	善友板申村	高泉營村	二十家子村
	朝號營村	後善岱村	公布	什拉村

小大鉛印局承印

	雙龍鎮	董家營村	定襄營	八犋牛營村
	木頭湖	濠沿村	路三圪塔	大沙金兎
	繁峙營	南北淖村	里素村	善岱村
		召上村		章蓋台村
		十二犋營		韓蓋村
		獨立垻村		小沙金兎村
合計	五三	三一		

◎附註近來官廳倡導鄉村築堡自衛固屬要圖惟小邨落零星疏散聯絡維艱但能逐漸興修治安必然無慮匪果絕跡民得安居地方事業當能建設生聚教養庶可蘄焉

醫院

◎平民醫院　位大西街路南民國十八年設立耑供邑人療病費甚廉貧寒患者頗踴躍事變停辦迄未恢復

◎靖亞醫院　位大西街路南成紀七三三年縣長張琳顧問石井鑑地方未靖傷病士兵缺乏醫療市民衆多患病者苦難覓治乃聘日醫西角貞一爲院長義務施療故就診者日衆近增設手術室擴備益臻完善（至內部醫療設備更屬應有盡有舉凡新式治療器具無不備置市民受惠良屬至大云爾）

◎耶穌教會附設醫院　在大西街路南爲人治病卓效素著設備亦精潔尤以婦女難產症接生手

小大鉛印局承印

術最精邑人誇爲特效活人無算並售婦產止昏藥赤貧者施恤之概不取費焉

◎本邑商營醫院　散居市內約有數家惟以設備簡陋醫師知識與技術有深湛之造詣者尙少故業務未能發展

公共場所

◎民衆敎育館　位中大街爲民國十四年駐軍孫良誠旅長倡集地方紳商捐建者式仿歐制樓凡一層前有露天方臺四面紅窗重簷白壁巍峨高聳峙立中街樓上爲圖書館樓底爲宣講所內足容二百餘衆縣志館寄設樓上劃半爲編纂處牕明几淨微感塵囂究屬本城特殊勝地館內備儲圖書甚多由該館規定閱覽時間准民衆隨意瀏覽以期敎育普及縣內有知識者因購書困難時假該館備書增開新知者更屬多見誠本縣有利於民衆之場所也（該館現被警署佔用而館址尙未定）

◎舊公共體育場　遺址在城內東北隅柳林街民十四建中列運動設備甚夥惜管理不佳日漸破毀今已廢爲園圃

◎新公共體育場　在城內西北隅舊營房遺址於成紀七三三年闢建團體練習足容數千衆

◎公會堂　在縣公署西側成紀七三五年建築式樣新穎內部寬敞每遇集會或游興演劇時均藉斯址可容五百餘衆爲本縣著稱之建築也

小大鉛印局承印

卷三　勝蹟

召寺

◎增福寺　在縣城東南一百二十里黑河右岸之里素村俗呼里素召土默特志增福寺有呼弼勒罕住管上供清聖祖仁皇帝御靴因康熙卅五年過胡灘和碩官渡撫綏河套蒙衆駐蹕於茲父老攀轅留此遺念云旁有龍王廟御筆額曰誠無不格當日加封金面龍王（案此召今漸傾廢）（築自何年不詳）

◎廣覺寺　在縣城東北七十里麥達召北於清乾隆三年築於大青山麓地勢幽邃溪山環繞規制宏巍複閣層樓金碧輝映沿山松栢成林蒼翠清雅寺內駐有活佛及多數喇嘛爲巴盟叢林中第一古刹（案查此召原建於土默特界內乾隆七年烏拉特旗强爭之奉旨查辦議立三溝泉淵北地准烏旗借牧）（成紀七三六年該寺劃歸固陽縣隸固陽管轄）

◎廣化寺　在縣城西北五十里位沙爾沁峯腰俗呼沙爾沁召五當溪迢其東制仿藏式規度宏偉建於清康熙年間迤東尙有小召通順召規模較小建於明萬曆時同爲畢克齊廣化寺活佛所轄內有喇嘛四十餘人山崖石隙間老松古柏蒼勁突結高不數尺景最古雅廣化寺殿凡二重後殿起樓三層奉祀彌勒佛身高三丈六尺佛首直出頂層樓上小佛甚多四壁繪十殿閻君及諸魔鬼像皆獰獰前殿爲誦經處壁亦繪佛內殿供切實格拉像切實格拉者蒙語歡喜佛也登樓遠眺大河前橫百里平原蒼茫無際誠爲本邑梵宇勝地

小大鉛印局承印

◎西北叢　薩爾沁村北有山峯巒秀茁宛如蓮瓣俗稱爲蓮花山半山松柏樹叢生於蒼茫幽鬱中隱見寺宇兩座粉壁丹垣飛樓懸閣極爲美觀其東一座爲通順召規模小建於明萬曆間其西爲廣化寺蒙語金志尼巴特兒輿索魔建於康熙年間同爲畢克齊廣化寺活佛所轄住喇嘛四十餘人大殿高三層中供彌勒佛高三丈餘佛首高出三層樓上另有小佛無數四壁畫十殿閻王猙獰可畏登樓南望黃河在眼其東爲薩縣西爲蹬口人家比連雲樹蒼蒼大有萬象齊收之概云

◎壽靈寺　在縣城東北四十里麥達召村北山麓俗呼麥達召麥達溪逕其東寺中植碑內泐寺建于金之三十六年餘爲風雨剝落無可稽考規模偉大佛像莊嚴壁繪歡喜護法諸佛傳遼蕭太后與宋構兵曾駐蹕於茲原遺御用品如盔甲刀劍類甚夥今皆無存殿側有蕭疑塚狀如佛塔或云爲衣冠塚旁樹碑勅文明時曾改作順義王家廟住有喇嘛六人每屆夏歷五月十三日蒙民畢集召院跳鬼三日祛魔行樂爲當地著名古刹

◎謹案寺中碑記云寺建於金之三十六年俗謂遼蕭太后曾駐蹕於茲遼先金後理不可能然蕭后之駐茲或係史實抑或寺創建於遼重建于金創建者無迹可稽重建者亦無確據故蕭之故實猶爲疑問姑存之以待博考

◎西北叢編麥達召村北有壽靈寺蒙古稱爲麥達召寺建於何代不詳相傳宋代遼太后曾駐蹕於此原有遺留御用盔甲刀劉之屬今已無存寺內有鑯金小塔一座謂係蕭后埋葬處或云乃後人葬蕭后衣冠者殊不足憑寺規模極大圍牆高及丈佔地約百畝佛殿建築有中國皇宮式亦有印度式者錯落數

座極爲壯觀四壁畫像甚多筆妙色古又有護法神畫像及塑像即俗所稱謂爲歡喜佛者殿中陳布麒麟獅象數具狀極巨大又有多數骷髏面具皆爲每歲祀神時所用者亦奇觀也

◎謹案麥達召蒙語亦譯爲彌勒尊佛之法召

◎白塔召　在縣城東蘇波羅蓋村清乾隆十六年建近多隤毀謹存蘭若各跡

◎廣德殿　講武臺距縣城東百二十里循祭素齊河北上至第五區境萬家溝內溪西山坳中有廣德殿講武臺遺址

◎山西通志圖考講武臺廣德殿俱在今縣東北

◎魏紀太平眞君三年六月南秦王楊難當朝于行宮先是起殿于陰山之北殿始成而難當至因名曰廣德焉

◎水經注塞水（案塞水今祭蘇齊河）出懷朔鎭東北荒中南流逕廣德殿西山下余以太和十八年從高祖北巡届於陰山之講武臺臺之東有高祖講武碑碑文是中書郎高聰之辭也自臺西出南上山山無樹木唯童阜耳即廣德殿所在也其殿四柱兩夏（案注夏廈同）堂宇綺拱圖畫奇禽異獸之象殿之西北便得焜煌堂雕楹鏤桷取狀古之溫室也其時帝幸龍荒遊鸞朔北南秦王仇池楊難當捨蕃委誠重譯拜闕陛見之所也故殿以廣德爲名魏太平眞君三年刻石樹碑勒宣時事碑頌云肅清帝道振慴四荒無思還服重譯稽顙恂恂南秦斂斂推亡峨峨廣德弈弈焜煌侍中司徒東郡公崔浩之辭也碑陰題宣城公李孝伯尚書盧遐等從臣姓名

◎單于臺　山西通志圖考臺在今縣西北

◎元和志單于臺在雲中縣西北四十里太平寰宇記作西北四百二十里是也（志文偶脫誤）

◎李陵臺　山西通志圖考作李陵臺在今縣北

◎方輿紀要元和志云單于臺西受降城東北有李陵臺一統志在雲內州北高二丈餘唐志雲中都護府有燕然山山有李陵臺所謂燕然山即陰山耳

◎朝陽洞　東北距縣城十七里在第三區哈只更村後背山向陽因而得名一名紅羊洞林泉岩石蒼鬱縈潔爲邑中勝地傳昔牧羊者失羊一遍覓不得詎知羊循洞西行數日見於廣化寺山洞外體紅故名洞長凡五十里或言未知深淺者徑約二丈前塑佛像及蛇像洞側建龍王菩薩廟各一座殿宇巍峙頗爲壯觀嗣以年久失修稍見傾廢洞近村民每屆夏曆六月二十七日至二十九日例辦廟會三日演劇酬神戲雖値盛夏炎威善男信女絡繹叩拜者仍屬不絕洞口氣凉陰森沁骨爽人肌膚時遇天旱邑人輒集禱雨於洞前龍王廟多應驗

◎柏樹坡　距縣城十七里東隣朝陽洞坡有天然古柏近千株爲數百年前物鬱鬱蒼蒼幹可數圍古色斑爛天然畫景

◎水澗溝門村　北去縣城十五里位陰山之陽溪水涓流適當衝要極饒灌溉之利桃、李、杏、楊、柳、楡、等樹幾千萬株密集成林蔚然蓋野園圃櫛比溝渠交錯春則桃李盛開燦爛如錦夏則楊柳迎風葱翠欲滴唯雨時溝水泛濫屢毀堤防且水向西南行無灌溉之利村人苦之乃於咸豐五年鳩工

小大鉛印局承印

依山鑿石門溝口築堤疏障兼施始免泛濫引水灌田日可三百畝故蔬菜果實甚豐肥著名遐邇春夏供邑人遊賞避暑尤饒興趣每年夏曆六月二十四日起舉辦廟會四天遊人不遠百里而來車馬喧闐歷爲近郊各郡最熱鬧之廟會

◎石人　在水澗溝中去石門村五里許有巨石巍然當中流高約二丈石南面鐫有石人一趺坐如佛傳道光中有石匠入山鑿石材適遭山洪暴發急闖登山避免淪溺奈夾岸皆絕壁無路可攀乃登大石俄而水益漲石將沒石匠惶恐默禱河神如水能退不死必鐫像於石四時具祭禱畢水果退乃鐫河神像至於今遂留遺蹟行人過其側常叩拜以祈佑

塚　墓

◎王定圻墓　在今包頭市外劉寶窰村民國五年立

◎王君字平章原邑之包頭鎮人少聰穎髫齡異常兒及冠遊學山西入優級師範卒業歸任綏中學堂校長成績斐然後被民衆選爲國會衆議院議員兼都統署縣政視察官熱心社會事業兼在歸化城與辦新報如塞北日報等開導地方風氣革新邊域文化君最有力當時學界推爲先導及袁氏稱帝君不阿曲依附出京返綏袁深忌之乃密令綏遠當道暗中偵視嗣藉私通黨人爲詞誣陷以罪天未明斃於市外鄉人聞之莫不悼惜故其墓雖遠處郊外夕陽在山林木明瑟游人每往憑弔流連頗抱同情感焉

◎案包頭鎮已於民國十四年設縣治由薩縣析出

◎耶穌教墳　在縣城東門外小廠圐圙村光緒庚子拳匪亂作敎士被戕者瘞此西洋人有墓在邑

小大鉛印局承印

者當自茲始石牌巍立景頗幽異

◎西北叢編薩城西五十里薩爾沁村西口有耶穌教紀念碑即係遭拳匪亂被戕教士埋瘞處

◎回教墳　在城東北半里墳地積約頃許置自清乾隆年間周築藩堤密生枸杞中植楊柳積翠環青遠望蓬勃朝烟暮靄景色蒼然緣回民無私墳皆葬於斯並植碑爲標識邑人好奇踏青多往流覽

◎義園東　距城五里在小廠㘭圖村西南積約一頃環栽楊柳築屋數椽常川有人駐守當清同治中地方興盛邑民繁滋客籍羈亡每多露埜因義地尙闕如也適廳同知文山公蒞任此邦關心民瘼乃由築城費中節得盈餘鉅欵遂於同治九年測形相壤即在該村等購義園地專瘞旅櫬及無所歸者自茲澤及枯骨日免暴露亦古漏澤園之善政歟功德在民遺蹟永垂不朽（案尙有擬建義園碑記詳載藝文門不贅錄）

◎忠魂碑　碑在縣城東門外建於成紀七三五年經縣長韓公治祁倡建乃爲軍警民團捍衛地方因公殉職者合祀之招魂紀念碑也

小大鉛印局承印

卷四 民族

蒙 族

◎蒙古民族一曰蒙兀惕（元秘史）亦曰蒙古斯（契丹國志）本爲屬於布利亞特種初崛起於肯特麓後逐跨有大漢南北迨元祖成吉思汗滅金併宋混一中原威播華夷武揚歐亞塞北疆域當爲蒙古屬地本縣自明時俺答游牧後爲西土默特旗境亦即元裔之蒙古族今居斯地者多爲土旗右翼五甲人民茲按境內戶籍人口計蒙族約佔全縣百分之二强民性初尙游牧嗣因蒙漢同居年久日深語言文化與漢族無異尙友仗義知識尤進化在軍政農各界頗多工商甚少堪視爲本邑之基本民族蒙族同詳附表

漢 族

◎本縣漢族明清以前遠瀾歷代確無定居洎自清乾隆起設治編戶漢族始多黃河沿岸秦晋流民負耒牽車擔簦襁抱隨勢北徙紛至沓來闢土開荒以耕以牧嗣後深耘易耨安土重遷商賈兼營愈來愈衆迄今二百餘年城鄉皆遍且蒙漢雜處感情旣洽鄉土觀念結合尤深故本縣總總芸芸當以漢族爲首位茲按居民戶籍人口而論漢族約佔全縣人口百分之九七論其民族性和平守禮尙重道德智識較優在社會中士農工商各界均居鉅數實際上堪成爲中堅之民族漢族數目詳如附表

回 族

◎回族原始多屬土耳其族考其源流當然甚悠長彼敎自有專書姑不繁贅惟西北回族大部約分

小大鉛印局承印

爲二一曰纏回一曰漢回纏回語言風俗衣著均與內地異仍襲土耳其遺風漢回則與漢民相同化惟飲食必守教規餘似無別本縣居民多係漢回究其從來頗難考證據歸綏縣志淸平準噶爾凱旋駐歸化時回民隨軍至者一二千人初居八拜村乾隆五十四年遷舊城等語後來曾否分布西路各邑亦難証實本縣內之回民始於乾隆初年設治迄今二百餘年論其時間似尙聯續然確否爲其遺裔依然無攷茲按回民戶籍人口計約佔全縣百分之零八弱惟回族富於團結性以穆聖爲教主遵守教規誦經禮拜奉行維謹注重淸潔不食猪肉背禁與外教通婚姻今教規稍弛間亦妻異族女至婚喪儀節亦與外教異但性强悍欠和平在社會之地位較他民族稍狹散居城鄉者多以售牛羊肉及充牲畜交易經紀爲生活亦成爲本邑之特有民族數目亦詳附表

外籍

◎薩城及境內居民以友邦日本民族爲最多據成紀七三五年調查城內共有男女八十六人各鄉村共有七十七人合計爲一百六十三人內有朝鮮男女三十九人日籍概屬軍政兩界朝鮮人則多係經商至于西洋國籍人民以瑞典人數爲第一比國次之英歐法則不常見前列瑞比兩種國籍人民無論男女均爲天主耶穌兩教之傳教師散居城鄉內外各教堂男女人數共有六十三名居留最久有光緒初年蒞薩者迄今六十餘年傳教安居尙能謹守秩序戶籍人口均詳附表

戶口

◎溯考前淸光緒三十年間薩廳轄境一城四鄉漢回人三十餘萬包鎭一城四鄉漢回人二十餘萬

小大鉛印局承印

通共廳治人民六十餘萬蒙民並外人俱不在數內（以上歸綏道志內載）再攷民國二十一年調查戶口薩縣男為二十萬八千一百四十九人女為一十二萬二千二百四十五人合計為三十三萬零三百九十四人（以上綏遠概況內載）現在本縣戶口統計實地調查有三萬六千七百一十二戶男七萬七千三百四十八人女六萬二千八百六十八口總人口為一十四萬零二百一十六口統觀先後記載人口數目大相懸殊除包鎮劃設縣治不計外民國與清季比較尚不甚差若現時與民國年間相較則減少半數尤強清季戶口政治腐敗原未注意故無確數洎民國改革尚知注重戶籍調查時有研求茲我蒙疆建國秩序更新查詢周密決無遺漏試探究其原因約有兩端一無知愚民條經事變莫明眞相迷途忘歸一黃河南岸及大青山尚未廓清無法調查實人為之障碍非天然之退化茲為期明晰並確切記載起見爰就現實列表附攷

城內戶口　第一區街公所管轄城內戶數及男女人口數如附表

鄉區戶口　二三四五各區鄉公所管轄鄉民戶數人口數如附表

附總分調查表暨境內老殘弱廢表

薩拉齊縣管內民族戶別調查表　成紀七三五年

民族別	戶數	人口 男	女	共計	備考
漢民	三〇、八六九	七四、八七二	六一、〇九三	一三五、九六四	
蒙民	一、一七四	一、七五二	一、一三三	二、八八五	

小大鉛印局承印

種族	戶數	人口 男	女	共計	備考
回民	二七二	五七七	五六四	一、一四一	
日本	七一	九六	六七	一六三	內朝鮮三九人
其他外籍	三〇	五二	一一	六三	
合計	三二、四一六	七七、三四八	六二、八六八	一四〇、二一六	

薩拉齊縣縣城內戶口調查表 成紀七三五年

種族	戶數	人口 男	女	共計	備考
漢人	五、八一六	一四、七五〇	九、七三二	二四、四八二	
蒙古	三〇	一〇六	八二	一八八	
回民	七二七	五七七	五六四	一、一四四	
日本	三八	五二	三四	八六	
其他外籍	一〇	一〇	一八	二八	
總計	六、一六六	一五、四九五	一〇、四三〇	二五、九二五	

薩拉齊縣管內戶口調查表 成紀七三五年

區別	鄉街別	戶數	人口 男	女	共計	備考
第一區	城內街公所	六、一六六	一五、四九五	一〇、四三〇	二五、九二五	新鄉鎮戶口因男女人數未確暫依舊鄉街戶口編制之特此附記
	勤民鄉	八五七	二、〇二九	二、五〇三	四、五三二	

	勤業鄉	六〇九	一、六〇一	一、七三一	三、三三二
第二區	儉富鄉	一、一二〇	二、〇五六	二、四二七	四、四八三
	儉裕鄉	八八六	二、八六六	二、一五〇	五、〇一六
	儉豐鄉	一、二六一	一、三九二	一、九一七	三、三〇九
第三區	德澤鄉	一、七二四	三、六二〇	二、九八七	六、六〇七
	德隆鄉	一、七四七	五、六五〇	四、八〇七	一〇、四五七
	德育鄉	三、四二〇	六、九三〇	五、一四五	一二、〇七五
第四區	協助鄉	一、四四七	六、二〇一	五、八六三	一二、〇六四
	協耕鄉	二、七九〇	五、二二七	四、二一二	九、四三九
	協農鄉	二、〇四一	六、三八〇	五、三六七	一一、七四七
第五區	和愛鄉	二、一一〇	四、二五一	三、一二九	七、三八〇
	和睦鄉	一、二三四	三、〇七一	二、五〇二	五、五七三
	和厚鄉	一、四五二	三、四六五	二、七一三	六、一七八
	和仁鄉	一、八三五	二、二〇一	一、九二五	四、一二六
	和平鄉	一、七二〇	三、九一三	三、〇六〇	六、九七三
合計	一七	三二、四一六	七七、三四八	六二、八六八	一四〇、二一六

小大鉛印局承印

薩拉齊縣管內人口老弱廢疾者調查表　成紀七三五年

年齡／性別	少年			青年			老年			殘廢	疾病	總計
	1—5	6—10	11—15	16—25	26—35	36—45	46—55	56—65	66以上			
男	7,521	4,932	5,082	7,226	23,974	8.560	4,041	5,051	3,073	1,769	6,119	77,348
女	5,219	5,147	4,127	5,339	7,313	6.962	5,482	4,752	5,104	1,692	11,731	62,868
計	12,740	10,679	9,209	12,565	31,287	15,522	9,523	9,803	8,177	3,461	17,850	140,216

卷五 職官

歷代官吏

◎本縣設治溯自清乾隆初設薩拉齊及善岱二協理通判斷爲薩拉齊定名設官之始清代以前源稽秦漢歷時久遠文獻無徵況數千年來官制恒有變更治所時或遷廢系統既淆沿襲尤紊縱獲一鱗半爪究難稿符範圍即就近代而言兵燹迭經案牘滅燬猶多斷續尚不完全茲僅於遺簡殘編擇其所存並堪稽錄者從清嘉慶起以迄於今爰按年代官吏名稱分晰列表以備徵考

薩拉齊縣歷代正任職官表

官職	姓名	籍貫	朝代及到任年月	備考
通判	承志	滿洲鑲紅旗	嘉慶四年	
	保性	滿洲正藍旗	嘉慶五年	
	札勒罕	滿洲鑲紅旗	嘉慶九年	
	覺羅海通河	滿洲鑲紅旗	嘉慶十六年	
	覺羅佛寧阿	滿洲正藍旗	嘉慶十七年	
	同慶	滿洲正黃旗	嘉慶二十七年	
	海清晏	滿洲鑲黃旗	道光元年	
	同慶	滿洲正白旗	道光二年	

小大鉛印局承印

奎斌	滿洲正白旗	道光二年
德福	滿洲鑲白旗	道光五年
齊克坦布	滿洲鑲黃旗	道光六年
壽麟	滿洲鑲黃旗	道光七年
清廉	滿洲鑲黃旗	道光十四年
哲成額	滿監正紅旗	道光十四年
吳福	滿洲鑲白旗	道光十五年
富豐額	滿洲鑲黃旗	道光十五年
覺羅盛福	滿洲正藍旗	道光十六年
魁英	滿洲鑲白旗	道光十八年
德楞額	滿洲鑲黃旗	道光十九年
覺羅恩榮	滿洲正黃旗	道光二十年
雙元	滿洲鑲黃旗	道光二十一年
阿爾松阿	滿洲鑲黃旗	道光二十二年
恆祐	滿洲正白旗	道光二十四年
覺羅清勳	滿洲鑲黃旗	道光二十九年
文山	滿洲鑲白旗	咸豐元年

慶麟	滿洲鑲藍旗	咸豐三年	
珠隆阿	滿洲正藍旗	咸豐四年	
于克泰	河北天津	咸豐六年	
玉衡	滿洲正紅旗	咸豐七年	
富山	滿洲正黃旗	咸豐十年	
成裕	滿洲鑲黃旗	咸豐十年	
玉山	滿洲鑲紅旗	同治元年	
慶亮	滿洲鑲黃旗	同治二年	
廣有	滿洲鑲黃旗	同治三年	
玉麟	滿洲鑲紅旗	同治四年	
松昌	滿洲正紅旗	同治四年	
同知			
王桂林	滿洲正藍旗	同治五年	案查同治五年改通判爲同知
文山	滿洲鑲白旗	同治五年	再任
常桂	滿洲正黃旗	同治七年	
塔恩哈	滿洲正黃旗	同治九年	
玉珊	滿洲正藍旗	同治十年	
文山	滿洲鑲白旗	同治十年	三任

小大鉛印局承印

覺羅三照	滿洲正藍旗	光緒五年	
松昌	滿洲正紅旗	光緒五年	
定福	滿洲鑲紅旗	光緒六年	
阿克敦佈	滿洲正紅旗	光緒八年	
鄭景福	河北大興	光緒九年	
徐秋	陝西朝邑	光緒十二年	案查光緒十年改爲撫民同知仍兼理事
張煥	廣昌	光緒十四年	
馬元驥	甘肅皋蘭	光緒十四年	
董汝觀	河北文安	光緒十六年	
周桂敷	河北涿州	光緒十七年	
沈守正	浙江歸安	光緒十九年	
崇源	滿洲正紅旗	光緒十九年	
閻繼宗	河北灤縣	光緒二十一年	
姚濬源	河北樂亭	光緒二十二年	
王希濂	漢軍旗	光緒二十二年	
姚啟瑞	安徽桐城	光緒二十三年	
陳之郊	河北清苑	光緒二十三年	

小大鉛印局承印

馬　鑑	四川臨杜	光緒二十四年	
李　恕	河北寶坻	光緒二十五年	
丁啟宇	安徽黃縣	光緒二十五年	
熊承祖	湖北天門	光緒二十七年	
樊恩慶	山東密縣	光緒二十七年	
李榮震	河北大興	光緒二十八年	
祝　欽	山東諸誠	光緒二十八年	
清　治	滿洲鑲黃旗	光緒二十九年	
余寶滋	川邊安康	光緒三十一年	
署義矩	湖北孝感	光緒三十三年	
焦連城	陝西	光緒三十四年	
李　瀛	福建	宣統元年	
劉光昕	山東	宣統二年	
呼延庚	浙江	宣統三年	
知事			
李景泉	綏遠	民國元年	案查民國元年各廳改縣同知改爲知事
王建屏	山西	民國二年	
周燕輔	山東	民國二年	

鄧書山	河北	民國三年
李文鼎	山東	民國三年
俞振璽	浙江	民國四年
周春熙	河北	民國六年
劉宗昆	河北	民國八年
劉蔭培	京兆	民國九年
范振緒	甘肅	民國十年
劉鉄山	山東	民國十年
姜榮桂	山東	民國十一年
陳鍾鼎	湖南	民國十一年
余祖年	安徽	民國十一年
塔斯哈	歸綏	民國十二年
薄官超	山東	民國十三年
李延奎	山東	民國十四年
姜輔周	河北	民國十四年
李光焱	河北	民國十五年
李居壇	山西	民國十六年

小大鉛印局承印

	蘇　勛	奉天	民國十七年	
	陳鴻飛	河南	民國十七年	
	汲鴻儒	奉天	民國十七年	
縣長	郝熙元	山西	民國十八年	案查十八年一月各縣知事改爲縣長
	楊道一	山西	民國十九年	
	陳應道	河北	民國二十年	
	于純齋	河北	民國二十四年	
	丁培基	薩縣	成紀七三二年	七三二年中日事變新公署成立由地方各法團公舉暫維秩序
	張玉珊	奉天	成紀七三三年	
	張　琳	奉天	成紀七三三年	
	韓紹祖	熱河	成紀七三四年	

◎附注　同知屠義矩編輯薩縣鄉土志草未刊離任原本查未遺留或已散佚尚俟稽考

薩拉齊縣歷代佐治職官表

官職	姓名	籍貫	朝代及到任年月	備考
巡檢	姚桐書	山東	光緒二年	
	方眉壽	江西	光緒二十一年	

小大鉛印局承印

戴鴻翥	河北	光緒二十四年
米鴻泰	河北	光緒二十七年
李世瀛	福建	光緒二十七年
祝敏時	河北	光緒二十八年
王椿祥	安徽	光緒二十九年
劉志魁	薩縣	宣統二年

成紀起縣顧問及佐治職官表

縣顧問	佐伯弘	日本	成紀七三二年
	川原一男	日本	成紀七三三年
	松井三郎	日本	成紀七三三年
	石井竹松	日本	成紀七三三年
	余越貞	日本	成紀七三四年
縣參事官	香西秋夫	日本	成紀七三五年
	望月稔	日本	成紀七三七年
科長	李少卿	熱河圍塲	成紀七三三年
	李阿都	奉天瀋陽	成紀七三三年
	線文蕙	察哈爾	成紀七三三年

小大鉛印局承印

	劉鐘蔭	河北寧河	成紀七三三年
	張　辰	奉天遼陽	成紀七三二年
	戰廣居	錦州綏中	成紀七三三年
	何仲堯	錦州北鎮	成紀七三三年
	魏應麟	熱河	成紀七三三年
	黃壽昌	河北天津	成紀七三六年
	齊自新	錦州綏中	成紀七三四年
	王光烈	興安南省	成紀七三四年
	洪大光	奉天瀋陽	成紀七三四年
	張雲翔	奉天法庫	成紀七三六年
	紀振元	滿洲四平街市	成紀七三六年
	薛潤田	熱河平泉	成紀七三七年
科　附	官內重信	日本	成紀七三四年
	海老名健司	日本	成紀七三四年
	中島二郎	日本	成紀七三五年
	川合勇	日本	成紀七三五年
	成富安志	日本	成紀七三五年

小大鉛印局承印

的場金次郎	日本	成紀七三四年
岡崎重雄	日本	成紀七三五年
高橋東	日本	成紀七三六年

◎附注　成紀以前縣署佐治官吏因案牘散佚甚多無從查列警察署官吏耑列警政目內此表未入以免重複

循吏政績

◎文山滿洲鑲白旗人清咸豐初同治末三主薩政凡十五年領內善舉觕創於文者功績實多同治六年回亂作公築城捍之並練甲千五百衆回偵有備不敢進犯並節重金建育才書院勸民送子讀書置義園名恤陰會以妥旅櫬修葺保安石壩增厚加高以禦水患復於水澗溝口依山鑿石門引水灌田民用饒富同治十三年旌節孝張馬等十六氏爲立節孝祠以勸來者在官寬簡廉勤必期施惠於民不釣虛譽去之日邑民攀轅請留去之後設祠塑像祀之今民仍思之光緒十八年邑大饑文公子過而憫之慨賑數千金公之裔賢如是潛德之報也

◎徐秋陝西朝邑人癸酉拔貢光緒十二年來掌薩事會七廳奏設學額俾士進學公拳摯敎育獎掖其間踰年得儒童四十人命赴試四人仲烏復丈放土旗六成界地經劃有則農民便之淑修常平豐備諸倉凡十九廒積穀備荒勸至一萬四千八百餘石分儲薩包辛卯壬辰歲値大饑發廒賑貧民無餓莩迄至於今士民仍咸德之

小大鉛印局承印

◎鄭景福河北順德人光緒九年來宰薩政在官清勤明決闔境肅然芟除積弊獄無寃屈去之後民樹惠政碑以識思

◎陳應道河北霸縣人民國二十一年來守薩郡剛毅有幹才負責能任事如修補城垣重建女墻興水利葺堤堰舉凡地方興革事宜不遺餘力期底於成可謂慷爽氣敢之士

小大鉛印局承印

卷六 政治

民政

◎行政區域　本縣轄境遼闊在前清同知廳政時代全境分四鄉凡二百二村並十四鎮迨後包頭設縣固陽定界西北方隅劃出土地頗多及事變前全縣共爲五區十四鎮二百四十鄉村事變以後新政樹立仍留五個區乃將各鄉鎮改編爲十六鄉一街公所各區設立警察署並鄉公所茲將各區警署駐在地暨各區分界管轄鄉數列後

◎第一區警察署（城內）區界北起嘉藥村南南至陳家胡蘆頭東起油坊營子西至朱爾圪岱轄街一鄉二

◎第二區警察署（二十四頃地）區界北起五勝公南至馬家梁（東勝縣界）東起店壕（托縣界）西至羊白代塔（包頭界）轄鄉三

◎第三區警察署（溝門）區界北起後腦包（武川縣界）南至五勝公東起沙卜崖爾西至海岱（包頭界）轄鄉三

◎第四區警察署（蘇波羅蓋）區界北起老虎溝（厚和界）南至黨三窖（托縣界）東起陶思浩西至東老藏營轄鄉三

◎第五區警察署（善岱）區界北起白只戶（厚和界）南至二道河子（托縣界）杭蓋（厚和

小大鉛印局承印

界）西至天成號轄鄉五

總計全縣東西廣一百九十華里南北袤三百一十華里面積三萬零六百餘方里皆爲本縣完全管轄之行政區域

◎行政系統　溯自前清廳制設立以來行政體統原屬專制自辟掾屬總管行政佐以巡檢分司地方事宜及民國革立改設縣制知事以次分科佐理餘爲公安等局分任庶政但內容簡括時有變更或興或廢系統莫定迨成紀改元縣頒新制以縣長參事官爲行政長官秉承蒙古政府之命令巴彥塔拉盟公署之指揮督率各科處理全縣縣政科長秉承縣長參事官之命令督率各股股長辦理科內政事股長直屬於科長協同股內各員分擔掌管應辦事項

◎統轄鄉區村鎮組織沿革　本縣自乾隆初年設治以後始有內地人民携眷偕來租種墾地以居漸漸積成村落人口日多事務日繁於是乃有推選會首之舉其推選辦法係擇村中殷實富戶公正人作爲固定會首一年一度輪流任事其職務除辦理村事外並代催田賦事宜此外另舉甲頭一人專任調解村中糾紛爭鬥及供應徭役等事其任職無定期唯能否勝任爲主旨至民國二年間政府施行區村制乃將本縣全境各村共劃爲五區各設區公所每區由地方公正士紳中推選區董一人擔任全區事務民十二各村會首爲正副社長歸區董節制取消甲頭十九年改區董爲區長廢推選制由民政廳委派並改正副社長爲村正副二十一年又將全縣五區所屬各村編爲十四鎮二百十四鄉設鄉鎮公所酌留原有村正副改充鄉鎮長鄉鎮以下則有鄰閭等名目二十五年一月廢區長制改爲自治指導員各鄉添設鄉村

小大鉛印局承印

自治指導員新政樹立廢除各區原有組織設立警察署委派署長督率巡官長警擔負全區治安之責並命令街鄉長辦理管內各事復於成紀七三三年四月一日將全縣各鄉鎮縮編爲十六鄉各設鄉公所選派鄉長城內四鎮合編爲一鎮公所設鎮長如現制附表（現因鄉鎮改組表付缺如）

◎縣政概況撮要　成紀七三二年樹立新政以來凡百庶政無不積極振興爲應環境之需要故首重防衛與建設次及交通敎育農工商業諸大端所有管內各區均以設立警察署編練自衛團各鄉村構築各堡壘並於上年春季將城北水澗溝門之保安石壩以浩大之工程重新修築至於處處橋梁與蒙公路與八大警備道幹支各線各區聯絡電話城內各街巷馬路便路電燈醫療所公會堂等有關建設及交通等之設備或爲剏辦或爲專修均經努力使其次第完成而敎育一端尤有特異之進展如城鄉各處公立私立各學校共有九十五處之多他如林墾牧畜各業亦正在競進革興中

小大鉛印局承印

小大鉛印局承印

◎附民國全縣鄉村細目

◎（一區）村鎮三十　西老藏營石老藏營壕沿楡樹營小襖兌小厰㓈圖小羊厰楊家房子南園子大襖兌吳埧章蓋營子朱爾圪岱王光亮營康四營大高才舉營小高才舉營大白廟子小白廟子趙家圪梁王慶營子海子黑訓營澄口陳家胡蘆頭七座茅菴德圪胡蘆頭杷栅八分子二虎營子

◎（二區）河北及河南界村鎮二十七　二十四頃地五褀牛窰子鄔四營白萬圈武科舉發彥申大喇嘛窰子竹拉沁銀匠窰子高商人窰子苗六圈和義成楊號什泥橋東十大股明沙淖楊家圪堆五勝公後稷社六合社小巴拉蓋仁義社忠信堂上家營子烏𥕢房三柏樹保田圪堆

◎河南界村鎮（連準格旗在內）韓家營子丁家營子北德紅橋白鹽淖永隆泉宋五營子二道拐子大廟上四合新五分子平房營子首占王圪堆二老汗窰子塔拉窰子西牛子圪梁杜安保圪梁馬梁素柴澄王正壕銅匠壕五座塔侯家營子杜萬保梁李三壕兎力壕上海留樹爾梁二藍窰子蛇圪點素丁家圪堆楊家河頭十二頃地何家圪堆四保圪堆二十頃地喇嘛窰子梁家圪堆柳林子曹四灘金龍子壕牛褀窰子楡木厰張義成窰子神木營子店壕楊全圪堆陳家圪堆稜遊家壕神木梁大母化溝交界渠上家溝楊家梁白家溝毛家梁可兎溝未記溝馬保亳黑土乃子廣金子灣柳塔羊白岱塔鐵根壕王三店全滿頭西大成馬二圪卜永才城塔村納林溝可虎溝阿惠溝朱家溝馬家梁等

◎（三區）村鎮三十八　板申氣沙圪沁水蹦溝門（即嘉樂鄉又名蘇塞溝門）後腦包六道褀鄧七鄉沙兵崖納太北林蹦忽哈新威俊蟶鸞氣范胡營子腦包溝巳圖溝苗偏聯合氣小板申氣公積板

大斗林沁鄂爾格遜大巴拉蓋上土合氣下土合氣海岱石拐子溝缸房溝種地窰子石和子南董瓜前店後店紅沙塄子三道塄東三道塄前對九號土塄子前塄灣等

◎（四區）村鎮六十九　蘇波爾蓋麥達召陶思浩東毛營子毛岱達賴道式爾古雁圪力更中習力氣沙土溝麥達橋新村老藏新營麻糖營子得勝營子何家圐圙圪爾齊打色令老四營子丹進營子王大家營子三把樹北卜子缸房營子秦家營子枳芨梁龎家營子什尼板神下達賴大路新營子瓦不亥淖苗發營子上小韓營子吳鵬圪堆白銀廠汗管胡營子黑沙圖玄天社葛家營子大吉營子侯家營子任三窰子三眼井廟營子三間房駐馬營子三格兒架大沙街南莫蓋兎張老五營子下馬召河神廟豐厚村福壽村六合莊老虎溝野馬圖白石頭溝帳房塔上習力齊樓房溝蘇堡蓋二十四頃地杜首將營子中宮地纛三窰子溫布濠

◎（五區）村鎮八十五　善岱多爾齊尖舍堡麥將大陽爻爻代白只戶忽拉格氣賈家營子北二道河前馬群後馬群善友板申北西河沿二十家子惱木汗哈素朝號後善岱什拉章蓋台寒蓋安明鄉兵州亥昭上里素以肯板申工布大岱獨力塄一間房董家營子保同河北淖南淖六合社炭車營子大水橋高全營子飯鋪營子忻州營子北壽陽營八犋牛營梁貢營子蘇家營子三和成平全營子七分子壕沿十二犋牛營子王家營子大沙金圖小沙金圖王木匠圪堆繁峙營子劉家營子定襄營子張寬營子雙水泡天五台營陽向營子南壽陽營子南西河沿朔州營子木頭湖三道河小灘子二道河何四營子郭廷貴營子壯丁營子太平莊武鄉縣大貴營路三圪堆西海子朱拉沁撓上高家野廠天成號成三窰子四座茅菴

北圪堆北木頭湖

財政

◎田賦　田賦乃國家正課其制度由來甚古惟本邑在金元以後爲蒙族游牧之區舊屬部落性質與內地各省迥然不同田賦制度古無可考有則斷自明始因明朝嘉靖時諳達歸明冊封爲順義王其所據之地當隸明之版圖一切政治設施是否漸同內地而田賦一事是否敉行本縣設治清初去明未遠文獻所及似能考徵惜後幾經兵燹又值重大事變昔年檔案均已無存餘燼殘編難於稽引茲僅查歸綏道志薩拉齊廳（本縣在清時爲口外七廳之一）田賦新案及前綏遠分縣調查概要田賦統計並本縣近三年內田賦實況依次分列以作地方進化之參考

◎薩拉齊廳田賦新案

◎（一）每年額征大糧官地米三千七百七石一斗三升六合四勺係乾隆二十六年裁汰善岱協理案內並設廳治由善岱撥來之米嗣至光緒九年奏文每倉石米改征銀一兩六錢

◎（一）每年額征廠地租銀一千八百六十六兩一錢一分開於乾隆三十九年奏文撥征

◎（一）光緒十三年丈放六成新墾地案內每年額征正耗銀四千一百六十兩八錢七分五厘

◎（一）光緒十三年丈放六成新墾地案內每年額征正耗銀一千七百三十三兩一錢九分

◎各項田賦內各州縣經征地丁錢糧本邑糧石考成均如定例（地丁錢糧限二月開征四月完半五月停忙八月接征十一月全完本邑糧石秋後開征次年四月底奏銷）

小大鉛印局承印

◎薩托利等六廳經征本折糧石考成均照地丁錢糧例辦理

薩廳額征本折米表

解折征米	一千四百五十四石四斗四升四合四勺
本色米	二千二百五十二石六斗九升一合九勺
脚價距倉	每石每百里給銀一錢共銀三百五十六兩三錢三分九厘 又本色銀米五百五十一兩九錢九厘

各色地

◎薩拉齊廳（舊管）歷年奏銷册開原額民地一千九百三頃七十四畝六分七厘五毫四絲（新收）無（開除）無（實存）光緒十三年應征民地一千九百三頃七十四畝六分七厘五毫四絲

◎共計一千九百三頃七十四畝六分七厘五毫四絲

本色糧

◎薩拉齊廳（舊管）奏銷册開原額米二千二百五十二石六斗九升一合八勺（新收）奏銷册開乾隆二十六年由折色銀改征本色米收入米一千四百五十四石四斗四升四合四勺八撮連舊管共米三千七百七石一斗三升六合三勺（開除）無（實存）光緒十三年石征米三千七百七石一斗三升六合三勺共計三千七百七石一斗三升六合三勺（解交綏遠城豐裕倉）光緒十三年將此項米石折征銀五千九百三十一兩四錢一分八厘由綏遠城同知照額收米數採買本色放給旗兵支食

地丁

◎薩拉齊廳（舊管）奏銷册開原額地粮草折銀一千八百一十八兩五分五厘六毫（新收）無（開除）奏銷册開乾隆二十六年由草折銀改征本色米除去銀一千八百一十八兩五分五厘六毫（實存）無

烟酒稅

◎每年征錢一萬五六千緡

牙稅

◎上則牙帖七張征銀八兩四錢藥行坐票十張共銀二百四十兩

◎右爲歸綏道志原文所列本縣在清時田賦概況均無起訖年月姑照錄存攷

◎綏遠分縣調查概要內所載之民國十九年度綏遠省各縣局升科地畝既田賦統計內列十九年度本縣升科地畝暨田賦統計數其地畝爲一萬五千零七十四頃七十四畝三分八厘一毫

計分列

◎大粮官地一千九百零三頃七十四畝六分九厘四毫

◎田賦一萬一千六百七十元四角八分

◎四成地租一千二百一十九頃九十七畝七分

◎田賦三千五百零六元二分三厘

小大鉛印局承印

◎廠地租地七百三十六頃七十二畝四分九厘
◎田賦三千九百一十八元八角三分一厘
◎土默特旗租地一萬一千二百一十四頃二十九畝四分九厘七毫
◎以上四種共計地畝一萬五千零七十四頃七十四畝三分八厘一毫田賦三萬二千三百六十四元六角四分八厘而該年度征收實額爲一萬零七百五十三元尙欠二萬一千六百一十一元六角四分八厘此爲舊政權時代本縣田賦概况
◎自新政建立後所有本縣田賦課稅之標準及稅率均經從新釐定以求適合現時之需要計自成紀七三二年（即民國二十六年）起至七三五年止所征地畝爲大粮官地四成地租廠地租土默特地官租四種茲將本年度（七三五年）升科畝數暨田賦額數錄左
◎大粮官地共分上中下三等計
◎上等地四千五百三十三畝三分共征田賦五百九十九元七角一分五厘九毫
◎中等地二萬五千八百二十七畝五分共征田賦二千四百零七元四角五分七厘八毫
◎下等地一十五萬九千六百六十六畝五分共征田賦八千六百五十六元七角四分四厘九毫
◎以上三等計地一十九萬零二十七畝五分田賦一萬一千六百六十三元九角一分八厘六毫
◎四成地租上中下三等計
◎上等地一萬一千八百七十九畝共征田賦三百四十九元二角四分二厘六毫

◎中等地七高一千六百六十七畝四分共征田賦二千一百零七元零二分一厘五毫

◎下等地三萬八千四百三十三畝三分共征田賦一千零四十九元零二角二分九厘

◎以上三等共計地畝十二萬一千九百九十七畝七分田賦三千五百零五元四角九分三厘一毫

◎廠地租無等則共計七萬二千六百八十一畝共征田賦四千一百九十七元三角二分七厘七毫

◎以上一種計地畝如上數田賦如上數

◎土默特旗官地租上中下三等計

◎上等地二萬一千二百二十六畝九分共征田賦六百三十六元八角零七厘

◎中等地二十一萬六千二百五十畝八分共征田賦四千三百二十五元零一分六厘

◎下等地九十三萬五千五百五十四畝四分共征田賦九千三百五十五元五角四分四厘

◎以上三等共計地畝一百一十七萬三千零三十二畝一分田賦一萬四千三百一十七元三角六分七厘

◎總計四種地畝一百五十五萬七千七百三十八畝三分共征田賦三萬三千六百八十四元一角零六厘四毫（附列詳表於後）

田賦種類	課稅物	等則	畝數	每畝稅率	納稅者	納期	備考
大粮地粮賦	田地	上	四、五三三畝五〇	〇、一三二三	地主	上下兩忙	上忙一月初至六月底納十分之三 下忙十月初至十二月底納十分之七
,,	,,	中	二五、八二七五〇	〇、〇九三二四	,,	,,	

小大鉛印局承印

〃	〃	下	一五九、六六六五〇	〇、〇五四一八	〃	〃
〃	〃	計	一九〇、一一七五〇			
四成地租	〃	上	一一、八七九〇〇	〇、〇二九四	〃	〃
〃	〃	中	七一、六六七四〇	〇、〇二九四	〃	〃
〃	〃	下	三八、四三三三、	〇、〇二七三	〃	〃
〃	〃	計	一二一、九九七七〇			
廠地租	〃	不分等	六、三〇二〇〇	〇、〇三一五	〃	〃
〃	〃	〃	四九〇〇〇	〇、〇四二	〃	〃
〃	〃	〃	一二、一〇〇〇〇	〇、〇五二五	〃	〃
〃	〃	〃	二七、九二三三〇	〇、六三〇	〃	〃
〃	〃	〃	二三、六一三三〇	〇、〇七三五	〃	〃
〃	〃	〃	二、二五二四〇	〇、〇八四〇	〃	〃
〃	〃	計	七二、六八一〇〇			
土默特官租	〃	上	二一、二二六九〇	〇、〇三〇	〃	〃
〃	〃	中	二一六、二五〇八〇	〇、〇二〇	〃	〃
〃	〃	下	九三五、五五四四〇	〇、〇一〇	〃	〃
〃	〃	計	一・一七三・〇三二一〇			

小大鉛印局承印

合計	一·五五七·七三八三〇

◎中央稅　又名國稅蓋即中央政府直接徵收之稅也各地機關雖有代爲徵收者絲毫不能動用應須呈解中央此即謂之國稅該項稅收在成紀七三四年九月一日以前統由本縣縣公署代徵九月一日以後遵照政府明令將國稅三種仍由縣公署代徵以資便利茲將七三五年度代徵之中央稅率塡列詳表於後（附註舊政時代之稅務一項因無案可稽不便叙列故僅就新政權成立後爲始）

◎地方稅　地方稅包含本地各種捐稅而言此項稅係自收自支不解中央由縣署徵收後即作爲本縣經常費如有餘則歸縣庫不足則有政府補助本縣本年度所徵者共計一十五種七十一項目以決算書所列應收數爲二十七萬九千一百三十二元實收數爲二十二萬六千二百元零二分欠收數爲五萬二千八百五十三元九角八分（附地方稅收入決算表於後）

中央稅稅率

（一）田賦

正稅				附稅								備考
稅目	課稅物	課稅標準	稅率	名稱	標準	稅率	名稱	標準	稅率	納稅者	納期	
大粮地粮賦	田畝	上等每畝	〇、一三二三	地稅附加賦	每正賦一元	〇、一〇七二	地方攤欵	每正賦一元	一、〇八三	地主	上下兩忙征收	上忙一月一日至六月底納十分之三　下忙十月一日至十二月底納十分之七
,,	,,	中等每畝	〇、九三二四	,,	,,	〇、一〇七二	,,	,,	一、〇八二	,,	,,	
,,	,,	下等每畝	〇、〇五四一八	,,	,,	,,	,,	,,	,,	,,	,,	

小大鉛印局承印

四成地租	,,	上等每畝	〇、〇二九四	,,	,,	,,	,,	,,	二、一七〇	,,	,,
,,	,,	中等每畝	,,	,,	,,	,,	,,	,,	,,	,,	,,
,,	,,	下等每畝	〇、〇二七三	,,	,,	,,	,,	,,	,,	,,	,,
廠地租	,,	不分等則	〇、〇三一五	,,	,,	,,	,,	,,	,,	,,	,,
,,	,,	,,	〇、〇四二〇	,,	,,	,,	,,	,,	,,	,,	,,
,,	,,	,,	〇、〇五五	,,	,,	,,	,,	,,	,,	,,	,,
,,	,,	,,	〇、〇六三〇	,,	,,	,,	,,	,,	,,	,,	,,
,,	,,	,,	〇、〇七三五	,,	,,	,,	,,	,,	,,	,,	,,
,,	,,	,,	〇、〇八四〇	,,	,,	,,	,,	,,	,,	,,	,,
土默特官地租	,,	上等每畝	〇、〇三〇	,,			,,		,,	,,	,,
,,	,,	中等每畝	〇、〇二〇	,,			,,		,,	,,	,,
,,	,,	下等每畝	〇〇一〇	,,			,,		,,	,,	,,

（二）契稅

稅目	課稅物	課稅標準	稅率	附稅 名稱	附稅 標準	附稅 稅率	納稅者	納期
契稅	田房買契	每買價百元	六、〇〇	契稅附加	每正價一元	〇、〇二五	立約據人	自契約成立之日起三個月內
,,	田房典契	每典價百元	三、〇〇	,,	每正價一元	〇、〇二五	,,	仝前
,,	契紙	每張	〇、五〇					

（三）禁烟特税

禁烟特税					
烟地	水地每亩	一〇、〇〇	旱地每亩	六、〇〇	附加税
正税百分之十五	七月一日至十月三十日止				

地方税税率

（一）车牌捐

税目	课税物	标准	税率	纳税者	纳期	备考
农用	一套汗板车	每辆	一、〇〇	车主	一月一日起至十二月底止	
车牌捐	二套汗板车	,,	一、五〇	,,	,,	
	一套大车	,,	一、〇〇	,,	,,	
	二套大车	,,	一、五〇	,,	,,	
	三套大车	,,	二、〇〇	,,	,,	
	四套以上大车	,,	二、五〇	,,	,,	
营业车牌捐	一套汗板车	,,	一、六五	,,	,,	
	二套汗板车	,,	二、二〇	,,	,,	
	一套大车	,,	一、五七	,,	,,	
	二套大车	,,	二、二〇	,,	,,	
	三套大车	,,	二、七五	,,	,,	

小大铅印局承印

	四套以上大車	,,	三、三〇	,,	,,	
	一套轎車	,,	二、二〇	,,	,,	
	二套轎車	,,	二、七五	,,	,,	
	三套轎車	,,	三、三〇	,,	,,	
（二）駝牌捐						
駝牌捐	管內駱駝	每隻	一、六〇	駝主	一月一日至十二月底	
	管外駱駝	每隻每次	〇、九〇	,,	隨時限六十日	
	管內蒙人駱駝	,,	一、〇五	,,	一月一日至十二月底	
	管外蒙人駱駝	,,	〇、四五	,,	隨時限六十日	
（三）戲捐						
戲捐	戲班	每台	五、〇〇	領戲人	開鑼時征收	縣城內每月
,,	,,	,,	三、〇〇	,,	,,	外區每月
（四）妓捐						
明娼妓捐	妓女	二等	二、四〇	妓女	按月征收	
,,	,,	三等	一、二〇	,,	,,	
暗娼妓捐	,,	甲等	一、五〇	,,	,,	

小大鉛印局承印

,,	,,	乙等	一、〇〇	,,	,,
,,	,,	丙等	〇、五〇	,,	,,

（五）寮簿捐

寮簿費	寮簿	每副	〇、六〇	工本費	每副	〇、一〇	寮戶按月征收

（六）店捐

店捐	店棧	每家	〇、三〇	店戶按月征收

（七）店簿捐

店簿費	店簿	每副	一、〇〇	工本費	每副	〇、二〇	店戶按月征收

（八）鼓樂捐

鼓樂捐	鼓	每天	〇、六〇	鼓轎舖隨時	
	花轎	每乘	,,	〇、六〇	,, ,,
—	藍轎	每乘	,,	〇、四〇	,, ,,

（九）屠宰場使用費

屠宰場使用費	猪	每口	〇、三〇	屠戶宰殺時	
,,	牛	每頭	一、〇〇	,,	,,

小大鉛印局承印

,,	綿羊	每隻	○、二○	,,	,,
,,	山羊	每隻	○、一五	,,	,,
,,	馬	每匹	○、五○	,,	,,
,,	騾	每頭	○、五○	,,	,,
,,	駝	每隻	○、五○	,,	,,
,,	驢	每頭	○、三○	,,	,,

（十）家畜交易使用費

交易場使用費	馬	每匹	一、○○	畜主交易時	幼畜及過路繫者減半
	牛	每頭	○、五○	,,	,,
	羊	每隻	○、○五	,,	,,
	騾	每頭	○、八○	,,	,,
	驢	每頭	○、三○	,,	,,
	豬	每口	○、一○	,,	,,
	駝	每隻	○、八○	,,	,,

（十一）家畜交易市場手續費

交易手續費	七種家畜	按交易價值百抽三	買主	成交時

（十二）度量衡檢定費

度量衡檢定費				
單斗	每件	〇、一一	製主	隨時
雙斗	,,	〇、一三	,,	,,
單升	,,	〇、〇二	,,	,,
雙升	,,	〇、〇三	,,	,,
戥秤	,,	〇、〇五	,,	,,
盤秤	,,	〇、〇五	,,	,,
杆秤	,,	十斤起碼每半斤加一分	,,	,,
一斤量器	,,	〇、〇五	,,	,,
半斤量器	,,	〇、〇三	,,	,,
四兩量器	,,	〇、〇二	,,	,,
二兩量器	,,	〇、〇一	,,	,,
一兩量器	,,	〇、〇〇五	,,	,,
五錢量器	,,	〇、〇〇五	,,	,,

（十三）婚帖費

婚帖費				
婚帖	每副	一、〇〇	結婚人	隨時

小大鉛印局承印

（十四）建築費

建築費	房	磚房每間	○、六○	建築入事前	
	,,	上房每間	○、四○	,,	,,
	墻	磚墻每丈	○、四○	,,	,,
	,,	土墻每丈	○、二○	,,	,,

（十五）房地租金

房地租金	房	瓦房每間	一、五○	租戶	按月征收
	房	土房每間	○、四○	,,	,,
	地	水地每畝	三、○○	,,	按年征收
	,,	旱地每畝	○、一五	,,	,,

薩拉齊縣成紀七三五年度（自一月一日至十月三十一日）中央稅收入決算書

收入之部

科目	預算額	收入濟額	不納缺損額	收入未濟額	摘要
第一款 田賦	四四四、○○○	一八四、四六○一三		二五九、五三九八七	
第一項 田賦	四四四、○○○	一八四、四六○一三		二五九、五三九八七	
第一目 田賦	二四、○○○	一○、一一七一九		一三、八八二八一	

小大鉛印局承印

科目	預算額	收入濟額	不納缺損額	收入未濟額	摘要
第二目 禁烟特稅	四二〇、〇〇〇	一七四、三四二九四		二四五、六五七〇六	
第二款 印紙收入	五、七五〇	一四、二七三七二		八、五二三七二	
第一項 印紙收入	五、七五〇	一四、二七三七二		八、五二三七二	
第一目 印紙收入	五、六五〇	一四、一五八二二		八、五〇八二二	
第二目 現金收入	一〇〇	一一五五〇		一五五〇	
第二款 各項罰款	二五〇	六三二六		一八六七四	
第一項 各項罰款	二五〇	六三二六		一八六七四	
第一目 各項罰款	二五〇	六三二六		一八六七四	
第四款 雜收入		二五三三		二五三三	
第一項 雜收入		二五三三		二五三三	
第一目 雜收入		二五三三		二五三三	
合計收入	四五〇、〇〇〇	一九八、八二二四四		二五一、一七七五六	

薩拉齊縣成紀七三五年度自一月一日至十二月三十一日地方稅收入決算書

收入之部

科目	預算額	收入濟額	不納缺損額	收入未濟額	摘要
經常部	一二五、四〇五	八〇、八五三八六		四四、五五一一四	

第一款 財產收入	六、二八〇	九九二 一一			五、二八七 八九
第二款 使用料及手數料	六、五九四	三、六九二 四八			二、九〇一 五二
第三款 國庫交付金	三九、〇七五	三〇、六〇八 二一			八、四六六 七九
第四款 租稅	六〇、九六四	三七、五五六 三〇			二三、四〇七 七〇
第五款 診療所收入	六〇〇	七七三 〇〇			一七三 〇〇
第六款 雜收入	一一、八九二	七、二三一 七六			四、六六〇 二四
臨時部	一五三、七二二	一四五、四二四 一六			八、三二〇 八四
第一款 結餘金	二一、〇二六	三七、四六八 五一			一六、四四二 五一
第二款 國庫補助金	三、六〇〇				三、六〇〇 〇〇
第三款 行政補給金	九一、二四一	六一、一六四			三〇、〇七七 〇〇
第四款 捐助金		三〇、〇〇〇 〇〇			三〇、〇〇〇 〇〇
第五款 各種攤款	三七、八六〇	一六、七九一 六五			二一、〇六八 三五
合計收入	二七九、一三二	二二六、二七八 〇二			五二、八五三 九八

◎官產　縣有財產約分三種即建築地土生產是也建築則有官舍學校場所等一十四處共建房屋四百八十二間地土總計一萬五千九百二十八畝九分八厘生產興亞道場內有馬一匹驢二十頭牛一頭第一二林場有楊柳樹株一萬五千五百株列表於後

小大鉛印局承印

薩拉齊縣縣有財產一覽表

成紀七三五年

名稱	地點	房間數	附帶物	畝數 建面積	畝數 延面積	起建年月	現在估價	現狀	現佔機關	備考
縣公署	縣公署街路北	一二九	號令台一砲台一水井一旗杆二公會堂一所	一五畝〇〇	四一畝七二	乾隆六年	三二、三〇〇	整齊完好	縣公署	
圖書館	中大街路西	一八		四五	〇五	民國十四年	五、四〇〇	整齊美觀	警察署	
農事試驗場	東門外東南半里	一	水井一		一三〇〇	民國十二年	七二〇			
保公所	太平街路北	一四	,,	九〇	一一〇〇	民國十四年	二、八〇〇		警察大隊	
前平民醫院	大西街路南	四〇	,,	一〇〇	一〇〇〇	民國十八年	七、二〇〇		國定組	
縣立大東街小學校	大東街路北	九〇	,,	四〇〇	六〇〇	光緒三十年	一八、〇〇〇			
禮拜寺女子小學校	禮拜寺巷	二七	,,	八〇	一二〇〇	民國二年	六、七〇〇			
農會	大西街路南	一二	,,	七〇	一三〇〇	民國十七年	二、四〇〇			
職員宿舍	後炭市街	二一	,,	四〇	六〇	民國十八年	三、七〇〇			
縣立模範小學校	大北街棋杆巷	二九	水井一實習花園二畝	一六〇	一九〇	民國十四年	五、三〇〇	整齊	大東街小學校	
女子小學校	河漕街路西	一六		六〇	一〇〇	民國五年	二、八〇〇	整齊	女子小學校	
興亞道場	小襖兌村	八二	馬一匹驢二〇頭牛一〇頭	八〇〇	一五、七四二一〇	成紀七三四年九月	三二、五〇〇	整齊	本場	
第一林場	東門外東南二里	二	楊柳樹一一〇〇〇株		九五〇〇	民國九年	二〇〇			
第二林場	西門外	一	楊柳樹四五〇〇株		二四〇〇	民國二十一年	三六〇			

合計	四八二	三三	四五	一五、九二八	九八	一二〇、三八〇

㈥徭役　本縣歷年供應差徭據查民元以前無考自民國六年以後時局多故過境軍隊者逐漸增多分駐調防往來不斷差徭浩繁民無組織抓差號料應付俱窮嗣經地方紳民協力籌商呈准縣署成立農務會以爲代表人民支應差徭之機關既免騷擾且省糾葛其所負任務專爲軍草軍車之供役爰自成立之日起約將供應數目歷記於左

歷年軍車軍草數目表

年度	軍車數	軍草數
民國七年	一六、〇〇〇輛	一〇〇、〇〇〇斤
民國八年	一五、〇〇〇	二〇五、〇〇〇
民國九年	一二、〇〇〇	一九八、〇〇〇
民國十年	一一、二〇〇	一九〇、〇〇〇
民國十一年	七、一〇〇	一五一、〇〇〇
民國十二年	七、三〇〇	一〇〇、〇〇〇
民國十三年	五、三五〇	九二、二〇〇
民國十四年	八、四八〇	一一一、一〇〇
民國十五年	二二、一〇〇	三四五、一〇〇
民國十六年	七、八二〇	一一五、一〇〇

民國十七年	四、七六〇	八四、五〇〇
民國十八年	四、七〇〇	七三、〇〇〇
民國十九年	六、一一〇	七三、一〇〇
民國二十年	五、六八〇	七七、八〇〇
民國二一年	八、七六〇	六九、二〇〇
民國二二年	一二、八〇〇	二五六、〇〇〇
民國二三年	四、二九〇	六七、四〇〇
民國二四年	二、四五〇	八〇、〇〇〇
民國二五年	三、一〇〇	六一、九〇〇
民國二六年	五、四五〇	一三八、八〇〇 以上爲舊政時代歷年支應
成紀七三三年	五、四五〇	一〇八、〇〇〇
成紀七三四年	一〇、八〇〇	五五一、〇〇〇
成紀七三五年	一二、五〇〇	四五五、〇〇〇
總計	二〇八、八五〇	四七五九、一〇〇

◎右列數目截至七三五年底止綜計歷年差徭供應人民擔負足爲實際之徵考

◎蠲緩　舊時卹政國有定章水旱天災例應蠲緩本邑檔案遺佚既多事變以前莫能詳考茲搜查舊籍兼及新令分別擇錄以資考證

小大鉛印局承印

歸綏道志載

◎光緒十八年春歸化廳一帶被旱成災省委太守錫良來此設局辦理撫卹自本年六月起至七月止放給災民兩個月口粮計男女大小以兩小口折一大口合計災民十三萬二千九百三十三口半每大口兩月口粮倉斗一斗八升共放過倉斗粮二萬三千九百二十八石三升粮價運費均由押荒項下動支

歸綏縣志載

◎光緒十八年大旱秋霜凍禾蠲免田賦

附載十八年口外七廳之災以歸化豐鎮爲尤甚草根樹皮食俱盡婦女僅售制錢一二千文派候補道劉啟彤在山前設廠三處復賑過貧民七萬九千九百零九口半計賑制錢三萬一千九百六十三千八百文流民五百八十口其各廳賑撫情形不備述

◎民國十六年旱

◎民國十七年旱秋大水冬地震

◎民國十八年蠲緩田賦

◎民國十九年辦理春賑秋免賦十分之五

◎案民國十七年本邑大旱人民無食率多逃亡餓莩載途鬻妻賣子者日不絕民國十八年災益慘重民愈苦依上所載邑災事同一律賑卹蠲緩定無疑義吏有巴盟公署訓令足資證明者

◎附錄巴盟公署成紀七三三年十二月第三五四號民財稅字第三三三號訓令查該縣（即指薩

縣）歷年積欠田賦其在民國二十年以前者業經舊政權明令豁免在案云云確證被灾蠲免

◎成紀七三三年十月巴盟公署令該年十一月一日起着將以前舊政時各種票費一律廢止

◎成紀七三四年八月巴盟公署令將民國二十一年至二十五年民欠田賦悉予豁免

◎案新政時代亦因兵災荒歉悉將民欠田賦豁免並將舊政時征收田賦稅捐各票附征票費一律廢止足徵王道必自仁政始誠有不可磨滅者

薩拉齊縣公署成紀七三五年度歲入歲出預算總數表

歲入

蒙幣（壹拾貳萬九千壹百貳拾八圓整）	經常部核定預算額
蒙幣（貳拾萬零壹百九十七圓整）	臨時部核定預算額
蒙幣（貳拾壹萬零貳百四十圓整）	臨時部追加更正預算額
合計（叁拾叁萬九千叁百六十八圓整）	

歲出

蒙幣（叁拾壹萬零七百叁拾貳圓整）	經常部核定預算額
蒙幣（叁拾壹萬八千七百六拾五圓整）	經常部追加更正預算
蒙幣（壹萬八千六百零叁圓整）	臨時部核定預算額
蒙幣（壹萬零六百零叁圓整）	臨時部追加更正預算額

合計（叁拾叁萬九千叁百六拾八圓整）

薩拉齊縣公署成紀七三五年度第三回追加預算書

歲入經常部

科目	追加更正預算額	核定預算額	比較 增	比較 減	摘要
經常部	一二九、一二八	一二九、一二八			
第一款財產收入	六、二八〇	六、二八〇			
第二款使用手數料	六、五九四	六、五九四			
第三款國庫交付金	三九、〇七五	三九、〇七五			
第四款租稅	六〇、九六四	六〇、九六四			
第五款診療所收入	六〇〇	六〇〇			
第六款雜收入	一五、六一五	一五、六一五			
經常部計	一二九、一二八	一二九、一二八			

歲入臨時部

科目	追加更正預算額	核定預算額	比較 增	比較 減	摘要
第一款結餘金	二一、〇二六	二一、〇二六			
第二款國庫補助金	二三、〇七〇	二三、〇七〇	二、〇〇〇		

第三款行政補給金	九九、二八四	九一、二四一	八、〇四三		
第四款捐助金	三〇、〇〇〇	三〇、〇〇〇			
第五款各種攤款	三七、八六〇	三七、八六〇			
臨時部計	二一〇、二四〇	二〇〇、一九七	一〇、〇四三		
總計	三三九、三六八	三二九、三二五	一〇、〇四三		

歲出經常部

科目	追加更正預算書預算	核定預算額	比較 增	比較 減	摘要
第一款縣公署費	一二二、六六三	一二六、一四二	二、七三八	六、二一七	
第二款警察費	七九、七三〇	九一、七四一	五、九八九		
第三款教育費	一二、三七八	一二、三七八			
第四款興亞道場費	二〇、三二七	二〇、一九四	一三三		
第五款診療所費	一八、七八九	一八、七八九			
第六款農林試驗所費	四、五七〇	四、五七〇			
第七款屠宰場費	一、九六〇	一、九六〇			
第八款市縣稅征收費	一二、三六四	一二、三六四			
第九款土木費	一	一			
第一〇款給與金	一、九二三	一、九二三			

小大鉛印局承印

第一一欵預備費	六、〇〇一	一、〇〇一	五、〇〇〇		
第一二欵軍需物資供出費	二、四〇〇	二、〇〇〇	四〇〇		
第一三欵雜谷統制費	三、〇七〇	三、〇七〇			
第一四欵菜園設置費	一一、四〇〇	一一、四〇〇			
第一五欵教審判所費	三九六	三九六			
第一六欵家畜交易市場	一、〇九三	一、〇九三			
第一七欵街鄉鎮助成費	一、七〇〇	一、七〇〇			
經常部計	三一八、七六五	三一〇、七二三	一四、二六〇	六、二一七	

歲出臨時部

科目	追加更正預算額	核定預算額	比較 增	比較 減	摘要
第一項土木費	一	一			
第二欵電氣新設費	三、〇〇一	三、〇〇一			
第三欵課稅台帳整備費	二、〇〇一	二、〇〇一			
第四欵交易市場設備費	一、〇〇〇	一、〇〇〇			
第五款官舍修理費	三、六〇〇	三、六〇〇			
第六欵留置場新設費	四、〇〇〇	四、〇〇〇			
第七欵行政視察費	一、〇〇〇	一、〇〇〇			

小大鉛印局承印

第八款公會堂修理費	三、〇〇〇	三、〇〇〇		
第九款名所血蹟保管費	一、〇〇〇	一、〇〇〇		
第一〇款救濟事業施設費	二、〇〇〇		二、〇〇〇	
臨時部計	二〇、六〇三	一八、六〇三	二、〇〇〇	
總計	三三九、三六八	三二九、三二五	一六、二六〇	六、二一七

成紀七三五年度薩拉齊縣歲入歲出決算書總表

歲入

蒙幣（九萬七千壹百叁拾七圓貳角五分整）經常部決算額
蒙幣（貳拾萬五千八百七拾七圓叁角六分整）臨時部決算額
合計（叁拾萬叁千零拾四圓六角一分整）

歲出

蒙幣（貳拾六萬八千九百五拾四圓四角貳分整）經常部決算額
蒙幣（壹萬七千六百叁拾七圓叁角九分整）臨時部決算額
合計（貳拾八萬六千五百九拾壹圓八角壹分整）
結餘蒙幣（壹萬六千四百貳拾貳圓八角整）

薩拉齊縣公署成紀七三五年度歲入決算書

科目	預算額	實收額	預算額與實收額比較 增	預算額與實收額比較 減	附記
第一款政產收入	六、二八〇	一、二八〇八一		四、九九九一九	
第一項財產收入	六、二八〇	一、二八〇八一		四、九九九一九	
第二款使用手數料	六、三九四	八、〇二五四五	一、六三一四五	七〃二八	
第一項使用手數料	六、三九四	八、〇二五四五	一、六三一四五		
第三款國產交付金	三九、〇七五	三二、〇九八〇八		六、九七四九二	
第一款國軍征收交付金	一三、三〇〇	一〇、三二五〇八		二、九七四九二	
第二項阿片制度提獎交付金	二五、七七五	二一、七七五〇〇		四、〇〇〇〇〇	
第四款租稅	六〇、九六四	四四、九〇三一二		一六、〇六〇八八	
第一項地稅附加	一、三二四	四九六〇二		八二七九八	
第二項禁烟特稅附加	三七、五〇〇	三〇、四七〇九五		七、〇二九〇五	
第三項車牌捐	一四、三六八	八、八二六二〇		三、五四一八〇	
第四項雜捐	七、七七二	五、一〇九九五		二、六六二〇五	
第五款診療所收入	六〇〇	九五一〇〇	三五一〇〇		
第一項診療所收入	六〇〇	九五一〇〇	三五一〇〇		
第六款雜收入	一五、六一五	九、九五五〇七九	一、一一五六三	六、七七九八四	
第一項各種罰款	三〇〇	一五九〇		二八四一〇	

第二項過年度收入	三、九七四	三、九七四.九九	.九九		
第三項雜入	一一、三四一	五、九五九.九〇		六、四九五.七四	
經常部計	一二九、一二八	九七、一三七.二五	三、六七一.四八	三五、六六二.二三	

歲入臨時部

科目	預算額	實收額	預算額與實收額比較 增	減	附記
第一款結餘金	二一、〇二六	三三、八八八.一七	一二、八六二.一七		
第一項結餘金	二一、〇二六	三三、八八八.一七	一二、八六二.一七		
第二款國庫補助金	二〇、〇七〇	二一、三七〇.〇〇	二、〇〇〇.〇〇	七〇〇.〇〇	
第一項國庫補助金	二〇、〇七〇	二一、三七〇.〇〇	二、〇〇〇.〇〇	七〇〇.〇〇	
第三款行政補給金	九一、二四一	九九、二八四.〇〇	八、〇四三.〇〇		
第一項一般行政補給金		四〇〇.〇〇	四〇〇.〇〇		
第二項特別行政補給金	九一、二四一	九八、八八四.〇〇	七、六四三.〇〇		
第四款捐助金	三〇、〇〇〇	三〇、〇〇〇.〇〇			
第一項捐助金	三〇、〇〇〇	三〇、〇〇〇.〇〇			
第五款各種攤款	三七、八六〇	二一、三三五.一九		一六、五二四.八一	
第五款各種攤款	三七、八六〇	二一、三三五.一九		一六、五二四.八一	
臨時部計	二〇〇、一九七	二〇五、八七七.三六	二二、九〇五.一七	一七、二二四.八一	

小大鉛印局承印

歲入合計　三二九、五二五　三〇三、〇一四　六一　二六、五七六　六二　五二、八八七　〇四

薩拉齊縣公署成紀七三五年度歲出決算書

科目	預算額	流用 增	流用 減	預算現額	支出濟額	不用額	摘要
第一款縣公署費	一二二、六六三	九三九	八四	一二三、七六二	一一一、三一九 三六	一一、四四二 六四	
第一項俸給	五三、九七九	二三五	二三五	五一、九七九	四二、九一四 二〇	九、〇六四 八〇	
第二項諸給	二三、七〇八			二三、七〇八	二三、五八五 八三	一二二 一七	
第三項所費	二三、一五六	二〇五	二〇五	二三、一五六	二一、六四〇 二八	一、五一五 七二	
第四項備品費	五、五〇五			五、五〇五	四、八七六 二六	六二八 七四	
第五項自動車費	八、二六〇	四九九	四〇〇	八、三五九	八、三〇三 〇五	五五 九五	
第六項招待費	一、六〇〇			一、六〇〇	一、五九九 八六	一四	
第七項機密費	六〇〇			六〇〇	六〇〇 〇〇		
第八項屋地租費	一二〇			一二〇	六五 〇〇	五五	
第九項烟政費	七、七三五			七、七三五	七、七三五 八八	一二	
第二款警察費	九七、七三〇	一、一一二	一、一一〇	九七、七三〇	九三、一六七 七八	四、五六二 二二	
第一項俸給	五七、四二八	六六五	六六五	五七、四二八	五五、四七七 三〇	一、九五〇 七〇	
第一項諸給	二一、九三五			二一、九三五	二一、五七八 四一	三五六 五九	
第三項所費	七、五六八	四四七	四四七	七、五六八	七、三五五 八八	二一二 一二	

第四項備品費	一、四七四			一、四七四	一、三〇五一二	一六八八八
第五項屋地租費	三六〇			三六〇		三六〇〇〇
第六項馬干費	二、五二〇			二、二五〇	二、三〇六〇〇	二一四〇〇
第七項糧費	三、二四〇			三、二四〇	二、七八六三二	四五三六八
第八項報費	二、二〇〇			二、二〇〇	二、二〇〇〇〇	
第九項給與金	一、〇〇五			一、〇〇五	一五八七五	八四六二五
第三款教育費	一二、三七八	五七二	五七二	一二、三七八	八、一五二四六	四、二二五五四
第一項俸給	六、七六八			六、七六八	四、一九五〇〇	二、五七三〇〇
第二項諸給	一、二〇〇	一二	一二	一、二〇〇	一、一七五三〇	二四七〇
第三項所費	二、六三〇	五六〇	五六〇	二、六三〇	二、五六一六六	六八三四
第四項備品費	一、七八〇			一、七八〇	二二〇五〇	一、五五九五〇
第四款興亞道場費	二〇、三二七	一、六六五	一、六六五	二〇、三二七	一〇、八四三五四	九、四八三四六
第一項俸給	八、八六八			八、八六八	二、一六三七一	六、七〇四二九
第二項諸給	一、八五六			一、八五六	五六一〇〇	一、二九五〇〇
第三項廳費	九、六〇三	一、六六三	一、六六三	九、六〇三	八、一一八八三	一、四八四一七
第五款診療所費	一八、七八九	一七〇	一七〇	一八、七八九	一三、二四二一〇	三、五四六九〇
第一項俸給	二、一六〇			二、一六〇	一、二二〇〇〇	九四〇〇〇

小大鉛印局承印

第二項辦公費	二、五五四			二、五五四	一、四〇〇 八四	一、一五三 一六
第三項諸給	六一五			六一五	三二〇 八六	二九四 一四
第四項患者費	三、一六〇	一七〇	一七〇	三、一六〇	二、八九三 〇〇	二六七 〇〇
第五項施療費	一〇、三〇〇			一〇、三〇〇	九、四〇七 四〇	八九二 六〇
第六欵農林試驗所費	四、五七〇	四〇		四、六一〇	二、九四九 三二	一、六六〇 六八
第一項俸給	三、三〇〇			三、三〇〇	二、二九三 〇〇	一、〇〇七 〇〇
第二項諸給	五五〇	四〇		五九〇	五八九 一〇	九〇
第三項所費	七二〇			七二〇	六七 二二	六五二 七八
第七欵屠宰場費	一、九六〇			一、九六〇	一、一三九 四六	八二〇 五四
第一項俸給	一、六八〇			一、六八〇	九四六 三〇	七三三 七〇
第二項諸給	二八〇			二八〇	一九三 一六	八六 八四
第八欵市縣稅征收費	一二、三六四	一三〇	三七	一二、四三七	九、八三一 九一	二、六〇五 〇九
第一項俸給	七、三二〇			七、三二〇	三、二四一 〇〇	二、〇七九 〇〇
第二項諸給	一、八二〇	一三〇	五七	一、八九三	一、八九二 五四	四六
第三項所費	九六〇			九六〇	六六一 七一	二九八 二九
第四項縣稅取扱費	二、〇〇〇			二、〇〇〇	一、九二七 一六	七二 八四
第五項屋地租費	二六四			二六四	一〇九 五〇	一五四 五〇

小大鉛印局承印

第九欵 土木費	一			一		一〇〇
第一項 土木修理費	一			一		一〇〇
第一〇款 給與金	一、九二三			一、九二三	一、七〇七七五	二一五二五
第一項 退職恤金	一、九二三			一、九二三	一、七〇七七五	二一五二五
第一一款 預備費	六、〇〇一		七一六	五、二八五		五、二八五〇〇
第一項 預備費	六、〇〇一		七一六	五、二八五		五、二八五〇〇
第一二款 軍需物資供出費	二、四〇〇			二、四〇〇	二、〇〇〇〇〇	四〇〇〇〇
第一項 軍需物資供出費	二、四〇〇			二、四〇〇	二、〇〇〇〇〇	四〇〇〇〇
第一三欵 雜谷統制費	三、〇七〇			三、〇七〇		三、〇七〇〇〇
第一項 雜谷統制費	三、〇七〇			三、〇七〇		三、〇七〇〇〇
第一四欵 蔬菜園設置費	一一、四〇〇			一一、四〇〇	一一、四〇〇〇〇	
第一項 蔬菜園設置費	一一、四〇〇			一一、四〇〇	一一、四〇〇〇〇	
第一五欵 審判所費	三九六			三九六	三九六〇〇	
第一項 俸給	三九六			三九六	三九六〇〇	
第一六欵 家畜交易市場	一、〇九三	二四	二四	一、〇九三	八四四七四	二八八二六
第一項 俸給	五二二			五二二	四三六七〇	八五三〇
第二項 諸給	八七			八七	六六三三	二〇六七

小大鉛印局承印

科目	預算額	流用 增	流用 減	預算現額	支出濟額	不用額	摘要
第三項辦公費	四八四			四八四	三〇一七一	一八二二九	
第一七款街鄉鎮助成費	一、七〇〇			一、七〇〇		一、七〇〇〇〇	
第一項街鄉鎮助成費	一、七〇〇			一、七〇〇		一、七〇〇〇〇	
經常部計	三一八、七六五	四、六五二	五、一五六	三一八、二六一	二六八、九五四四二	四九、三〇六五八	

歲出臨時部

科目	預算額	流用 增	流用 減	預算現額	支出濟額	不用額	摘要
第一款土木費	一			一		一〇〇	
第一項土木費	一			一		一〇〇	
第二款電氣新設費	三、〇〇一	四六九		三、四七〇	三、四六八一三	一八七	
第一項電氣新設費	三、〇〇一	四六九		三、四七〇	三、四六八一三	一八七	
第三款課稅台帳整備費	二、〇〇一			二、〇〇一	一、五七八五〇	四二二五〇	
第一項課稅台帳整備費	二、〇〇一			二、〇〇一	一、五七八五〇	四二二五〇	
第四款交易市場設備費	一、〇〇〇			一、〇〇〇	八六四一一	一三五八九	
第一項交易市場設備費	一、〇〇〇			一、〇〇〇	八六四一一	一三五八九	
第五款官舍修理費	三、六〇〇			三、六〇〇	二、四六三五五	一、一三七四五	
第一項官舍修理費	三、六〇〇			三、六〇〇	二、四六三五五	一、一三七四五	
第六款留置場新設費	四、〇〇〇	三五		四、〇三五	四、〇三四一〇	九〇	

小大鉛印局承印

第一項留置場新設費	第七款行政視察費	第一項行政視察費	第八款公會堂修理費	第一項公會堂修理費	第九款名勝古蹟保管費	第一項名勝古蹟保管費	第一〇欵救濟事業施設費	第一項救濟事業施設費	臨時部計	總計
四、〇〇〇	一、〇〇〇	一、〇〇〇	三、〇〇〇	三、〇〇〇	一、〇〇〇	一、〇〇〇	二、〇〇〇	二、〇〇〇	二〇、六〇三	三三九、三六八
三五									五〇四	五、一五六
										五、一五六
四、〇三五	一、〇〇〇	一、〇〇〇	三、〇〇〇	三、〇〇〇	一、〇〇〇	一、〇〇〇	二、〇〇〇	二、〇〇〇	二一、一〇七	三三九、三六八
四、〇三四	三五〇	三五〇	三、〇〇〇	三、〇〇〇	一、〇〇〇	一、〇〇〇	八八〇	八八〇	一七、六三七	二八六、五九一
一〇	〇〇	〇〇	〇〇	〇〇	〇〇	〇〇	〇〇	〇〇	三九	八一
	六五〇	六五〇					一、一二〇	一、一二〇	三、四六九	五二、七七六
九〇	〇〇	〇〇					〇〇	〇〇	六一	一九

教育

◎育才書院　在城內關帝廟東清同治八年邑同知文山暨紳商李聯香等因在籌辦團防建築圍堡經費撙節提出制錢六千串呈奉上峯批准創設育才書院（同時並設立義園另載）並將制錢六千串發商生息以作書院等歲需經費嗣後無論地方何項公用不准提用此項息本勒碑永垂以杜流弊迨光緒二十九年同知清治呈准另覓地址設立蒙小兩等學堂即將制錢千串移作學堂經費書院費始行

停辦矣

◎附錄薩前同知文山公創建書院碑記同治六七年間賊氛逼近薩境震驚乃集諸紳商有品望者得李聯香韓吉元史麟玉王鏞等諸人相與籌劃經費訓練民團建築圍堡賴諸紳商勗勤之力得以有備無患轉危爲安此非獨人事也蓋亦有天佑焉天豈有私於薩之民哉天道何親所輔者德天命何常所福者善天既佑我下民則我民宜益修德行善以祈永命於天而終免刼也豈宜貪天之功遂晏然而已乎余嘗慨夫學校之不興而民之知德者鮮也嘗見夫旅櫬之無歸屍骸之暴露而民之樂善好施者更難其人也思所以教民修德而勸民行善者有志焉而未之逮今於團防經費中竭力撙節得有瀛餘乃度地於關帝廟之東鳩工庀材創建書院俾民間子弟咸得肄業於其中豈徒使學者習其章句而已將以陶淑乎人之性情而使人人皆勉修其德也又於本街迤東小廠漢囫圇村西南卜吉壤而設義園俾有柩得厝葬焉豈徒使死者安於宅兆而已將以感發乎人之善心而使人人知陰行其善也書云惟德可以動天易曰積善必有餘慶此皆理之必然而不爽者薩之民果能藉詩書敎化之功而修德於罔覺推齒骼掩埋之義而行善於無窮因其德與善以上結乎天心使天眷其德與善而不忍遽降以殃而施之刼則薩之民其庶乎免矣乃述其所以因團防而建書院義園者爲之記並列其章程如左

一　經費宜垂久遠也本府現於團防經費中撙節出制錢六千串發交四行生息即令四行總領輪流值年經管嗣後無論地方何項公用概不准提用此項存本其每年應得息錢七百二十串以作書院義園歲需經費仍宜量入爲出俾使有盈無絀

一　經費宜專責成也凡書院義園一切應辦事宜並書院中存儲團練各項器械即責成紳商李聯香可認眞經理不得有名無實致令日久廢弛倘將來該紳商等實係因有事故不能經理務於本街紳士商農之公舉品行端方辦事認眞者令其接手經理以專責成

一　書院宜愼擇師也嗣後書院延請師長固宜訪擇學問優良而品行端方尤關緊要至其平日功課最忌作輟且宜於嚴緊之中寓循循善誘之意師長既得其人則教化日興人文日起本府實於此有厚望焉

學校

（一）縣立小學校

◎蒙小兩等合設學堂　在城內東街前清光緒二十九年同知清治呈准建設將育才書院發商生息之本制錢六千串及生息完全提作此校常年經費仍動用息欵不准挪用成本是時管理學堂事務者名爲監督由同知兼任並聘地方士紳趙振九王玉如二人爲副辦秉承監督辦理學堂一切事務並聘王濬文爲正教員趙運鼎曾繼孔爲副教員學生區爲蒙學（即初級小學）小學（即高級小學）兩級教授經學文學數學歷史地理格致體操各科光緒三十年同知余實滋蒞任呈准征收絨毛渡口船筏等捐以增經費添收學生於是校務逐漸擴充光緒三十一年改聘趙其博爲正教員光緒三十二年改聘王迎祺爲正教員光緒三十四年取銷副辦名義聘張賢爲堂長（即校長）宣統二年又聘王績世爲堂長賈清齋爲正教員民國成立後劉聚章趙子讓祝藻呂九卿馬定國郭萬福劉崑張登鰲張登江王培仁等相

小大鉛印局承印

繼爲校長然王績世爲校長時可稱爲極盛時期蓋因經費充足職教員辦事認眞故也民國六年奉令改蒙小兩等合設學堂爲高等小學校十四年改高等小學校爲縣立第一小學校民國二十六年蘆溝橋事變後停辦校中物品不免損失及新政樹立積極倡導敎育又派員整頓暫移城內大北街棋杆巷內已開學授課矣茲將本校最近概況列表如左

縣立大東街小學校概況表（現已遷西操場）

校名	所在地	學級數	班數	教職員數			學生數		
				男	女	計	男	女	計
縣立大東街小學校	大北街棋杆巷	六	六	八		八	一七三		一七三

◎女子初等小學堂　民國二年春縣長王建屏於城內南街禮拜寺巷內設女子小學一所名曰薩縣女子初等小學堂當時以地址狹小房舍無多故只招生一班聘教員兼校長一名從此逐漸改進增設高級改稱縣立女子小學校茲將最近概況列表如左

縣立女子小學校概況表

校名	所在地	學級數	班數	教職員數			學生數		
				男	女	計	男	女	計
縣立女子小學校	河漕街路西	三	五	二	三	五	五	六六	七一

◎薩縣清眞小學堂　民國二年縣長王建屏督同回教俱進會長馬善元於城內南街三道巷大場面購院一所創設清眞小學堂設初級一班聘王暟元爲校長民國六年增設初級一班聘富維新爲校長

十二年增設高級一班任王則三爲校長改名爲薩縣清眞高級小學校十七年馬登雲爲校長二十年李瑞霖爲校長二十五年劉忠爲校長亦因事變後停辦數月成紀七三二年奉令開辦任陶琛爲校長並改爲縣立清眞小學校茲將最近概況列表如左

縣立清眞小學校概況表

校名	所在地	學級數	班數	教職員數 男	教職員數 女	教職員數 計	學生數 男	學生數 女	學生數 計	備考
縣立清眞小學校	城內南鎮大場面街	三	五	五		五	九九		九九	

（二）街立小學校

◎城內西區小學校　在西街財神廟內

◎城內南區小學校　在南街觀音廟內

◎以上二校係同知劉守德於宣統二年因東街小學校學生擁擠無法收容故於西南兩街較遠處各設小學一所以廣造就

◎城內東區小學校　在東街城隍廟西節孝祠內

◎城內北區小學校　在北街呂祖廟內

◎以上二校宣統三年同知劉守德增設設立理由同前

茲將以上四校最近概況列表如左

校名	學級數	班數	教職員數 男	教職員數 女	教職員數 計	學生數 男	學生數 女	學生數 計	備考

小大鉛印局承印

薩拉齊縣街立財神廟街小學校	一	三	一		一	三七		三七	現在之校名為新政權後改易
薩拉齊縣街立觀音廟街小學校	一	二	一		一	三九		三九	,,
薩拉齊縣街立城隍廟街小學校	一	二	一		一	二八		二八	,,
薩拉齊縣街立呂祖廟街小學校	一	三	一		一	三五		三五	,,
合計	四	一〇	四		四	一三九		一三九	

（三）　鄉立小學校

◎吳垻村小學校　西老藏營小學校　沙爾沁小學校

◎土合氣小學校　大把拉蓋小學校　鄂爾圪遜小學校

◎公積板小學校　板申氣小學校　黑蘇板申小學校

◎威俊小學校　水澗溝門小學校　北只兎小學校

◎蘇波羅蓋小學校　麥達橋小學校　何家圐圙小學校

◎麥達召小學校　東老藏營小學校　托斯和小學校

◎道試村小學校　毛岱村小學校　善岱村小學校

◎保同河小學校　沙金兎小學校　大岱小學校

◎善友板申小學校

◎右各村小學校共廿五處係光緒三十一年同知余寶滋考錄塾師組師範速成科訓練期滿翌年

小大鉛印局承印

分派各村充任教員成立以上各小學校繼續辦理至今茲將各校最近概況列表如左

(舊清)鎮鄉立初小學校概況表

校名	學級數	班數	教職員數 男	教職員數 女	教職員數 計	學生數 男	學生數 女	學生數 計	備考
勤民鄉立吳壩小學校	一	二	二		二	二九		二九	
勤業鄉立西老藏營小學校	一	二	一		一	二五		二五	
德育鄉立沙爾沁村小學校	二	四	二		二	五四	一八	七二	
德育鄉立七合氣村小學校	一	三	一		一	三六		三六	
德育鄉立大把拉蓋小學校	一	三	一		一	三五		三五	
德育鄉立鄂爾圪遜村小學校	一	四	一		一	三五		三五	
德隆鄉立公吉板村小學校	一	三	一		一	三〇		三〇	
德隆鄉立板申氣村小學校	一	三	一		一	四四		三〇	
德隆鄉立黑蔴板村小學校	一	三	一		一	三二		三二	
德隆鄉立威俊村小學校	一	二	一		一	四一		四一	
德澤鄉立溝門村廟灣小學校	一	三	一		一	四二		四二	
德澤鄉立北只兎村小學校	一	三	一		一	三六		三六	
協助鄉立蘇波羅蓋村小學校	一	三	一		一	三二		三二	

小大鉛印局承印

協助鄉立麥達橋村小學校	一	三	一		一	三八		三八	
協助鄉立何家圐圙村小學校	一	一	一		一	三五		三五	
協助鄉立麥達召村小學校	一	一	一		一	二〇		二〇	
協助鄉立東老藏營村小學校	一	三	一		一	三六		三六	
協農鄉立托斯和村小學校	一	二	二		二	三五		三五	托斯和卽陶思浩
協農鄉立道試村小學校	一	二	一		一	一八		一八	
協耕鄉立毛岱村小學校	一	二	一		一	三四		三四	
和愛鄉立善岱村小學校	二	三	二		二	五二		五二	
和愛鄉立保同河村小學校	一	二	一		一	三八		三八	
和睦鄉立沙金兎村小學校	一	二	一		一	二三		二三	
和睦鄉立大岱村小學校	一	三	一		一	二七		二七	
和平鄉立善友板申小學校	一	二	一		一	三二		三二	
總計	二七	六六	二八		二九	六七九		八九五	

◎民國初年本縣設立學校提倡普及教育之風最熾當事者督飭較大鄉村每村必須各立小學校一所小者亦須合併兩村或三村共立一所故民二三年間成立小學校之處竟達有一百二十餘村但因經費拮据師資缺乏設備不完教授不善有責者亦多敷衍塞責沽名釣譽不能勵行指導克盡厥職以致有名無實毫無成績可觀甚至有以立學校視爲畏途故民國四年冬遭土匪盧占魁蹂躪之後各村藉口

小大鉛印局承印

無力重設而停辦者不少後雖極力整頓督促繼續開辦然終未有恢復原數前立學校有名無實今並其名而亦無矣所以民四以後人謂薩縣教育退化實無可諱言幸新政樹立竭力提倡於人民窮困之際在最短期間內猶能將城內縣立街立各小學校先後開辦並將鄉立小學校維持開辦至六十處之多洵不易也茲將各校校名及最近概況列表如左

（新政）鎮鄉立初小學校概況表

校名	學級數	班數	教職員數 男	教職員數 女	教職員數 計	學生數 男	學生數 女	學生數 計	備考
勤民鄉立朱爾圪岱村小學校	一	二	一		一	三三		三三	
勤民鄉立磴口村小學校	一	一	一		一	三一		三一	
勤民鄉立大樸兌村小學校	一	一	一		一	一八		一八	
勤業鄉立小樸兌村小學校	一	二	一		一	一五		一五	
勤業鄉立海子村小學校	一	一	一		一	三五		三五	
勤業鄉立高才舉營村小學校	一	一	一		一	三〇		三〇	
儉富鄉立二十四頃地村小學校	一	三	一		一	六三		六三	
儉富鄉立苗六圈子村小學校	一	一	一		一	三五		三五	
儉富鄉立發彥申村小學校	一	二	一		一	三二		三二	
儉裕鄉立五牛犋窯村小學校	一	三	一		一	三五		三五	

小大鉛印局承印

儉裕鄉立竹拉沁村小學校	一	三	一		一	三二		三二
儉裕鄉立鄔四營村小學校	一	二	一		一	三一		三一
儉豐鄉立楊萬才地村小學校	一	三	一		一	三五		三五
德育鄉立東園村小學校	一	二	一		一	三五		三五
德育鄉立海沿村小學校	一	二	一		一	三〇		三〇
德育鄉立石拐村小學校	一	三	一		一	三五		三五
德澤鄉立溝門村後灣小學校	三	一	一		一	三二		三二
德澤鄉立納太村小學校	一	二	一		一	二〇		二〇
協助鄉立麻塘營村小學校	一	二	一		一	三七		三七
協農鄉立協力氣村小學校	一	二	一		一	三二		三二
協農鄉立缸房營村小學校	一	二	一		一	二六		二六
協農鄉立龐家營村小學校	一	三	一		一	四三		四三
協耕鄉立侯家營村小學校	一	三	一		一	三六		三六
協耕鄉立張老五營村小學校	一	二	一		一	二一		二一
協耕鄉立葛家營村小學校	一	二	一		一	三八		三八
和愛鄉立里素村小學校	一	三	一		一	四一		四一
和愛鄉立什拉村小學校	一	三	一		一	五一		五一

小大鉛印局承印

校名	學級數	班數	教員數 男	教員數 女	教員數 計	學生數 男	學生數 女	學生數 計	備考
和愛鄉立塞蓋村小學校	一	三	一		一	二九		二九	
和睦鄉立公布村小學校	一	三	一		一	三六		三六	
和睦鄉立北淖村小學校	一	三	一		一	二五		二五	
和平鄉立哈素村小學校	一	三	一		一	五二		五二	
和仁鄉立八犋牛營小學校	一	二	一		一	三二		三二	
和仁鄉立十二犋牛營小學校	一	三	一		一	三〇		三〇	
和仁鄉立高全營村小學校	一	三	一		一	四七		四七	
和厚鄉立雙龍鎮村小學校	一	三	一		一	五〇		五〇	
合計	三五	八二	三六		三五	一一六八		一一六八	

◎右鄉立小學校三十五處連前鄉立小學校二十五處共六十處

（四）敎會小學校

◎本縣各敎會小學校以天主與耶穌敎創設者為多學校用書均採取政府頒行之敎科書其敎員亦得經縣署檢定後方得採用茲將其最近學校概況列表如左

敎會私立小學校概況表

校名	學級數	班數	教員數 男	教員數 女	教員數 計	學生數 男	學生數 女	學生數 計	備考
城內耶穌教育英小學校	三	五	三		三	一七二	二七	一九八	

小大鉛印局承印

德澤鄉溝門村耶穌教育英分校	一	三	一		一	三四	三	三七
德育鄉沙爾沁耶穌教小學校	一	四	一		一	五〇	七	五七
天主教類斯小學校	四	六	三		五	八八	五五	一四三
天主教私立苗六圈子小學校	二	四	二	一	四	二五	三三	五八
天主教私立金家圪堵小學校	一	一	一		一	六		六
天主教銀匠窰子村育英小學校	四	六	三	一	五	八〇	八六	一六六
天主教祝樂慶村仁愛小學校	二	二	二	一	三	三四	三九	七三
天主教五犋牛窰子寵愛小學校	二	六	二	三	二	五	八七	一九五
天主教大拉麻窰子聖心小學校	二	二	三	一	四	二九		二九
天主教祝缸房營村育才小學校	五	六	二	二	四	八四	七〇	一五四
天主教巧爾氣村培名小學校	二	四	二		二	三一	三五	六六
天主教五盛公村進德小學校	二	五	二	二	四	二八	二七	五五
天主教二十四頃地明德小學校	四	四	二	三	五	六八	六六	一三四
天主教小把拉蓋培英小學校	三〇	二四	一一	一四	三五	三〇七	二九八	六〇五
天主教蘇波羅蓋崇德小學校	三	四	二	二	四	四三	二〇	六三
天主教葛家營村愛世小學校	三	六	二	一	三	三三	四二	七五
天主教廟營子村崇信小學校	三	五	二	二	四	四四	三一	七五

小大鉛印局承印

天主教三間房崇義小學校	二	三	二	一	三	三二	一七	四九
天生教何家圐圙本篤小學校	四	五	三	二	五	五五	三五	八八
天主教陶思浩聖心小學校	三	六	二	二	四	三一	三四	六五
天主教任三窯村路加小學校	三	五	三		三	三八	三〇	六八
天主教大三眼井村小學校	二	二	二	一	三	一六		一六
天主教下小韓營子培德小學校	二	四	一	一	二	二七	四一	六八
天主教上小韓營子小學校	一	三	一	一	二	二五	一二	三七
天主教雙龍鎮村聖心小學校	四	六	三		三	六九	一九	八八
天主教善岱保祿小學校	二	二	二	一	三	四五	三〇	七五
天主教鄂爾圪遜村啟新小學校	一	二	二		二	六四		六四
天主教大成西村普愛小學校	二	三	一		一	四二		四二
合計	一〇一	一三八	六九	五五	一二四	一六四〇	一一六五	二八〇五

（五）團體小學校

◎本縣團體私立小學校計有二所一爲佛學研究所小學校一爲純一慈善社小學校茲將其最近情況列表如左

團體小學校概況表

校名	所在地	創立年月日	教職員數	學級數	班數	學生數					經費來源
						一年級	二年級	三年級	四年級	計	

小大鉛印局承印

佛學研究所小學校	城內東猪圈巷	民國二十二年一月七日	四	二	三	三四	五六	一六	八六	係由學生收納如有不足該所補助之
純一善社小學校	城內三道巷	成紀七三五年八月十日	三	二	二	二〇	四〇		六〇	由各慈善者捐納

社會教育

◎民衆敎育館　民國十四年地方士紳趙水亭任和卿丁紹先白鏡潭等感於社會敎育之必要建議官廳請准利用薩縣舊日倉房坍塌之木料磚石並商同駐軍旅長孫良誠募集欵項於城內中街建立樓房一所名曰薩縣圖書館購置圖書即於七月一日成立廿一年改組爲社會敎育事務所廿三年奉令改爲民衆敎育館事變後新政樹立派員整理仍恢復爲民衆敎育館並重新組織附設民衆問字處及日語講習所玆將館內所藏圖書列表如左

薩拉齊縣立民衆教育館藏書統計表 成紀七三五年十一月

類別	種數	冊數	摘要
總類	八	二二	
哲學	一四	二八	
宗教	一二	五二	
社會科學	一六〇	二七一	
語文學	二八	六〇	
自然科學	五	七	

小大鉛印局承印

應用技術	二四	五〇	
美術	一〇	四〇	
文學	一四〇	八四〇	
史地	三二	二七一	
萬有文庫一集	九五四	一、九三五	暫未分類以全套計算
萬有文庫二集	三四三	一、五五九	同前
小學生文庫	三四四	五〇〇	同前
精裝文憲通考	一六	四二	同前
合計	二、〇九二	五、六七六	

（三） 新聞紙配佈一覽表

薩拉齊縣立民衆教育館新聞紙配佈一覽表 成紀七三五年十一月

項別	地址	新聞紙名稱	份數	摘要
館內	閱覽室	蒙疆新報	一	
館內	閱覽室	晉北報	一	
館內	閱覽室	民聲報	一	
館內	閱覽室	新民報	一	

小大鉛印局承印

館內閱覽室	庸報	一
館內閱覽室	泰東日報	一
館外中大街	蒙疆新報	二
館外西大街	民聲報	二
館外東大街	晉北報	二

◎附註查館外新聞紙配佈係粘貼揭示牌之一面所留一面用色筆即擇要書寫縣內新聞與特別要聞合併陳明

（四）圖書閱者暨借出統計表

薩拉齊縣立民衆教育館圖書閱者暨借出統計表 成紀七三五年十一月

項別／月份	館內閱書者		館外借出閱書者		小計		摘要
	人數	冊數	人數	冊數	人數	冊數	
一月	一八	五二	一二	一九	三〇	七一	
二月	二四	四一	一七	一七	四一	五八	
三月	二六	一九	二一	二四	四七	五三	
四月	一九	三四	一九	二〇	四八	五四	
五月	二三	二三	二三	三〇	四五	五三	
六月	三〇	三六	三〇	三一	六〇	六七	

小大鉛印局承印

七月	二〇	二八	二一	二五	四一	五三
八月	三二	五〇	二〇	二八	五二	七八
九月	二八	四一	一七	二二	四五	六三
十月	三三	三九	二四	三〇	五七	六九
統計	二六三	三七三	二〇三	二四六	四六六	六一九

（五）日語講習所學員概況表

日語講習所學員概況表 成紀七三五年十一月

學期	名額	性別	到年月日	教授材料	授課時間	卒業年月日	備考
甲期生	三二	男	七三五年三月一日	速成日語讀本	午後六時至八時	七三六年一月一日	
乙期生	一三	男	七三五年十月一日	同前	同前	七三六年八月一日	

◎查表列日語講習卒業期暫定爲十個月每期名額最低在三十名以上其乙期生係隨時募集不分年齡性別均可講習仍在繼續添補中

教育機關

◎勸學所　民國二年因教育關係重要奉令成立勸學所輔助官廳辦理學務委崔維屏爲所長民國十四年復奉令改爲教育局（舊址在聖母廟内）民國二十四年縣署改組將教育局併入縣署教育股以後不另設矣

小大鉛印局承印

◎宣講所　民國二年本縣隸屬山西時曾奉省令選派宣講人員到省傳習以便辦理宣講事宜本縣派丁紹先前往受訓翌年期滿回縣組織宣講所並充所長嗣將該所併入縣署教育科內而宣講遂歸停止矣宣講所（舊設於聖母廟）

本縣留學國外各校畢業生

姓名	次章	畢業國校	歷任職務	備考
祁志厚	定遠	美國哥倫比亞大學	立法院委員	

本縣留學國外各校肄業生

姓名	次章	肄業國校	備考
尹世增	如川	英國倫敦大學	由留日轉留英
侯璠	子奐	留美	

本縣國內各大學畢業生

姓名	次章	畢業校科	經歷	備考
張國寶	仁甫	國立師大英文系	不詳	
張登魁	文元	國立師大史地系	不詳	
侯璠	子奐	國立師大教育系	不詳	

小大鉛印局承印

經天祿	革陳	國立師大史學系	不詳	
王恒	月如	國立師大地理系	不詳	
白映星	鏡潭	國立北大哲學系	不詳	
陳志仁	之的	國立北大國文系	不詳	
任秉鈞	和卿	中大法律系	不詳	
陳國英	俊卿	中大政治系	不詳	
王泉	永清	中國學院商科	不詳	
田圃	子方	國立農大	不詳	
李秉芳	子馨	河北大學醫科	不詳	
劉崑	玉珊	山西大學冶金科	不詳	
殷石麟		國立北大法律系	不詳	
李濬	仲深	國立北平大學政治系	不詳	
祁登荃		國立清華大學化學系	不詳	女性
李俊	子英	國立清華大學史學系	不詳	
丁文藻	輔章	文通大學鐵路管理	不詳	
鄂濟民		濟南私立齊魯大學醫科	不詳	女性
丁淑蓉		國立北平大學女子文理學院	不詳	女性

小大鉛印局承印

陳國珍		北平中國學院政治系	不詳	
杜德成	子鄰	北平中國學院英文系	不詳	
于維歐		北平中國學院生物系	不詳	
高存仁	樂山	同前	不詳	
張爲義		北平中國學院法律系	不詳	
多淑英		北平師範大學生物系	不詳	女性
曹致富	誠齋	北洋大學工學系	不詳	

本縣國內專門以上學校畢業生

姓名	次章	畢業學科	經歷	備考
卜兆瑞	夢庚	北京內務部高等警官學校	綏遠市公安局長	
趙子讓	水亭	山西公立法政專門學校法律本科	綏遠高等法院第一分院兼包頭地方法院首席檢察官	
李献瑞	鳳儀	同前	本縣諮議局諮議	
馬定國	可一	同前商科	清水河縣縣長	
胡敎瑤	玉卿	同前	省議員	

本縣中等學校學生統計表 民國二十二年

第一中學	中山學院	職業學校	第一師範	第二中學	第一女子師範	合計

初中	一三	初師	三九	農科	一二	初師	一九	初中	四	初師	一五	一〇二
高中	一二	高師	八	商科	無							二〇
總計	二五		四七		一二		一九		四		一五	一二二

◎右係依據綏遠概況錄存餘無考查從略

新校舍建築

◎本縣教育於故清末葉曾闢塞外文化之嚆矢極呈一時之盛迨至民國以降道喪文蔽抱殘守缺之士不無其人惟嫌俗氣塵封難啟新潮於合流况吾蒙基甫奠凡百施設力求新穎縣長韓公紹祖因見薩邑教育羞澀民情退化難以貫注新知乃於七三六年倡建大規模校舍一百五十間已於同年十月三十一日動工起建預定八個月間全工完竣將來新舍告成廣集全縣學子從事新文化之教導養成新民之準則此後本縣教育前途殊堪期待也

交通

◎鐵路　民國十一年秋京綏鐵路至縣車站設城郊東北角距城約三里旅客由站往還僱用轎車以代步翌年一月京包全路工竣通車該路橫貫縣境自察素齊站西之多爾濟入境西行三十五里至陶思浩又三十五里至麥達召又四十里至縣城又三十里至公積坂又三十五里至磴口迤東之沙爾沁村出境西行以達包頭計在境內路綫長凡一百七十五里每日上下行客貨列車共八次每次在站停車時間三分至五分旅客貨物一律載運爲西北陸路運輸之惟一幹綫現爲二等站

小大鉛印局承印

小大鉛印局承印

◎公路　民國十一年以前京綏鐵路未達縣境前有綏包長途汽車路由商人承辦長途汽車往來載運客貨設站於縣城北門外即今鐵路迤北之龍王廟後售票營業嗣因鐵路修通營業遂止自是汽路亦毀迨民國二十六年事變新政權成立對此極關重要之公路乃計劃興修乃於成紀七三四年九月十二日實行測量翌年五月一日開始興工同年十一月三十日全段工程告竣總計所費時間不足七個月築成公路（七十二粁）約合一百五十華里路綫係沿鐵路迤北一二華里或數里不等由察素齊迤西入縣境西行經陶思浩麥達召薩拉齊公積坂由此迤西于壩口附近而出境沿途路身佔用民地畝數尚未調查至於公路之效用關係興蒙前途極爲重大東連華北西達包頭綿亘一千餘里其運輸力不亞於鐵路再本縣轄境內外各段短距離汽車路亦均於事變後經當局努力之結果總計現已築成一十九處運輸靈活公私兼利　附表於后

興蒙公路簡明表　成紀七三五年　月　日

厚包段長度	一四八粁合二百九十六華里
薩境內長度	七二粁合一百四十四華里
薩境內寬度	一二米合三十六華尺
薩境內高度	不一底者二華尺至三華尺高處五至六華尺
測量期	七三四年九月十二日
開工期	七三五年五月一日

完成期	七三六年三月末日
需工人數	三七一、八五八
監工者	厚和道路建設技正田鼻技佐村上北島
起訖點	厚和至包頭
共計工成日數	三百零六日

興蒙公路賦役供出數目表

成紀七三五年　月　日

區別	鄉別	役數	摘要
第一區	商務會	二八、一〇二	
	街公所	六二、九〇六	
	勤民鄉	二三、〇四〇	
	勤業鄉	一五、三六〇	
第二區	儉豐鄉	一六、〇八〇	
第三區	德澤鄉	二七、五六〇	
	德隆鄉	二八、八〇〇	
	德育鄉	四八、〇〇〇	
第四區	協助鄉	二八、〇六〇	

小大鉛印局承印

第五區	協農鄉	四八、〇〇〇
	和愛鄉	一一、九五〇
	和平鄉	一五、三〇〇
	和睦鄉	五八〇
	和仁鄉	一八、一二〇
總計		三七一、八五八

薩拉齊縣境內警備道路一覽表

成紀七三五年　月　日

路名	起點	經過重要村名	終點	長度華里	支幹	摘要
薩厚路	縣城	沙兵崖麥達召上習力氣托思和忽拉格氣	多爾濟厚和界	九〇	幹線	
薩包	縣城	板申氣沙爾沁	海岱包頭界	五五	幹線	
薩托	縣城	侯家營葛家營獨力塡			幹線	
城站	縣城		本城車站	二	幹線	
薩澤	縣城	嘉樂村	溝門村	一五	幹線	
薩富	縣城	海子村	二十四頃地	四〇	幹線	
薩武	縣城	馬留官地六道霸後窰子	後腦包武川界	一七五	幹線	
薩善	縣城	東老藏營高泉營蘇波羅蓋缸房營	善岱	九七	幹線	
薩毛	縣城	興亞道塲	毛岱	六三	幹線	

小大鉛印局承印

薩鄔	縣城	五犋牛窰子	鄔四營	四五	幹綫
蘇毛	蘇波羅蓋	得勝營蔴糖營	毛岱	三〇	支綫
薩包	縣城	吳壩朱爾圪岱鄂爾圪遜	上土合氣包頭界	六〇	幹綫
鄂富	鄂爾圪遜	二道壕小巴拉盖五犋牛窰炭廠子	二十四頃地	五六	支綫
富厚	二十四頃地	毛岱	雙龍鎮	七五	支綫
炭高	炭廠子	鄔四營銀匠窰	東十大股準格爾界	四二	支綫
托善	托斯和	下達賴朝號哈素	善岱	四三	支綫
善雙	善岱	大岱	雙龍鎮	三八	支綫
蘇托	蘇波羅蓋	巧爾氣壽陽營	托斯和	二七	支綫
托毛	托斯和	茓艽梁缺房營	毛岱	五二	支綫
共計				一、一一五	

◎便道　在昔鐵路公路未通時凡行遠路之商旅均有通行之大路無論城市村鎮總以其出發地爲起點茲以縣城爲樞紐約分東西南北四路自本城起北行至水澗溝門紅砂壩前老窩鋪二道壩東二壩永合太六道溝耙總窰子白菜溝官地後腦包再向東北入武川縣境共長一百二十華里自縣城南行經李旺營子渡過黃河偏西南至平房營子官牛犋馬堡壕柳塔羊白岱塔城塔村馬廠窰子入東勝縣境共長二百華里自縣城西北行經公積坂種地窰子石和子石拐子三叉口白眼根萬生號下渠子至固陽

小大鉛印局承印

縣境共長一百六十華里

◎以上各路均係昔日之通行大道現因時代變遷交通便利此路雖仍舊通行然商旅已稀因騾車馱轎每日僅行八十或一百華里較之火車汽車速率相差甚遠故少有問津者

◎水路　本縣水路交通（黃河民船）僅恃斜貫縣境之黃河其入境處係自第三區之上下官地村斜行奔東南經三把樹保田圪堆上家營子永和堂五犋牛窯子西十大股楊家河頭四保圪堆二十四頃地而出境在境河道長凡一百五十華里自西北起沿河渡口有六計仁義社炭廠營子二忙銀匠窯子紅眼窯高龍渡口等均有民船往來載運客貨東南至托縣西北至包頭爲水路交通之要道每年以立冬爲結冰期春風爲解凍期在結凍期內停止航行總計全年航期約八個月

◎空路　航空公司商用機業于成紀七三四年在京包綫開航載客全綫共設五站計包頭厚和大同張家口北京乘坐京包全綫者旅客每人票價一百零數元每人限帶行李二十公斤航程約五小時每週航行三次惟此間並無航站故不詳列

◎驛站　我國在交通未備之時人民通訊全憑託人寄帶並無郵遞機關至若衙署公文軍事機密則賴驛馬因而有驛站之設考蒙疆區內自清時有蒙古站薩拉齊站即在廳治及民國後復有殺虎口台站管理局之設共計統轄十二個台站其在土默特旗境內者曰河東六站在達拉特旗境內者曰河西六站茲將與本縣有關之河西六站略述如下第一台曰東素海站第二台曰吉克蘇太站第三台曰巴彥塔拉克站第四台曰河魯烏爾圖站第五台曰巴彥素海站第六台曰察汗扎達海站此六台站中第二三兩

小大鉛印局承印

台（吉克蘇太　巴彥布拉克）即在本縣境內黃河西岸此項台站專員傳遞軍政公文之責其普通行程每晝夜規定爲六百華里如遇緊急之件則爲八百華里即俗傳八百里緊摺子之諺語至驛站中之設備係每站常年駐有站兵若干名驛馬若干匹其兵馬數之多寡視台站大小遠近爲差等如甲台驛兵馳抵乙台時立由乙台換馬前進所謂換馬不換人亦指此言自鐵路通達郵政設立以後國內驛站多已取消惟口外之台站屹然無恙而此碩果僅存之殺虎口台站管理局至今仍在照舊傳遞蒙古境內各地公文當此交通發達建設最新時期不久或亦歸淘汰云

◎郵政　本縣之有郵政始于前清光緒三十年五月是時名爲郵政代辦所由城內大西街路南義美元經理白潤負責代辦即在該號內收發信件彼時鐵路汽車均未興修交通不便所有信件無論遠近皆以人力擔送爲多光緒三十一年由原代辦人白潤將經手一切轉交仁和堂經理殷喜達接辦當時本城代辦所歸歸化廳郵政分局管轄至民國六年奉山西郵政管理局令將本城代辦所改爲三等郵政局委派姚仁山爲局長將仁和堂經辦事務收歸局辦內部組織除局長外另設信差一人民國八年奉國民政府郵政總局令本縣郵政局改歸北京郵政管理局管轄由劉局長接任特將郵務極力整頓分途發展在沙爾沁鄂爾格遜小把拉蓋等地方添設郵寄代辦所三處十二年京包鐵路通車又沿鐵路添設麥達召陶思浩公積坂郵寄代辦所三處十六年劉去職中有孫實兩任接充二十二年政府開拓蒙疆文化便利交通起見令在缸房營雙龍鎮將軍窯子溝門新村小襖兌善岱大岱蘇波羅蓋及準格爾旗等處添設郵寄代辦所二十餘處並在各小村設立郵站五十餘處局內重行組織設局長一人襄辦一人信差三人

小大鉛印局承印

鄉差二人力夫一人二十三年奉交通部令全國郵電合設本城電報局遂遷於郵局鄰院而成合設辦理郵電二十五年賈調京陳李兩人繼續任事迨民國二十六年事變新政權委任趙彰爲局長縮小內部組織並將原有鄉村郵寄代辦所減留麥達召陶思浩公積坂等三處其餘一律取消至成紀七三三年四月十六日奉蒙政府令將本縣郵政局改爲郵電局於成紀七三六年三月一日開始辦理電報電話暨市內電話等業務局長改由日系吉村重夫氏担任原有局長趙彰改任屬官更將一切通訊事業統歸該局辦理附載郵政資費表以備查閱

◎電政　民國四年春交通部初派陳欽鑠爲局長創設薩縣電報局當在城內中大街路南擇定地址派遣工人栽杆掛綫設機開始工作收發國內各種電報當時部令核定薩局爲三等局歸山陝電政監督處管轄內設局長一人報務員一人司事一人綫工三人差役一人管轄綫路一百華里分爲東西兩路各有電綫兩條東路直達工作者爲歸綏局西路爲包頭局斯時地方風氣未開報務稀少民國八年部令添設長途電話另行加掛電綫一條並將話局附設於報局之內話務即由報局局長兼理並令司事兼値話機同時更將報話兩局改歸山西電政管理局管轄其通話地點亦分東西兩路直接通話者爲歸綏豐鎭大同西綫爲包頭大佘太五原每次說話以五分鐘爲限并得連續使用三次每處每次話費俱有規定民國十八年薩局改歸熱察綏蒙電政管理局管轄同時陳卸職部派方覺繼之二十二年方又他調遺缺由洪毓英繼任同年交通部通令全國二等以下各局一律實行郵電合設縮小範圍於是報話局乃移至郵政局鄰院而實行合設至二十六年事變洪去職即由新政權接收另行派員繼續辦理旋將兩局併爲

小大鉛印局承印

郵電局因治安尙未全復故報話開辦問題尙須有待唯內部業經佈置就緒約計明春即可恢復原狀至於本縣四鄉電語事變前歸地方建設局電話管理處經管不隸交通部其通話地點僅及於四鄉若與綏包兩地通話則係借用電報局之杆附掛一線此爲事變以前之實況事變後該處仍用管理處名稱惟內部組織已有變更綫路擴展甚廣境內各緊要村鎭均已通話茲附報話各種綫路表列攷

電話管理處電話線路簡明表

成紀七三五年 月 日

區別	線路	長度	摘要
第一區	縣城……蘇波羅蓋		一杆(合二華里)
第二區	縣城……五犋牛窰……二十四頃……銀匠窰		
第三區	縣城……沙爾沁……縣城……土合氣		
第四區	蘇波羅蓋……陶思浩		
第五區	縣城……哈素……善岱……公布		

薩拉齊縣境內電話線一覽表

成紀七三五年 月 日

綫路名	起點	終點	話機所在地	長度華里	幹支	備考
薩民	縣城管理處	勤民鄉大襖兌	鄉公所	五	幹綫	
薩業	同前	勤業鄉小襖兌	同前	五	幹綫	
薩富	同前	儉富鄉二十四頃地	二十四頃地警察署	四〇	幹綫	

小大鉛印局承印

薩澤	同前	德澤鄉溝門	溝門警察署鄉公所	一五	幹綫
薩隆	同前	德隆鄉板申氣	鄉公所	一五	幹綫
薩鄂	同前	德澤鄉鄂爾格遜	鄂爾格遜鄉公所	三五	幹綫
薩蘇	同前	協助鄉蘇波羅蓋	蘇波羅蓋警察署	四〇	幹綫
薩農	同前	協農鄉陶思浩車站	鄉公所	七二	幹綫
薩厚	同前	和厚鄉雙龍鎮	雙龍鎮分署	九〇	幹綫
業興	勤業鄉小楔兒	興亞道場	該場院内	二	支綫
富裕	廿四頃地警署	儉裕鄉五棋牛窰	鄉公所	二二	支綫
富銀	同前	儉裕鄉銀匠窰	銀匠窰村公所	二〇	支綫
薩北	縣城管理處	德澤鄉北只兎	北只兎村公所	一五	幹綫
鄂公	德育鄉鄂爾圪遜	德隆鄉公吉板	公吉板車站	八	支綫
鄂育	同前	沙爾沁警分署	沙爾沁分署德育鄉公所	一五	支綫
鄂豐	同前	儉豐鄉小巴拉蓋	儉豐鄉村公所	五	支綫
鄂大	同前	德育鄉大巴拉蓋	大把拉蓋村公所	九	支綫
大七	德育鄉大巴拉蓋	德育鄉上土合氣	上土合氣村公所	八	支綫
蘇助	協助鄉何家圐圙	協助鄉蘇波羅蓋	協助鄉公所	六	支綫
蘇毛	同前	協耕鄉毛岱	協耕鄉公所	三〇	支綫

小大鉛印局承印

陶哈	協農鄉陶思浩車站	和平鄉哈素	和平鄉公所	二三	支綫
哈善	和平鄉哈素	和愛鄉善岱	善岱警察署	二〇	支綫
善公	和愛鄉善岱	和睦鄉公布	公布村公所	一〇	支綫
共計				五.一四	

小大鉛印局承印

小大鉛印局承印

墾務

◎歷年放墾實況　本縣境內放墾旗地共分五種即大粮地小粮官租地四成地六成地是也考此項地畝多爲土默特旗之牧地清初時由莊頭承種以收穫之半數納之官府充作旗兵餉粮自中葉以後有民戶認粮承種以地租納之國家者曰大粮地其有鰥寡孤獨無人經理由旗方代徵代繳者曰小粮地由民戶商准旗方出資租種旗地並約定世代相守者謂之官租地其有一地跨於土默特達拉特兩旗交界點而有十分之六在土默特旗界內者即爲六成餘地反之有十分之四在達拉特旗界內者即爲四成粮地此即五種名稱之由來至於上項地畝報墾年月官租地六成地四成地三種均係清光緒二十八年向本縣清丈局開報至光緒三十三年始陸續丈放其餘大粮地小粮地則係民國九年向清理六縣官粮地畝局報墾至民國十四年始陸續丈放直至二十六年止連前三項總計丈放一萬九千五百六十一頃五十五畝五分八厘一毫五絲並規定三等九則按地質之肥瘠定墾欵之多寡以上各地應繳粮銀分由下列兩機關徵收計（大粮地四成地官租地小粮地）歸縣署（六成餘地）歸土默特旗公署爰按歷次放墾經過情形猶具大略附表備考

薩拉齊縣境內已墾地畝調查詳表

七三五年　月

地別	水旱	報墾	放墾	已墾畝數別											共計畝數	摘要
				上	中	下	甲	乙	丙	丁	戊	己	正	餘		

小大鉛印局承印

大粮地	小粮地	六成餘地	四成粮地	官租地
水十之二 旱十之八	同前	同前	水地	水十之三 旱十之七
民國九年	同前	光緒廿八年	同前	同前
民國十四年	同前	光緒卅三年	同前	同前
4,533,5067畝			11,897,0000畝	21,226,9200畝
25,827,7466畝			71,667,4000畝	216,250,8400畝
15,966,5161畝			38,433,3000畝	933,837,6420畝
	6,302,0000畝			
	490,0000畝			
	12,100,0000畝			
	27,923,3100畝			
	23,613,3000畝			
	2,522,3600畝			
		280,032,0000畝		
		120,120,0101畝		
190,027,4994畝	729,509,7000畝	400,134,0101畝	121,997,7000畝	1,171,315,4020畝

小大鉛印局承印

總計	一、九五六、一五五，五八一五畝

防務

◎歷年駐軍沿革　邑在清時本爲口外七廳之一關於防務考歸綏道志所載歸綏道綠營舊制薩拉齊駐把總一人步兵十六名又載七廳捕盜營舊制薩廳駐營兵四十名以外委一員領之歸廳節制內載官兵餉額馬匹馬干等似爲騎兵制但查該營制于光緒二十九年春盡數裁撤在二十八年時曾奉文改設巡警營駐防設哨官哨長各一員兵四十名民練二十名及至民國改元警察成立即行取消

◎按巡警營當與後來之警察制稍異觀其內容即可瞭然迨民國四年十一月二十六日縣城一度爲盧占魁匪攻陷至是地方官紳乃感覺防務空虛始行編練全縣保衛團以資保護地面雖非軍隊然亦有相當實力足以鎮懾匪患在五六年間綏遠都統蔡成勳派遣營長王世霖率步兵一營來縣駐防至十年該營隨蔡南去本縣防務隨由馬福祥都統派兵塡駐查當時並派有本地騎兵團長玉祿兼清鄉司令駐薩協防尤爲盡力舉辦清鄉成績優著十四年馮玉祥率國民軍駐西北劉郁芬之第二師孫良誠之混成旅被遣駐防玉祿團長調往東勝剿匪陣亡十五年國民軍西退劉孫兩部亦隨西行但因大軍撤退綏境頗陷紊亂不安狀態本縣治安亦受連帶影響翌年冬有山西步兵第四百二十團團長梁九洲率軍駐防至十九年調走所遺防務由張成義之四百一十九團接塡是年孫殿英所統之四十一軍亦一度蒞此然未久即西去二十一年四百一十九團他調由四百二十二團接防該團團長薄鑫山西人出身行伍值二十三年冬楊猴小匪率衆三千人近逼城北水澗溝門武當溝一帶勢洶湧時值該團在城駐防乃一面

小大鉛印局承印

抵禦一面電省請援卒將匪衆擊潰是役縣城幾爲所陷若非該團奮勇則不堪設想矣二十四年該團東調所遺防務由四百三十五團接填同時並有山西陸軍第二百一十九旅司令部亦駐城內旅長董其武爲城防司令時因軍事緊張至二十六年境內駐軍日見增多數約兩萬餘人遍駐城鄉及車站等處統于事變同時退去至於各軍分防地點不外轄境五區中之重要村鎮及境北各山溝口並不視爲永久固定要以要衝爲目的隨時移動因地制宜亦未可知究非一般人所能預測故特誌其崖略如此足徵本縣爲西北重要之防線未可忽視云

警政

◎警察成立沿革　本縣在清末時尚無警察之設置機關於維持地面治安之責均由民團負擔如遇重大事故發生時則請上游派兵鎮懾洎自民國改元後百度維新及時始有警察之設先以舊有之民團從中選拔優秀團丁三十六名（即舊制三棚人）改編爲巡警發給服裝鎗械子彈並施以訓練使有警察學識與實力依新組織法成立警察事務所以警務長爲最高級長官下設巡官一人爲輔佐指揮全部維持城內治安至於每月所需薪餉初由地方供給後改由官租附加項下開支計警官二員月支薪餉一百元巡警共分三等一等警月餉八元五角二等警七元五角三等警七元連同夫役五名工食在內每月共支洋四百零二元至民國十年改警察事務所爲警察署改警務長爲署長巡警改稱警察巡官名稱仍舊十六年改警察署爲公安局復改署長爲局長巡官以下仍舊二十二年改公安局爲保安處以縣長兼任處長以原任公安局長爲副處長代處長執行處務至民國二十六年九月事變本城警務遂由新政

小大鉛印局承印

權接收對於一切機構加以革新乃在縣公署內添設保安科並在管內五區各設警察署因匪患尙未平定復經呈准蒙古政府將本縣警察擴充爲三百零五名發給服裝槍械彈藥分派各區以資鎭懾併將各級薪餉重行規定計警正月餉八十元警佐五十元巡官二十五元警長十二元警士十元嗣因內部份子良莠不齊故屢被革除以致人數日少至成紀七三三年十二月復奉政府令規定本縣警察人數仍爲三百零五名均應重行審愼補足計警正一名警佐八名巡官二十三名警長五十八名警士二百一十五名保安科長以警正充任各警察署署長以警佐充任至本年一月再奉令將本縣警察原有五級制改爲六級計警正警佐警尉警尉補警長警士等惟薪餉數目則仍舊同年三月又將管內散駐之自衛團四百五十名改編爲警察大隊發給服裝彈藥用其私有槍械施以三個月之訓練派駐各鄉防匪安民編時規定統爲馬隊其馬均係公有並由公家發給馬干以資餵養至各署警察則係步隊本縣治安由是日趨鞏固矣

◎警察組織系統　本縣警察以前組織頗嫌簡單雖有系統不時變更自成紀七三四年一月奉政府令將原有之五級制改爲六級制後所有內部各層階級及各項職務均經相當確定茲特就新制各級系統各新組織分述以資攷鏡

一　階級分警正警佐警尉警尉補警長警士等六級以警正爲最高級次爲警佐以下遞推

二　職務分內外兩項內則保安科現已改稱警務科科長爲最高職務管理全縣警政下設股長係員等四項職別警務科長以警正充之股長以警佐警尉充之主任以警尉警尉補充之係員以警尉補以

小大鉛印局承印

下各級充之外則各署以署長爲最高職務下設警尉警尉補警長警士等職別附表於后

薩拉齊縣警察

保安科長
首席指導官

警務股
- 現系警佐 一
- 現系警尉 一
- 現系警尉補 二
- 現系警長 三
- 現系警士 一三

保安股
- 日系警尉補 一
- 現系警佐 一
- 現系警尉 一
- 現系警尉補 一
- 現系警長 二
- 現系警士 二

縣城警察署
- 日系警尉補 一
- 日系警長 一
- 現系警佐 一
- 現系警尉 二
- 現系警尉補 五
- 現系警長 十七
- 現系警士 七〇

廿四頃地警察署
- 日系警長 一
- 現系警佐 一
- 現系警尉 一
- 現系警尉補 二
- 現系警長 六
- 現系警士 二八

鄂爾格遜警察署
- 現系警佐 一
- 現系警尉 二
- 現系警尉補 四
- 現系警長 八
- 現系警士 三三

小大鉛印局承印

組織系統表

- 特務股
  - 日系警尉 一
  - 日系警長 一
  - 現系警佐 一
  - 現系警尉 一
  - 現系警尉補 一
  - 現系警長 二
  - 現系警士 二
- 司法股
  - 日系警尉補 一
  - 現系警尉 一
  - 現系警尉補 四
  - 現系警長 二
  - 現系警士 二
- 警察隊
  - 本部
    - 日系警尉補 一
    - 日系警長 二
    - 現系警正 一
    - 現系警佐 三
    - 現系警尉 三
    - 現系警尉補 四
    - 現系警長 四
    - 現系警士 六三
  - 第一中隊
    - 日系警長 二
    - 現系警佐 一
    - 現系警尉 一
    - 現系警尉補 三
    - 現系警長 九
    - 現系警士 九三
  - 第二中隊
    - 日系警長 二
    - 現系警佐 一
    - 現系警尉 一
    - 現系警尉補 四
    - 現系警長 九
    - 現系警士 一〇五
  - 第三中隊
    - 日系警長 二
    - 現系警佐 一
    - 現系警尉 二
    - 現系警尉補 五
    - 現系警長 九
    - 現系警士 一三二
- 麥達召警察署
  - 現系警佐 一
  - 現系警尉 一
  - 現系警尉補 二
  - 現系警長 六
  - 現系警士 二六
- 善岱警察署
  - 現系警佐 一
  - 現系警尉 二
  - 現系警尉補 三
  - 現系警長 八
  - 現系警士 三一

小大鉛印局承印

◎警察餉械規定數目　溯查舊政時代本縣警察餉械數目業經沿革文內敘明無庸贅述至鎗械一項因難稽考從略及新政樹立自成紀七三四年奉令改正警察官制後所有本縣各級警務人員薪餉數目均經規定共爲六級以官不以職例如警佐可以充任股長署長巡官等職然不論充任何職均以警佐薪級爲定數決不因其職務之高低而變更其薪餉至於鎗械數目則與現員人數相同凡屬警務人員不論官佐士均須有鎗因警察本爲武裝團體不容徒手惟此項鎗械多屬個人私有非由公家發給故鎗械無規定之數目僅將餉械馬匹數目列表備覽於後

薩拉齊縣警察官佐士薪餉數目表一　七三五年　月

級別／系別／科署別		警正		警佐		警尉		警尉補		警長		警士		計	
		現員	現給	現員	現給	現員	現給	現員	現給	現員	現給	現員	現給	現員	現給
保安科	日			1	255,	1	255,	2	338,	1	157,			5	1.005,
	現	1	140,	3	145,	4	113,	8	160,	9	153,	18	270,	43,	981,
縣城警察署	日							1	163	1	127			2	290,
	現			1	53,	2	57,	5	105,	17	289,	70	1.050,	95	1.554,
二十四頃地警察署	日									1				1	127
	現			1	50,	1	25,	2	40,	6	102,	28	420	38	637,
溝門警察署	日														
	現			1	40,	1	26,	2	46	5	85,	26	390,	35,	622,

		警正		警佐		警尉		警尉補		警長		警士		計	
		現員	現給	現員	現給	現員	現給	現員	現給	現員	現給	現員	現給	現員	現給
麥達召警察署	日									1	127,			1	127,
	現			1	60,	1	25.	2	45,	6	102,	26	390,	36	622,
善岱警察署	日														
	現			1	40,	1	25.	2	40,	5	85,	24	360,	33	550,
雙龍鎮分署	日														
	現					1	25.	1	25,	3	51,	7	105,	12	206,
沙爾沁分署	日														
	現					1	25,	2	40,	3	51,	7	105,	13	221,
計	日			1	255.	1	255.	3	501,	4	538,				1.549,
	現	1	140,	8	338,	12	321,	24	501,	54	918,	206	3.090,	305	5358,
總計		1	140,	9	643,	13	576,	27	1002,	58	1456,	206	3090,	314	6.907,

薩拉齊縣警察大隊薪餉數目表二

科署別 系別 級別		警正		警佐		警尉		警尉補		警長		警士		計	
		現員	現給	現員	現給	現員	現給	現員	現給	現員	現給	現員	現給	現員	現給
大隊本部	日							1	195.	2	242,			3	437,
	現	1	80,	3	182,	3	126,	4	100,	4	68,	60	900,	75	1.457,

小大鉛印局承印

第一中隊	日									2	242,			2 242,
	現			1	65,	1	33,	4	100,	9	153,	89	1325,	1041·686,
第二中隊	日													
	現			1	65,	1	33,	3	75,	9	153,	112	1·680,	126 2006,
第三中隊	日									2	242,			2 242,
	現			1	65,	2	100,	5	125,	9	153,	133	1·995,	1502·438,
計	日							1	195,	8	968,			91·163,
	現	1	80,	6	378,	7	292,	16	400,	31	527,	394	5·910,	4557·587,
總計		1	80,	6	378,	7	292,	17	595	39	1·495,	394	5·910,	4648·750,

薩拉齊縣警察隊員鎗械彈藥調查表二

種類	口徑	官私有	員數 中	員數 乙	員數 丙	員數 計	彈約
輕機關	八、〇	私有		一		一	一六
衝鋒	八、〇	私有	五	二	二	九	二一八
手提式	四、〇三	私有	一	一		二	一五
手和式	四、〇三	私有		一		一	四五
經二	七、九	私有	一〇	一四	一〇	三四	四三六

小大鉛印局承印

七九式	七、九	私有	一九	二〇	三一	七〇	六九六
九一八式	六、五	私有		二	一	三	八四
六五	六、五	私有	五	二一	一四	三〇	三六三
三十年式	六、五	私有	二	四	七	一二	九七
韓林春式	七、九	私有	二	三	六	二一	二〇七
套筒子	七、九	私有	四	九	一〇	二三	三六〇
連珠	七、七	私有	二	七	一二	二一	一九二
七米厘	七、〇	私有	一	三	四	八	二二一
三八式	六、五	私有	五	一九	一〇	三四	四五〇
馬鴨筒	七、九	私有	三	三	四	一〇	七四
六門裏	六、五	私有		一		一	九
自來得	不明	私有	三一	一〇	三	四四	五五四
八音子	不明	私有	一〇	八	九	二七	九六
六轉子	不明	私有	二	四	三	九	一〇〇
十響	不明	私有	一	一	一	三	二六
七星子	不明	私有		一	二	二	、四七
合計數			一〇二	一二五	一二八	三五五	四三〇六

薩拉齊縣警察隊馬匹調查表四

種別／隊別	上半年六月份 健康馬	病馬	出	納	合計
大隊本部	五二、	六、			五八、
第一中隊	八七、	八、			九五、
第二中隊	八七、	一二、			九九、
第三中隊	一一三、	一三、			一二三、
合計	三三九、	三九、			三七八、

◎警察分駐地點人數　本縣疆域遼闊全境共分五區每區設有警察署並在面積較大之三五兩區界內地居要衝之沙爾沁雙龍鎮兩處各設分署以期周密每區警察署及分署均配置相當人數計城內第一區警察署配置警佐以下人員九十七名二十四頃地第二區警察署配置警佐以下人員三十九名鄂爾格遜第三區警察署配置警佐以下人員四十八名本區沙爾沁分署配置警佐以下人員十三名麥達召第四區警察署配置警佐以下人員三十七名善岱第五區警察署配置警佐以下人員四十五名本區雙龍鎮分署配置警佐以下人員十三名以上七處共計駐守警佐以下人員二百六十六名列表於後備覽

小大鉛印局承印

薩拉齊縣警察署及保安科人員配置數額表一 七三五年 月

科署別	股署所別	警正	警佐	警尉	警尉補	警長	警士	計
保安科	警務科	一	一	一	二	四	一一	二〇
保安科	保安股		一	一	二	四	一	九
保安科	警備股		一	一	二	四	二	一〇
保安科	司法股			一	二	四	二	九
縣城警察署	警察署內		一	二	四	九	四八	六四
縣城警察署	東門派出所					一	四	五
縣城警察署	南門派出所					一	四	五
縣城警察署	北門派出所					一	四	五
縣城警察署	中央派出所					一	四	五
縣城警察署	西門派出所					一	四	五
縣城警察署	驛前派出所					一	二	三
合計		一	四	六	一二	三一	八六	一四〇

薩拉齊縣四鄉各區警察署配駐人數表二 七三五年 月

署別	分署別	警正	警佐	警尉	警尉補	警長	警士	計
二十四頃地			一	一	二	七	二五	三六

小大鉛印局承印

小大鉛印局承印

警察署							
鄂爾格遜警察署		一	一	二	五	二五	三四
警察署	沙爾沁分署		一	二	三	七	一三
麥達召警察署		一	一	二	六	二六	三六
善岱警察署		一	一	二	五	二四	三三
警察署	雙龍鎮分署		一	二	三	七	一三
合計		四	六	一二	二九	一〇四	一六五

◎保衛團之成廢變遷　本縣之有保衛團始自民國五六年間其成立動機係因民國四年冬盧占魁匪衆一度攻陷縣城商民飽受蹂躪因此地方人士始有編練保衛團之決意當經大衆議決以按戶出丁之法編練成團以曾充第一任警務長之侯斌成氏爲團總担任敎練指揮之責各團丁均發槍枝服裝薪餉然後分配於城鄉村鎮用以保衛地方其分配辦法係酌量村鎮大小應需人數若干少者五六名或十數名多者數十名不等約計全縣城鄉村鎮共有團丁一千餘名設保衛團總部于城内後衙門（即今之太平街路北）所有團内槍械服裝馬匹薪餉彈藥等一切應需經費統由各村鎮按地畝自行攤派不費公家分文自成立後境内匪患漸消至十一年三月廿八日因與駐防縣内之省軍王營發生誤會而起衝突雙方開火演成巷戰相持兩日不能解決省方聞報乃派軍前來彈壓結果侯斌成遁逃保衛團隨之

無形解散直至民國十一年秋間由邑人王肯堂二次倡辦於是保衛團又得復興惟其組織則略有變更係將全團分爲五隊城内爲隊總下設分隊分駐各村鎮總隊部仍設後衙門總隊長即由王担任另設各分隊長其餘仍照舊章迨十五年國民軍西退行至縣境王乃乘機繳其槍械致結嫌怨後王爲國民軍部調至包頭槍決嗣後屢有變更直至二十六年九月事變時乃無形瓦解詳細狀況無案可稽尙難叙述茲考據綏遠省分縣調查概況所載民國二十年二十一年綏遠省各縣局保衛團現役及預備役人員槍械馬匹薪餉數目總計表所列本縣保衛團概況如下

第一區現役長官四員團丁二十四人快鎗十九支

第二區現役長官十四員團丁一百二十二人快鎗一百二十九支

第三區現役長官十四員團丁一百三十一人快鎗一百零九支

第四區現役長官二十七員團丁一百四十九人快鎗一百一十九支

第五區現役長官二十四員團丁一百六十四人快鎗一百七十七支

合計長官八十三員團丁五百九十人快鎗五百五十三支騎馬二十四匹每月經費六千五百五十三元子彈二萬二千二百五十二粒

◎案以上所列各節均屬確實無訛

◎附保甲　保甲制度古已頒行歷代相沿成效頗著興廢雖不一致而民間精神尙存聞本縣之有保甲係由清始唯無舊案堪稽不能指實分述據傳早年邑無駐軍遇有匪警即由商民集衆守城雖無軍

隊之組織然亦能有條不紊蓋即保甲之遺制也傳其組織以戶爲單位以十戶爲一班十班爲甲集各甲爲總團以總團長爲首領凡班甲各長以及總團長均以推選制行之全體用甲丁係由商民按戶拔出均受總團長之指揮分担勤務並在縣城中大街設立保甲總局（即今圖書館地址）有事時即由總局鳴鐘召集各甲齊至總局會合聽候團長之命令執戈禦侮實行既久地方治安頗賴其力儼然保障自警察成立後該團體遂無形消滅直至事變新政成立因感覺地方治安之重要警察實力之薄弱爲期使民安居起見乃由盟署頒佈修正保甲制度通令各縣遵照條例施行本縣業經遵行辦理成績尚佳玆將原頒修正巴彥塔拉盟保甲制度施行細則附錄存考

修正巴彥塔拉盟保甲制度

第一條　本盟公署爲使同里閭之戶共患難共安樂出入相友守望相助防止不測緊急之危害保持地方公共之康寧而設保甲制度以輔助警察官署實行地方自警自衛爲宗旨

第二條　本制度以戶爲基礎每以十戶編爲一牌以村或類似村域內之牌編爲一甲或一〇〇戶（舊制爲鄉鎮）以警察署管內之甲編爲一保但得依酌量地方情形適宜隨時變更之

在街市地域每以十牌編爲一甲（舊制爲閭）以警察署管內之甲編爲一保

第三條　保甲牌及區城之名稱須由警察署長指定之

第四條　保置保長副保長各一人甲長一人牌置牌長一人

保甲職員　保長副保長甲長牌長須依左記選定之

小大鉛印局承印

一 牌長由牌內各家長互選之

二 甲長由甲內各牌長互選之

三 保長及副保長由保內各甲長互選之

每一甲長牌長被選定後須經警察署長之認可保長副保長被選定後須經警察署長呈請地方行政長官（縣長）之認可但在第一次任甲長牌長者由警察署長指名之保長副保長得由縣長指名之

第五條 依前條設指名之當選認可爲保長副保長甲長牌長者在任職期中如無正當理由不得辭職

第六條 保長甲長牌長各應保持該保甲牌內康寧任務副保長輔助保長保長如有事故不能執行職務時得由副保長代行其職務牌長受甲長之指揮甲長受保長之指揮保長須承受警察署長之指揮

第七條 牌之住民中有該當左記犯罪之一者警察署長對其牌之各戶家長得課罰十五元以下之連坐金其情節重者呈請地方行政長官處分之（附連坐切結如另紙）該牌住戶中如有將犯罪人名及事情舉報或犯罪人自首（犯人自述犯罪者）之時得免除其連坐罰金

一 內亂罪

二 外患罪

三 公共危險罪
四 叛亂罪
五 通匪罪
六 窩匪罪
七 鎗械隱匿罪
八 其他違法事
第八條 保長或甲長以保或甲之住民組職自衛以互相團結實力自衛爲目的
第九條 組織自衛團團員時須在該甲內繼續居住一年以上並其年齡須在十八歲以上四十五歲以下之男子方爲合格
第十條 保之自衛團置團總副團總各一人甲之自衛團置團長副團長各一人但團總副團總由保自衛團員選出後經警察署長呈請該地方長官（縣長）長團長團副由甲自衛團員選出後得警察署長之認可但在第一次任團總副總團須經由警察署長指命之團總副團總及團長副團長者其職務爲義務制度任期爲一年但連任亦屬無妨
第十一條 團總副團總團長副團長者在職期中無正當理由不得辭職
第十二條 團長受團總之命令並得服從警察署長之指揮監督團長團總均應與甲長保長聯絡接洽辦理自衛事項

第十三條　各自衛團須互相援助

第十四條　保甲牌及自衛團之經費均由保甲牌內住民擔負之須經由警察署長之認可

第十五條　本制度如有未盡事宜得隨時呈請修正之

第十六條　本制度自呈准公佈之日施行

縣保甲牌住戶連坐切結

戶別	戶主姓名	印鑑	年齡	職業	男	女	計	備考
合計								

結規附記

一　凡本牌住戶須遵守保甲制度各項規定並應互助互愛以防萬一之危害而維公共之安寧

二　凡本牌住戶須受本牌牌長之指揮監督訓導

三　同具連坐切結之本牌住戶有犯左列各欵之一者其餘各戶應速密報牌長依次轉報甲長保長警察署長核辦倘有徇隱得課五十元以下之運坐罰金但其情節重者得受地方行政長官之處分有

小大鉛印局承印

將犯罰情事舉報或犯罪人自首時免除其連坐罰金

（一）內亂罪（二）外患罪（三）公共危害罪（四）叛亂罪（五）通匪罪（六）窩匪罪（七）槍械隱匿罪（八）其他違法事

四　牌長及甲長保長接受密報而不守密及從速轉報者得加重課罰前項密報因情事緊急得逕呈警察署長

五　牌長及甲長保長對於已經出具切結各戶應隨時偵察有無不法情事分別舉報倘有徇隱或失察一經發覺即由警察署長或地方長官處分之

六　住戶遇有親友客商來家寄宿時應即報知本牌牌長或本牌牌戶違則得課五元以下之罰金

七　本切結內各戶如有特殊情事當於備考欄內說明

八　戶別欄內先塡現充牌長之戶次塡牌內各處

九　本切結每戶各留一份貼於適當易見之處

十　本切結除每戶各留一份外再備五份分呈牌長甲長保長警察署長地方行政長官公署

案此保甲章制審訂周密堪爲亂世保民良法藉徵治安之進化似與舊制未可同日而語也

司法

◎縣司法沿革及其近況　淸以前無司法名詞蓋因政體不同法律附於行政之內未能獨立故籠統稱爲刑法本縣自淸時設廳治以後乃在衙設東西兩刑房由經承書辦等輔佐長官依照大淸律處理治下民刑訴訟案件迨民國成立政體變更國家爲尊重民權起見乃將法律與政治實行劃分使其獨立

自此國內始有司法之名民國元年改廳爲縣政治革新在縣署內添設司法科設科長科員等名目專理民刑訴訟事宜及二年中央頒佈法院編制法並規定審級本縣乃遵通令將司法科改爲承審處置承審員書記官錄事等職承審員秉承縣長之命辦理全縣初級司法至二十五年奉令籌設地方法院未及實行即遭事變事遂寢自新政成立後因匪患未平軍事未竟故尚無法院之設所有民刑各案暫由警務科司法股兼理遇有上訴案則由厚和法院審理之約紀其概如此

監獄

◎案本縣獄神廟碑記監獄即今公會堂址始建於乾隆四十三年然未紀其倡修之人復於同治八年獄被山洪沖毀經同知文山公任內重修迄至民初改組監獄乃將本縣監獄改作囚犯習藝所當時因限於經費故未臻完備僅成立毛織一科先令犯人學習紡織其餘工藝暫付闕如嗣因共和告成大赦令下獄內人犯赦放一空因此習藝所亦連帶取消及至綏遠模範監獄成立始將本縣已經判決囚犯一律送往綏遠監獄執行至內中犯罪類別大致刑事不外積匪毆殺奸情竊盜等案若詐騙誘惑等類尚屬罕見因塞外民風慓悍智識欠缺故理智科學等犯罪行爲猶未浸及囚犯口糧以前無考現在每名每日一角五分

◎附看守所　看守所者乃繼習藝所後而成立清時輕犯暫押班房重犯始送縣獄民國改革始有此名惟前兩者性質不同習藝所專爲已經判決各罪犯在執行期內令其學習工藝以免飽食終日無所用心而設者看守所則係臨時羈押犯人之場合本縣看守所於民國八年設置於縣署大門內東西兩廡

小大鉛印局承印

對於被押各犯雖限制其自由行動但無桎梏痛苦凡被羈押之人仍可隨時接見戚友如案涉輕微或嫌疑不足等尚能取保開釋因非執行法律之地故尚不甚苛嚴云

自治

◎自治在民國時代分爲區自治與鄉鎮自治全縣共分五個行政區每區設區長一人辦理區內行政及自治事宜區長係由地方推舉再由官方加以委任區設區公所區以下爲鄉鎮亦各設公所鄉鎮長之出處同於區長分隸於區並在鄉鎮以下分設鄰閭長輔助鄉鎮進行自治事宜各公所每月應需經費均由各區鄉按照地畝自行攤派計第一二兩區月支經費各一百五十元第三四五區月支經費各一百四十二元第一區轄十六鄉鎮第二區轄二十三鄉鎮第三區轄二十六鄉鎮第四區轄五十六鄉鎮第五區轄七十五鄉鎮各駐保衛團數名或數十名不等遇有匪警即由區鄉長指揮團丁剿擊之至民國二十四年廢區長制改設鄉村建設委員會派鄉村建設指導員實行改良鄉村制度未數年即事變自新政縣署成立爲適應現時之需要乃將自治機構加以更新於成紀七三三年二月十五日增設五個警察署以強防匪之力量同月並將全縣各鄉鎮改編爲一街十六鄉各命鄉名並各設公所由街鄉長督率所屬辦理自治事宜街鄉以下爲村由村長督率一村進行自治至於街鄉村長之推舉及任用則仍照舊章所有各該公所之經費均由地畝攤款內開支計第一區一街二鄉月需五百七十九元第四區三鄉月需五百六十四元第五區五鄉月需九百六十一元以上各區鄉村除駐守警察外尚有保甲自衛團民練自衛團實力充足禦匪安民綽有餘裕

小大鉛印局承印

◎附自衛團之成立現況　本縣之有自衛團乃自新政權成立始推其實質即舊政時代之保衛團因舊時之保衛團既隨時事之變化而解消在新政旗幟之下遂無民衆自衛之機構政府鑒及防匪力量不足乃再有修正巴彥塔拉盟保甲制度之頒佈由保甲編成自衛團俾使民衆自衛力量得以團結普遍此即保甲自衛團之內容與來源又有民練自衛團此種團體係由各村人民爲求本身自衛計呈准官方組織而成登記槍枝實行防衛推行以來頗收成效故在縣民自衛方面實力愈加充足因是管內各地於警察防務補助甚多茲將縣屬兩種自衛團組織狀況及駐在地方分列考覽

薩拉齊縣自衛團表一

保甲自衛

名稱	駐在所	團隊長名	編成人員	裝備：小鎗	裝備：拳鎗	裝備：自動小鎗	裝備：其他	彈藥	馬匹	備考
第一區自衛團	縣城內	寇庭實	二四	一三	二			小二六〇 拳二〇		
,,	吳壩	,,	五	四	一			小八〇 拳七		
,,	小襖兒	,,	三	三				小六〇		
,,	大襖兒	,,	三	三				小六〇		
,,		計	三五	二三	三			小四六〇 拳二七		
,,	德圪岱	雲世英	七	七				小二〇〇		
,,	朱爾圪岱	,,	四	四				小一二〇		

,,	七座茅庵	,,	二	二				小六〇
,,		計	一三	一三				小二八〇
第三區自衛團	溝門村	陳通	二五	一七	三	二	手三	小五五〇 拳三〇
,,	北只兎	王通山	一二	一〇		二		小三〇〇 拳一五〇
,,	沙兵崖	,,	七	七				小二〇〇
,,		計	四四	三四	三	四	手三	小一〇五〇 拳六〇
,,	黑麻板	劉永福	八	七				小一五〇
,,	公積板	,,	七	七				小一四〇
,,	威俊	,,	七	七				小一五〇
,,	鴛鴦氣	,,	七	六	一			小二〇〇 拳五
,,		計	二九	二七	一			小六四〇 拳五
,,	沙爾沁	劉德茂	二〇	一五	三	二		自一〇〇 小五〇〇 拳三〇
,,	海岱	,,	五	五				小一〇〇
,,	東園	,,	六	五	一			小一七〇 拳二〇
,,	上七合氣	,,	六	五	一			小二〇〇 拳二〇
,,	下七合氣	,,	三	二				小一〇〇

小大鉛印局承印

名稱	駐在所	團隊長名	編成人員	裝備 小鎗	裝備 拳鎗	裝備 自動小鎗	裝備 其他	彈藥	馬匹	備考
〃	大把拉蓋	〃	三	二		一		小一〇〇 拳五〇〇		
〃		計	四三	三五	五	三		小二七〇 自一〇〇 拳九〇		
〃	板申氣	屈占標	一九	一六	一	一		自五〇 小五〇〇 拳一〇		
第五區自衛團	蒿泉營	張傑	一八	六	五	二		自二〇〇 小二五〇 拳五〇		
	總計		二〇二	一四四	一八	一〇	手六	自五五〇 小四四、四五〇 拳一九三		

薩拉齊縣自衛團調查表二

民練自衛

名稱	駐在所	團隊長名	編成人員	裝備 小鎗	裝備 拳鎗	裝備 自動小鎗	裝備 其他	彈藥	馬匹	備考
第二區	什泥橋	張過兵	六	六				小六〇		
〃	發彥申	陳益壽	八	八			手一四	小一一〇		
〃	苗六圈子	劉富財	一三	一三				小六七〇		
〃	西什大股	賀富還	四	四			手二	小八〇		
〃	高商八窰	同前	一	二				小九〇		
〃	五犋牛窰	高計仁	一〇	九	一		手九 火同	小四九〇		

小大鉛印局承印

〃	大拉莫窩	李仁爲	六	六			手五火一	小一九〇	
〃	廠素圐圙	史財	四	四				小九〇	
〃	竹拉沁	王二禿	八	八	一		手五火三	小一四〇 拳一五	
〃	金家圪堆	張占海	五	五	一			小一七〇 拳五	
〃	銀匠窩	劉存保	八	六	一	一	手六火四	自二五 小四七〇 拳五	
〃	鄔四營	同前	二	二				小四〇	
〃	明沙淖	王富生	三	三				小六〇	
〃	小把拉蓋	馬生瑞	一二	一二			手三〇	小三〇〇	
〃	后稷社	杜旭德	二	一	一			小二〇 拳一〇	
〃	王海和營	同前	二	二				小五〇	
〃	康換營	同前	三	三				小一〇〇	
〃	揚家圪堆	范雲庭	四	三	一	一		小一二〇 拳一三〇	
〃	大成西	樊占海	一	一二	一			小一四八〇 拳二〇	
〃	范家地	同前	三	三	一			小一〇〇 拳一〇	
〃	五盛公	朱得山	九	九			手三〇火四	小五四〇	
第四區	侯家營	張占魁	四	三				小一五〇	三

小大鉛印局承印

,,	白銀廠汗		三	二				小一〇〇	一
,,	丹進營	張占海	五	五	一			小二〇 拳二〇	五
,,	王大發營		三	二				小一〇〇	二
,,	麻糖營	武國孝	八	四	一			小二〇〇 拳一〇	四
,,	毛佁	張志元	八	四	一			小二二〇 拳二〇	
,,	牛皮營		三	二				小一〇〇	
第五區	善佁	雲王恒	一〇	四	三			小一〇〇 拳五〇	九
,,	安民		三	一	二			小三〇 拳三〇	三
,,	什拉		九	五				小一五〇	九
,,	杭蓋	陳國預	六	四	一			小一五〇 拳一〇	六
,,	公布	辛五美	三	三				小一五〇	
第五區	里素	陳國彥	一六	一	二			小四〇〇 拳三〇	一〇
,,	保同河	同上	四	三				小一〇〇	一
計			二〇五	一六八	一八		手九一 火一六	小七五七〇 自五五 拳二三五	五三

儲恤

◎縣倉　舊日倉屋原在縣署內西北隅佔地約數畝共分六廒各冠以字以爲次序曰廣豐滿盈增

小大鉛印局承印

裕以廣字爲一號挨字排列清制每厫儲粮五千石全倉儲粮三萬石以備災荒庚子拳匪亂後尙開倉放賑一次至光緒末年政治日趨懈弛倉因久未整修日漸傾圮厫內存粮亦隨時而空及鼎革後遂成一片瓦礫塲迨國民軍蒞薩更將各厫殘餘磚瓦改建圖書舘將倉基址墊平自是縣倉二字形成歷史上之名詞已無遺跡可尋至何年創建尤難稽考惟據故老傳聞係自乾隆設廳後確否無法證明故民國二十餘年來本縣並無倉儲設備偶遇災荒曷從救濟誠民生上最大不幸云

◎義倉　本縣清季雖有縣倉並無義倉自新政成立後首鑒於積谷防災之重要特先制定義倉積谷規則公佈施行自成紀七三三年起開始成立義倉五處在第一區屬輿亞道場內設立義倉一處作爲縣城本倉第二區二十四頃地第三區溝門村第四區何家圐圙第五區善岱等四處各設分倉每倉設倉長一員管理全倉一切事務並設辦事員夫役等助理之依照義倉管理施行細則由各倉倉長督飭各鄉遵照章則實行積谷以備荒災現在各倉所積粮石均爲谷子存數甚豐縱遭荒年尙堪應急茲將義倉列表備考

薩拉齊縣義倉積谷調查表一

區別	義倉數	積谷預定數	已往積谷數	貸出及散放數	現在存數	備考
第一區	二	五四九，〇〇石	三二九，三〇石	三八，〇〇石	二九一，三〇石	上列貸付數係貸與輿亞道塲青年團訓練生食用
第二區	三	四四八、七〇	一七四、一〇		一七四、一〇	
第三區	三	一〇五、〇〇	四〇四、五五		四〇四、五五	

第四區	三	二六四、四〇	四〇二、一九		四〇二、一九
第五區	五	二四八、一〇	二〇四、三四		二〇四、三四
合計	一六	二、六一五、二〇	一、五一二、四八	三八、〇〇	一四七四、四八

附記 征收率 每地一畝暫定六合 征收期 每年十月十五日起至十二月底止

征收方法 每年秋收後按耕地畝數征收如有以現金征收之必要時依倉長之决定核算率征收之

貸付方法 貸付一人每年不得逾糧谷五升或相當額之金錢有確實之担保証明二人以上之連帶保証

散放 散放同一之災害一人不得超過三十天但食糧費之支出一人一日不得超過六合或相當之金錢

平糶 平糶糧谷之出賣以現金

薩拉齊縣各街鄉歷年義倉積谷欠數表二

鄉別	谷類	舊管數	七三三年	七三四年	七三五年	摘要
勤民鄉	谷子	三二石一七	八〇石一〇	八四石五〇	石	
勤業鄉	,,	二六三三	五一二〇	五五〇〇	六三九一	
儉富鄉	,,	五九三〇		三〇八〇	三〇〇〇	儉字三鄉因七三三年災重尚未積谷

小大鉛印局承印

儉裕鄉	,,	二三四〇				
儉豐鄉	,,	一一二〇		三〇〇〇		
德澤鄉	,,	一〇二〇	四八四〇	四八〇〇	一三〇〇〇	
德隆鄉	,,	一八五〇	六六〇〇	二〇〇〇	三七〇〇	
德育鄉	,,	三六〇〇	五〇〇〇	一〇〇〇〇	一〇〇〇〇	
協助鄉	,,	三七五〇	五三〇〇	一一二〇〇	六〇〇〇	
協耕鄉	,,	五八四九	一九〇〇	四五四〇	七五〇〇	
協農鄉	,,	六五四〇	三七〇〇		一〇六八二	
和愛鄉	,,	五一六三	一五五〇		一五七八九	和字五鄉因七三四年災重尚未積谷
和睦鄉	,,	二六〇〇	一一八〇		一〇八六〇	
和厚鄉	,,	一四五二			一六六五〇	
和仁鄉	,,	二四〇〇	一八八〇		一一三三四	
和平鄉	,,	九一二	一二八七		一一九六一	
合計		五二三二二	四六三六七	五二五五〇	一、二六八八七	
總計					二、七八三三五	

◎義地　義地在縣城東門外馬路轉角處距城僅數百武地約五十畝爲清同治時薩拉齊同知文山公將修城餘欵分作兩部（一）創興育才書院（一）購置義地以作孤魂遊息之所其中除瘞骨地畝外並

小大鉛印局承印

在場內建屋數間以備一時不能葬埋之靈柩停放待運佔用並僱工人常年在場看守劃田數畝爲其養廉設備周全堪稱完善本邑境內自設此義地後凡屬無主孤魂異鄉客櫬均得有所寄託眞可謂澤及枯骨恩被殍民確留無限陰德惟聞此項義地因歷時久叢葬過多以致漸無隙穴前聞商會有見及此乃於民國初年醵集義款在原地之傍續購民地若干畝以便後來者之埋葬斯誠善舉殊値稱道焉

◎按此義地究爲若干畝因無檔册可稽頗難指實右記畝數係據故老所傳如此姑錄之又聞縣城西門外尙有義地一處係由善士所施捨者然細經探究既不知是何年代又不知善士爲何人無法採錄故舍之

選政

◎國會議員之選舉　當民國二年選舉第一屆國會議員時本縣各區人民依照選舉法投票選舉以縣知事爲初選監督投票結果王定圻得票最多當選爲衆議院議員七年選舉第二屆國會議員本區仍照選舉法選出卜兆瑞爲衆議院議員

◎省議會議員之選舉　民國二年第一屆省議會議員本縣當選者爲楊作舟巴文峒二名七年第二屆省議會議員本縣當選者爲趙子讓任秉鈞二名十年第三屆省議會議員本縣當選者爲杜宗預周善謨胡效璞三名

小大鉛印局承印

小大鉛印局承印

卷七 法團

縣教育會

◎同治八年邑創育才書院戊戌政變改革學制之議起思潮激蕩不可挽回翌年光緒十九年議同知清治請准改組育才書院爲蒙小兩等學堂光緒三十一年同知余寶滋甄錄塾師組師範速成班訓之期年畢業分派鄉校執教是時學校增廣教師增多迺于宣統元年由邑紳劉志魁等倡議組立教育會始徵會員繼選會長協助官廳提倡教育兼資聯繫劉志魁任首屆會長置總務調查文牘庶務四股襄理會務會設聖母廟民國元年繼選張樹本爲會長民六再選翟維屏爲會長歷年建議官廳促進文教民十學風丕變邑紳僉議整飭教育改進風化公選丁培基爲會長運籌規劃士子景從並創天足會丁兼會長內置總務文牘講演稽查四股並由各校教職員任講演勸導苦口婆心勵行放足女校學生之年齡較高者假星期日休暇分組輪查先勸繼罰雷厲風行未及一載放足之風由漸普及民十五以經費困窮併教育會附設教育局內形同解散嗣後亦未恢復遂爾中止

縣農會

◎盧匪亂作累年擾攘省遣官軍勦撫軍隊過境者日衆地方供應浩繁於當年籌設農會耑應軍需軍差舉劉志魁長之並於包頭鎮分設交際處委盧安掌之去後劉植五繼任民國十四年包鎮劃設縣治即將交際處撤銷劉堯會務年餘去職楊作舟繼之其後于效仁陳璧張耀相繼任張耀去後縣令改組農

小大鉛印局承印

會爲軍車草代辦處至是名符其實張寶箴任處長張去董海珍繼之仍名農會董於成紀七三三年去職縣令又改農會爲鄉村聯合辦事處擴大組織增强職權任田守信爲處長七三四年再改組復舊名任張步雲爲會長移駐天泰店東院下設文書會計交際等股分辦會務至農會根本設計爲農民謀利益以及改良農業法定事項現正積極整頓邁進中

縣商會

◎清同治年間本邑商旅雲集肩摩轂接懋遷最盛但商情散漫苦乏組織業務進展輒感紛歧遂以糧貨錢當四業爲主組立公行設關帝廟西廡選鄉耆二總領二董其事鄉耆例由錢當業各選一員任之總領例由糧貨業各選一員任之比及民國依法改稱商會由會員公選會長副暨會董領之任期二年民十八改會長爲主席委員制及成紀七三二年復會長制基商會法公選執委十員常務五員監委五員互推正副會長各一員以牛洲瀛楊靑蘭任首屆正副會長七三四年改選以甯天貴楊靑蘭繼任七三五年改選以楊靑蘭升任正會長劉樹德爲副會長內置交際總務文書差務等股入會商號約百餘家會中經費按月照章分由本城入會商民攤出收支年度公佈以昭大信近年縣城商務日臻繁榮商會爲全城商民之結晶體領導保障其責任頗爲重大故略志其要以備異日參証

街公所

◎民國二年本邑轄境劃爲五區城廂屬第一區推菅鉞爲區董辦理自治民五組保衛總團設第一

區併入保衛團十一年第一區公所再由保衛團析出推董海珍爲區長劃城廂爲四鎭各設鎭長副組四鎭公所合併辦公址駐關帝廟東廡迨成紀七三三年依照街鄉制度改四鎭公所爲城內街公所設街長一員置行政庶務二股耑理城廂民戶行政七三六年遷女子小學校前院辦公均仍其舊云

回教總分會

◎回民宗教信仰堅深教民思想行動皆受清眞寺之指導民國二年地方自治創興回衆感覺僅依清眞寺不足以應環境之需要乃集議擬回教俱進會舉先進鄉老馬善元爲會長九年改選王子選爲會長十三年選馬子穀爲會長十四年再選王子選爲會長十六年改稱回民公會舉馬伯祥爲會長十八年改組爲委員制以委員七人組成之推白萬和爲常務委員二十年改選白萬禮任常務委員二十二年改選白楨爲常務委員二十三年改選邸占武爲常務委員二十五年改選邸占威仍任常務委員成紀七三三年改稱回民總分會選馬廉爲會長七三五年改選魏林爲會長置總務主任一員會計一員監事三員委員九員址設禮拜寺巷今仍照常辦理尙無更動云

興亞協進會

◎本年春季邑設巴盟興亞協進會薩拉齊縣支部指導人民生活委邑宰韓公紹祖兼理部事初設萬亨店巷繼遷關帝廟東廡街公所舊址本年夏徵選會員擴張會務成績斐然爲興亞之前衛團體前途尤有無窮希望云

小大鉛印局承印

園盟會

◎溯自成紀七三五年春邑組西北水運公會薩拉齊縣分會設中市街推邑紳董海珍主持徵求會員推進會務旋以經費拮据而去任繼推邑人賀子祥爲其首翌年改稱西北哥老會薩拉齊縣分會不久又改稱薩拉齊縣園盟會推滕占威爲會長鈴木氏贊襄之址移北當舖後院內部刷新會務累有進展

◎謹案舊日法團教農工商以外其他法團集會結社多係慈善性質如道德會等團體是惟近來市面枯榮隨時變動社會消長與世推移有先興而後廢有今盛而昔衰甚至有前爲私組而後爲公開風氣日新時勢非舊民情治理之進步亦可窺見一斑矣除慈善團體已載入社會事業外餘依類分叙

卷八 產業

農業

◎本邑全境人口總數據近年調查統計爲十五萬一千八百九十一人業農者有二萬九千餘戶農民九萬九千二百六十六人約爲全縣人口十分之七、故農業於邑產業中確爲首要佃農人口二萬四千一百七十三人約爲農業人口十分之三耕地一萬八千二百頃既耕者一萬五千九百四十八頃未耕者二千二百五十四頃以氣候寒暖懸殊陰山南北產物殊異山南宜長期農作物如高粱糜黍穀粟等山北宜長根耐寒農作物如莜麥等城廓周邊爲蔬菜區行集約法深耕灌溉施肥培壅其園藝作物多爲山葯（馬鈴薯）白菜蘿蔔玉頭囘子白葱茄子辣椒黃瓜蒜韭菜香菜芥菜曼菁而以山葯爲大宗年產二百萬斤白菜與韭菜質味均佳運銷厚包歷年不尠陰山南麓如水澗溝門麥達召沙圖溝哈只更沙爾沁樓房溝黑麻板中板中氣等村產果樹有檳果夏果（沙果）海棠海紅梨蘋果棗桃李杏葡萄中以海棠海紅桃李杏味甘香名馳遐邇再經濟作物如亞麻（胡麻）功能榨油兼取纖維油作烹調性膠凝而有彈力並可代橡皮之用途然農民耕作多行粗放而不事集約上則地較少固爲環境所限而人事亦未盡得當要爲一因若計上則地與下則地之收量及價格而言其較差至數十倍之多幸近年農作物價漸昂作業漸趨集約農事改進稍有起色前途展望尚未艾焉爰將關於農業重要部分詳列附表用備稽考

（並附播種期間表）

附薩拉齊縣各區耕地等級暨地表一

區別	耕地等級 上則地	中則地	下則地	計	地價（畝） 上則地	中則地	下則地
第一區	五六·五六五畝	四七·二二五	八五·〇九五	一八八·八八五	二〇〇元	五〇元	五元
第二區	二六·五三〇	五九·七〇五	四六·四五六	一三二·六九一	一〇〇	四〇	三
第三區	八四·〇七六	七三·五六五	五二·五三九	二一〇、一七九	二〇〇	八〇	四
第四區	一四〇·六五〇	一六四·〇九〇	一六四·一〇一	四六八·八四一	一〇〇	五〇	五
第五區	一四〇·二八五	一六七·一四〇	二四九·七一七	五五七·一四二	八〇	三〇	三
合計	四四八·一〇五	五一一·七二五	五九七·九〇八	一五五七·七三八			

◎邑地多寒生長季節較短故農作物年僅一熟間有上則水田於麥熟後繼播蕎麥或蔬菜雖可望收究屬少數且常苦旱故水旱田之收穫量頗呈殊異之象天時地利生理攸關農業收成首當注重焉

附薩拉齊縣穀類作物播收時期暨產量表二

名稱	播種期	收穫期	水田每畝產量	旱田每畝產量	備考
糜子	小滿	寒露	九斗	四斗	
穀子	立夏	寒露	一石	五斗	
黍子	小滿	寒露	一石	四斗	

小大鉛印局承印

高粱	立夏	寒露	一石	五斗	
大麥	清明節	大暑	一石	五斗	
小麥	清明節	大暑	七斗	三斗	
莜麥	清明節	大暑	一石	四斗	
蕎麥	初伏	寒露	一石	五斗	
豌豆	清明節	大暑	五斗	二斗	
藊豆	清明節	大暑	六斗	四斗	
豇豆	小滿	寒露	三斗	二斗	
黑豆	小滿	寒露	四斗	二斗	
綠豆	小滿	寒露	四斗	三斗	
黃豆	小滿	寒露	六斗	三斗	
大麻	穀雨	處暑	七斗	四斗	
胡麻	穀雨	處暑	五斗	三斗	
菜籽	穀雨	寒露	四斗	三斗	
玉蜀黍	穀雨	末伏	七斗	二斗	大量種者甚少多作零食

◎近代官書記載全縣農田一萬八千二百頃百頃以上之大地主多在二三四區共十一家餘以二一

小大鉛印局承印

十四頃地把拉盖缸房營子等村天主教會土地甚多僅許教民承租前有中華實業公司曾投資五萬元置地二百餘頃從事墾牧亦爲較大之集團農業嗣該公司以資本不足而停辦繼由縣署接收改爲興亞道場組織主旨以提倡農業實作試驗兼事訓練青年團授以農產新知識至農田領主區爲地主自作農小作農（佃農即小作）綜其實況以自作農爲主小作農爲輔計地之法以二百四十方弓爲畝之單位除水地外旱沙等下則地村中社賬攤欵每以二畝或三畝折扣之田賦亦如之

附表三

區別	地主	自作農	小作農
第一區	一・九八一戶 四二・八六五畝	四・五七九戶 一四六・〇二〇畝	三・〇五三戶 四二・八六五畝
第二區	八七二戶 四二・七一一畝	一、九六〇戶 八九・九八〇畝	一・三〇七戶 四二・七一一畝
第三區	一・五六五戶 五三・〇八七畝	四・一三四戶 一五七・〇九二畝	二・七五七戶 五三・〇八七畝
第四區	二・〇四五戶 一五九・〇二六畝	四・三六五戶 三〇九・八一五畝	二・九一〇戶 一五九・〇二六畝
第五區	一・〇八九戶 二〇四・九四〇畝	四・四一〇戶 三五二・二〇二畝	二・九四二戶 二〇四・九四〇畝
合計	七・五五二戶 五〇二・六二九畝	一九・四四八戶 一・〇五五・一〇九畝	一二・九六八戶 五〇二・六二九畝

附薩拉齊縣農作物收穫量比較表四

名稱	七三五年度 面積估計量	平年一畝收獲量	七三四年度一畝收獲量	總生產量	七三三年度一畝收獲量	總生產量

小大鉛印局承印

糜子	一八、三九〇畝	七·三五六石	四斗	四斗	五九八·〇六八石	四·五斗	六七二·八二六石
高粱	七八·〇四四	四六·八二六	七	六	四七·〇〇〇	三·五	三二·四二七
穀子	五〇·四三八	二〇·一七五	六	六、五	一七·三六八	四	九·三六〇
黑豆	一·八五〇	七·四〇〇	三·五	三	五五五	一·五	三八五
莜麥	二五、一五三	一三·八三四	五	五·五	一一·二四七	四	七·八四〇
小麥	三·三八七	二·〇三二	四·五	四	四九六	四	八九五
大麥	一·九九七	一·一九八	四·五	四	三八八	四	六二七
蕎麥	五·七〇〇	三·四二〇	六·五	六·五	一四·三二二	三·五	四·五〇四
豌豆	四一	一六四	三·五	三	九九	一·七	五六
莅米	二·一四四	六四三	一·二	三	四〇	三	三六
合計	一八七·一四四	一〇三·〇四九			六八九·五八三		七二八·九五六

附薩拉齊縣耕地現度表五

已耕地	一·五九四·八〇〇畝	旱田	一·五八六·〇四九畝
未耕地	二三五·四〇五	水田	八·七五一畝
山林地	二·〇三九·四二〇		

小大鉛印局承印

河川地	五七七·九〇四
荒地	一二·一〇〇·七七一

註；全縣土地面積一六·五四八·三〇〇畝

◎考農作物消耗壤中養料久則某項養料缺乏作物甚難暢茂故行輪耕以復地力亦農業中補救善法堪爲佗山之助

附薩拉齊縣農作物循環耕作表六

作物	年數	作物	年數	作物	年數	作物	年數
糜子	一年	高粱	一年	粟	一年	莜麥	一年
穀子	二年	糜子	二年	高粱	二年	高粱	二年
黍子	三年	黍子	三年	糜子	三年	黍子	三年
高粱	四年	穀子	四年	黍子	四年	穀子	四年
糜子	五年	高粱	五年	粟	五年	糜子	五年

◎農用工具夙襲古器笨重異常功能低減前水利公會擬就現用農具加以改良冀期省工增效惜未實行至耕種動力以牛馬騾驢爲主園藝作物多用人力玆將農用工具列表如左以資改進

小大鉛印局承印

薩拉齊縣農具表

名種	用途	備考
犁	耕地	
樓	播地	有二腿三腿之分
鍬	雜用	
鋤	除草	有大鋤小鋤二種農事初期多用小鋤
钁	園圃代犁	形扁如鍬可深耕
扒子	搭壟	
鐮刀	收獲兼割草	內地運來之柳葉鐮較比本地造者便利
石滾	播種後循行壓實	俗稱拉動
三抓	取肥料用之	
糞杈	撿糞用	
磨	耕後磨地使平	木編
耙	疏鬆膠性土壤	用鐵木合製

◎罌粟原產波斯清光緒時國人播種民國初年禁種成效頗著及民九年都統蔡成勳私開煙禁種者日多妨碍農業民十二年又申禁令十四年復弛禁再種軍政費胥利賴之新政以來特採許可證以爲

小大鉛印局承印

限制寓禁於徵拔本塞源寖絕流毒聊附概數以明實況

附薩拉齊縣罌粟栽培表七

區別	禁煙特稅額	栽培畝數	實際栽培畝數 水地	實際栽培畝數 旱地	實際栽培畝數 合計	每畝收獲量
第一區	六四·五七四元	一六·七〇〇	一·七九五畝	一·二三三畝	二·一二九畝	水三〇兩 旱二〇兩
第二區	八·一二四	一·七八〇	三	七七	八一	同前
第三區	一四四·八〇〇	三七·四〇〇	四·五七七	八三五	五·四一二	同前
第四區	一二四·四〇四	二九·二七〇	二·三二八	二·八一六	五·一四四	同前
第五區	七八·〇一八	一四·七六〇	二九六	一·〇二〇	一·三一六	同前
合計	四二〇·〇〇〇	一〇〇·〇〇〇	九·〇〇〇	五·〇八三	一四·〇八四	三七一·七八七兩

綏遠概況第四章各縣農業概況薩拉齊縣

一農業概況

A 土地所有權之取得轉移及典種永租均以契約行之種租佃農多以口頭期約行之並無特殊情形也

B 全縣農二萬四千餘戶以自耕農爲最多佔全數十分之七佃農次之佔十分之二

C 全縣農作物產量平均每年三十五萬五千餘石以糜穀高粱豆麥蕎麻黍爲大宗糜子每年產十二

萬餘石穀子九萬餘石高粮六萬餘石大小麥莜麥蕎麥共產二萬餘石黃黑豆豌扁豆共產三萬餘石蔴子黍子三萬餘石播種時期莜麥大小麥扁豆豌豆均在清明節收獲時期在大暑高粮穀子播種在立夏收獲時期在寒露前糜黍黑豆播種在小滿前後收獲時期在寒露前每畝產量糜穀黍高粮五六斗大麥七斗小麥莜麥豆類四斗每畝籽種糜黍高粮豆類各一升麥類五升所施肥料完全爲牲畜糞每石價值糜子三元五角穀子三元黍子三元七角高粮三元蕎麥大麥四元莜麥七元小麥九元蔴子五元黃豆七元三角豌豆六元五角扁豆七元三角

D 園藝作物有山葯·白菜·蘿蔔·玉頭·菜·葱·茄子·辣椒·黃瓜·蒜·韭菜·而以馬鈴薯爲大宗產品計馬鈴薯年產量在二百萬斤左右

E 果樹有檳果·夏果·海棠·海紅·蘋果·梨·桑·李·杏·桃·棗·葡萄十餘種全縣共有一萬餘株以桃杏爲最多桃李樹八年長成結實杏樹十年果類均以插秧法種植取林檎子插秧長二三年再取各類果樹嫩芽嫁接海棠海紅生長五年即可結果夏果須六七年檳果蘋果十餘年棗及葡萄均用本身秧條即可長成棗當年結實葡萄二三年所施肥料爲牲畜糞冬宜防凍禦防方法將樹根處挖深用水灌滿約高一二尺結氷則可防凍災開花時畏大風並無防範方法果品以水潤溝門爲最多計有十餘頃沙爾沁美岱爾次之各有二三頃馬留爾沙兎溝白石頭溝黑麻板申等處則十餘畝至數畝不等檳果海棠桃三種品佳味美價値甚昂多運銷厚包各處

二特殊情況

A 縣境二十四頃地把拉盖缸房營子等村教堂土地甚多教民多承租耕種

B 全縣農田有一萬八千二百餘頃百頃以上大地主在二三四各區共有十一家多招佃戶耕種近年荒旱成災各村農田多被他省人購去以故自耕農多變爲佃戶也

C 計地之法二百四十步爲一畝除水地外村中社賬則以二畝或三畝折合一畝

D 農家副產爲釀酒榨油製粉條養雞及養羊工藝作物爲編筐籃及製麻繩多歸自用

E 本縣每年產粮平均約有二十萬石上下以高粮糜子爲大宗黍穀次之

案此概況係民國二十二年刊行雖隔數年尚不甚遠徵往察來俾資考證

商業

◎清初以還晉陝人民以蒙疆饒產牲畜皮毛質美價廉懋遷關內其利豐溥諳蒙語者携載煙茶布糖遊蒙貿易以物易物利尤增重爾後來者日繁遂於邑之善岱沙爾沁鄂爾圪遜蘇波羅盖等村設房駐貿頗具商店之雛形迨廳治由善岱移併建城置守民得安居散處各商逐漸麕集道途寧靖匕鬯不驚日積月纍終成富庶之區與關內州縣無殊焉惟晉商率忻州產勤勞儉樸重私誼輕虛文衣飾舖面素不講求以頂生意析紅利爲奬進之法三年爲期準股配利主要商業多爲踞估以貨糧錢當四行爲幹並組商行印憑帖嵩理商務行政即今日商會之初基比入民國仍無變動及民四冬盧匪亂起城陷被掠四日之

小大鉛印局承印

久商界損失奇重當業受害尤慘乃至一蹶不振繼以政局杌隉變故紛乘商號信用憑帖滯礙不通益以採銀本位廢錢本位國內外匯兌悉任銀行郵局錢業亦相繼歇業市面金融愈加紊亂授受無準時起爭端京包鐵路通車交通暢利直魯豫各商絡繹而至主業洋貨服飾闊綽鋪面整潔頗重宣傳不尙實際民十七八年間邑値大旱糧業受挫市面頓虛後賴輸入穀糧週轉藉資挹注民二十二年省平市官錢局來設分局耑作殷實商號信用貸款金融活動商業漸呈起色然自民九開放煙禁以來本邑夙爲產煙之區官署政費人民經濟靡不依爲泉源且其値尙廉輸出尙少故於商業中地位微薄迨至七三三年春煙價突高營斯業者皆獲厚利異軍突起左右商業利之所在人皆爭趨俗轉風移識者駭汗至七三四年七月經政府統制廢獨資經營設土葯公司集各土商之資本合作收買免却競爭由此前弊盡剔業務入軌市面活潑又望繁榮綜觀城內商業應以糧業、土葯、雜貨等商爲主幹鄉村商業屢告不振僅餘担挑背負零星販賣者奔走長途耳

薩拉齊縣商店比較表

營業別	七三二年商號數	七三二年商號數		七三三年商號數		七三四年商號數		備考
		增	減	增	減	增	減	
糧業	六							
貨業	二四	九		七		三		

木業	九			一		五	
粉坊業	七	一		五			一
造紙業	六			一			一
理髮業	六	一		一			一
皮毛業	四	一		一			二
染坊業	八	一		一			一
印刷業	二						一
乾貨業	二一		四		二		
黃酒業	二	二					一
首飾業	四						一
藥業	六						
製粉業	三七	一		一〇			
山貨業	一〇	二		八			四
生熟鐵業	二六						
磁器業	六						一
中西藥業	九	一	一		一		

小大鉛印局承印

成衣局	一		一		二		
醬菜業	四						
茶食業	一〇						
照像業	五						
屠行業	八	一			一		
糖業	二				一		
傢具業	一						
阿片販賣業	四五	三五					
合計	二六九	五五	六	三五	六	八	一三

歸綏道志薩廳商業

◎土布凡供民間日用之物莫不由張家口殺虎口懋遷而來以茶布爲大宗

◎枸杞產甘肅之甘涼寧夏府屬船路多由薩廳南海子渡口東至托城河口

◎綏遠概況　薩縣商業在民國初葉頗稱繁盛自民四以來十餘年間中經盧占魁之騷擾哥老會匪之陷城或肆行搶刼或勒借軍餉全城商業因以不振民國十八年又遭大旱農村破產商業更形凋敝迄至十九二十兩年農村雖略有收成然亦僅自足惟最近一二年間粮產豐稔除大小麥數量較少僅敷供本地之消費外所有高粱小米兩項尚有盈餘可資外銷故糧商交易頗見活動而其他貨布各業亦因

小大鉛印局承印

之而現轉機矣

附薩拉齊縣物產調查表 民國二十二年

種類	名稱	數量	價值	產地	用途	銷路	備考
農產類	麥子	一〇·〇〇〇石	二五元石	本縣各處	食用		五穀除供本縣民食外有餘裕時尚可輸出
	穀子	一五·〇〇〇石	一五元	本縣各處	食用		
	糜子	八·〇〇〇	一六元	同右	同前		
	高糧	五〇·〇〇〇	一五〃	〃	〃〃		
	麻子	一〇·〇〇〇	七〃	〃	榨油		
	黑豆	一〇·〇〇〇	一二〃	〃〃	食用		
牧畜類	青山羊	三·八〇〇隻	四〇元	大青山	製皮革	絨包	
	磐羊	八七〇	七〃	同前	同前	同前	
絨毛類	羊毛	一五·〇〇〇斤	五〇元百斤	本縣各處	製毡毯	本縣各毡商	
礦產類	煤炭	五一·〇七一噸	一六元噸	大青山	燃料	本地	
藥材	甘草	一五·〇〇〇斤	二角斤	達拉特旗	配葯	河北安國	
	枸杞	一·五〇〇	八角	土默特旗	〃〃	同前	
	蓯蓉	三、二〇〇	四〃	達拉特旗	〃〃	〃〃	
	防風	一·五〇〇	二〃	大青山	〃〃	〃〃	

類	赤芍	一.〇〇〇	一.五角	大青山	同前	同前
	黃芪	五.〇〇〇	二角	同右	〃 〃	〃 〃
皮革類	牛皮	二.二〇〇	一〇元張	本縣各處	製革	天津
	馬皮	一.五〇〇	三元	同前	同前	同右
	羊皮	三.二〇〇	三元	同前	製衣	同右

工業

◎縣雖大邑且在鐵路旁但新式工業尙未發達一因資本家少二闕技術人才故步自封依然守舊僅七三五年秋創設電磨一由農會長創辦製作麪粉七三六年夏縣營織襪工廠一以次仍以手工業爲主不過就地方產料額外加工除毛氈稍有輸出外餘皆自給其中以製鞋業成衣業自行車修理業澡堂理髮業業務稍增獲利較厚足徵機械工業開發增長尙須有待茲就七三四年城內工業近況列表備考

薩拉齊縣工業表

成紀七三四年

種別＼項目	生產 數量	生產 價額	從業戶數	從業人數
毛織業	二.一九七方尺	六.一〇一元	五戶	一九人
鐵工業	一.八〇〇件	一四.四〇〇	一八	八九
木材業	三.四五〇件	一二.〇七五	二三	一一七

小大鉛印局承印

製蔴業	四·五〇〇斤	一·一二五	六	·二〇
製粉業	三八·二〇〇斤	六·一一二	一	四

◎邑鄰游牧之區皮毛工業尚稱發達輸出京津久爲經濟之源爰特列表輯存以作考証

薩拉齊縣皮毛工業表

民國二十二年

品名	單位名稱	年產量	單位時價	運銷地	廠數	備考
栽絨毯	方尺	一二·〇〇〇方尺	一元五角	本地及京津	五	
毛單	方尺	一·一〇〇方尺	二角	同前	二	
絨毛毡	方尺	一五·〇〇〇方尺	四角	本地及各省	三	絨毡每尺四角毛毡每尺三角
毛口袋	條	二·〇〇〇條	一元六角	本地	三	
皮衣	件	三·〇〇〇件	三元五角	同右	五	普通每件約用羊皮三張
皮褥	塊	二·〇〇〇塊	七元五角	本地及各省	三	每塊用羊皮三張
皮革	斤	五〇·〇〇〇斤	八角	本地及京津	七	年產牛馬皮四千張每張以十二斤計合計如上數

◎歸綏道志駝羢駝屜氈之粗者曰達氈以繩縫作花紋厚寸許以護駝脊爲駱駝以水膠羊皮駝馬股之外尖脚尾梢以熬膠胡油運往山西及陝西境薩廳包鎮歲出數百萬觔半銷歸屬半銷黃河運售口內由托縣黑河運至蒲平二府等處

◎綏遠概況薩縣工業數十種唯資本缺乏產量粗陋銷路限於本地加以災歉連年影響營業發達

不易茲將各業現狀分述如下

◎熬鹽業　本縣公積坂有鹽場一座鹽戶五家熬鹽鍋八口工人五十餘名又巧爾氣有土鹽場一處鹽戶三家熬鹽小鍋四口工人二十名其法將地皮鹽土刮聚一處用水加濾溜出鹽水將鹽水以鍋熬之即可成鹽兩處全年產量二十萬斤質較托縣所產稍遜每百斤售洋一元祇准在薩零售不准外運全縣居民十九皆購用之近年鹽稅加重計全年共出正附稅洋四千元鹽戶所得極爲微薄

◎織毯業　全縣有毯房五家工人五十餘名產品通名栽絨毯用以鋪床炕其製法以毛紡織染雜色再用線掛機以毛線織其上全年可產大小一千餘塊除銷本地外行銷本省及外埠約八百餘塊每方尺値現洋一元五角原料出本縣及內蒙各地每斤毛値洋三角各毯房資本微薄營業均不發達本年新農試驗場用美利奴羊毛試織栽絨毯產品較優價雖稍高人爭購買近復擬購機械作大規模之生產

◎製毡業　全縣有毡房四家工人三十餘名產品通名毛毡用以鋪床炕其製法係以簾鋪地上散以毛用水洒濕往復捲壓使之粘結成毡全縣產量共兩千餘塊多行銷縣境每方尺値洋一角五分原料來自本地及內蒙每斤毛値洋二角五分各毯房資本均不過數十元

◎編筐籃業　全縣共有三家工人十餘名以柳條編織筐籃全年出產量數千件悉供本地之用

◎皮革業　全縣共有六家工人六十餘名分白皮房黑皮房二種白皮房專製皮衣黑皮房專製皮條皮帶之類每家資本約有五百元全年出產皮毛一千餘件皮革大小六百餘張

小大鉛印局承印

◎麻繩業　多爲山貨行及農家副業原料取自本地產品亦銷本地

◎造紙業　全縣有七家工人六十名產品通名蔴紙草紙用以製賬簿包貨物全年產量五千餘渠每渠共一百八十張値洋一元次者値洋五角每家資本二百餘元

◎靴鞋業　共有鞋舖五家工人十五名全年產量二千餘雙各家資本一百五十元產品全銷境內

◎鑄鐵業　共有五家工人二十名鑄各種日用生鐵器具各廠資本洋一百五十餘元

◎銀工業　共有六家工人二十名製各種首飾每家資本二百元

◎鋼工業　全縣共有四家工人十餘名專製壺杓瓢等器皿每家資本均不過百元產品行銷蒙古

◎鍛鐵工業　共有二十家工人六十名專造各種刀斧杓匙犂耙鋤等物各家營業尚稱發達

◎榨油業　共八家工人四十八名產品通名胡油蔴油供燃燈及食用製法將胡蔴子炒出磨成油膏入榨榨成油汁原料出本地年可產十餘萬斤每百斤値洋十一元近年油籽缺乏產量大減僅可供境內需用不能遠銷異地矣

◎釀酒業　共五家工人五十餘名產品通名燒酒全年產六萬餘斤

◎熬糖業　共有十二家工人三十餘名通名麻糖以米製成全銷本地每家資本不過百元

◎各業工人除熬鹽等業係僱工外餘均爲學徒間亦少用僱工僱工平均每月工資五元並供膳食學徒無工資僅膳宿而已學徒期間三年或二年不等學成出師與僱工待遇相等勞資尚無爭執師徒亦

極融洽工會組織僅毛織及皮革兩業有之他業均無

◎案概況所載土業各種尚詳確故蒐錄引証以徵本城工界消長之眞相

礦業

◎邑境陰山自西徂東圍繞城北礦產蘊藏甚爲豐富惟以勘查未周且測礦係專門學術本地人才素闕藏量究難確定然露頭綿延最著者如煤鐵石綿土鹽陶土僅就調查所得爰特分志如左

◎煤俗稱有烟者爲炭無烟者爲煤本邑各鑛開採雖逾百數十年因於地形與資本故泥古不變未能盡量開採昔曾運銷厚和市護利頗厚自京包鐵路通車大同煤以成本低廉而暢銷厚市邑煤銷路滯阻近年鑛窰遞減產量尤少本邑燃料猶仰同煤興替之迹概可覩焉

◎童盛茂煤田　北距縣城四十里老窩舖及康包溝之南爲童盛茂煤田屬二疊紀露頭綿接大炭壕童盛茂石匠窰子哈拉溝中保圪素長約三十餘里傾斜六十度係一層煙煤於童盛茂馬地灣附近厚達六公尺固定炭甚多宜煉焦除本縣燃用外尚銷厚和及京津

◎估計平均厚度爲三公尺其儲量爲三千七百八十萬噸

◎楊圪楞煤田　位童盛茂煤田之南自西而東以地質史論可分三部

◎東部　分佈於水澗溝沙鍋窰子谷滿銀店屬二疊紀烟煤長約五十里傾斜由六十度至垂直厚約二公尺若以五百公尺爲可探深度其儲量可達一千萬噸

小大鉛印局承印

◎中部　分佈於谷滿銀店楊圪楞長約十二里屬下侏羅紀傾斜約二十度厚約一公尺半若估定可採深度及五百公尺其儲量約一千四百餘萬噸

◎西部　分佈於五當溝之恒義香房及海流素溝長約十里傾斜五十度平均厚一公尺估定可採深度五百公尺其儲量爲三百萬噸

◎五當溝煤田　地形平坦露頭七層內三層各厚六尺至八尺向東傾斜接巴圖溝煤田因地形平坦宜施新法開採

◎寬甸子煤田　位楊圪楞煤田之南東起寬甸子西經種地窰子至五當溝之乾同會長約三十里屬下侏羅紀傾斜四十度係烟煤可煉焦若厚二公尺深五百公尺其儲量約二千四百萬噸

◎六道壩煤田　炭化程度甚高富固定炭素無烟屬二疊紀燃可經久宜家用因交通險阻運載維艱迄今未能大量開採

附薩拉齊縣煤田概況表

民國二十二年查

煤田名	面積	每月產額	成本	工人數	營業狀況	備考
大楊圪楞	八、九六二公畝	五〇〇噸	二·五元	二〇	旺	
五當溝	二五九	一〇〇	二·五	八	旺	
雜懷溝	八八一	一五〇	二·五	一二	不旺	
巴圖溝	五一九	二〇〇	二·五	一〇	不旺	

大斗林沁溝	七七八	三〇〇	二、五	一〇	〃	
小哈刀害溝（炭水澗）	六六七	三〇〇	二、五	二〇	〃	
衚衕溝						停辦
合計	一二·〇九六	一·五五〇	二·五	八〇		

◎綏遠概況薩拉齊縣北大青山各溝煤鑛開發者甚多其最早者已有百數十年之歷史惟各窰缺乏資本開採全以土法及人工又加近年以來旱潦成災地方困苦以此之故各窰歇業者時有所聞產量既減煤價遂漲往年如公積板及縣城各處炭積如山今則已完全銷出每百八斤値洋一元較前增高至四五倍即歸托等縣亦大感煤炭缺乏

◎各窰鑛面積自十方丈至數百方丈不等合計全面積約四千餘畝平均每小窰日出炭三千餘斤大窰可產萬斤全年共出炭三千餘萬斤各窰資本自數十元至數百元不等二千元以上者亦有數家皆爲獨立營業工人自三五人至百數人不等其中有巴總領班工人之分巴總即技師係包辦各窰工程担任測量預防危險等事領班即工頭率領及指揮工人工作者凡炭窰工人遇發生危險死亡時窰主須尋出屍身給與白布一疋棺材一具葬埋了事不然則須給與相當賠償費此已成各窰中之慣例其中數窰尚有用土法燒煉無烟焦者其製法先將大塊煤炭置大坑中下用柴火燒之上用土埋並澆水燒十餘日即成無烟焦炭每次可出二三萬斤不等各溝年產七八百萬斤價格與大炭相同除供給本地燃用外多

小大鉛印局承印

銷行於鄰縣

◎至各窰運煤道路崎嶇難行由巴圖溝南口進溝約行二十里經窴甸子至童盛茂山崖險峻蜿蜒曲折多有車輛不能通行之處又雜懷溝與白孤子溝交界處爲一小嶺上下約十里不通車輛自五當溝南行漸低兩邊山崖壁立遇春季冰雪融化夏季天雨連綿車亦不能通行大小斗林沁溝在巴圖溝與五當溝之間道路形勢更爲艱險各炭礦交通不便實爲發展之障碍

◎其次各窰皆以土法開採由山坡礦層露頭處向炭礦開一總路高四五尺寬五六尺然後由總路向兩旁開進採下之整塊即由工人背之而去碎末則用扁筐裝運採完一處即塡之以石或碎炭末並向別處挖掘每一工人所採之煤路遠在二三百步者須三人運出路近在百步左右者須一人運出平均每三人日採煤二頓有餘夏季停工四五個月各窰內如遇浸水則用柳條水斗挹入水溝中以轆轤絞出但各窰多在山坡上水量很少

◎案內載煤礦開採情況土法人工運輸銷路及遇危險或水火發生當時處理方法堪供後人明瞭開礦之艱難並工人辛苦之實態故特節錄以備參考

◎一附炭坑位置圖（詳於產業圖內）

附薩拉齊縣炭礦表

成紀七三五年查

鑛業權者姓名	住址	鑛區位置	面積	資本總額	資本實收額	年產大炭量	工人數	備考
楊成成	縣城馬陰陽巷	巴圖溝悅來窰北坡	三三七畝	三・〇〇〇元	三・〇〇〇元	二・四〇〇・〇〇〇斤	二四名	

小大鉛印局承印

杜四	縣城	巴圖溝康下廟渠南坡	二〇四	三二〇	三二〇	一·一二·〇〇〇	二八
馬官旺	同右	巴圖溝寬店子廟渠東坡	二五〇	三〇〇	三〇〇		三
土默特旗公署	厚和市	巴圖溝寬店子北坡	一三〇	未定		六五五·〇〇〇	一〇
冀丑	德隆鄉	巴圖溝寬店子南坡	一三〇	三五〇	三五〇	一·七〇一·〇〇〇	六
潘石金	同右	大斗林沁前塤西溝	一三五	二·〇〇〇	一·〇〇〇	四九一·〇〇〇	七
欒秀禎	同右	阿刀頭溝陽顆苗北坡	一九〇	二一〇	二一〇	四八〇·〇〇〇	六
賈光亮	同右	阿刀頭溝石匠窰子南坡	二五二	一〇五	一〇五	六五九·四〇〇	四
劉圓外	德澤鄉	未詳	一四五	二三〇	二三〇	六五四·四〇〇	一四
左虎	同右	五當溝什拉溝西坡	一二三	三〇〇	三〇〇		三
喬榮	德隆鄉	巴圖溝東坡東溝寬店子	三〇七	三〇〇	三〇〇	四五三·〇〇〇	一七
張榮華	縣城中大街	巴圖溝南圪旦寬店子	一九七	一·三二〇	一·三二〇	三、五七〇·〇〇〇	二四
李文璧	德澤鄉	巴圖溝當中窰灣寬店子	一三〇	三七〇	三七〇	一·五一二·〇〇〇	二〇
王根保	同右	巴圖溝烏黑莫南坡	二五二	三〇〇	三〇〇	二四六·〇〇〇	一二
陳二聚財	同右	大斗林沁溝陽圪棱西北坡	三〇七	二·五〇〇	二·五〇〇		一一
潘銷	同右	大斗林沁溝石灰溝	一九〇	二〇〇	二〇〇	三七八·〇〇〇	七
白虎	德育鄉	阿刀頭溝北坡	二二二	二·五〇〇	二·五〇〇	九四五·〇〇〇	八
張萬有	德澤鄉	阿刀頭溝迷胡渠西坡	一二七	一二〇	一二〇	四五六·六〇〇	一三

小大鉛印局承印

李丑女	德育鄉	阿刀頭溝大淤糊渠西坡	二四三	一四六	一四六	一二四・二〇〇	一七

◎鐵礦　老窩鋪鐵礦位縣屬第三區德澤鄉正北距縣城六十里前據專家翁文灝調査鑛質成分可達百分之五十以上鑛層不厚其傾斜近垂直自頂至平地高九十公尺計儲量爲六十二萬噸與煤田團聚一處似有採冶之價値

◎石綿　衚衕溝麥達溝黑麻板申附近山中皆產石綿以麥達溝者質最佳藴量俱不甚富前禁私採近由大蒙石綿公司開採該公司係於成紀七三四年十一月成立由日京專門技師經理採量日增成績照然

◎土鹽　境內產鹽之區多在北部沿大青山山脈綿亘東西三四兩區如第三區之板申村公積板村第四區之巧爾氣麗家營村等處鹽灘甚多尤以公積板申村南一灘爲最大週圍約十餘里產量頗豐每日出鹽八百餘斤製鹽土法掃積鹽土以水濾之再入鍋煑凝結成鹽如沙糖狀惟因原質不純內含硝城味帶苦澁不甚適口其餘各灘所產數量雖不及前灘之多而原質却較優良然比海鹽及大青鹽則相差尚遠一因產地不同二因熬製不善故耳現在境內三四兩區共有鹽場一十四處每年產鹽一百二十二萬三千四百斤亦爲本縣特產之一所有製法已由鹽業組合研究改善中至鹽業組合之成立係於成紀七三四年四月十五日直屬於榷運總署自組合成立後鹽質益潔已漸掃除墨守之汚點矣

茲將鹽礦及工作產量列表於後以備參考

（鹽之銷售現歸組合統制矣）

小大鉛印局承印

附薩拉齊鹽礦表

所在地	鹽戶姓名	資金	工作日期	每日工資	日產量	月產量	年產量	鍋數	平均每日工作人數	日消炭	單價
巧兩氣村	張鐵柱	一八〇元	四月十日開工至十一月十八日停工	一圓	二〇〇斤	六·〇〇〇斤	七二·〇〇〇	一	五	二五〇	三·七〇
同右	姚心亮	二〇〇	四月十五日開工至十一月十一日停工	一	二五〇	七·五〇〇	九〇·〇〇〇	一	六	二五〇	三·七〇
同右	楊青羅	一七〇	四月二日開工至十一月十九日停止	一	二〇〇	六·〇〇〇	七二·〇〇〇	一	五	二五〇	三·七〇
同右	王五任	一九〇	四月廿一日開工至十一月十八日停工	一	二四〇	七·二〇〇〇	八六·〇〇〇	一	六	三〇〇	三·七〇
同右	霍振先	一六〇	四月十六日開工至十一月十九日停工	一	二〇〇	六·〇〇〇	七二·〇〇〇	一	五	一、一五〇	三·七〇
同右	李來慶	一五〇	四月十五日開工至十一月二十日禁工	一	二〇〇	六·〇〇〇	七二·〇〇〇	一	五	二五〇	三·七〇
同右	任八	一五〇	四月十日開工至十一月二十日停工	一	二〇〇	六·〇〇〇	七二·〇〇〇	一	五	二五〇	三·七〇
同右	霍發小	一五〇	四月十六日開工至十一月十九日停工	一	二〇〇	六·〇〇〇	七二·　〇〇	一	五	二五〇	三·七〇
公積板村	郎里小	四七〇	四月十六日開工至十一月十九日停工	一	六〇〇	一八·〇〇〇	一二六·000	一	一五	八〇〇	三·五〇
同右	陳有功	四五〇	四月十一日開工至十一月二十日停工	一	六〇〇	一八·〇〇〇	一二六 000	一	一五	八〇〇	三·五〇
同右	楊忠	五〇〇	四月一日開工至十一月十九日停工	一	六〇〇	一八·〇〇〇	一二六·000	一	一五	八〇〇	三·五〇
臘家營	任三毛	一二〇	四月十日開工至十一月二十日止	一	二〇〇	六·〇〇〇	七二·〇〇〇	一	三	二〇〇	三·五〇
同右	喬內庚	一五〇	四月五日開工至十一月十九日止	一	二一〇	六·三〇〇	七五·〇〇〇	一	四	二五〇	三·五〇
同右	王懷	一七〇	四月五日開工至十一月十九日止	一	二五〇	七·五〇〇	九〇·〇〇〇	一	五	三〇〇	三·五〇

小大鉛印局承印

◎陶土　縣城東門外里許產陶土設窰五座煉磚瓦年產約一百二十萬塊此外各村尚有小型窰十餘座統計可煉磚瓦二百四十餘萬塊

牧　業

◎本邑地勢高亢水草豐美天成環境宜爲牧區惟自清初移墾阡陌大闢悉域漸展牧地日蹙漢蒙雜處農牧並重壤肥土厚者爲農地山岳或荒磧者則仍牧地農牧互益資爲利藪畜產以馬產最良與阿拉伯種哥沙克種英吉利種並稱於世羊最多就地屠宰供食本地兼運銷京津猪爲農家副產多供年節食用惟以獸疫時起傷種害群土法雖能醫療究難預防隱患至選種互配仍因舊法不知改進近以地方不靖遷徙無恒牧畜事業頗感衰落求過於供價格激增前經新農試驗場近經興亞道場選購佳種設備獸醫試作改進畜種能繁經濟自蘇牧業前途庶幾有豸茲就七三五年暨七三六年調查所得列表如左

薩拉齊縣家畜表一　成紀七三五年

項別／種別	生產數量	生產價額	性別牝	性別牡	備考
羊	五·二五二隻	五七·七七二圓	二·五〇六	二·七四六	
猪	四·六二九口	一八五·一六〇	二·一〇五	二·五二四	
牛	一·四八七頭	一七八·四〇〇	六九四	七九三	
馬	七二六匹	五八·〇八〇	三二一	四〇五	

驢	三八九頭	一一·六七〇	一六六	二二三
騾	二一四頭	一七·一二〇	九七	一一七
駱駝	二三五隻	一二·一五〇	一二〇	一一五
合計	一二·九三二	五二九·三九二	六·〇〇九	六·九二三

薩拉齊縣七三五年度全年畜產生死數目調查表

畜名	飼養戶數	現數	生產數	死亡數	屠殺	備考
馬	一·三四一	一·五五四	二四四	八二	二二	
牛	三·一二一	三·六一二	三五一	一四六	五四六	
綿羊	一·二二九	一二·四四六	一·九九七	六四一	二·三一八	
山羊	七〇九	三·八九七	一·一二六	三四七	一·一一五	
騾	七九八	八七八	一二〇	一六	八	
驢	一·三五七	一·八〇二	一一八	一〇〇	一一	
猪	三·五五二	六·七三七	二·三三九	二一三	二·三〇五	
駝	七六	三六〇	三三	二四	一	
計	一二·一八三	三一·二八五	六·二二八	一·五六四	六·一二六	

◎綏遠概況薩縣設治較早居民以務業爲業大部土地多供耕作一一四各區雖有草灘數百頃而

草不暢茂故無專事牧畜者所有牧畜僅係各鄉村農戶喂養專供耕田挽車或肉食之用現全縣大村百餘平均每村有耕牛三十頭馬騾驢二十頭小村二百餘每村有耕牛十頭馬騾驢五頭合計全縣大小鎮鄉村共有耕牛五千餘頭馬驢騾三千餘匹較前減少在十倍以上耕牛每頭値洋五十元馬每匹値洋一百元騾每頭値洋一百二十元驢每頭値洋四十元較前增加五倍以上沿青山各村莊養猪山羊及綿羊甚多近年亦形減少計全縣現共有猪五千餘口山羊五千餘隻綿羊羊一萬餘隻猪每口値洋二十元山羊每隻値四元綿羊每隻値七元較前增加亦在數倍

◎十八年復於薩縣設立新農試驗場一所從事改良羊種歷見成效近由興亞道場接辦內容重加整理較前愈有進步

林業

◎植樹節之擧行　民國十四年實業部通令規定國內各省每年清明日爲植樹節各地一體遵行本省實業廳以綏區氣候寒冷清明節地未開凍實難植樹乃令行各縣將此典禮改爲清明後十日擧行十七年又改爲穀雨節擧行十八年中央通令全國改定每年三月十二日爲孫總理逝世紀念週亦應擧行植樹式惟本省各縣因氣候關係改於穀雨節倂時擧行所植樹苗尙均成活在本縣每年植樹節日由縣署以下各機關學校全體出動在各城門外擇空曠地點實行植樹工作自經倡導十餘年來境內造林成績有顯著之進展現在鄉村農民自有之小型林場到處森立鬱鬱葱蘢充分表現綠化區域

◎全縣林場及樹株種數　縣轄境內早年並無林場祇大青山朝陽洞旁柏樹坡地方有老柏數千

小大鉛印局承印

株面積約五百餘畝沙爾沁廣化寺近山有柏林約十餘頃森蔚茂密掩映巖壑惟此等林木既非林塲亦非林業且成材者頗少乃爲喇嘛私產因迷信風水不准採伐亦不增植任其自生自滅於農林試驗毫無影響其次縣城西門外官壩上植楊柳數千株雖屬官有因爲護壩故在林業方面亦無關涉至各村農民私人所植榆柳槐楊等樹株隨意分栽參差錯綜無法統計自民十四年始由縣政府在縣城東門外闢地八十餘頃設立第一林塲遍植楊柳四千餘株自是始有林塲之名十九年本縣建設局在縣城西門外收回義地三十餘畝改闢第二林塲栽植楊柳樹苗七千餘株並在塲內築屋二間鑿井一眼僱用工人看守灌溉樹苗多活且甚暢茂二十年春該局復在全縣選擇適宜村莊七十餘處迫令植樹六萬株成活者僅二千餘株茲將關於林業實況詳列附表備查

薩拉齊縣林塲概況表

成紀七三三年至七三六年度總表

樹種名	造林總面積	造林 苗木 面積	造林 苗木 本數	造林 插木 面積	造林 插木 本數	造林地名	造林年度	備考
楊樹	一三〇畝	七〇畝	一二·〇〇〇本	六〇畝	一〇·三〇〇本	本縣城內外及各鄉	成紀七三三年度	
柳樹	一五〇	七〇	一三·四〇〇	八〇	一三·七〇〇	〃	〃	
榆樹	一二	一二	六七〇	｜	｜	〃	〃	
楊樹	一四三	七三	一四·〇〇〇	七〇	一五·二〇〇	〃	成紀七三四年度	
柳樹	一七〇	一一〇	三〇·五〇〇	六〇	一·〇〇〇	〃	〃	

小大鉛印局承印

榆樹	二五	二五	一・二〇〇	—	—	〃	〃
楊樹	二〇七	一二七	二四・〇〇〇	八〇	一三・〇〇〇	〃	成紀七三五年度
柳樹	一四〇	六〇	一五・〇〇〇	八〇	一九・七〇〇	〃	〃
榆樹	三八	三八	二四・〇〇〇	—	—	〃	〃
楊樹	一五〇	一〇〇	一八・〇〇〇	五〇	六・〇〇〇	〃	成紀七三六年度
柳樹	一三〇	一〇〇	一八・〇〇〇	三〇	三・六〇〇	〃	〃
榆樹	七〇	七〇	一二・六〇〇	—	—	〃	〃
合計	一・三六五	八五五	一八三・三七〇	五一〇	八二・五〇〇		

薩拉齊縣林產物價格調查表二

成紀七三五年

種別	尺寸			單價	產地	用途	銷路	備考
	厚寸	寬寸	長尺					
柏木	二	一〇	八	四〇	境北烏拉山	壽材房梲器物水桶	本縣境內	產量極稀山內始有
松木	二	一〇	八	二〇	同前	樑柱門窗桌椅器物	同前	同前
榆木	二	一〇	八	一五	境內各地	同前	同前	產量亦少四鄉皆有
楊木	二	一〇	八	六	同前	同前	同前	產量較多四鄉皆有
柳木	二	一〇	八	七	同前	同前	同前	產量最多四鄉皆有
紅柳條	每捆			五		編成器物	本縣境內偏重農用	即紅柳細條編織各物

小大鉛印局承印

漁業

◎歷來漁業　黃河河流在本縣境內者自西北斜行奔東南約一百五十餘華里沿河居民多以捕魚爲業如八十股黑頭壕金家圪堵高龍渡口等悉爲漁戶村落其捕魚法係用網罟其網約有數種曰交河網曰坡網曰旋網交河網係長條形兩端各用一船漁人立於船頭在河中拉取之坡網形與交河網略同兩端各有數人投網於河然後拉至岸上將魚取出旋網方形係由一人立船頭撒網入河隨後拉起取魚至捕魚亦有定期每年分春秋二季以春分前後爲開河期白露前後爲秋水期每期各捕魚一個月其捕魚地點並不專在河流以內有時沿河兩岸小湖泊中亦可往捕偶當黃河汎濫各處湖泊尤多此等湖泊多爲附近村民據爲私有漁戶捕魚須與之按成均分已成習慣聞在清時每一漁戶每年春秋兩季按季交納二斤以上之大魚四百尾輸納官廳挨戶解送方准捕取否則干涉自鼎革後此等情形始歸消滅近年來沿岸各湖泊多已乾涸產量因亦減少

◎水產種類及銷路　境內黃河所產之魚計有鯉魚棉魚白魚鯽魚數種其中最大者每尾十餘斤次者二斤左右再次者一斤至半斤最小者約四兩歷年以開河時爲價值最高後漸低落至陰歷四五月爲最低期近年開河魚大者每斤二圓餘最低期每斤四五角最大鯉魚每年約產六千五六百斤最大棉魚約產二千五六百斤一斤以下半斤以上各魚約產一千五六百斤最小各魚約產一千四五百斤總計全年各魚產量約一萬二千餘斤平均價值一萬四千餘圓因產量少故全銷于本縣外無其他水產附表存覽

小大鉛印局承印

薩拉齊縣漁業概況調查表　七三五年　月

產地	本縣境內黃河及兩岸各小湖泊中		
魚汛期	分為二期春分為開河期白露為秋水期各捕魚一個月		
種類	有鯉魚棉魚白魚鯽魚數種		
產量及價格	種類	每年產量	每斤價格
	大鯉魚（二斤至三四斤）	六千五六百斤	高時貳元餘低時四五角
	大棉魚（二斤至三四斤）	二千五六百斤	同前
	各種次小魚（半斤至一斤）	一千五六百斤	高時一元餘低時二三角
	各種小魚（四兩以下者）	一千四五百斤	高時八九角低時一角餘
	合計全年產量一萬二千餘斤	全年出產總價值一萬四千餘元	
沿河漁戶及漁船數	沿河村莊七八個漁戶四十餘均在五區及二區界內		
	五區每村有漁船一二隻二區無		
捕獲方法	用交河網坡網旋網手網等具		
銷路	產量無多全消售于本縣		

◎案查舊例凡屬黃河出產魚類水面公用任人網罟並無干涉或取締之限制補益濱河民生誠非淺尠

野產

◎野生飛禽　本縣地居大青山之陽物產豐饒野生之動植各物種類繁多關於禽類約有數十種如石鷄沙鷄半翅雉大鵰鷹鷂雁鵓鴿鷺燕白鴿紅脖藍甸鶺鴒黃胆青雀紅雀黃雀等每年暮春之際紛逐樹林水草飛翔其中自覓生活唯石鷄沙鷄白鴿三種與其他鳥性質稍異並不逐水草飛翔而喜藏於沙窩中非覓食則不出內中各鳥有被捕作食品者如沙鷄雉等肉嫩質鮮別有天然風味有被兒童弋獲飼養以供玩品者如白鴿紅藍甸青紅雀等佳音巧韻尤能百囀如簧至烏鴉喜鵲麻雀班鳩鵓鴿等則隨處飛棲習與人近雖非家禽亦非野鳥孳生頗易城鄉胥是

◎山產野獸及葯材　境內大青山產生野獸以靜山羊爲最有名且爲本山特產他處尙不多見其性耐寒能於嚴冬大風雪時飛奔山頭活潑跳躍其皮毛絨長温暖縫製成裘甚爲名貴次爲盤羊其皮毛不堪製用惟肉可食餘如鹿麅狼狐獾狸等雖有而產量不多獵者偶得隨手轉售虎豹極稀熊絕少至葯材分南北二境南境爲達拉特旗出產甘草肉蓯蓉北境第一區界內產枸杞地骨皮苦草第五區產苦參第三區產大黃他如當歸柴胡黃芪蒺藜天仙子荊芥車前子葶藶蒼耳子蓄畜防風赤芍黃芩等悉產大青山中又杏仁毛桃仁薄荷山豆根紫花蒲公英知母隨地皆生每年運銷河北祁州數量頗鉅亦縣出口貨中之特產附表備考

薩拉齊縣野產物品表

七三五年　月查

類別	名稱	數量	價值	產地	用途	銷路	備考

野畜	青山羊	三八〇〇隻	一隻四〇元	大青山	製裘	境內外	
	盤羊	八七〇隻	一八	同前			食肉
	狼		一隻三六元	境內沿山各地	製衣褥	境內外	數量無多難統計
	狐		三五	同前	製裘	同前	同前
	獾			同前	製褥	同前	同前
	狸		七	同前	製衣	同前	同前
藥	甘草	一五〇〇斤	一斤〇·四〇元	達拉特旗	製葯	祁州	
	大黃	一〇〇〇	〇·四〇	第三區	同前	同前	
	黃芪	一〇〇〇	〇·七二	大青山	”	”	
	枸杞	一二〇〇	三·〇〇	境內各處	”	”	
	地骨皮	二〇〇〇〇	〇·四〇	同前	”	”	
	肉蓯蓉	三二〇〇	一·二〇	達拉特旗	”	”	
	赤芍	三〇〇〇〇	〇·三六	大青山	”	”	
	蒼耳子	一八〇〇〇	〇·三〇	同前	”	”	
	車前子	一九〇〇〇	〇·四〇	”	”	”	
	天仙子	九〇〇〇斤	一斤〇·三〇元	大青山	製葯	祁州	
	荊芥	一〇〇〇	〇·四〇	同前	同前	同前	

小大鉛印局承印

材

防風	一五〇〇斤	一斤〇・七二元	大青山	製約	祁州
柴胡	一五〇〇	〇・四〇	〃 〃	〃 〃	〃 〃
黨參	二〇〇〇	二・〇〇	〃 〃	〃 〃	〃 〃
當歸	一二〇〇	一・七〇	〃 〃	〃 〃	〃 〃
蒺藜	一五〇〇	〇・三〇	〃 〃	〃 〃	〃 〃
葶藶	二〇〇〇〇	〇・三〇	〃 〃	〃 〃	〃 〃
蒲公英	二〇〇〇	〇・二五	境內各野地	〃 〃	〃 〃
知母	一五〇〇	〇・三〇	同前	〃 〃	〃 〃
山豆根	一〇〇〇	〇・二〇	同前	〃 〃	〃 〃
黃芩	六〇〇	〇・三八	境內土旗	〃 〃	〃 〃
麻黃	四〇〇	〇・二五	同前	〃 〃	〃 〃

小大鉛印局承印

小大鉛印局承印

卷九　社會事業

公益

◎公共衞生設施狀況　市內衞生淸潔夙乏設施積習相安因陋就簡商店居民以及街巷對於淸潔概不講求馬勃牛溲狼籍滿地垃圾汚穢隨處成堆冬則風颺塵揚夏則雨淋泥濺眞使人有行不得也之嘆凡此事實人所共睹近自縣政革新地方當局首注公共衞生之重要乃有市內衞生隊之成立內部規定隊長一人隊附一人班長三人隊兵三十一人之組成遂於成紀七三三年十二月開始擔任市內衞生淸潔工作按日分班淸除街巷穢物洒掃路面拉運穢土指導市塲露天攤販市容頓以整潔行人莫不稱羨並在城內各街巷僻靜路隅建築公共厠所滌除舊染煥然改觀倘從茲市民協力保持公共衞生日當進展衞生隊應用工具製有新式土車三輛噴水車一輛至隊中每月薪餉合計五百七十三元歷由街公所商務會分別擔負茲將衞生隊組織薪額列表附考

薩拉齊縣市內衞生隊簡明表　成紀七三五年

職別	額數	薪餉	摘要
隊長	一員	三〇・〇〇元	
隊附	一員	二四・〇〇	
班長	三員	五四・〇〇	每名每月十八元

小大鉛印局承印

隊兵	三	一	四六五·〇〇	每名每月十五元
總計	二	六	五七三·〇〇	商會街公所分擔

◎民衆施療所　靖亞醫院　蒙疆復興以還友邦日本軍施療班隨軍蒞此駐於城內大西街萬恒店巷內專任治療兵士之責附帶施療一般民衆不收任何費用當時班內設備亦尚可觀班長西角貞一兼任醫師並有衛生兵四名夫役數人熱心服務民衆信仰此係成紀七三三年十二月間該班初駐時之概況也翌年三月西角醫師一度隨軍出勤旋復回薩同年六月歸縣直接經管添設暑疫治療科九月改名靖亞醫院又名民衆施療所是時所址遷至大西街路南院落寬敞房屋整齊應用葯品醫療器具均已大量購備就醫人民日見衆多及七三五年九月內部極力擴張修整各部添設病室踏上有規範之醫院設施脫去軍隊施療班之原狀而院長一職即由西角醫師擔任復添事務員一人夫役一人每日就醫人民愈增踴躍純粹施醫完全善舉不論內外科一律治療并附設妓女傳染性病檢驗所檢驗妓女花柳傳染病每月每人收費一元每週檢驗一次凡一切注射開割等手術應有盡有地方衛生裨益匪尠茲將該院組織及現狀設備等項列表以備考鏡

薩拉齊縣民衆施療所靖亞醫院簡明表

成紀七三五年

職別	名額	國籍	摘要
院長	一	日本	
事務員	一	中國	

小大鉛印局承印

公用

◎電燈公司之設立　本縣城內向無電燈之設備自我新政建立始有蒙疆電業株式會社來縣創辦電燈事業地方乃漸入光明之域緣于成紀七三三年先行栽杆繼在東門外馬路旁擇地興工建築發電廠隨由德國訂購(二四〇)及(一〇〇)啟羅瓦特發電機各一座並在城內北大街南頭路北設立營業所迨至成紀七三四年五月正式成立翌年發電廠工程告竣機器運到即於同年十月裝置完齊掛線安燈於七三五年九月十日實行供給電流開始營業於是寂寞古城一掃舊時之黑暗儼成新市之光華燦爛長宵頓成不夜所有市內各街巷均於路旁栽杆裝燈而各機關團體商店居民亦多按月納費分配裝置惟因燈頭過多電量不足時顯暗淡故於七三六年經該公司購換大型發電機業經裝設畢事現在電力加強光度充足滿城用戶靡不愜意云

薩縣電燈公司簡明表

名稱	蒙疆電業株式會社薩拉齊縣營業所
資本	壹仟捌百萬圓 (案總公司計算)
組織	所長一人　事務一人　工務員三人　警備員一人
發電機	(二四〇)啟羅瓦特一座　(一〇〇)啟羅瓦特一座
成立	成紀七三四年五月二十七日

小大鉛印局承印

燈戶	燈數	發電年月日
二九四	七〇五	成紀七三六年九月十日

慈善

◎源善育嬰堂　在本城內關帝廟街路南民國十九年爲混元道信徒組織成立名混元道實係佛教男女信徒卄餘堂內事務悉由首領一人主持署理專收孤苦伶仃無人撫養男女嬰兒僱媪哺乳俟稍長成遇有缺乏嗣息者到堂接洽抱養必須覓保証明實屬作爲自己子女即準領養並由領者酌願捐欵不拘多寡作爲本堂補助藉酬哺養之勞並襄慈善之舉意屬兩全其美餘無佗種手續堂內附設私塾一所係於民國二十三年創辦專招貧寒兒童入塾讀書聘有教師四員分任教授所訂教法初級課本新舊兼用塾規尚嚴故求學兒童頗見踴躍塾內現有學生百餘名均男性年大者十三四歲小者七八歲堂內育嬰現有十餘名以女嬰爲多歷年出入遞增遞減至本堂經濟來源均恃原有善田農產歲入作爲常年挹注素不向外勸募據查育嬰數目平均每年約收一百餘名平日兼印各種善書勸善勸人頗於社會著有相當成績保嬰拯溺之功未可湮沒云茲附嬰兒數目以及現有財產表

源善育嬰堂歷年撫育嬰兒數目表　成紀七三六年十月現在

性別	年度及數目											備考
	民二十年	二十一年	二十二年	二十三年	二十四年	二十五年	二十六年	七三三年	七三四年	七三五年	七三六年	

小大鉛印局承印

男	女	合計
2	75	77
7	1005	1012
	86	86
8	67	75
4	94	98
3	72	75
5	71	76
3	88	91
4	1024	1028
1	71	72
5	43	48

不動產

土房院二所

中下地二頃半

產別

價值共計洋四千二百元

◎忠信育嬰堂　在本城北街俗呼爲北堂前清光緒三十三年開辦主辦者本爲清佛道教規係抱獨身主義與源善之混元道稍異堂內信徒約廿餘專辦育嬰善事其餘辦法與源善同惟無私塾管理堂中事務悉由教首主持平日印送勸善書籍據查每年收育嬰兒約二百餘名隨時被當地人領養者多留堂甚少現僅存女嬰數名其功實不可沒云

◎萬國道德會　在本城東街實一慈善團體於成紀七三三年十二月二十五日成立隸屬於厚和總分會其最高總會則在北京會內組織有正副會長名譽會長理事長監事長理事幹事等名目分任會中事務以上職務悉由普通入會會員中互相推舉公同遴用會中應需經常臨時等費並無的欵僅恃會員之入會費及常年會費然此欵爲數甚微故須仰仗在會中之富足者額外捐助辦理一切慈善事業該會以尊崇孔道爲宗旨不涉迷信平日工作係宣揚中國固有道德及婦女家事教育等項會內附設女子

小大鉛印局承印

小學暨婦女家事講習班各一肄業學生均不納費聘有女教員按照程度分課講授有時北京總會派出職員赴各地分會講演道德原理有益社會實非淺鮮

◎純一慈善社　在本城南街亦爲市內慈善團體之一但係佛教性質而社內則尊奉呂祖兼研佛經其組織有社長副社長等餘爲社員本一地方獨立團體並無統屬社內工作計分五大善舉即、辦學、施粥、放生、濟貧、惜字等除每年冬季放粥春季放生及隨時濟貧敬惜字紙外並設有小學校一處專收貧苦兒童義務教授經費亦無固定之來源正與道德會相仿僅恃主腦者及素封之社友捐助遇不足時由熱心慈善者佈施城市貧苦社會饑寒均受實惠不淺茲將該社所辦小學校暨每年冬季施粥狀況列表於後以彰善績

薩拉齊縣純一善社粥廠本年度放粥明細表

成紀七三五年

類別／月別	食粥男數	食粥女數	需用米數 石	需用米數 斗	需用米數 升	需用柴數 斤	需用炭數 斤	記事
12	七七二	二五	一	五	四	一六一	一〇六五	領粥兒童數在外施衣施錢米數在外
1	一一一三	七六	二	三	九	二八三	一八六五	〃
2	八四七	六〇	二	九	九	二一六	一四〇〇	〃
3	一七一六	四三六	四	一	四	二七九	一八六〇	〃
4	一八二八	一四五二	六	一	四	二七〇	一八〇〇	〃

5	共計
六八六	六九六二
九一三	二九六二
三	二〇
一	四
五	〇
九九	一三〇八
六六〇	八六五〇
〃	〃

小大鉛印局承印

卷十 經濟

金融

◎早年國內各通都大邑流行市面之通貨多爲銀兩與制錢二種銀兩爲主制錢爲輔然此等硬貨行旅携帶殊感不便迨後商人爲迎合一般人之心理乃籌醵資本開設錢莊銀號辦理匯兌發行錢帖流通市場貿遷便利一時趨勢遠及邊疆本縣自不能例外惟據邑中父老傳言謂當淸時咸豐年間本邑一度遭逢水災錢行波受損失至鉅準此而言則本邑之有錢莊最近亦在咸豐以前當無疑義斯時市面流通者銀兩制錢而外即爲各錢莊所出之帖子及屆淸末民初之間城內尙有錢莊二十餘家其字號爲集義和德玉和復義厚義源厚德生永德義昌德和昌公和德永盛和永和慶寶泉泰永興玉德生泰福泰恒福和長福和慶復合泰廣義和義興恒裕通銀號等資本多者一二萬吊（即制錢每千文爲一吊）少者二三千吊不等專營兌換銀兩並代出錢帖子商民交易一律通用如欲兌換銀錢應向原出帖子錢莊隨時兌換民國四年陰歷十一月二十六日縣城爲盧占魁匪攻陷本城錢莊銀號悉被洗刼而倒閉從茲遂成爲歷史之名詞迄今事隔多年內容莫能稽考在銀行倒閉以後一時地面金融陷於混亂狀態後經商務會議決成立一金融所發行流通券其票面以銅元爲本位計分十枚二十枚三十枚四十枚等數種用以救濟市面概不兌現至此地方金融始稍安定而以前各錢莊之錢帖子亦從此絕跡但市面行使者除流通劵外間有中國銀行交通銀行及其他銀行之一元五元等鈔幣惟因無分支行之設立故行使不甚

小大鉛印局承印

通暢仍以流通劵爲主體至十二年春京包鐵路修通風氣漸開凡他省各大銀行之紙幣均隨鐵路交通而流入因是市內亦可週流至十五年地方突遭一度兵變商會因鑒於環境之不安乃決議將流通劵收回銷燬當時市面流通者業有綏遠平市官錢局之紙幣其票面共分十元五元一元及輔幣一角二角五角又有銅元票爲十枚二十枚三十枚四十枚等多種而金融本身則仍以銀兩爲單位迨二十二年全國實行廢兩改圓市面始將銀兩之制廢除以銀圓爲單位同年綏遠平市官錢局派員來薩設立分局於城內大東街新盛店內辦理銀行一切業務內部組織爲主任一人下設文牘會計營業出納各股乃成爲本城內最初官營惟一之金融機關惟當時該局之紙幣已有兌現與不兌現之分其不兌現者係以前所發行舊幣經整理後規定爲不兌現之紙幣每票面壹圓約折現洋四角其兌現者係整理以後新發行之紙幣也至於角票亦同樣分別只銅元票尚可一律使用及二十四年中央交通令全國以中國交通中央三行之紙幣爲法幣廢止現銀圓之使用於是現洋遂成禁品法幣乃流通於各地直至事變爲止境內流通之紙幣仍以平市票爲最多終以新政建立治安確定前項法幣平市等鈔票歷經當道限期兌回禁止通用革舊頒新蒙疆幣制遂成爲一元化此本縣金融界之歷來變遷約撮其要以備異日史實考証云

貨幣

◎本縣通用貨幣始有制錢銀兩錢帖繼有官鈔紙幣（當通行紙幣計有大清銀行察哈爾實業察哈爾興業綏遠省平市官錢局山西省銀行國庫流通劵豐業銀行西北銀行（十四十五兩年中使用）中央中國交通農工等銀行）種類層出隨時演變遂成陳跡及成紀七三二年（民國二十六年）十月

蒙疆奠定新政確立當局爲謀幣制統一起見決將地面通行各種貨幣一律廓清專以蒙疆銀行之法幣規定十足通使當初革新之時市面流通尚有滿洲中央銀行朝鮮銀行察南銀行等之紙幣兼收並用後來政府令將滿洲中央銀行紙幣中之百元者禁止通行其餘各行紙幣亦逐漸收回停用故今流通城鄉僅有蒙疆銀行之法幣計爲百圓拾圓伍圓壹圓等四種外有鋼質渡鋅之輔幣計分伍角一角伍分等三種又有銅質零幣一分五釐等二種復於成紀七三五年發行角票有伍角壹角伍分者三種迨後金融日臻圓活商民日形便利貨幣統一之效亦日增鞏固地方實況於此略見一斑云

銀行

◎本縣城內在事變前僅有平市官錢局薩縣分局遠有銀號錢莊遭盧匪亂早皆關閉故商民遇有匯兌及存貸款項在平市官錢局營業範圍以外者尚須赴綏包兩處辦理至民國二十六年城內平市官錢分局隨事變而終結一時地面即無金融機關翌年成紀七三三年八月八日蒙古聯盟實業銀行厚和總行派員來城設立分行遂於城內中大街新盛店院內租妥行址開始營業專辦各界存貸款項及對外匯兌等務內部組織計經理一員副理一員並會計文書營業出納四股每股設主任一員分任主管職務其營業對象係以糧行土葯行爲重次爲貨行貸款規則係分抵押信用往來透支三種其抵押專以貨物爲限証券契據不收信用貸款則以殷實商店爲限再由其他商店作保倘用個人名義貸款即歸無效至貸款利率抵押者每百元日息三分四厘信用者日息四分往來透支者日息四分五厘存款利率分定期活期及特別三種定期者年息五分活期者每百元日息四厘特別者日息一分近特創辦定期積金貯金

小大鉛印局承印

年息五分統按複利計算自該行成立以來商匯靈活市面振興營業發達蒸蒸日上此爲本縣復有銀行之現狀茲將其成紀七三五年度銀行業務列表備考

成紀七三五度蒙古實業銀行薩縣存貸款項狀況表

存款戶數	存款金額	存款利息	貸款戶數	貸款金額	貸款利息	備考
一九二	六〇二九九一・八〇	二二四三一・二二	二八	六一九五三五・一四	七二一八六・〇四	

錢法

◎清代幣制向以銀兩爲本位而用途習慣多隨晉省爲轉移迨至民國初年猶現以銀爲主體以制錢爲輔是時雖有銀圓但仍須折合銀兩溯清末時每銀一兩調換制錢一千一二百文商民交易零星款項胥以制錢爲本位大宗者始用銀兩其銀兩成色與衡法亦分限制如寶銀紋銀潮銀等此成色之分如本地市面通用之銀平與西公砝平等此衡法之分至於制錢使用法先係每九十文作爲一百後改八十文爲一百定每八百文爲一吊依是例推十吊百吊千吊換用銀兩莫不準此折合故當時銀圓每圓祇換制錢八九百文錢底雖薄通用成習亦無滯礙繼因勢變時移社會習慣逐漸改革本邑舊日之錢法亦隨淘汰而視爲腐跡矣

典商

◎溯本邑典商約分市內與鄉間二種在市內者共有四家分設於東西南北大街市民稱爲東西南

北當舖南街名爲德和成北街名爲源泉匯東街名爲復興泰西街名爲泰恒玉其中年限最久者爲北當舖聞在淸時道咸年間最近者爲東當舖係光緒廿年設立以上城內四家均於民國四年冬盧占魁匪陷城時突被搶劫而倒閉至在四鄉者共有六家計鄂爾格遜沙爾沁蘇波羅蓋毛岱善岱獨力壩等鎭每鎭開有一家亦因環境惡劣隨時賡續倒閉至其業務均係典質衣物與農具每月以三分計息以一年半爲滿期逾期不贖即爲落號將原典衣物准由變賣以抵本息嗣後時代遷移年成荒亂財力疲敝市面空虛典商營業尙無繼起惟有期待繁榮俟諸來日

附新舊度量衡表

新制民國二十四年政府通令實行

舊度量衡表

目別	與生的米達格蘭姆及斤之比較	備考
布尺	一尺合三一·五生的米達	布尺爲綢緞業所使用
裁衣尺	一尺合三二·九生的米達	裁衣尺爲裁衣店所使用
營造尺	一尺合三二四生的米達	營造尺爲建築業所使用
斗升	一斗合二七斤一升合二斤十一兩二錢	爲裝紅糧使用
秤	一斤合六七四五格蘭姆	每斤以十六兩計算

新度量衡表

目別	與生的米達格蘭姆及斤之比較	備考
尺	一尺合三三·三生的米達	現在市面通用之度量衡已劃歸一律
斗升	一斗合二五斤一升合二斤九兩零四分	
秤	一斤合五六六格蘭姆	每斤以十六兩計算

小大鉛印局承印

卷十一　禮俗

◎禮之制源本于夏商大備于周初頒於令著於書百世相循歷久未替洎乎今日邑民歲時伏臘以及婚喪仍多率由舊章依然從古間有趨時士流參用新禮而告朔餼羊猶未盡廢至俗雖變易亦依禮歸因漢民多晉裔携家落戶披荊闢荒近祇二百年間故禮俗相沿當然近晉晉爲漢族發祥之地古風未泯儉樸猶存漸染北來尙能保守邇自交通暢利社會受感外俗舊俗遞更然止城市不及鄉村是以遺傳迄今民俗尙樸

◎方孝孺遜志齋集　行於一人之身而化極四海之內觀於數百年之前而驗於數百年之後者風俗是也故風俗之所成至微也其效至著也所係似小也所由甚大也不可忽也昔者楚靈王好細腰國之人皆約食束脅引而後能起憑而後能立伊川之民被髮而祭智者知其變而爲夷風俗之端可不深察

◎歲時　民國廢止陰曆採用陽曆但歲時節日仍襲陰曆尤以元旦禮儀最隆居民胥於月前備年物製新衣掃屋舍換桃符設神祇除夕燃明燭陳供品焚香楮放爆竹爇旺火淨手口著新衣候交子夜即新歲元旦俯伏跪拜虔誠接神以年中禍福繫焉接神既畢長者受少者拜老者和衣而息闔家老幼歡忭鼓舞與燈光火光竟夜不眠不休早飯後出拜親朋祝賀新年二日天未曉鷄鳴即起接財神如前夕初五灑掃庭屋爲除不潔置塵穢筐香楮爆竹紙人送焚十字路口曰送窮初七忌遠行夜靜燃燈置門檻而引魂俗謂人七(即古人日)初八爲八仙及夕燃糕燈如子孫數跪院心前願子孫恭順勿逆曰祭順心初十

小大鉛印局承印

夜靜於室內屋角燒香設祭謂鼠娶媳婦十四至十六爲燈節名元宵節張彩燈爇旺火二十日小添倉二十五日老添倉（亦名大添倉）晨起焚香祭神畢以灰畫窨於院中儲雜糧晚浮燈水缸祭祀倉官並於米麪器中添置米麵祈豐收焉二月二爲中和節晨起汲井水投制錢（乾隆錢）於桶傾入缸意爲引錢龍即日薙頭取吉曰薙龍頭朝晚供神棗山（年前以麵蒸製用以供神者）曰搬山鄉村城市多於是日扮高蹺演龍燈遊於街巷鑼鼓喧闐觀者擁堵寓驅祛妖邪之意清明前一日曰寒食節古俗不舉火爲紀念晉賢介子推各戶以麵蒸鳥狀（俗曰寒燕）備家小兒零食並貫以線餽親屬小兒剪雜色布爲圓形綴繫寒串載於襟幅年十二乃止亦屬驅邪之意是日携冥鏹冥錢趨祖墳祭掃民國定清明前一日爲植樹節當地以氣候沍寒土未解凍改在穀雨前一日五月五日爲端陽節束五色線於腕間剪紙作蛙蛇鷄蚣蜈等狀貼門首以驅毒蟲懸蒲艾飲雄黃酒食涼糕角粽小兒胸綴布製小鷄含殺害蟲意終日足不出戶曰躲端午七月十五日曰中元節舁城隍巡閭巷祭善惡午後作盂蘭盆會祭孤魂婦女携香楮供物出域外或村外哭祭亡人聲震天地遊觀者衆夕始散八月十五中秋節期前以油糖和麵烙製月餅餽贈親友及夕月將升設香案於庭前貼兎禡於窗上焚香楮燃彩燈奠供月餅瓜果拜祭廣寒仙子暨兎兒爺月高祭訖闔家歡聚飲酒賞月分食供品九月九日重陽節各戶食糕飯後登高遠眺十月一日俗稱鬼日剪紙製衣裳共冥楮上墳焚之曰送寒衣十二月八日爲如來佛聖誕午後起煮豆棗爲粥食粥祭佛前數日接女過臘八留數日歸十二月二十三祭竈是日各家備糖餡夕祭竈神祭畢以糖塞神口入竈焚之願其隱惡揚善降吉祥之意年中除七月十五日暨十月一日爲鬼日不祭神外餘逢朔望必以香楮致祭

小大鉛印局承印

◎綏遠概況歲時風俗編內摘列參考

◎元旦　除夕懸燈綵神前祖先前陳供品多猪羊麵食柿棗果梨堂前供天地供竈神迎門牆上供土地庭前籠柴炭若浮屠夜半爇之謂之旺火富厚之家並舉庭燎鄉黨相見則拱揖口稱過年好他人亦應之曰發財初八日爲八仙節及夕燃燈七盞向空跪拜名曰順心元宵起正月十四日至十六日民家以元宵（麵作食品）祭祖童穉緣旺火烤棗山百工人扮雜戲秧歌龍燈花船燈車之屬游行街市唱俚曲金鼓震天管弦盈耳二月二食水角子曰按龍眼寒食清明前一日人家蒸麵食爲百鳥狀餽親屬家小兒曰送寒燕五月五日婦女折色紙爲方勝貼門窗七月十五日沿河放河燈順流而下燦若列星觀者雜沓八月十五闔家飲酒食賞月謂之團圓人家備月餅互相餽遺十二月二十三日取糖飴製爲鞋底及圓餅形夜靜雜芻豆水穀供竈王前祭竈除夕前數日窗上換新紙着窗花烹肥鮮蒸麵饅首炸油果及期或通亡疏理祭品出門焚之謂之請亡乃返神堂焚香行安神禮禮畢請長者至中堂少者以次叩拜謂之辭歲民國以來多改跪拜爲鞠躬矣

◎蒙民宗教最崇信者爲佛教兼拜諸神及鍾馗大仙晨昏禮叩昕夕敬香此外每屆三月二十一日爲元太祖陵寢大祭（案此祭非太祖誕辰亦非忌辰尤非登極因元代史紀疏於典籍殆難稽考應疑似太祖安寢日爰是紀之以備考正）在舊政時代本祭隨附會期一月京津商販多來互市關於祭事向由「烏」「伊」兩盟合同主持緣太祖陵寢位於伊盟境內（距包頭西南百里之遙）其餘各盟屬於參祭性質祭祀儀序先是喇嘛誦經繼之看陵者入側寢位用黃牛皮覆蔽太祖靈櫬束以皮條（牛皮每年祭期

小大鉛印局承印

一換）意示謹愼維護免人盜啟之義束整後乃行大祭之禮儀極隆重三牲列供哈噠交獻香楮紛焚經樂齊奏祭畢復作賽馬技擊之戲當時宰羊大嚼酩酊醉飲傾囊布施遺畜以貢願償心淨載笑還歸四月十三日七月十三日俱祭鄂博鄂博者或作界標或供神佛祭日乘馬携酒牽羊畢集鄂博獻哈噠焚香楮奠羊牲叩拜畢群作摜交技擊賽馬之戲歡盡當時屠羊共食酒醉歸宿五月十三日例於麥達召有跳鬼之舉法祛災祲魔邪每歲業餘嘗有備牲畜携資財赴五台山朝佛罄囊還願亦有延喇嘛依時誦平安經者或趨召廟而拜佛者

◎土默特志　籌邊舉要疾病災祲多延喇嘛以修禳之出布施錢以供香火盈千累萬不惜

◎土默特志　上元前後三日各家聚石炭於門首累作幢塔狀燃之通竟夜名曰旺火除夕至元旦庭院亦各爇炭取其明也中秋節供陳瓜菓於庭拜月以西瓜茄菜雕鏤作燈燃以紅燭

◎回民以回曆紀年以陰曆紀齡回曆略同陰曆惟不置閏元旦前一月行封齋禮晝禁飲食夜始舉炊如是一月元旦開齋飲食如常開齋節由阿衡領導齊集公共墳園敎長誦可蘭經各出布施助敎會賑貧民以超亡者是日全體回民集清眞寺開聖祭大會敎長爲誦經並述敎主穆罕默德之創敎歷史講畢共進餐年中每日拜主五次每次叩拜多至十次少至四次金曜午復集敎堂沐浴畢向西方遙拜儀如常日耳

◎民俗學云　季節轉換溫帶尤顯航海農事據爲指針不可偏廢（案陰曆之於農時關係最密播種收獲悉準陰曆本邑農家父老歲時耕作仍以陰曆季節指揮子弟循序作業）元史耶律楚材傳山後

民質樸緩急可用

◎歸綏叢話　六月爲踏青之遊男儔女伴備酒食棚幔往山郊賽會頗傷風俗城市居民率多靡費農民勤儉猶有唐魏風

◎同知方龍光稟云寄民多內地人故其時節伏臘皆從原籍風俗鐘觀察上晉撫稟云口外五方雜處客民刁野成習

◎薩廳志草　新正及中秋節後親朋互宴以爲酬酢

◎薩廳鄉土志　民情每因細故微嫌輒興訟獄習俗寖以奢侈

◎五原廳志　蒙古民族接見先問家畜之安否後及家人之安否及臨去告辭離席而出帳幕主人送于數步外示尊敬之意此惟官吏高僧常受此特禮途中遇人各出所携之鼻煙相供以是爲禮

◎婚嫁　城鄉居民多爲漢蒙回諸族因種族不同故婚禮亦異分識如左

◎漢民　婚嫁胥受父母之命媒妁之言昔同姓不通婚今除血族外同姓亦通婚訂婚年無定齡隨家境而遲早其序先請媒妁向女家求婚以紅紙書男女年庚屬相請陰陽生合婚如無忌礙始議采禮數以門第爲準得其允准擇吉換帖是日男家備食盒一盅盛衣服首飾暨羊肉一腿燒酒一壺茶棗核桃大米等四色禮大饃饃四十八枚附采禮若干請媒送女家女家以戒指一枚或綺一端盛帖套中以答之帖各執一爲憑娶之年宜擇「利月」利月以女齡而定前一月遣媒過女家求期得親允許擇日下茶男家備物如訂婚餘致斗米斗麵茶餅暨長命錢二串或二元女家寒微無力嫁女其下茶儀物亦可折價用以招

小大鉛印局承印

待賓客兼製嫁奩曰酒席錢婚期男家搭彩棚設鼓樂請賓客僱喜轎惟窮鄉僻野不搭棚亦不備轎代以驢或車新郎伴郎大客俱著禮服禮帽胸佩喜花新郎肩披紅色綵綢與娶者共進起馬宴畢候女家嫁奩衣櫥是時新郎先拜禮堂堂設天地神紙及祖宗位案置斗中儲五穀樹黃表紙矢橫弓插箭下置刀剪戥鏡前陳供物側列花燭嫁奩衣櫥至分乘車轎鼓樂紗燈前導爆竹連鳴車居中轎殿後向女家進發女家送親者二聞樂聲著禮裝恭立門首男家下車轎行賓主禮延入室奉以烟茶候新娘梳妝齊楚登轎梳抓髻身著催裝外套蟒服腰繫紅帶背負曆書胸佩銅鏡以紅紗掩面作哭泣狀樂三奏由女方近親抱女入轎伴郎亦導新郎出立天地位前由伴郎司儀向岳父岳母及親戚參拜禮畢新郎右膝跪地彼內弟或內侄以金花一對插新郎帽復掛綠色綵綢於肩伴郎即抱新郎入轎女方送親者乘車殿後經繞鬧市返抵家門燃穀草把二分豎門側新郎母即注油其上口中喃喃有詞曰一杓杓兩杓杓明年生個禿撓撓抱孫殷切之意也新轎入院止於紅毯伴郎抱新郎入禮堂選無孕少婦二攙扶新婦出轎施以脂粉啗以氷糖願婦口甜便稱喚焉沿毯向禮堂徐行斯時由親友中擇口齒伶俐而滑稽者一朗誦喜歌淫而不亂手捧小盤中盛五穀楮錢核桃紅棗穀草等物力灑婦首婦俯首縮身抵禮堂夫婦並立合拜天地祖宗禮畢入洞房面喜神喜燈坐一少婦爲新娘拆髻易簪復偕至禮堂拜其祖宗翁姑及親朋親朋必贈以禮錢其數視親疏貧富爲準拜畢開列喜筵酒醇菜香以謝客客或猜拳行令以示祝賀即夕夫婦共進和氣飯對坐守喜燈賓客及鄰里之年少者咸集於斯共鬧洞房語取雙關意近滑稽亦諧亦謔婦含羞忸怩向衆週旋午夜始散而婦端坐燈側徹夜不眠深恐衣帽被盜天明揭其秘也次晨夫婦同車趨謁岳家岳家日待五

小大鉛印局承印

宴夕乃偕歸五日岳家又宴婿女夕復歸八日婦歸母家留七日返謂之住七住八亦有住對月者迨婦生兒女女家親戚皆趨賀男家答以宴自斯雙方親戚凡逢婚喪皆通慶弔續弦與初婚同惟再醮不親迎遣媒携娶價以事不以轎儀禮從簡娶前不通知親友婚後始宴賓客婚事多在深夜恐被族人偵悉額外刁索近年茲風漸寖白晝舉行亦少糾紛也

◎蒙民婚俗　分新舊兩點與漢人雜處城鎮者因濡染漢化婚禮多仿漢俗謂之新禮草原山居者仍本古制（即蒙制）謂之舊禮蒙人新禮中與漢稍異者即是新郎於娶前一日留宿岳家夜間有「問名納彩」（此節在蒙人婚俗中最稱要點）之俗餘禮無殊漢制至於蒙人舊制婚禮雖在本縣草原地帶近亦鮮覯迨皆趨向時俗脫去廢例矣

◎都參領志略　蒙人生子有盡剪髮者有留額門髮一撮者名曰馬髮十二歲到奶奶廟以驢還愿或雜以草後留髮辮曰十二和尙

◎土默特志引籌邊舉要蒙古相見向以哈嗟定婚用幣帛儀謂之哈嗟喜其初似絹尙繡佛像頗雅觀至今已太薄無所用

◎土默特志　引都參領志略婚嫁貼奁裝銀器女十五以上戴笄即滿洲大簪也男年十五比丁之年編入戶籍充當旗差

◎回民婚嫁　儀禮尙簡惟宜恪遵教律議婚時須掌教一暨男女媒妁三與男女家長合議如無家長由其親近代之不以貧富爲依違要以良善爲準則如同意握手爲約並須徵得男女同意倩媒致首飾

小大鉛印局承印

米禮采禮作嫁奩家人不得作他用屆娶期不擇吉日不備鼓樂不親迎備轎迎新婦轎抵門由女之兄弟抱入洞房阿衡及女家長爲之誦經贊聖畢始立婚約（回語米卡）出拜親友張喜筵不飲酒入夕新郎以八句原根（即阿文）詢新婦苟能答禮始成女如離異歸母家守一百三十日可嫁離異而未果者亦得獨宿一百三十日仍爲夫婦回俗女不許外嫁別族男爲婦唯男可娶別族女爲妻禁制綦嚴迄未稍弛

◎謹案薩邑僻處西北風俗尚純男婚女嫁胥聽命於父母其範圍除血族外概可結婚比年風氣稍開新式婚儀間有舉行究不如通都大邑之盛至如摩登士女聲明同居而刪除婚禮者絕對無有佗如童養及指腹爲婚等俗鄉村間亦有之及成年仍行婚禮

◎喪葬　漢人喪葬縟節最多病沉重薙頭洗足氣將絕疊著華服惟忌衣皮毛及佩鐵器氣絕含銀幣或珠玉焚冥楮于炕前焚冥車於門外備魂乘用以餅納袖沿途打狗以麻縛肢枕香仰臥扉上家人方舉哀延陰陽生書偈畫符貼棺側念咒驅邪理棺入殮棺內盛草覆以褥陳屍其上頭枕香旁襯紙蓋棺合停殯舍孝子遵禮成服棺下置罐薦飲食前置砂鍋備祭奠復豎歲頭紙旛於門首紙數如其齡男左女右三日晚孝子跪旛下燒楮痛哭晨昏必祭逢七必奠七七乃止苟犯七剪紙製旗傘植靈週若葬植途次墓週意爲過冥府逮撻便避其下停柩期不定有數日數月亦有至數年者惡臭彌散有礙衛生近經官廳取締此風已殺如窮鄉僻野者仍襲未變擇定葬日訃告親友預備出殯葬前一日開弔祭奠移棺禮堂旁列冥物鼓樂喧闐僧道誦經親友各以饅首十二枚及香楮之屬爲供間亦雜三牲肉品與金銀斗者晝迎祭鼓樂前導將親友餽祭豬羊緞幛挑抬漫游街巷親友乘隨而歸富者晚送燈暨跑五方備燈籠火盆貧窮

小大鉛印局承印

兒挑舁魚貫以行孝子抱持靈牌肖像乘肩輿女乘車男步行鼓樂僧道前趨哭赴城隍廟鄉無城隍廟赴五道廟告廟歸即跑五方方設曠場中樹旛杆孝子繞場急馳施食事鬼施錢濟貧翌日出殯孝子跪靈前焚香稽叩首謂之燒大家紙訖舁棺行棺置扛中扛前繫紼孝子肩引紼懷大供長子或長孫負引魂旛各持出喪棒哭泣而行僧道鼓樂前驅靈居中女乘車殿之嚎啕若歌經鬧市趨墓地以飯一罐置壙側衆扶棺下定陰陽生以羅盤測方位掩以土或封以磚植引魂旛出喪棒於墓前念咒語焚冥物止哭除服而歸孝服忌經門入隔墻擲院中門置涼水盆中沉制錢數如孝子伸手取錢一食饅首片少許乃入行返主安神禮設筵欵酬親友葬後三日孝子哭赴墓地祭奠畢按墓門以鍬修墓使圓嗣後鬼節必祭週年必奠週年亦備鼓樂備祭品知親友三週乃止以三週祭儀較隆如係夭殤或葬塋角或棄郊野孕婦亡須剖腹取胎兒或焚屍破腹出胎兒乃殮而葬否則恐屍幻化爲墓虎噬害人畜迹近迷信未足徵實

◎蒙民近代喪俗略與漢俗差異人臨氣絕時亦備衣衾棺槨之類惟孝子衣黑色服入殮時則延喇嘛誦經死後三日復請喇嘛引魂在舉行儀式前將亡人遺下衣冠贈與喇嘛一襲然後喇嘛肅整所受衣冠誦經超渡引魂西方餘日擇吉卜葬發引時孝子親友皆執紼喇嘛暨鼓樂靈前奏行婦女乘車殿從掩面涕泣靈抵墓地時喇嘛誦經陰陽（即堪輿家）定向安窀穸封壙焚冥器葬後三日孝子臨墓培土並致祭週年亦祭服孝期間中下級戶多居一年或半載上級及官宦之家亦有服孝三年者迨將漸被於漢化也

◎回俗喪葬簡捷男不著衣女著單褲由阿衡以香料湯浴尸裹以白綾或白布停屍牀舉哀死爲家

小大鉛印局承印

長則移柩中堂阿衡誦經畢即以公棺抬葬公墓壙蓋木板植碑銘墓無序次以葬之先後順之孝子晨昏跪墓誦經拜日多至二年半少亦七日死者衣物家人忌服用或贈阿衡或賑貧苦墳地有善惡二處生前行爲端正者死葬善墳行爲不端暨死於非命者葬惡墳意在警行亦勸善也

◎綏遠概況喪事之禁忌亡後三日忌響器入殮忌外人值年屬相出殃按方向粘紅紙開山破土忌年月尅座山及歲破之方仕宦之家並忌斬官日塟日取鳴吠及鳴吠對日並選周堂忌伏日重喪日冲尅亡者及孝子之生命本日在四十九日爲乘凶均忌之

◎謹案薩俗喪禮蒙漢略同回族稍異自含殮及塟分爲開弔告廟出殯圓墓數級階段禮之繁簡則因家之貧富而定大致尚無特殊但世俗務奢間有不量家境徒侈外觀鋪張過甚者未免耗無益之費虛博孝親之名竊所不取如在婚禮更無謂也至於葬時之禁忌雖近迷信趨吉避凶乃人之恒情綜之禮宜從俗從儉能酌乎中而不僭不濫者斯可矣

◎巫醫　中西醫術不能取信於愚民故巫覡乘勢而起彼輩託言神仙附體家設神堂書符畫籙爲人醫病延之者携香楮詣神堂叩拜祈禱恭邀巫覡至家則端坐桌後神即附體預携成藥納置衣巾或含口中亦有診病編方者能施幻術藥突現於座上人既迷信亦不之疑病者心本悲慁冀得神庇心神寬舒有利於病適逢其會服藥而愈亦有時不驗者鄉少醫尤無良醫延巫療病者愈衆苟稍痊猶當施財物還口願且須神治病者婦人尤夥縱然受害亦無怨言愚民無知屢爲蠱惑

◎方孝孺遜志齋集巫自詭善驅鬼物人病立壇場鳴角振鈴跳擲叫呼爲胡旋舞禳之病幸已餽酒

小大鉛印局承印

飲持其貲去死則諉以它故終不自信其術之妄恒誇人曰我善治鬼鬼莫敢我抗惡少慍其誕瞯其夜歸分五六人樓道旁木上相去各里許候巫過下砂石擊之巫以爲眞鬼也且角且走心大駭首岑岑加重行不知足所在稍前駭頗定木間砂亂下如初又旋而角角不能成聲走愈急復至前復如初手慄氣懾不能角角墜振其鈴既而鈴墜惟大叫以行行聞履聲及葉鳴谷響亦皆以爲鬼號求救於人甚哀夜半抵家大哭叩門其妻問故舌縮不能言惟指床曰亟扶我寢我遇鬼今死矣扶至床死膚色如藍巫至死不知其非鬼也

◎謹案項仙裝神爲巫看病者鄉愚迷信固無論矣甚至大家世族老婦少女亦延巫治信仰尤深陋俗相習殊不可解不僅一邑如此塞外各地大抵皆然較庸醫誤人爲害尤烈安得盡如方正學所言以巫誑人之技反以誑害其身所謂以子之矛攻子之盾爲社會除隱害爲棒喝覺斯民則此風或稍殺歟

◎星卜　業星卜者設肆通衢術本周易歧爲諸說凡祿命占卦堪輿星相無不立談以決休咎操術不精取費尙廉惟世風不古閭閻心理不修人事常恐違天故以豐嗇福禍爲問者不斷於市而業此者遂得售其技在當局故爲神其說在旁觀究莫名其妙古云制於天者有必至由於人者有未至天人之道離人事決於天信之者其或在此

◎謹案此種遺俗薩邑城中尙不概見鄉村尤屬寥寥即有多自外來且行止靡常故於社會無影響

◎方言　漢蒙囘雜處日久濡洗已深所操語言胥無隔閡漢多晋裔半近晋音蒙年長者亦諳蒙語惟不習用本邑語系屬北方官語故方言限於一隅茲特將略異名詞語音縷述於後以備職方者之甄考

小大鉛印局承印

◎隱曰圪拉隅曰圪老隆起曰圪堆角曰拐穴曰窟窿巷曰黑浪妻曰老婆夫曰漢父曰大母曰媽祖父曰爺爺祖母曰娘娘或曰奶奶外祖父曰老爺外祖母曰老姥訪問曰摸辦度曰夥計收拾曰拾奪以手比勢曰等想曰捉摹去曰刻添曰抬扒灰曰燒八頭彼此撲跌曰丟交繼子曰帶犢相公曰老五私生子曰圪泡龜曰泥頭鞋曰亥盆曰盛腫曰龐肩負曰惱田膯曰圪梭壓根曰也根此處曰這兒彼處曰那兒以手掩物曰烏硯台曰硯瓦棒曰不浪諂媚曰溜甜婚喪曰辦事筵間人何處去曰那圪呀談話曰烏拉現在曰這活兒過去曰那活兒將來曰道明兒（案以上多係土音語故以同音字代替究本音有此字否尚待深考）

卷十二　生活

衣　飾

◎本縣地居塞外風氣晚開普通衣飾均尙儉樸無論男女多著短衣男子在春秋季節則著黑藍兩色布製襖褲時屆炎夏多著單布褲褂低級社會男女且多赤臂祗穿腰子（形似束胸又似背心）冬季男子皆穿老羊皮襖不加布面（俗曰白碴皮襖）貼身亦穿綿腰子並尙紅藍色頭戴各式皮帽足踏氈窩或厚棉鞋遇有婚喪慶弔酬酢往還始穿長袍亦有套馬褂者鄉村女子尙多纏足穿耳戴環抹粉塗脂紅褲綠袄袴脚緊紮概不繫裙城市婦女漸已改觀剪髮天足短袖旗袍服式摩登佗如上流人物衣冠整潔頗講奢華禮帽皮鞋或兼西服長衫手杖日進文明至衣服所用之材料蔴質洋貨爲多間有絲綢居少數蒙古之服飾在昔不分季節愛穿寬大長袍蒙語呼爲得勒論得勒之顏色男重黃紫女重紅綠冬爲老羊皮夏單秋袷袍男子蓄髮辮戴帽穿靴女則頭戴珊瑚瑪瑙玉石珠串分垂兩肩亦曰練垂手套釧鐲足著皮靴由民元以後服制漸與漢人同無甚軒輊矣至婦女纏足之風蒙人原無此種陋習故體質較健美云耳

飲　食

◎本邑水多鹼性人民飲食殊難講求城市鄉村日常飯食僅糜米穀米莜麵山薯（即馬鈴薯俗名山藥蛋）數種若食白麵（即小麥粉）尙在少數因其既貴且費故食者稀所謂貴者白麵價昂費者因

小大鉛印局承印

需用之佐料過多耳至糜米穀米較前簡省其食糜米之法將糜米置於竈傍罐內再經熱力使之發酵入鍋煮熟而食土名爲酸撈飯本地人均嗜之客籍者頗難下咽若莜麵係蒸食山藥多煮食莜麵尤耐飢故青年苦力嗜此最愜意山藥亦能作菜如炒山藥絲蒸山藥丸烹會菜等尙可口肉類以牛肉爲大宗因其價廉易買猪羊肉則稍昂食法與各地同惟不善烹調劣而無味善用牛羊肉作水餃中下人家待客多嗜此年節尤重視境內蔬菜因土壤與氣候關係種類不繁最常食者葱蒜韭菜菠薐蔓菁白菜茴茴白香菜茴香芥菜等如茄芹荳椒黃瓜紅黃白蘿蔔等甚鮮但屆秋中民居人家必用茴茴白芥菜蔓菁等醃鹹菜以備冬食至蒙人之飲食雖不講求滋味但原料多美於漢人蓋蒙人多以牛羊肉類爲佐食之品飯後飲茶遇有佳賓輒烹全羊乃爲優尙之飡也

◎內蒙紀行蒙人食物全恃肉類以爲生活至於穀類價昂且不易得食炒小米者較麥麵爲多肉食則以乳酪爲主如馬牛羊駝等乳均資以爲食料又有以乳製爲乳油乳皮乳餅等食物肉類烹調亦與內地略同或以水煮或以火烤及至近世肉類之烹調均與內地無異五味俱全食法尤過於內地緣蒙人以肉類爲主食　其烹調法特別精巧食之頗爲適口至於食飯用碗多爲木製以傳熱較緩不致炙手冬日且免凍裂惟近世已不多見矣關於牛乳之飲用更爲普通常見之事亦是蒙人日食養料充足身體多屬健壯無恙

居　處

◎本邑居室平房爲多外形雖簡內頗堅實普通建築不尙高大凡居城市鄉村住宅其建築方式與

小大鉛印局承印

內省不同而牆壁多用土坯壘成屋頂專用泥土抹蓋其形式則前低後高一面出水其格局以北爲正房東西爲廂房或四蓋房爲四合院但房內必有土坑通連高度二尺二三寸通連突出之方形爐竈日常生火既能炊飯兼帶烘坑冬寒利用燃料尤省所用燃料富戶以木柴石炭貧家皆牛馬糞及秫稭至紳商巨室院落軒敞建築材料多爲磚瓦堂皇富麗亦頗壯觀惟一般農民尋常院中兼飼畜牲駝馬牛羊鷄猪同院而居糞便狼籍氣味惡劣亦皆處之泰然蓋於清潔衛生殊少注意蒙漢雜處大致無殊云

娛樂

◎本地民間娛樂向少正當設備既無游覽之公園又無文明之劇院不娛於牧豬奴戲（如賭博葉子戲或新式麻將類）即樂於放蕩閑游風化習俗不無影響城鄉居民猶多晉裔遺風所播土著同化故唯一娛樂酷好秦腔戲劇凡有廟會臨時唱演攷山西梆子原有南北兩路之分晉南演者腔調柔靡傳爲南路梆子晉北演者聲音高亢傳爲北路梆子城鄉舊例四時季節賽社酬神或祈雨還願演唱臺戲北路梆子最爲民衆所歡迎如在郊外演唱爲野臺車馬輻輳遠近觀劇者均高支布幕飲酒歌笑男女雜沓流連行樂興盡始歸近來時代劇變野臺戲少携幕狂飲漸已絕踪此種娛樂亦成弩末佗如京調戲劇或皮簧崑曲或南梆子等地方人民素乏認識之興趣碍難立足動人觀聽至街頭彈絃唱書或講評詞與夫西洋景偶人戲等街巷常有所見爲少年兒童所最歡迎者本年縣署曾在西門內建修公共體育場預備游戲用具以備一般運動者需用茲將兒童娛樂常見數種游戲併述如左以備參考

◎打骨頭　以羊蹄中鎖骨置地上擊之擊中者勝

小大鉛印局承印

◎擲杏核　染杏核紅黑各半面共成六枚擲紅多者勝

◎踢毽子　以雞翅毛數莖穿制錢孔中約之以皮使不脫以足踢之不墮落數多者勝

◎溜　氷　冬令聚行氷上滑而遠者勝

附秧歌

◎本地村落除演野臺戲外尚有秧歌一種似與江淮間花鼓戲異曲同工淫詞浪語引吭高歌通俗傳情誘人頤笑如表隨園詩話中所載女士趙飛鸞閨怨詩句云俗子不知人病嬾挨肩故意唱秧歌是也想見早年秧歌流行南北之實証鄉氓村婦嗜聽成迷農作豐收藉名歛唱甚或晝夜不分連臺弗輟桑間濮上難免趣聞近年以來地方有司慮傷風化並肇事端曾經嚴令禁止演唱衛鄭餘音將成絕響亦鄉村娛樂中之怪象也存以紀實垂爲殷鑒

歌謠

◎從古耕田鑿井擊壤歌興布縷米舂閱牆謠起以至茄花徧地委鬼當頭衢歌突來童謠潛應或關國家之盛衰或關社會之良窳歷代佚存不勝枚述本邑僻居絕塞古傍陰山牛羊低草久傳勅勒之川薇蕨空墟頗尠檮杌之籍舊語難稽漫言蓬埜成謠宛在聊當竹枝爰將當地昔日歌謠略近雅馴者錄出以資參揣

童謠

（一）

小大鉛印局承印

兵丁衙役　苛捐雜稅　逼的農民　日不能安　夜不能睡　有地不賣　終久是害

（二）

男子上學堂　女子去厨房　男子吃肉　女子喝湯

（三）

纏小足　我嫌疼　打一巴掌擰一擰　又流血　又流膿　你說我疼不疼

（四）

大脚好　大脚好　下雨路濘跌不倒　路遠去送飯　湯也冷不了

（五）

眞可怕　眞可怕　怕的叛逆與赤化　叛逆齊打倒　赤化就完了

俚歌

◎讀書苦

人之初　性本善　先生吃　徒弟看　氣的小花狗乾撩亂

◎騎毛驢

紅綉鞋　白高底　脚踏留平地　叫一聲　小女婿　快快被毛驢

紅綉鞋　白高底　脚踏留平地　叫一聲　我的妻　快快騎毛驢

◎新親家

鴉鵲子唧唧叫　誰來呀　新親家快上炕　你家女兒不像樣　頭不梳　臉不洗　衣裳襤了不拆洗　蕎麥皮　黑豆皮　大姐尋下個好女婿　妹妹女婿不爭氣　炕上睡掉下地　老鼠拉了二里地　又是個失笑　又是個氣

遭年景（即荒年意）

（一）

打罷春　天氣轉　春風吹透屋裏寒　妻子凍餒眞可憐　貧者如此富徒然　因遭年景缺乏資源　亦不知道何年才有源源　亦不知道何年才有源源

（二）

提起正月裏　榆樹剝了皮　買高粱二元幾　和上些蒲梨梨

提起二月正　地下消了冰　叫秋鳳拿上鍬　去挖甜根根

提起三月正　天天颳大風　拿上耬不能種　田苗沒一根

提起四月正　下了歸化城　囘口裏多賣錢　度咱們的窮光景

提起五月正　我妻你是聽　女子你帶上去　小子要留根

提起六月裏　天天下大雨　沒燒的沒吃的　拆房燒椽檁

提起七月裏　家家掐耗米　雖然是草籽籽　也是好東西

提起八月正　田苗已長成　人皆看沒收望　工作沒人尋

小大鉛印局承印

提起九月正　天氣又寒冷　買下布沒人縫　傷心又慘忍
提起十月正　雪花亂紛紛　沒娘的小孩子　叫誰來照應
提起十一月正　遍地冷成氷　身無衣肚無食　凍死誰心疼
提起十二月正　新年又來臨　家家團圓賀新春　我自孤獨冷清清　想起了前事情　滿腹淚淹心　眞也苦受盡　勸同胞都注意　不要學我這浪蕩飄流的二油泥人

附土炕考

◎案炕之爲用起於何時尙難稽攷今自長城內外河朔遼瀋凡在北方地帶自富室官家以至窮鄉貧戶其寢處胥以炕製以磚石和土砌成幅寬五六尺或三四尺不等三面連牆亦僅有兩面者多緊連南牕俾易取光炙炭其中藉易取暖漠南風俗莫不皆然倘欲考其創始於何時代究未能確切指明惟正字通北方煖牀曰炕細譯其義仍爲形容詞並非名詞遠稽北方古代居處習俗見諸典籍者固多言牀言灶未見言炕史記燕太子丹與荊軻同牀而寢高士傳管寧隱遼東坐臥藜牀新序宛春謂衛靈公曰君衣狐裘坐熊席陬隅有灶北魏齊民要術臘夜令持椒臥房牀旁足見古人未有用炕者又如漢書蘇武傳鑿地爲坎置溫火水經注邊有觀雞寺基側室外四出爨火炎勢內流一堂盡溫亦屬煖室究非是炕惟舊唐書高麗傳冬月皆作長炕下然溫火馬擴第自叙金主聚諸將共食則於炕上用矮檯子或木盤相接北盟錄女眞錄環屋爲土牀熾火其下寢食起居其上謂之炕就上而觀炕之本體形容盡致似爲北方用炕之緣起然實際自東夷而西來自遼金而中國浸染普及遂成北邊人民習慣再攷詩家題咏亦有道及者如耶

小大鉛印局承印

律文正公湛然居士集內有牛糞火煨泥炕焌蛾連紙破瓦窗明于忠肅公雲中即事詩有炕頭炙炭燒黃鼠馬上彎弓射白狼又朱弁有炕寢詩三十韵宮友鹿有焌炕詩三十二韵語長不備錄然炕在北方確爲多益習慣既能炊食兼可禦寒僅於衛生上稍有妨害危險因人終日炎火薰蒸久輒筋脉弛緩腦氣昏沉惰逸自安易成癱軟南人不慣倘遇夏日不慎土濕交乘偶寢其上尤易染癱瘓之症北人體質發達最强此乃焌炕明徵但遇冬夜炭氣烈騰空氣窒塞究易發生悶斃危險習尙如此尙宜研究改良未始非人民居處之一助也已

小大鉛印局承印

卷十三 宗教

釋教

◎佛教因以印度人釋迦牟尼爲教祖故名釋教其教自漢明帝時流入中國迄今三千餘年深印人民之腦筋中故信奉者甚爲普遍然其教徒果眞出家空門皈戒甚嚴則與普通信奉者異且教中派別紛歧宗法尤夥源流頗長不遑詳述僅以本邑佛教教徒言約爲二種曰和尙與居士是也因口外風氣閉塞之區人民知識簡陋故信奉者甚多但不茹素戒律亦疏茲據調查除一般人民未受教中戒律亦稱爲佛教信徒外特將城鄉境內佛教僧居寺院現有概況列表備攷

薩拉齊縣佛教概況表

教徒類別	姓名	級別	寺院名稱	地址	建廟年月	僧徒數	廟中產業	備考
和尙	清根	住持	關帝廟	城內	雍正十二年十月	不詳	廟院一所	
〃	和悅	〃〃	城隍廟	〃〃	乾隆二十四年七月		同右	
〃	成來	〃〃	玉皇廟	〃〃	乾隆四十八年八月		廟院一所地四十四畝	
〃	永端	〃〃	觀音廟	〃〃	乾隆五十七年八月		廟院一所	
〃	因善	〃〃	財神廟	〃〃	嘉慶二年八月		〃〃〃	
〃	海月	〃〃	關帝廟	溝門村	乾隆二十年		廟院一所水地五畝	

〃	然悟	〃〃	關帝廟	板申氣村	嘉慶元年五月		廟院一所
〃	成通	〃〃	法靈寺	黑麻板村	道光五年三月		〃〃〃〃
〃	三和尙	〃〃	龍王廟	雙龍鎭	乾隆十三年七月		廟院一所地八十六畝
居士	石德純	廟住	關帝廟	沙兵崖村	光緒三十三年四月		廟院一所旱地三畝
修士	劉老道	〃〃	龍王廟	納太村	光緒三十三年七月		廟院一所旱地四畝
〃	趙老道	住廟	〃〃〃	北只圖村	光緒二十年五月		廟院一所旱地四畝
和尙	三和尙	住持	〃〃〃	南二道河	道光十年四月		廟院一所地三十一畝
居士	李儉	住堂	清福堂	麥達召村	民國十七年八月		
〃	王八和	〃〃	〃〃〃	麥達召車站	民國二十一年七月		
和尙	騾駒子	廟住	壽靈寺	麥達召村			廟院一所
居士	孫世廉	堂主	源善堂	城內	民國六年	二十餘	堂院一所
〃	張居士	〃〃	忠信堂	〃〃	光緒三十三年	二十餘	堂院一所地二百畝

道教

◎道教本源自周始以老聃李耳爲教祖抱清靜無爲主義蓋本諸太上道德五千言之經旨也洎後漢張道陵一派突起派別亦繁至唐宋教風特盛煉丹飛符修仙成道玄門內秘各有師傳以迄元明道流迭起步虛靑詞風靡一時及至淸代此風稍殺然宮觀林立遺傳仍衆其教信徒約分兩種統曰道士獨身

小大鉛印局承印

蓄髮持齋住廟傳教者爲清道茹素成家仍居塵市爲人作道場及陰陽生者爲濁道本縣清道士尚不甚多但以教名修道勸善如理門者頗有數所分查附表存考

薩拉齊縣境內道教概況表

廟院名稱	地址	創立年月	廟院產業	廟住姓名	人數	備考
呂祖廟	城內北門街	嘉慶八年四月	廟院一所	本玉	三	焚修派
修眞堂	城內魏家巷	民國二十四年四月	〃	翟國瑞	二	理門派
靜修堂	城內東門路北	民國十八年二月	〃	王斌元	四	仝前
慈善堂	溝門	光緒三十三年五月	〃	呂春元	六	〃
淨心堂	鄂爾格遜	民國二十年九月	〃	郜明宣	四	〃
聚善堂	沙爾沁	民國二十三年一月	〃	陸壽山	八	〃
七聖廟	善岱	乾隆十一年八月	廟院一所 地一頃餘	安明	二	焚修派
清福堂	鄂爾格遜	光緒二十年四月		袁林	七	混元派

喇嘛教

◎喇嘛教原爲佛教之一派十五世紀時由西藏人（宗喀巴）創設名爲黃教傳至明永樂時掌教者爲青海人（達戉呢）及成化十四年達戉呢圓寂由二弟子達賴班禪繼掌教統於是遂分爲紅黃二

小大鉛印局承印

教達賴居前藏掌黃教班禪居後藏掌紅教教中所尊奉者亦爲釋迦牟尼在蒙疆內之喇嘛僧多數爲蒙古人所居廟宇蒙語呼爲（召）所唪經典亦係藏文本縣城內素無住喇嘛僧之召廟惟各鄉區內尙有不少召廟如第三區界內之五當召沙爾沁召第四區之麥達召第五區之里素召等均爲喇嘛教之禪林最大爲五當召有喇嘛數百名次者數十名以至數名視召之規模大小產業多寡而定故喇嘛教之生計多半恃廟中房地產之收入以資修養亦有無產專恃唪經佈施者在前時有官喇嘛每月由國家領給口糧其職位亦分階級最高者爲活佛蒙人呼爲呼畢勒罕亦曰呼圖克圖次爲大喇嘛再次爲格隆得木齊格斯貴以下屬普通喇嘛餘詳勝蹟門召廟中不復錄茲附喇嘛教管轄系統表備考

喇嘛教管轄系統表

活佛

大召廟內賜封有土地廟產印信者曰呼圖克圖否即稱呼畢勒罕爲喇嘛中之職位最高者普通召廟俱無

大喇嘛

一曰札薩克掌印大喇嘛爲一召中之最高行政首領總理一切事務如有活佛則應秉承意旨辦理又曰達喇嘛

格隆

爲喇嘛中之受過戒者

得木齊

承大喇嘛之命管理召中庶務會計等事

格斯貴

承大喇嘛之命管理教務及僧衆執行規戒等事

普通喇嘛

小大鉛印局承印

◎西盟游記載喇嘛廟活佛以次之喇嘛階級甚多摘錄參証

上柱特巴喇嘛	掌印
多泥喇嘛	活佛之近侍傳達號令
漢波喇嘛	齒尊者充之有虛名無實權
達喇嘛	總理廟務
代德喇嘛	王公世子也品最尊貴位置無定
德木齊喇嘛	專司經卷
戈什貴喇嘛	專司清規
蚊子喇嘛	誦經之領袖誦時彼倡衆和
喇嘛	司誦經卷之徒衆
達客爾齊喇嘛	管理佛室
高妞喇嘛	司門戶
外有呢式把	爲活佛之仆侍如王公府之包衣然

耶穌教

◎本縣自前清光緒六年瑞典國協同內地會掀始傳教旋遭拳亂中止及二十九年五月有瑞典國牧師鄂必格者復來傳佈耶穌教乃在城內大西街路南購買民房修建教堂開堂講道信者日衆翌年即

在堂內添設孤兒院收育無辜之嬰兒三十二年購置孤兒院墳地與田地以作堂內之生產民國四年創設育嬰小學校十一年牧師史比善並在東門外建立醫院一處教務日漸發達信教者亦多乃在境內各村添設分堂六處於是男女教友迄今合計有七百六十四人在縣境內有四十年之歷史考耶穌教原爲新教天主教之支流天主教創教在前故名舊教悉源出於基督教以猶太人耶穌爲教祖基督即基利斯督之略稱其義爲救世主以博愛爲教旨以新舊約全書爲經典故其教由猶太而歐洲漸普及於世界前清中葉傳入中國輾轉流傳蔓及蒙境各邑不拜偶像專敬眞神上帝是該教之特徵茲將耶穌教概況附表資考

薩拉齊縣耶穌教概況表

名稱	堂級	教堂所在地	創立年月	牧師姓名	教會產業	教友數 男	教友數 女	備考
耶穌教	總堂	城內大西街路南	光緒二十九年五月	奚文盛 閻貞儒	堂院一所	285	125	
″ ″ ″	分堂	傋門	民國十二年八月	王玉山	堂院一所 水地三畝	96	15	
″ ″ ″	″ ″	蘇波羅蓋	民國十五年六月	武德明	堂院一所	18	41	
″ ″ ″	″ ″	納太	民國二十六年七月	魏光明	″ ″ ″ ″	19	8	
″ ″ ″	″ ″	竹拉沁	民國二十二年九月	周繼虎	″ ″ ″ ″	24	15	
耶穌教	分堂	沙爾沁	光緒三十年二月	林意敦	堂院一所	34	30	
″ ″ ″	″ ″	鄂爾格遜	民國二十年一月	張重義	″ ″ ″ ″	15	9	

小大鉛印局承印

天主教

◎本縣之有天主教堂以第四區缸房營村爲最久考其建堂年代遠在光緒九年次爲銀匠窰村小把拉蓋村等堂自十三年至十九年依次建立再次爲二十四頃地村亦於十六年剏建查前數處皆爲總堂復在各區村鎭陸續設立分堂十九處其規模較大者均於堂內附設學校及育嬰恤老等院每堂有司鐸（俗稱神父）一人主管全教事務凡任司鐸者不論國籍均限獨身其教中宗旨係專敬天主不拜偶像餘與耶穌教大同小異每七日舉行一次瞻禮平時活動範圍頗以有益於社會事業爲天職鄉村愚氓信仰尤深本縣境內原由比國聖母聖心會傳入故主教司鐸多比國籍現有教堂二十二處司鐸二十二人男女佈教師四十四人男教友九千三百一十二人女教友九千二百五十九人各總堂育嬰院所收嬰兒三千一百餘名各附設學校學生二三百名或一二百名不等在本縣境內有六十餘年之歷史亦宗教中最發展之團體也茲將近時概況列表附考

薩拉齊縣天主教概況調查表

名稱	所在地	設教年月	教堂產業	主管人姓名	宣教師氏名 男	宣教師氏名 女	信徒數 男	信徒數 女	備考
天主教	城內大西街	民國二十三年	堂院一所	王學明	王學明	胡羅撒	135	115	
〃	四區麥達召	民國元年五月	〃	秋文華	秋文華	張瑪麗	919	719	
〃	四區陶思浩	民國二年五月	〃	賈樹棠	賈樹棠	胡瑪麗	549	455	

〃	四區何家圐圙	宣統二年八月	〃	白德明	白德明	李瑪爾達	321	715
〃	四區任三窰子	宣統三年六月	〃	南韋廉	南韋廉	孟加達利納	534	472
天主教總堂	四區缸房營子	光緒九年三月	〃	那廣義	那廣義	王加達利納	752	649
天主教	四區葛家營子	民國十年八月	〃	雷恩義	雷恩義	田瑪利亞	407	513
〃	四區小韓營子	民國二年九月	〃	郭安民	郭安民	胡瑪利亞	375	225
天主教	四區蘇波羅蓋	民國三年六月	堂院一所	張昇文	張昇文	王亞加達	339	28
〃	四區三間房	成紀七三三年八月	堂院一所	張昇文	張昇文	劉瑪利亞	197	096
〃	四區巧爾氣	民國十九年二月	〃	那廣義	那廣義	薛巴爾巴拉	27	183
〃	四區廟營子	民國八年八月	〃	樊守信	樊守信	韓瑪利亞	45	37
〃	四區三眼井	成紀七三三年七月	〃	南韋廉	南韋廉	盧瑪爾達	203	83
〃	三區鄂爾格遜	七三三年二月	〃	周敬亭	周敬亭	韓亞加利亞	260	150
〃	三區大巴拉蓋	七三三年四月	〃	德安民	德安民	馮瑪利亞	150	110
天主教總堂	三區小巴拉蓋	光緒十九年	堂院一所 旱地三十頃	德安民	德安民	馮瑪利亞	998	1 00
天主教	二區五犋牛窰	光緒三十年	堂院一所 旱地二十頃	華世超	華世超	柳瑪達利達	500	522
〃	二區銀匠窰子	光緒十三年	堂院一所 旱地二十頃	艾士蘭	艾士蘭	杜瑪利亞	417	528
天主教總堂	二區廿四頃地	光緒十六年	堂院一所 旱地三十頃	陶德模	陶德模	聶瑪利亞	1200	732
天主教	五區善岱	西歷1899年三月	堂院一所	郝道賓	郝道賓	魏瑪利亞	98	25

小大鉛印局承印

〃	五區雙龍鎮	西歷1898年七月	〃	梅東曼	梅東曼	李公斯地納	89	35
天主教	五區南二道河	西歷1901年二月	堂院一所	惠崇德	惠崇德	閻瑪利亞	59	12

回教

◎考回教即古之伊斯蘭教又名清眞教本起源於西域我國自秦漢時屢有事於西北邊疆故其教傳入中原亦最早遠在隋唐歷漸廣佈大陸都邑其教中所奉之穆罕默德並非教中始祖乃係繼（爾薩聖）之後復宏教統之先覺者教徒因其闡前聖之精微道集大成故奉爲教主其教義略與天主基督兩教同旨亦主崇拜眞宰不拜其他偶像而其教規最重清潔禁食豕肉不與外教人結婚凡在教民多處即建有禮拜寺內設殿堂皆西殿東向每日教徒輪往誦經每週作主麻兒一日（即禮拜之意）主持事務者曰阿訇一曰阿洪所誦經典曰可蘭經均伊斯蘭文字常住寺中教徒亦似佛教中之修行性質教民則係普通之居民矣惟團結力强信教觀念極堅爲旁宗教所不逮耳

薩拉齊縣回教概況表

名稱	寺院	所在地	建立年月	寺產	阿訇姓名	寺徒數 男	寺徒數 女	教民數 男	教民數 女	備考
回教	清眞寺	城內觀音廟街	乾隆四十七年二月	寺院一所 地一頃	蘇瑞祥	8		648	574	

◎隴西瑣記回教禮拜寺曰清眞管理寺內之人皆曰掌教等級凡四（一）曰阿洪位最高食俸亦多由衆選聘三年一任職司講經勸道維持秩序室懸教鞭二教友犯規者得懲罰之（二）曰孩提卜（

小大鉛印局承印

即二掌教）爲寺中之住持世襲回替職司婚喪爲人証婚簽押例有酬謝爲人浴屍入殮及超渡則死者生時衣服悉歸之（三）曰木安伊（四）曰伊馬木均世襲一職司率衆誦經及贊主文一則於祭祀喪葬用牲時主屠宰阿洪收教學生名海理拜專研究阿剌伯文及回經預備作阿洪爲目的

◎寺中禮節每日禮拜五次寅曰晨禮午曰晌禮申曰晡禮酉曰昏禮亥曰宵禮統稱曰納瑪茲又有聚禮七日一次教友潔身沐浴咸聚寺中誦經禮拜謂之主瑪禮拜時面必向西是日貧苦者於左近向人乞錢口稱「主瑪焉天」意即禮拜日宜施捨也

◎回教仍用回曆以太陰爲主歷十二晦朔爲一年不置閏每年中齋戒一月爲之齋月教中人赴寺禮拜較常日多自齋日起至開齋止晝禁飲食必日落星燦始敢受餐齋月二十七或二十八日蓋得雷傳教祖於是夜乘騎昇天因以是夜爲聖節回族人家家燃燈徹夜不寐如漢人除夕然初見月之日（即古曆初二初三）謂大開齋是日過年男女老少皆著新衣往來拜節並赴寺中禮拜人衆至不能容其熱烈情況亦如漢人新年氣象

◎又據回教中深於教理老者言回教不食豕肉原由祖先之遺傳其道理以爲人皆有志氣物亦當然如馬侮之則踢犬侮之則咬牛羊侮之則牴觸獨豕犯而不校毫無自衛能力且濁亂無比故教祖穆罕默德當年講經以豕爲喻遂於經典囑教徒戒食之細思其言頗有哲理諒非盲從耳

卷十四人物

◎方志之紀載人物始倣於越絕書華陽國志及習鑿齒襄陽耆舊傳劉義慶徐州先賢傳出郡邑人物世愈尊重至陸廣微吳地紀兼述人物故事陽休之幽州古今人物志另列題目後人因襲沿用遂開方志人物列目之先例本縣境自秦漢以來列入版圖迄至清代轄地尤闊合今包頭安北五原臨河東勝並武川西部統隸範圍雖後屢被劃分而在當時脫穎人物起自田間自屬不尠所謂蕭曹不假詩書李杜不由科目他途發跡亦有錚錚者惟因烽烟未靖戎馬倥傯書成迫促文獻無徵往昔人物礙難搜備茲就晉省通志歸綏道志各旗志及查詢所得者或題名或以品學爲依歸泯男女之界限分叙於左以資矜式而備徵攷

仕宦

姓	名	別號	籍貫	官職	任職年月
蔡	儁		廣甯石門人	尚書令司空	齊神武間
韓	賢	普賢	廣甯石門人	尚書令司空	齊神武間
任	祥	延敬	廣甯人	尚書左僕射進開府儀同三司	齊神武間
潘	樂	相貴	廣甯石門人	太師大司馬尚書令	齊神武間
皮	景和		廣甯石門人	尚書令	同前
韓	軌	伯年	太安狄那人	中書令司徒	同前

小大鉛印局承印

斛律光擧		太安人	大都督東夏州刺史	齊天平間
可朱渾元	道元	原遼東人	車騎大將軍	齊高祖時
姚兕	武之	五原人	忠州防禦使	宋神宗時
姚麟	君瑞	仝前	開府儀同三司	仝前
馬陞	級之	駐包	大同總兵	淸同治六年
周召棠		原籍忻州後移家縣城	知府銜候補同知同治間爲修城池練勇捐三千金	
王衿五		原籍保德州寄包頭鎮	光緒丙子科擧人和順縣教諭	
安廷芝	瑞齋	本縣	陝西安定縣典史捐升同知候選	
張齗		包頭鎮	加五品銜候補州判	
張命申		原籍代州移家包頭鎮	候銓訓導	
劉志魁	子元	第五區保同河村	包頭巡檢	民國元年二月
李永德	輔臣	第三區土合氣村	佘太鎮巡檢	仝前

軍職

姓名	別號	籍貫	官職	到任年月
玉祿	鼎臣	駐薩	騎兵團長	民國十年
滿泰	子舒	第三區鄂邇格遜村	綏遠護理都統綏西鎮守使	民國十六年九月

小大鉛印局承印

劉聚章	會文	第五區大岱村	綏遠警備第一師師長	民國十六年九月
張萬順	景春	縣城內	晋軍步兵師長	民國十七年四月
都格爾札布	昶玉	第四區麥達召村	清右翼六甲參領候補副都統	光緒二十九年
馬良	致遠	縣城內	晋軍步兵旅長	民國十七年四月
周生		縣城內	晋軍步兵團長	民國十七年四月
石海	子榮	第二區二十四頃地村	熱察綏招討使署游擊司令	民國十七年七月
侯斌成	憲章	第四區東莧梁村	綏遠騎兵第三團團長	民國十一年四月
劉繼漢		第三區土合氣村	晋軍步兵營長	民國元年一月
薄中福	政甫	第五區雙龍鎮	晋軍步兵營長	仝前
王耀宗	肯堂	包頭	晋軍步兵團長	仝前
李士元	棟臣	包頭	國民第三軍騎兵旅長	民國十五年七月
黃根成	濟川	第一區海子村	第三十一軍騎兵旅長	民國十六年二月
雲繼先		第四區麥達召村	蒙古聯合自治政府保安隊少將隊長	民國二十一年一月
馬驥	致遠	第二區竹樂沁村	綏遠警備第一師團長	民國十六年九月
馬鈞	子衡	縣城內	國民第二軍騎兵營長	民國十五年　月
察克都爾色楞		縣屬掌蓋營村	土默特旗右翼六甲佐領	清光緒年間
札拉芬		同上	同上	民國十年

晋福	梅五	麥達召村	歷克團長佐領等職	民國十四年
默勒根巴圖爾	壽亭	掌蓋營村	歷充軍需處長教育署長土默特旗總管保安廳長巴盟副盟長世管佐領	成紀七三一年至七三六年仍任副盟長
巴奎炳	奎炳	沙爾沁村	世管佐領	世代相傳由乾隆年間
多爾計	玉亭	陶思浩村	同右	同右
滿納生	治邦	鄂爾格遜村	公中佐領	民國二十四年
殷德賀	潤庠	麥達召村	參領	民國八年

附傳

◎蔡儁　廣寧石門人父普守五原有功拜寧朔將軍卒贈燕州刺史儁豪爽有膽略齊神武微時深相親附神武謀誅杜洛周儁預其計事泄歸尒朱榮從入洛又從破葛榮平元顥封烏洛縣男隨神武舉義平鄴破韓陵並有戰功進爵侯出爲齊州刺史爲政嚴暴然亦明解吏人畏服之性好賓客頗稱施惠天平中卒於揚州刺史贈尚書令司空公謚威武齊初祭其墓皇建初配享神武廟廷　晋通志

◎韓賢　字普賢廣甯石門人壯健有武勇爲尒朱度律帳內都督封汾陽縣伯後爲廣州刺史及神武起義度律以賢素爲神武所知遣使徵之賢不願出乃密遣群蠻多舉烽火若有寇至使者遂爲啟得停賢乃潛通誠於神武後拜建州刺史天平初歷洛州刺史州民韓木蘭等作逆賢擊破之親自案檢收甲仗有一賊窘迫藏於死尸之間忽起斫賢卒贈尚書令司空子裔嗣　晋通志

◎任祥　字延敬廣甯人伯父桃太和初爲雲中軍將祥隨之因家焉少和厚有器度初從葛榮榮敗

先降拜廣甯太守賜爵西河縣公隨齊神武起兵封魏郡公後兼尚書左僕射進開府儀同三司位望既重能以寬和接物人士稱之及斛斯椿釁發棄官歸神武天平初拜侍中遷徐州刺史梁遣將寇邊祥破於北濟陰又破之單父在州爲政不殘禮敬人士不爲民所疾苦潁川長史賀若徽附西魏祥戰失利還與侯景高昂共攻拔潁川元象元年卒贈太尉公錄尚書事子胄天平中爲東郡太守 晉通志

◎潘樂　字相貴廣甯石門人本廣宗大族分鎭北邊因家焉父永有技藝襲廣宗男樂寬厚有膽略葛榮敗隨尒朱榮爲別將討元顥就封敷城縣男齊神武出牧晉州引爲鎭城都將後從破廣阿進廣宗縣伯累以軍功拜東雍州刺史神武嘗議廢州樂以東雍地帶山河境連胡蜀形勝之會不可棄也遂如故後從破周師於河陰議追之令追者在西不願者東唯樂與劉豐居西神武善之以衆不同而止改封金門郡公文宣嗣事鎭河陽破西魏將楊檦等時帝以懷州刺史平鑒等所築城深入敵境欲棄之樂以軹關要害必須固防乃修理增置兵將而還還鎭河陽拜司空齊初進河東郡王遷司徒周文東至崤陝遣其行臺侯莫陳崇從齊子嶺趣軹關儀同楊檦從鼓鐘道出建州陷孤公戍詔樂總大衆禦之樂晝夜兼行至長子遣儀同韓永興從建州西趣崇崇遂遁又爲南道大都督討侯景樂發石鼈南度百餘里至梁涇州涇州舊在石梁樂獲其地仍立州又克安州地除瀛州刺史仍略淮漢天保六年卒於懸瓠賜假黃鉞太師大司馬尚書令子子晃嗣沈密謹慤以淸靜自居尚公主拜駙馬都尉武平末爲幽州道行臺右僕射幽州刺史周師將入鄴率突騎數萬赴援至博知鄴不守詣冀州降授上開府隋大業初卒 晉通志

◎皮景和　廣甯石門人初以親信事神武除庫直正都督天保初授通州刺史每以戰功累遷殿中

小大鉛印局承印

尙書侍中景和兼長吏事性識平均武平中恒令案覆詔獄據理執正由是過無枉濫後除特進封廣漢郡公還領軍將軍琅琊王殺和士開兵指西闕請後主出千秋門自號令事平除尙書左僕射陳將吳明徹寇淮南令景和拒之除領軍大將軍封文城郡王平陽人鄭子饒詐設齋會用米麥不多供贍甚廣密從地藏漸出餅飯愚人以爲神見信於魏衞間潛渡河聚衆數千號長樂王破乘氏縣景和遣騎擊破之生擒子饒送京師吳明徹圍壽陽與賀拔伏恩救之他將多傾覆唯景和全軍而還除尙書令武平六年卒贈太尉錄尙書長子信機悟有風神位開府儀同三司武衞將軍勳貴子弟中稱有識鑒降周授上開府軍正中大夫隋開皇中卒於洮州刺史 晋通志

◎韓軌　字伯年太安狄那人志操深沈喜怒不形於色神武鎭晋州引爲鎭城都督及起兵於信都軌贊成大策從破廣阿又從破韓陵陣封平昌縣侯仍督中軍從破赤谼嶺再遷秦州刺史甚得邊和神武巡秦州欲以軌還仍賜城人戶別絹布兩匹州人田昭等七千戶皆辭不受唯乞留軌神武嘉歎乃留焉頻以軍功進封安德郡公還瀛州刺史御史糾劾削除官爵未幾復安德郡公歷中書令司徒齊初封安德郡王謙恭自處不以富貴驕人後拜大司馬贈卒假黃鉞太宰太師謚曰肅武皇建初配享文宣 晋通志

案太安廣甯諸郡據地形志並屬朔州本漢五原郡魏所建懷朔鎭也詳本縣沿革中

◎斛律羌舉　太安人少驍果從尒朱兆兆破乃歸神武神武以其忠於所事亦加嗟賞天平中除大都督從戰沙苑羌舉白黑獺若欲固守無糧援可恃今揣其情欲一死决有同猘犬或能噬人且渭曲土濘無所用力若與不戰徑趣咸陽咸陽空虛可不戰而尅拔其根本則黑獺之首可懸軍門時諸將議有異同

小大鉛印局承印

遂戰於渭曲軍敗績後封密縣侯爲東夏州刺史卒贈儀同三司子孝卿嗣密縣侯 晋通志

◎可朱渾元　字道元先世遼東人曾祖護野肱爲懷朔鎮將遂家焉元寬仁有武略少與齊高祖相知初孝武帝時爲渭州刺史元旣早爲高祖知遇恒表疏與高祖往來周文帝有疑心元乃率所部發渭州西北度烏蘭津歷河源二州境乃得東出從靈州東北入雲州高祖聞其來遣平陽守高崇迎之至晋陽引見執手賜帛千匹幷奴婢田宅其兄弟四人先在幷州者胥進官爵所部督將皆賞以爵邑封元縣公除車騎大將軍從討西魏擒金祚皇甫智還幷州刺史天保初封扶風王顯祖時屢立戰功遷太師卒 晋通志

◎姚兕　字武之五原人父寶戰死定州兕補右班殿直爲環慶巡檢一矢斃夏酋夏衆潰遂破蘭浪夏圍諸砦兕時駐荔原堡先羌未至據險張疑兵伺便輒出有悍酋甚武射中其目斬首還一軍驩呼明日攻益急兕手射數百人裂指流血又遣子雄引壯騎馳掩其後所向必克敵乃退攻大順城復往救轉鬬三日斬級數千卒全二城慶軍叛以親兵守西關盜奔兕追及下馬與語皆感泣羅拜誓不敢爲亂神宗聞其名召入覲試騎射屢中的賜銀槍袍帶還都監從鄜延涇原從攻河州飛矢貫耳戰益力河州旣得鬼章圍之兕曰解圍法當攻其所必救乃往擊隴宗圍遂解累遷皇城使進鈐轄從攻交趾有功領雅州刺史破乞夷領忠州團練使進副總管還東上閤門使徙熙河與种誼合討洮州破六逋宗城夜斷浮橋援兵不得度遂擒鬼章眞拜通州團練使卒於鄜延總管贈忠州防禦使兕事母孝凡圖書器用皆刻仇讐未報字力學兵法老不廢書尤愛顏眞卿翰墨曰吾慕其人耳與弟麟號二姚

◎姚麟　字君瑞從兄攻河州中矢透骨鏃留不去以彊弩出之笑語自若積功至皇城使爲秦鳳副

小大鉛印局承印

總管從李憲討生羌擒冷雞朴再轉東上閤門使英州刺史元豐西討以涇源副總管從劉昌祚勝於磨哆隘轉戰向鳴沙趨靈州而高遵裕敗降皇城使永興軍路鈐轄復爲涇原副總管夏乞蘭會麟言秉常不廢即爲順命可息兵矣獨蘭會不可與願飭邊備示進討之形以絕其望從之督諸將討堪哥平經略使盧秉上其功賜帛六百匹祐初擢威州團練使龍神衛四廂都指揮使歷步軍殿前都虞侯步軍馬軍副都指揮使紹聖三年以建武軍節度觀察留後出知渭州安燾請留曾布沮之韓忠彥曰奏對語言非所以責此輩乃留不遣尋拜武康軍節度使殿前副都指揮使王贍取靑唐麟謂方息肩奈何生此大患贍果敗徽宗進都指揮使節度建雄定武軍檢校司徒卒駕臨之贈開府儀同三司麟沈毅持重不少縱捨宿衛將嘗犯法詔釋之麟杖於庭而後請拒詔之罪故所至肅然

◎馬陞　字級之大同總兵官駐紮薩廳包頭鎭者數年間同治六年間獨匪擾及河西距包頭纔九十里烽烟寖逼居人逃亡若鳥獸散陞聞扱止忽驚恐夜未半匹馬鏵刀出一人從渡河月色瑩然塗訪居人得虜虛實比近其巢從叟農夫數十人執耰耝尾其後至則躍入大呼縛賊賊驚遁迎斬十餘人以農器傷者數人餘衆奔竄營弁未之知也盖其時賊以醉酒酣睡故其震撼若土崩易易也先聲奪人軍志也比營伍出迎陞則已執馘歸矣世以爲崑崙蔡州之師初鎭有韓綱蕭明者雄視大河以西土人畏之所謂虎而冠者韓號四大王偵獨匪壓境約爲內應官民切齒莫敢誰何陞知其毒之將肆又恐其駭而奔也乃優給頭銜諷之立功同奬王室以意籠之於是韓不以爲意一旦以冒功至戲下陞伏甲擒之磔於市而黨解盖其聲色不驚因能以少許破大敵至蕭明亦於明年伏誅盖陞軍參將施紹恒用陞計與明深相結於幾

小大鉛印局承印

席間縛以械於省垣置之法二惡既去薩境晏然陞自南京至此前後汗馬數十洊歷專閫其馬死衣以甲冑瘞之呂祖洞側表其有一心成大功之義至今墓碑在焉又遺一鐵戟百餘觔於三官閣上思陞者之功者嘗摩挲不置云

◎察克都爾色楞世居薩屬掌蓋營村爲土默特旗右翼六甲世管佐領公幼出世族家學有根基明曉時務於蒙旗戶籍尤極注意凡本佐管內戶族之衰微年老無嗣者必使擇其近支依法承繼以維法定之戶籍而蒙旗人口因而得以繁殖並提倡蒙旗青年教育以灌輸其知識且教以改良牧畜兼事農田故蒙民近年咸知耕牧並重鄉人無不欽服公之熱心與遠見焉公性剛直常爲人抱不平抑強扶弱排難解紛不畏權力平生勤儉持家然慷慨好施捨老猶樂善不倦壽至八十五歲而終子一孫二長孫默勒根巴圖爾現任巴彥塔拉盟副盟長古曰積善之家必有餘慶其公之謂歟

◎札拉芬家掌蓋營村土默特旗世管佐領即察公之子也幼承家教攻書史嫻弓馬年弱冠應武試入學並隨綏遠墾務督辦大臣貽穀辦理墾務頗著勞績公性忠實慈和待人接物必誠必信鄉里有急難者無不仗義周濟家庭間和睦重禮法教子有方以道義爲根本以古人嘉言懿行爲榘範督責極嚴不少懈故膝下皆能自立但公因積勞體素弱歿時年五十有四子二人長子默勒根巴圖爾亦世襲佐領髫年穎悟異常勤學有遠志考入北京大學（漢學名亢仁）結業後蒙古復興隨政府主席德王奔走國事忠勤有功爲當道所信任而調和於各民族間使互相融洽尤爲群衆欽仰補授土默特旗總管兼任巴彥塔拉盟保安廳長洊升副盟長勳望日隆次子武勒濟達賴少好學惜早逝鄉人迄今仰公德教咸謂德明之

小大鉛印局承印

後必有達人其爲衆所樂道者如此

◎玉祿　字鼎臣土默特旗右翼二甲首佐人也民國十年奉命爲清鄉司令駐紮薩縣專辦清鄉剿匪事宜兩年以來詰奸除蠹雷厲風行夙夜在公不遺餘力與地方士紳和衷共濟萑苻肅清閭閻敉靖故薩邑及鄰境接壤所有窩藏匪類寄埋匪械靡不悉心檢舉搜獲盡淨無復殘餘以貽未來患當時都統馬福祥倚畀甚重將所部蒙右健兒編爲綏遠騎兵補充團擢公任團長至十二年春清鄉告竣移防包頭人民愛仰甚深頗思挽留終格於例不果迨鎮懾綏西聲望日著宵小潛跡上憲以公清鄉剿匪有功傳令嘉獎並將補充團改爲騎兵第一團及國民軍西來當道久聞公名委以剿匪重任公西征東剿奮勇直前所剿流匪無不聞風潰竄迺十三年春巨匪劉喇嘛擾河西復有盧占魁匪餘孽蘇雨生相助爲虐聲勢洶洶民不安枕當派公督部往剿渡河而南連戰皆捷匪勢不支退竄昆獨崙溝適有內奸忌公功約再進分追窮寇次日由東南道進至楊三虎圪洎躲墮匪計陷入重圍後援斷絕約者亦未至公智窮力竭猶誓死罵賊遂及於難陣亡時年五十有二也遐邇聞之莫不悼惜都統李鳴鐘尤爲內疚深慨有負忠義熱血轉請中央贈晉少將銜從優議卹並在綏遠城建昭烈祠以祀之生榮死哀旌恤備至公自束髮從戎素以勇敢善戰稱貌忠厚而心伉爽待人接物極和靄能與士卒同甘苦臨陣每以身先匪遭擊必披靡故老一團黑馬隊之名推重於一時薩人至今言之猶莫不存去思焉

◎滿泰　字子舒土默特旗籍世居邑屬鄂爾圪遜村性忠厚耿直幼入私塾讀書勤敏好學少壯兼習武術長入警界歷爲薩武兩縣警備隊長除暴安良忠勤盡職民多愛戴嗣隨清鄉司令玉公鼎臣參佐

小大鉛印局承印

戎機保衛鄉里由中校團附升任騎兵第三團上校團長先是玉公赴東勝勦匪陣亡公時在後防深爲痛悼繼接替玉公職厲兵秣馬力勦股匪以慰玉公未竟之志故老一團（即騎三團）殲滅股匪屢建奇功即婦孺亦知名莫不嘖嘖稱頌民國十五年洊升騎兵第一旅少將旅長兼綏西勦匪司令十六年春晋級爲騎兵第三師中將師長兼三十一軍副軍長及綏西鎭守使公愛鄉愛國志在守土寧民素不參預各方內戰當奉軍東退遂爲人望所歸護理都統至民十七解甲歸田當道倚重甚殷仍挽留爲本旗總管二十年復特簡蒙邊司令及綏西北兩護路司令綜理戎政事必躬親勞苦過度體猝衰弱廼於廿三年夏積勞病逝人多惜之公一生慈善爲懷甘淡泊薄權利無黨無派日以愛護桑梓爲主旨誠薩邑傑出之人物故蒙疆父老迄今猶贊歎弗置云

科舉

姓名	別號	籍貫	科名	取進年月地點	備考
王尊五		原籍保德州移居包頭鎭	舉人	光緒丙子年	
岳紹祖		第五區南西河堰村	廪貢生	光緒年間長安	
張桂林		第五區喇嘛營村	仝前	光緒癸巳年太原	
張翩		包頭鎭	仝前		
張命申		原籍代州移包鎭	仝前	光緒年	
安廷芝			監貢生		

岳兆五		第五區南西河堰村	附生	光緒年長安	
岳瑞五		仝前	仝前	仝前	
岳象炳		仝前	仝前	光緒丁亥年歸綏道	
董才楨		第五區董家營村	仝前	仝前	
張書翰			同前	同前	
賈樹梅			附生	光緒丁亥年歸綏道	
賈秉瑞		賈家淤地村	同前	光緒癸己年歸綏道	此村前劃入歸綏縣
李勤			同前	同前	
韓廉正			同前	光緒十九年歸綏道	
張賢		第三區沙爾沁村	同前	同前	
張戩	景堂	第五區善友板申村	同前	光緒二十二年歸綏道	
陳大富		包頭鎮	同前	同前	
張竹林	宜春	第五區喇嘛營村	同前	同前	
馬根培		包頭鎮	同前	光緒二十五年歸綏道	
王績世		縣城內	同前	同前	
潘懷仁		縣城內	同前	光緒二十八年寧武	
趙英		第五區大岱村	同前	同前	

小大鉛印局承印

趙振九		縣城內	同前	同前	
王玉如		縣城內	附生	光緒二十八年寧武	
郭鴻林		包頭鎮	同前	光緒三十一年寧武	
劉賓喜			同前	同前	
亢佐卿	相臣	縣城內	同前	同前	
劉翰		第五區大岱村	同前	同前	
劉克仁	樂山	第五區保同河村	同前	同前	
奎傑	元英	第三區北只兔	同前	同前	土默特蒙籍
劉鈺		第五區大岱村	同前	光緒二十二年歸綏道	入托克托縣籍
劉榮		同前	同前	光緒二十五年歸綏道	同前
王紹祖		包頭鎮	同前	光緒三十一年寧武	
李茂林		同前	同前	同前	
巴文峒		同前	同前	同前	土默特蒙籍
李献瑞		第三區土合氣村	同前	同前	
殷思温					
劉耀		第五區大岱村	介斌	光緒二十五年歸綏道捐	
劉增	三多	同前	同前	同前	

小大鉛印局承印

霍鳳鳴	第五區北淖村	武舉		武科
劉鵬	第五區保同河村	附生		武科
張俊	第五區善友板申村	附生	光緒年間歸綏道	武科

◎附記　清代七廳中本邑文風較盛投考人數亦多故取進士子皆學問優裕入他籍者即參差不齊矣由光緒二十五年將歸綏道考試撤消移晉北寧武舉行凡應試者均尙及格

附傳

◎岳瑞五　聰穎有幹才急於公義清末邑吏貪墨舞弊每於升課粮地故意顚倒戶籍曾有有粮而無地或有地而無粮錯亂影射從中勒索人民受害甚巨先生疾於斯弊常上書劾之稍除其弊先生行八閭閻均稱八先生光緒二十九年黃河由準格爾旗決口五區半壁悉成澤國者三年之久三十二年邑同知籌計搶堵決口（名曰車架口）敦請先生輔之凡日需工人用具材料均由先生策劃籌措歷兩月工竣水患始息民得安居迄今功績猶在民間鄉民遇有爭執輒曰赴八先生處評之則是非可定也鄉人之信仰如斯足見夙孚衆望先生歿於民國二十年遠近聞之無不嘆惜

◎岳紹祖　沈篤純靜言行適義儼然儒者範學問淵博工詩賦平生教讀爲業清末漢學之有根據者多出其門有裨地方文教殊非鮮淺性賢孝母寡居每晚代爲安衾褥慰母就寢後方離室母臥病年餘先生棄教侍之親奉湯藥傾便溺未嘗少衰母歿守櫬而眠者三日鄉里皆稱其孝

◎張竹林　字宜春英明果斷才略超倫平生不知有難事且不憂不惑不懼年二十歲入泮並工公

小大鉛印局承印

贖民國肇建百政刷新邑知事王聘請先生佐治縣政凡有艱鉅均由先生理之越二年諸政就序先生以雙親年逾古稀辭職奉親其父臥病在榻日親奉侍頃刻不離親歿伴母同居親傾溲溺無少懈有一弟友愛非常內外凡有艱難事皆自當之不使稍有挫折先生密邇第五區公所區內治理重要事項無不協商籌謀策劃皆能循序漸進化險爲夷先生性剛直不畏强禦遇事有特見民十二年冬陳得勝匪夥橫行邑境刼掠于家莊擄男女十餘人亟索巨資先生毅然晤之責以大義並救出二十餘人陳匪敬服嗣後再不任性淫戮後陳官至師長常言於人曰吾之所以能有今日者得大林先生之教也先生孺名大林人皆呼大林先生閭里有爭執者即曰聽大林先生評判故名存梓里令聞滿鄉民十七十八兩年歲饑饉民相食先生家富庶散糧救之鄰里得援濟皆未破産先生歿於民二十七年冬里人哭之甚哀遠近聞之亦嘆惋其德行堪爲人欽慕如此

附漢滿生童考試緣起辦法

◎邑境生童考試在清光緒十三年前皆跋涉陝晉原籍應試衝冒霜露攀陟險阻關山履越諸費周章清貧士子資斧維艱徘徊趦趄向隅虛嘆光緒九年流寓歸化城之潞安府教授韓秉鈞以各廳士子俱寄籍人民稟准歸化等廳附棚考試玆查歸綏道志土默特旗志所載事實摘列存攷藉明塞外科舉艱難之眞相

◎光緒九年流寓歸化城之潞安府教授韓秉鈞以各廳士子俱寄居人民無籍可入稟由山西學政咨經巡撫張之洞會奏請每廳設文武學額各四名廩生二名增生四名每屆歲科兩考悉照大同朔平兩

小大鉛印局承印

府年分先由廳試取童生初次無廩生可保即取具地鄰甘結俟學臣按臨大同府時彙送附棚考試歲科接續並考其廩生附生亦按歲科附棚考取以初次編審入籍者為限以後入籍年限暫以置產十年為斷奉旨交部議奏十一年正月禮部等奏准每廳應試文武童生按實到人數二十名以上取進一名不必作為定額仍至多不過二名如人數不敷即分別停考缺額廩增名數不設十二年十月巡撫剛毅奏准文武童生考試均由學臣按臨大同前預將題目封遞歸綏道局試試卷呈送學臣照額取進塡榜發道張貼其武試之馬步箭弓刀石等第亦由歸綏道考校塡册封送按照文試辦理二十一年七廳教諭段雨田據生員郭景汾等請增設廩生增生及拔貢名額詳經巡撫學政會奏二十三年經禮兵兩部覆准歸薩和托清五廳為一學豐寧兩廳為一學文生學額仍按實到人數二十名取進一名至多不得過七名廩增生學額設二名五年一貢新補廩生仍俟食餼十年後出貢武童二十名取進一名零數過半亦准取進一名至多每學不得過四名至綏遠城駐防文童向隨右衛考試五六名內進一名十一年部議改歸歸化廳考試一切仍如往例

駐防繙繹童生試例　定例三年兩考歲試於八月內考試科試於鄉試前一年預期考試由將軍副都統辦理無定額

◎蒙古漢學童生試例　光緒三十一年二月山西學政寶熙以土默特旗蒙民亦有通曉漢文之人咨准禮部援照四川浙江番民准應童試及各省回民與漢民一律考試例變通辦法准蒙民一律應考

◎蒙古繙繹童生試例　光緒九年九月山西巡撫張之洞以五廳所治皆係土默特地面土默特筆

帖式向有准考繙繹鄉試之說既已在土默特地面立學蒙古係屬土著自未便獨令向隅請於歸化廳一處設土默繙繹學額二名由歸化城副都統於土默特官學生內考錄送學政一體隨附棚考試將試卷封送禮部或通曉清漢蒙文衙門校閱取進後仍發交學政咨送副都統榜示十年四月吏部等核議俟漢民學額議定後再辦九月山西巡撫奎彬復申前請十一年正月禮部等核議覆奏准自下屆歲試始由歸化城副都統查明考試毋庸咨送學政每五六名取進一名

考職

第一屆普通文官考試及格人員

董海珍（字蘭生城內普通行政）

劉世和（字美齋第三區水澗溝門普通行政）

趙文炳（字子南第五區八棋牛營村普通行政）

議員

省諮議局議員　李献瑞　董鴻儒　尹思溫　張賢　亢瓚（以上皆在清宣統二年）

縣議會議員　尹思溫　卜兆瑞　亢瓚　馬鳳鳴　可仁額　李升五　霍定業　董鴻儒　張賢（以上在民國元年）

衆議院議員　王定圻（字平章包頭鎮第一屆）　卜兆瑞（字夢庚包頭鎮第二屆）

省議會議員　楊作舟（字濟川第五區召上村第一屆）　趙子讓（字水亭第四區習力氣村第一屆）

小大鉛印局承印

○巴文峒（字煥章包頭鎮第一屆）　馬善元（字嘉勳城內第一屆）
任秉鈞（字和卿第四區毛岱村第二屆）　杜宗預（字晉臣城內第二屆）
胡效璣（字玉卿第三區土哈氣村第三屆）周善謨（字效文城內第三屆）

大學專門畢業

姓名	別號	籍貫	畢業學校	備考
祁志厚	定遠	第四區蘇波羅蓋村	美國哥倫比亞大學	
尹世增	如川	仝前	英國倫敦大學	
侯璠	子英	第五區雙龍鎮	美國哥倫比亞大學	
李献瑞		第三區土合氣村	日本經緯大學	
聶釗	成之	第三區黑麻板中村	北京高等警官學校	
趙子讓	水亭	第四區習力氣村	山西大學法科	
劉崑	玉珊	第五區大岱村	山西大學冶金科	
馬定國	可一	第三區鄂爾格遜村	山西大學商科	
張國賓	仁甫	第五區保同河村	國立北京師範大學	
張登魁	元文	第五區喇嘛營村	國立北京師範大學	
經天祿	革陳	第四區麥達召村	國立北京師範大學	
白映星	鏡潭	縣城內	國立北京大學	

陳志仁	之的	第五區忽拉格氣村	國立北京大學
任秉鈞	和卿	第四區毛岱村	中國大學
陳國英	俊卿	第五區里素村	中國大學
王泉	永清	縣城內	中國大學
田閫	之房	第五區工部村	北京農大學校
李秉芳	子馨	第五區大岱村	河北大學
殷石麟			北京法大
李濬		第四區黑沙圖村	北京法大
郝登荃		第四區蘇波羅蓋村	國立清華大學
劉志魁	子元	第五區保同河村	山西農林學堂
李俊	子英	第三區溝門村	國立清華大學
丁文藻	甫章	第三區溝門村	國立交通大學
鄂濟民		縣城內	濟南齊魯大學
亢仁	壽亭	第一區章蓋營村	北京大學法學院
丁淑容		第五區里素村	北京大學女子文理學院
陳國珍		仝前	北京中國大學
杜德成	子鄰	縣城內	仝前

小大鉛印局承印

高存仁	樂山	仝前	仝前
于維歐	銘西	第五區大岱村	輔仁大學
張爲義		第五區	北京中國大學
王恒	月如	縣城內	北京師範大學
劉世明		第四區蘇波羅蓋村	仝前
劉世藩		第四區蘇波羅蓋村	北京師範大學
陳明達		第五區大岱村	仝前
多淑英		縣城內	仝前
胡效璞	玉卿	第三區土合氣村	山西商業專門
劉鐸	振聲	第五區保同河村	北京醫學院
張崇	宗山	第五區三座茅菴村	北京警高等
張禦禮	靜安	第五區五甲橋村	仝前
郝登華	百榮	第四區蘇波羅蓋村	仝前
白鉞	黃佐	縣城內	仝前
侯斌成	憲章	第四區苴圪梁村	山西警務學堂
王裕	慶餘	第五區北西河堰村	仝前

孝義

薩拉齊縣境內表彰孝子調查表

成紀七三四年五月日

姓名	年齡	籍貫	現住所	家族及家庭狀況	經歷	表彰理由
董松山	四五	薩縣	蘇波羅蓋	家族共計八名家境貧寒因勤勞頗致小康一家和順概無口舌之爭	由農學商	對母孝養聲播遐邇
張步雲	三七	〃	公布村	小康之家	務農	對父母孝養異常鄉里皆稱道之
張登海	三〇	〃	喇嘛營村	同右	父兄經理家務本人讀書	其父染病時該民衣不解帶日夜侍奉鄉里皆稱頌之
于鴻田	三四	〃	善岱村	貧寒	經理家務有條有理	該民對父母素稱孝順每到綏遠必與老母購置可口食物敢日晨昏定省雖在顛沛流離之際亦不缺禮乃父故去泣時見血
呂進才	四三	〃	溝門村	並無其他親族家中貧寒	自己	查該父早喪家甚貧以傭工維生侍母至孝
侯鴻炳	二五	〃	仝右	家有老母並無其他親族家道貧寒	自己	查該民七歲喪父其母撫育至今現下雖甚貧寒但常孝敬鄉人稱道之
李潤牛	四五	〃	沙爾沁村	母子三人家道貧苦	自己	對母孝養不怠遐邇聞之
魏挨獅	四〇	〃	西老藏營村	只有老母產業均無甚貧寒	終年以傭工爲業以供家用	父亡後母養十八年每以美食敬母自食粗糧可稱孝也
袁文居	四〇	〃	仝右	家有老母產業無生計艱難	終年以傭工爲業	其父亡後侍母甚恭堪稱孝也
王長台	三九	〃	仝右	有母一人產業無甚貧苦	以苦力爲業供家生活	時不離母每食必親自檢點始供母用
李富貞	二六	〃	康氏營村	有母無妻家甚貧寒	終年與人作工以度全家生活	其父已亡二十八年家貧苦以農爲生每學聖賢之教
茹睿	三五	〃	白廟子村	父母弟妻全有田地五頃尙稱富裕	外事與家務親自經理	家境富裕稍通文字敬父母心確以二十四賢孝教育兒女故稱孝子
許海明	三六	〃	吳壩村	家中只有父母及妻無產業故甚貧	終年傭工度日	每食敬父母自食粗糧鄉里稱孝子

郭挨有	九	″	德圪岱村	只有父母未有產業甚貧苦	仝右	自二十歲其父逝世後承母命傭工度日侍母甚孝
楊天喜	三五	″	朱爾圪岱村	只有老母並無產業家甚貧苦	仝右	仝右
柴潤	四七	″	大東街五號	有子媳依薄田二十餘畝維持生活	以苦力爲生以供全家食用	侍奉慈母至孝里人稱道不休
白大才	四〇	″	城隍廟街	查該民侍奉雙親至孝雖傭工度日毫無慍色	一切家務及外事皆由自己經理	傭工度日侍奉雙親鄉里稱道
威威	三二	″	北只圖村	貧寒	務農	孝養父母異常鄉里皆稱道
虎慶爾	四四	″	小廠圐圙村	小康之家	仝右	事父母孝養不怠遐邇咸聞
栓栓	三五	″	胡蘆頭村	仝右	仝右	侍奉慈母至孝里人稱養不休
二保	四〇	″	忽洞溝門村	貧寒	仝右	其父早喪家貧傭工侍母至孝
萬萬	五〇	″	哈木爾板申村	仝右	仝右	仝右
李喜才	五三	河曲縣	二十四頃地村	家貧無依	仝右	十二歲喪父事母至孝鄉里共稱
劉增元	五一	山西崞縣	道試村	有父年七十五歲家境尚足自給	仝右	敬仰親意唯命是從
郭如意	四六	山西榆次縣	仝右	家有八旬老母一妻二子一女	仝右	有父年七十二歲尊重父命孝敬承歡
張還願	五七	薩縣	啦莫營村	家境小康	仝右	父亡時僅五歲母育之成人及長對其母十分孝順
陳萬海	五五	″	善岱村	仝右	仝右	對母親之飲食起居必親自檢點始供母用
馬希翰	五三	″	仝右	仝右	仝右	父亡後對母極孝及母歿慟絕數次守孝三年
馬國良	四〇	″	仝右	家境貧寒	仝右	父亡時彼尚年幼無兄弟對母極孝後該民充點教員每於課餘後必往母處探問食用必親自檢任
王欒義	五五	″	梁頁營村	家族共十四名		母之食用供以甘美家人等則食粗糧

郝二虎	三八	〃	平泉營村	母　叔　弟	傭工奉母
崔海	六〇	〃	城隍廟街	母　妻　子四　媳二	對母極孝每晚必待母親臥後自己方睡

附傳

◎楊廷芳　河西章蓋營人家貧嗜學三十六歲喪偶義不復娶因父病劇無奈禱五台徒步千里不知其愚也路逢壽陽喬某約與偕並挽假以斧資囊爲之傾至其家而喬避債佗往家獨少婦泊夜楊避嫌宿廒下喬返訪得之呼楊飯焉然無償債意楊慨然乞食以歸

◎張某者　命中之父原籍代州徙包鎮家焉少貧嘗遠服賈于外蒙古性寬忍年逾五十僅一子十二歲入校讀書一日與同學李生口角被誤傷致命報至家母以其父遠出掩其尸骸以待張歸歎曰天乎命也不殯何待婦年亦五十不孕有年矣是後有身明年復舉一子今管理學校屢以公廉旌之張命中也

（以上二人歸綏道志薩拉齊廳）

◎李浩　家大岱業農性直正最孝親急公好義家雖小康而世爲里中大戶民國十四五年村中積欠田賦甚鉅邑吏嚴征將其長子拘押勒令墊繳乃憮然曰今拘押吾子者以吾有財產故也乃決計變產並爲繳納家產雖蕩然未幾歲饑饉家中生活愈艱動輒日不舉火乃談笑自若如無事然及民十九年歲豐稔乃復倡議建築村堡成立民團均先後賴以完成人得安居無害故村人信仰悅服稱曰老公道年屆七旬精神尚壯子孫繁衍唯生計稍疏矣鄉人莫不贊揚有先民之遺風云

節烈

小大鉛印局承印

◎北　周

◎高氏　齊神武女歸司馬消難消難在鄴極相敬禮入關便相棄氏及三子在京氏言於文帝曰榮湯公攜寵自隨必不顧妻子願防慮之及消難入陳母子獲免

◎清　朝

◎殷氏　包鎮五品職員殷煥女保德州廩貢候選訓導寄寓薩廳王權妻權歿氏水漿不入口哭與人曰夫死稱未亡人待死而已死於異日虛延歲月何如死於今日從夫地下乎親屬勸以撫嗣子飲食少進經紀喪葬行爲從容殯有期矣夜趁家人熟寢投繯死包紳爲請旌

◎鍾氏　李順之妻力拒强暴扎傷身死

◎趙氏　李大有之妻被誣不甘捐軀明志俱乾隆年間旌表

節　婦

◎史氏　邊堵之妻史麟玉之女也年二十八歲夫歿氏號痛絕而復甦者至再及葬矢志靡他立夫兄子爲嗣撫育至於成立不特賽會遊覽之場數十年踪跡不到非有大事亦未嘗一履閫閾焉鄉人賢之爲報於學具題請旌

◎高氏　趙某妻夫亡氏二十四歲矢志守節家貧取給於十指以甘旨奉舅姑自啖粗糲舅姑老病不起氏扶持床褥手滌中褻久而不衰年八十餘無疾而終人以爲苦節之報云

◎郭氏　包鎮李金海之妻年三十二歲金海歿遺孤甫週歲舅姑耄老氏矢志守貞代夫以養姑死

翁臥病不起氏傍榻扶持敬將婦職育孤以迄成立閻鎮賢之以請旌焉

◎張氏　把拉蓋村王大財之妻夫卒時氏年二十六歲子琳甫二歲氏上奉翁婷下育孤幼年屆七旬康强不衰鄉人爲之籲請旌表

張守楨妻馬氏　楊元魁妻王氏
李開業妻趙氏　王安全妻趙氏
張志貴妻李氏　劉家寶妻許氏
李明春妻張氏　覃廷魁妻徐氏
高大庫妻王氏　馬國聲妻程氏
張謙燁妻霍氏　王　金妻張氏
李　富妻孫氏　王安世妻李氏
李　貴妻張氏　田　成妻李氏

◎以上皆艱苦卓絕守節不貳歲寒松柏百世可風並於同治十三年旌表（以上歸綏道志摘錄）

民國……成紀

薩拉齊縣境內表彰節婦調查表

成紀七三五年五月　日

姓名	年齡	籍貫	現住所	家族及家庭狀況	經歷	表彰理由
王李氏	六二	薩縣	二十四頃地	有子二人兒媳一人地數十畝維生	自夫亡後立志撫孤卅年鄉里皆稱道之	查該婦守節卅年水清玉潔堪可表揚

小大鉛印局承印

石樊氏	六〇	”	仝右	有弟一侄二人兒女均無由弟贍養	其夫於光緒廿七年被拳匪殘殺苦守至今	調該婦無男女立志守節卅餘年遠近欽仰
焦張氏	六一	”	仝右	有子媳各一人孫男女各一依地數十畝維生	該夫亡後撫孤守節二十四年	查該婦守節二十四年毫無變志鄉里皆稱其賢
董米氏	七九	”	蘇波羅蓋	母子三人家甚貧寒	經理家務井井有條	守節撫孤
劉銀氏	四四	”	保同河	貧寒	日夜經理家務孤苦萬狀	該民於二十九歲守節撫養孤子成人且教育有方鄉里皆稱其賢
胡張氏	七六	”	善岱村	家境小康	經理家務井井有條	該氏自三十二歲守節撫孤鄉里家人皆稱其賢
寇賀氏	六五	”	海岱村	母子三人家中貧寒	自己	由廿八歲守節撫養孤子至今
潘常氏	七七	”	二十四頃地	有子女各一人孫一人地數十畝	該婦夫亡後撫孤守節四十年之久	查該氏守節四十餘年冰清玉潔遠近皆聞
王王氏	六四	”	鄔四營子	有子媳各一人孫二人地數十畝	該婦守節四十年鄉里皆稱其賢	查該氏夫亡後子幼守節四十年堪稱節婦
張郝氏	七一	”	廠素圐圙	有子二人媳二人孫三人地數十畝	該婦守節三十餘年貞節可風	查該婦夫亡後立志撫孤三十餘年貞節可嘉堪資表揚
王王氏	五九	”	白廟子	有子女各三薄田二頃餘生活富裕	家務及外事親自料理	三十五歲失偶守節教子扶養成人與子娶妻全村莫不稱賢
張楊氏	七八	”	大啦嘛窰	有子媳各一人孫三人地數十畝	該婦守節撫孤三十六年之久	查該婦三十六年之久玉潔冰清堪可表揚
茹焦氏	六〇	”	白廟子	只有一女薄田十一畝甚貧苦	家務及外事親自料理	由三十五歲喪夫只生一女氏素賢良村人最敬重之
何王氏	三一	”	磴口村	上有姑下有有子薄田二十餘畝親自經營生活艱苦	上事姑下育兒對於遺產親自經營	由二十五歲守節冰清玉潔且甚勤育子有方
郝李氏	三一	”	黑訓營子	下有子媳全恃其子媳傭工度日生計艱難	一切家務皆委其子料理	由二十八歲守節事姑婆幼育子條條有方
段張氏	七三	”	吳墺村	有子媳依薄田四十畝生活頗稱裕如	親自整理家務	由二十七歲守節撫養孤兒成人且教育有方鄉里皆稱其賢
楊王氏	五〇	”	大袄兒村	只有二子均未娶妻依薄田二十畝以維生活	終年以縫級度日	由三十五歲守節勤儉治家撫育幼子後與娶妻生子
李郝氏	七三	”	仝右	上有老母下有一子無產業甚貧困	終年以級縫維生	由二十八歲守節侍姑最孝育兒有方貞節可嘉遠近皆聞

小大鉛印局承印

王蘭氏	五五	〃	南園子村	有一子未娶妻薄田二十畝生計維難	整理家務全依其子料理	由二十歲守節至今與子娶妻生子
潘李氏	六九	〃	七座茅菴	有子媳各一依薄田二十餘畝生活	親自料理家務	由三十歲守節清白可風備極賢淑鄉人甚欽敬
周許氏	六七	〃	北街德厚店巷五號	有子一後與娶妻生子	終年與人縫紉度日	守節貞烈撫育有方鄉里稱道堪資表彰
王馬氏	三五	〃	南街復興隆巷十一號	自夫亡後有子女各一薄田二十畝生活困苦	仝右	侍婆至孝貞節可嘉堪稱節婦
趙韓氏	四〇	〃	東街董厚益巷九號	查該氏上有祖母下有子媳及孫有田二十餘畝	一切家務及外事皆係自己料理	侍姑最孝撫育有方守節非常苦烈遠近皆聞堪稱節婦
雲雲氏	八三	〃	忽洞溝門村	貧寒	整理家務井井有條	守節撫孤四十二年
雲巴氏	八一	〃	仝右	仝右	日夜整理家計孤苦無依	該氏於三十歲守節撫育孤子成人鄉里稱賢
雲雲氏	四八	〃	哈木爾板申	仝右	家務及外事親自料理	由二十四歲守節撫養孤子成人
雲雲氏	五二	〃	畢只圖村	仝右	終日以縫紉工作度日	該氏於二十五歲守節氷清玉潔遠近皆聞
張郝氏	六七	〃	大[illegible]兌村	只有一子無產業生活困難		自三十五歲守節刻苦育子成人
李張氏	七四	〃	二十四頃地村	家境貧寒		由成紀六九五年守節氷清玉潔教子有方可稱良母
王李氏	六〇	〃	二十四頃地村	子二人媳一人地十畝		由二十八歲守節撫養孤子成人與之娶媳
李 氏	七一	〃	任三窰村	家族共四人		三十三歲守節品端行正
李 氏	六五	〃	毛岱村	家族共六人		二十八歲喪夫守節目不邪視守節至今
張趙氏	八一	〃	喇嘛營村	家境優裕		初家業貧寒其夫為清末貢生不幸廿八歲而亡該氏一面主持家務一面教育子女成人鄉里譽之為模範
李馬氏	五九	〃	善岱村	家境小康		其夫早亡婆母年邁該氏撫老育幼一面並勤儉料理家務故村人稱譽之

小大鉛印局承印

陳楊氏	八四	〃	仝右	仝右		二十八歲夫亡家中並無伯叔兄弟夫亡後始生遺腹子該氏雖年少但對持家育子頗有方法守節至今子已成人
白朱氏	五八	〃	縣城內馬陰陽巷九號	子一媳一孫女子各一		自守節以來歷有年所貞操之風鄰里皆知並於民國初年戚友恭送氷清玉潔匾額爲其旌表
李王氏	六二	〃	縣城內營家巷十一號	子媳孫男二孫女一家境貧寒		夫亡時子尚幼家境亦寒王氏力任艱鉅爲夫爭光現已娶媳生子家境頗豐人稱賢良
劉賈氏	八一	〃	縣城內忻州巷十一號	子一媳一孫三生活困苦		夫亡時家道貧寒所遺幼子皆未自立該氏雖在中年教子不懈後娶媳生子人稱賢良
陳趙氏	四六	〃	縣城內般家巷三號	僅有一子家甚貧寒		二十一歲守節僅遺一子該氏撫養其成人該氏爲人賢淑舉止正大

附傳

◎李趙氏　大岱村李尙清之妻性剛直有丈夫風其夫求學於綏遠師範學校中途病故所遺子女均未成年氏操勞家務撫育子女雖經荒年終日不得一飽而貞操不改其堅貞卓絕令人可佩今雖年近五旬而其勤苦未嘗稍衰

◎李李氏　大岱村李喜慶之室性貞靜賢淑孝順翁姑民國元年夫傭工山後墜崖殞命氏年僅二十家貧無依守節育子矢志靡他夫兄李澤憐助之氏稍資生活貞操愈堅勤苦自勵故三十年來如一日鄉里稱其賢堪爲近時女界勸

耆　壽

薩拉齊縣管內耆壽調查表

成紀七三四年四月　日

姓名	年齡	原籍	家族及其狀況	現住所	經歷	表彰理由

察克都爾色令	八五	本縣掌蓋營子村	有子媳孫各三世族有戶口地	城內	自幼業儒世襲佐領	德望素孚本旗表彰
張秉成	八七	山西省	有子媳各一人孫子孫媳各一人地六十畝	小把拉蓋	自幼務農	查該民家道雖貧而德望素重規過勸善殊有益於社會
馬二	八一	陝西省	有子二人媳二人孫三人地八十畝	仝右	數世務農	查該老在鄉勸導後生調解爭執古道熱腸實堪嘉獎
楊有成	八三	河北省	子媳均無有地四十畝	二十四頃地	自幼務農	查該老德行兼備爲里中典型實堪表彰
苗存柱	八一	綏遠省	子媳均無有地三十餘畝	仝右	同右	查該老德高望隆鄉里悅服實堪嘉尚
楊仁	八五	第五區召上村	有子媳各三地一頃餘僅足衣食	城內	同右	未受表彰
張根有	八一	第五區善岱村	有一媳三孫均娶妻有地五十畝	善岱村	自幼務農	未受表彰
蒙古老根	八三	第五區保同河村	有三子均娶妻有地一頃餘	保同河村	同右	同右

◎謹案前喆志例人物傳中不列生存多錄已往所謂蓋棺論定確屬當然但據近代研究方志名家主持倡導人之存亡品之優劣名實相符悉當紀列意爲既作勸懲之規鑒且覘趨向之潮流世道人心社會背影均隨時代合盤表出推究深思亦有至理然隱惡揚善本同抱之恒情而革故鼎新亦進化之公例在逝者固當列傳百世猶有餘馨使後代子孫追閱而益思奮起在生者苟予題名一時頓增淸望使半生感覺潔身常自省保持未始非激揚名節之一道也倘果晚節不修或令名終墜再編邑志亦可擯除公道本乎人心史書原無曲筆故本志雖從新例仍嚴格以相繩生者僅與題名逝者依然列傳惟有生存一老年逾古稀鄉人秉筆不阿勉附孝義傳末餘如男女平列合歸人物歷代名臣言行錄中不乏此例亦非創格矣後來主纂者其毋忽諸

小大鉛印局承印

卷十五 藝文

散 文

新建關聖帝君廟碑記

雍正十二年 郭鳳舞

◎敝地本係邊陲近世漸沐王化華夏之民離故土而徙居此者甚衆由是德教洋溢時和年豐民安樂業居茲土者咸思以神道設教新建 壽亭侯大廟丹堊其宮金碧其像工告竣董事者屬某爲文以記某思伊古以來闡天人性命之旨道德高厚教化無窮者固以 文宣爲宗教扶名教彝常之大義重如山節勁如石者則 壽亭爲最憶其時漢祚將移阿瞞擅柄雖以荀文若之賢猶不辨忠奸爲之運籌帷幄而 壽亭獨念漢賊不容兩立翊先主以討賊興復不爲利疚不爲害回忠肝義膽迄今猶覺凜凜有生氣固宜威靈遠播顯聖四方雖山陬海澨田夫野老無不焚頂尸祝虔誠供奉也夫人無所稱述於生前必無可俎豆於沒後若夫前有千古後有萬年久而彌光遠而彌芳血食後世綿綿不絕所稱克配 文宣者舍 壽亭而誰哉某承董事者碑記之索固辭不能不揣固陋因爲之記云

新建祖師廟碑記

乾隆丁亥年 張人傑 徐璡等

◎今夫溯立極者斷推古聖循成法者必宗祖師如有祖師創立規矩巧法兼優其經營措置不但爲善於一時並可取法於百世誠百工之所宗而衆藝之祖也是以薩拉齊百工每思神必有憑依之地而神

小大鉛印局承印

乃格人必有酧神之所而虔始伸爰是新建　祖師廟以示不敢忘其所祖而衣食之所出也盖雖巧匠不敢師心而自用即在良工何能偭矩而改規立法不易則效者不言而皆同權度不差遵循者咸孚而默喻由是可規可爲追琢可補造化有利有能鐫刻儘得天工此固徵聖德之昭著又以垂奕禩之流傳云爾謹記

新建聖母娘娘廟碑記

乾隆壬午年　馬元龍等

◎余聞商之興也鳦鳥至周之王也履武獲瑞莫爲之前雖美弗彰莫爲之後即盛無傳然商瞿缺嗣晚景忽焉成立竇氏盧後中年並肩名揚說者謂數奇出偶庸詎知吉人天相自有餘慶勢有必至理有固然況乎一念眞誠直足以感天地而格鬼神耶是以萬姓沐恩一時感激新建　聖母娘娘廟正殿三間東西配房六間二門一間大門一間上塑正像三尊下塑配像六尊百子登山層巒聳翠八難現形歡列星馳外極壯觀内最整嚴慈雲普被求宗嗣者亦得借以伸情花面常開裕後裔者又可舉以表揚熙熙攘攘雖我國家培養百有餘年繩繩蟄蟄還賴神德隱扶實非一日將見里居族氏常咏麟趾國策野乘交頌螽斯同享昇平與天罔極是爲記

新建城隍廟碑記

乾隆三十四年　元盛美等

◎竊惟吾儕俱係燕晉黎民不遠千里而來農工商賈托足於斯豈盡利之所在趨之如騖哉亦曰樂土樂土爰得我所耳夫以塞外邊圉雲中僻壤裔古彝民游牧之所乃村落相連人烟稠密携妻挈子樂業

安居雞鳴狗吠之聲遠乎四境睦婣任邮士娟歸依父告其子兄勉其弟弓冶箕裘先疇舊德桑麻晴雨沐膏咏勤此固我　聖廟德教之覃敷靡遠弗屆而民者神之依也度百神河嶽亦莫不日鑒在茲焉況南濱黃河北倚靑山峯巒簇峙波湍縈廻山川忻合之區寧無神靈之呵護乎吾儕正願抒度仰祈默佑祇線力不能支分無敢造適逢分府福大老爺念切民依俯加諮訪建立　城隍廟宇以資一郡之保障於是輿情歡洽謫謁公庭經之營之共勷盛事官也備捐廉俸民也群效人工不數月間而土木功成巍峨象煥雖神之格思不可度思然慈惠足以格人者誠敬自足以格神覩父母之孔爾益信陟降之匪遙其有不報施無窮捍災禦患鞏固封疆於靡既也歟

火神廟碑記　乾隆三十五年　黃學

◎官長治人興利必先革弊神道設教降祥首在除殃故能禦大菑則祀能捍大患則祀備載於祭者釐然可考是地薩拉齊浩浩沙漠烈烈風高然而五方輻輳烟戶萬家數十年來火不燎原誌庶富而樂攸寧是誠我朝德政所使亦有效其靈於幽冥而人莫知致敬者欣逢巡廳鍾鉉保愛群黎虔虔懇懇於戊子歲倡建　火神廟以奠民居乃傳集耆庶邀請總理八人以勷是舉及持疏布而告商民踴躍咸皆喜助而樂施爰思人以類而多聚神以附而益靈茲　聖母一廟創造多年現就頹塌因得乘便建蓋接棟相連共式憑於　關帝廟之東即（馬王黑虎）之神亦得旁造而兼及時維處寅將卜吉而興工遂請命於府憲查克順城守廳張光甲僉曰善由是經始於夏落成於秋不數月宇殿巍峨聲靈並顯夫祀典旣有常而降

小大鉛印局承印

鑒自無爽行將火德悠悠獲安康於四季神功赫赫受多祉於千秋凡有誠心均沾吉慶應標長上鴻名表檀那之姓字是用爲記

重建薩拉齊廳玉皇廟碑記 乾隆四十八年

智常

◎蓋聞萬物本乎天蒼蒼莽莽溟涬濛鴻殊世異人靡不率育功德浩蕩於穆難名廟貌儼然精爽攸萃有其舉之顧可廢乎 余承乏是廳於今五年地方雖僻而事繁蒙漢雜處而勢軋勉竭予誠幸安予拙若有陰騭敢替且明捐俸興修非同徼福廳之東南舊有 玉皇廟焉規模狹陋不越三楹歷久因仍傾圮頹敗洵不足以申妥侑而致精誠爰矢微忱出貲修造而闔屬商民莫不鼓舞懽忭贊襄恐後曾無幾時遂已蕆事殿宇巍煥廊廡囷盤 聖像莊嚴迥異昔觀落成之日或有過而疑之者曰水土之氣升而爲天彼靈樞昊景金闕玉京噫能目擊務彷其形又況高不可階大更難窮豈有獨厚於塞外一隅而爲是馨香土木之豐歟予應之曰氣不離理寧無眞宰帝曰昊天義孰外是故耀魄寶尊考傳記而咸載自古上賢即居屋漏而凜幾微維此芸生每對威嚴而始謹畏謂天蓋高入廟思敬斯民循理之心有不由此而油然日生者哉況氣積而神靈聚焉氣之乘虛無所不至神之乘氣無所不通皇矣玄穹丕冒四大固不專鑒此一隅而實不遺此一隅則吾屬之含生負性者自不能不選巫咸叫帝閽而望居歆也又曰九霄之上 玉帝即天也從來南郊北畤之制騂牲蒼璧之儀惟昊天其子者乃足以承天之序而致其禋祀貿焉效之僭也何如答曰豈有是哉朱火芳薪泰壇之典禮也椒漿桂酒民俗之禬禳也譬之一家主器唯宗子而凡屬在支庶

小大鉛印局承印

下及臧獲無不可以各盡其孝思所祀者同而所以祀者大異何至有僭竊之嫌耶余既以答或人因以勸諸碩珉實有望於瞻赫濯畏明威無時不致其誠敬即無人不循乎天理將見一道同風不負聖朝涵濡之澤如第鼎新之非選事抑末也矣是爲記

新建觀音寺樂樓碑記

乾隆五十九年　李茂名等

◎從來古刹類有宮殿廊廡之配合樓坊臺閣之屏峙其間有一缺陷難言結構靡不振舉方爲完善至於清歌妙舞之樂事尤爲祀典之所必不可廢者不竭力經營誠心修造非所以尊神明肅瞻視也郡南建立如來佛殿妙像金容諸位菩薩秩列左右畫棟雕梁雖非金碧之瓊闕而丹楹刻桷足稱香城之靈基歷年來祀典所缺者獨樂樓未建耳茲因集衆鳩工建蓋三間連修東西圍墻山門外階簷石花脊獸類刺鳳雕魚五采祥呈舞榭六花瑞映歌臺鼓瑟吹笙於以賡陽春白雪之曲調敲金戛玉於以發勸善懲惡之文章或謂佛力無邊豈假廟貌以顯赫神功浩蕩詎因歌舞以威靈不知厥廟翼翼萬舞弈奕雖不爲佛祖尊嚴之具實足以上襄盛世崇德報功之典而下足以啟都人士恪恭震動之心將見慧風遠蕩法雨均霑洪庥廣被於百二山河保皇圖而永固慈光普照於三千世界錫阜成於無疆從此神欣民悅祀事孔明矣是役也興於乾隆丁未之歲竣於乾隆甲寅之年總理經費終始其事者王峨等而闔郡捐助之諸善士亦由是以流芳永久爰勒石具載以識不朽云

小大鉛印局承印

新建財神廟碑記　嘉慶六年　德亨

◎詩有之天錫公純嘏誰其錫之有其司之者也天將賜人以財而使神靈默爲之佑或以精力取或以才智求或有餘而貫朽粟紅或不足而室如懸罄有莫之致而至者夫豈有私於人而唯作善者降之祥也　三靈侯掌財源之命左福祿右鎮庫操食貨之權皆利濟於斯人而天下人咸設像盡誠謂銀樓所自出也薩拉齊舊有財神廟居關帝廟之西偏凡禋祀賽社人尊之猶恐其褻於嘉慶丁巳其議更建廟宇稟請於德太老爺捐俸施捨穀然爲百姓先相與卜其地於西坐庚辛之位取生金之義焉因而開緣募化慷慨捐貲者無事飛錫掛錫紛然檀那應募倏忽間累集千金以是經之營之不數月而工已告竣登其堂金碧輝煌入其殿神靈宛在自茲以往商賈農民蒙其庥者賴此一舉余退遊此地論及其事不禁援筆而書之俾後之作者知某某等鳩工庀材好施不吝云

重修城隍廟碑記　嘉慶二十五年　張堯賓

◎城隍廟剏自前府福距今五十餘年矣傾圮剝落程其重修之功約在萬金外我商民故屢議之而不果舉壬申秋八月神君覺羅佛初下車而謁斯廟即以修爲己任會比年不登不敢以事神之故病吾民越一歲乙亥有年又明年丙子又大有年因舊更新之事其在斯時乎（鄉總糾首）等因承府憲之命選郡中之能者分其任或司募或司工或掌筦庫而司會計經營構造歷年餘而工將成會佛憲以病告憲府海又捐俸而增華之司事者囑余作文爲之記余觀夫斯廟勝狀殿宇聳峙長廊縵廻門廡樓台黝堊丹漆

小大鉛印局承印

浩浩蕩蕩氣象萬千拜謁者皆以爲河朔之大觀也無事余之恢張矣余雖記者自初建以至於今前後數十年官此地者不乏名宦商此地者亦多大賈矣傾圮之後議重修或以傷財寢其事或以勞民沮其謀無一人焉起而肩任之今兩憲以捐俸倡董事者即合一郡之力而成一郡之功以視前此之畏難苟安者其人賢不肖爲如何也余故重其人善其功欲後之君子觀感而興起焉則剏建之人與繼述之功皆將並斯廟而不朽云

玉皇廟繼修碑記　道光七年　楊正春

◎薩廳之東北隅舊有　玉皇廟亦不知創始何年第考其遺址殿僅兩楹廊廡全無湫隘囂塵殊非上帝居歆之宜前府尊智視篆此土爰倡衆改作擴其址基增其式廓廣厦曲廊雕甍綉闥炳炳乎規制爽塏丹雘輝煌以稱昊天金闕廡或少當而神之精爽於是乎溢洋洋昭著臨下有赫以故我薩歷年商農樂業品物安生無夭札無疵癘其共享景福者未始非於穆之命降監於其間也奈地近堰瀦傾圮尤易僅數十年間凡殿宇垣墉漸歸剝落雖未至荒凉不堪而視向日煥然者固有間矣我神君齊老公祖下車謁廟惕然難安即思所以修葺之特以敷治伊始未便工作越明年丁亥政通人和百廢俱修迺出俸金率作興事而闔屬商民仰承意旨亦皆欣然樂從鼛鼓軒舞不數旬而殘者修缺者補革故鼎新豁然改觀俾瞻仰者不復知有彫零矣今而後苾芬肸蠁不獨邀神庥於勿替抑亦使前府尊之功德久而彌彰不至寖沒於傾頹零雨中也豈不美哉用叙顛末而立石以記

小大鉛印局承印

薩拉齊修築土壩碑記　道光八年　楊正春

◎薩廳居青峯之陽與峯之溝門相對澗水湧出正當其流以故溝口築立石壩時勤補葺所以爲防護計者久矣邇年來雨水浩大冲堤直下居民頻受其害郡之人每議築土壩於郡外而不果舉幸逢我神君壽老公祖念切民瘼思患預防督率鄉總等動衆興工以完隄防以謹壅塞凡我商民無不欣然[illegible]從富者捐貲貧者效力經數月而工告竣壩起於東北止於西南蜿蜒五六里佹佹言障郵無間雖有洪水莫能爲害吾於是嘆我神君之惠此薩民者至矣夫昔之稱爲仁民者不過曰見利思興見害思除而已今斯壩成而水患永消閭閻有安堵之慶市廛無播遷之憂民咸曰休哉故其功大其利普而其澤亦自此遠矣後之覽斯壩者必將愛戴感慕比之范純仁之著作林長孫儉之淸德樓而謂能不繼長增高勤思修葺以保守於勿替乎是爲記

附註　凡壩所占地基每畝發過官價銀壹錢壩上所栽樹木係鄉總等培植公議以後經理照管俱屬應鄉總者應辦事件永遠爲規

重修關聖帝君廟碑記　道光二十四年　亢興元等

◎且自古盡忠誠而食厚報者莫過於　關壯繆由唐元明以迄於今凡中外華夷無不畏敬奉承以薦馨香於勿替其廟貌幾與恒河沙比較是以薩廳雖僻處邊陲而享祀之典亦罔或忒先是雍正中於廳之東南隅建立　關帝廟一所殿唯數椽堦僅盈尺湫隘囂塵弗堪瞻仰至後幾經增修由正殿而廊廡門

小大鉛印局承印

坊鐘鼓樂樓以及配享諸神祠次第備舉於以隆報賽而光明薦庶或饗之奈歷年以來繕修弗繼古刹勝境廢爲瓦礫之區商衆謀所以修葺者久之逢前府尊盛公下車謁廟輒歎頹零倡議改作衆志僉同甫經化緣而公乃遷去遂緩其謀越數年壬寅羣商咸曰作廟宗祀固膺民社者所有事而吾儕旣庇宇下亦當與有力焉奈何諉爲異人任也因毅然以興廢爲己責量費募貲鳩工庀材拓其基址大其規模悉心營葺功靡有遺不僅殿宇爽塏較昔改觀即廊廡門坊鐘鼓樂樓與夫諸神祠亭向歸剝落者亦皆革故鼎新煥然豁目於是神之英靈洋洋乎焄蒿悽愴常若有在而人畏服恭敬之心有不油然益興者歟他若一切呵護錫祉之說此世俗淺見妄希靈貺於冥冥者俱略而不陳懼褻也已是爲記

重修祖師廟碑記　道光二十四年　呂永全等

◎嘗思萬物本乎天人本乎祖顧身之所自出者謂之祖而術業之所由來者亦謂之祖祖之名旣已從同其所以報本返始致其誠敬者義自無或異我薩廳　關帝祠西偏舊有師祖廟一所爲羣工宗師神聖所在歲時伏臘享祀不忒不妄本也道光壬寅闔郡議修　關帝祠旣定顧瞻斯所雖未至剝落不堪而多歷年所漸歸黯淡殊與鼎新之　關帝祠不堪並誇耀衆工師念及此而愁然難安遂各捐貲財共相募化鳩工庀材卜吉興作由殿宇而牌坊禪室各仍舊貫悉拓新基越年告藏其規制軒爽丹艧輝煌者亦羌與帝君祠相髣髴將見殿假之際益盡其誠駿奔之餘愈生其敬庶於報本返始之義不無少當從茲怨恫泯而靈爽昭其申錫祐無疆者自不待言矣是當誌之以爲後勸

小大鉛印局承印

重修聖母廟碑記

道光二十六年

周茂
楊正春等

◎古者仲春之月元鳥至日天子帥后妃嬪御出祀高禖於南郊所以弗無子而求有子也自後都邑鄉里間亦準此義以立廟祀爲祈嗣計是皆然矣我薩廳之巽隅舊有　聖母廟一所創自乾隆初年間前人已屢經增修迄今又見剝落繼修維艱商民等因募貲改作卜吉興工仍舊貫以拓新基丹楹刻桷綉闥雕甍曲盡其美向無樂樓以便衍神者今亦相因而建經始於季春越數月告竣其巍然輝耀之狀瞻仰者皆稱爲梵刹之勝境焉由是神以地而益靈人祈靈而益應誠意感孚求無不得此處多男彼樂昌後將生齒繁而戶口殷且以見邦家之盛豈僅爲閭里之福哉是爲記

重修神廟碑記序

咸豐十一年

吳學貴等

◎蓋聞創於前者必修於後者猶創於前前後時雖不同創修功實無異從古以來舉凡修造莫不然矣如我蘇寨溝門西灣村舊有（龍王　三官）諸神廟一所創自乾隆年間歲月日時既易難以稽查但多歷年所廟貌雖舊尚未頽毀迄至咸豐六年七月間天雨浩大溝水洋溢將廟幾乎盡墜則凡報賽目觸心傷迨十一年春糾首地戶同舉盛念願重建修於是鳩工庀材不數月而工程告竣將見殿宇輝煌　聖像光顯神靈皆得其安駿奔均有其區所謂創於前者實有賴於後修於後者亦有光於前時有前後功奚有異乎是爲記

小大鉛印局承印

重修普濟寺碑誌

同治六年　許有慶

◎粵稽郡治之離有南寺舊刹也　普濟寺名也古佛五佛祉號也然寺名仍舊而神像復增中殿有神佛寶號碑碣迨東配殿立蔡侯祠西配殿設聖母廟各有記載不必多贅然則普濟寺葢亦有年矣初建自乾隆丁未歲越四年辛亥始刻石以告成維時邀本郡　憲天福新莅兹土率作興事督任王峨文大章等克成厥工又三載甲寅歲正乾隆五十九年也復建築樂亭於寺南北向距山門四五十武中間縱橫有路前後環繞闤闠其廟貌櫟範咸立碑誌及後屢加增修庶難枚舉行見寺內剝蝕傾倚零落殘缺者並皆有之唯我二三同人倡議重修頃偕同本郡鄉總等奉現任憲台廣大老爺飭諭即日興修所謂剝蝕者飾之傾倚者扶之零落者增之殘缺者補之獨至山門舊基迫狹不堪瞻望者遂展闊之新加鼓樓一座亦可見左右相承而配合相宜矣然而斯役也興工於甲子之夏落成在丁卯之秋共花過銅錢千數餘緍由是經理主持復至四方募化得銀若干以襄厥事工成之日諸公屬余作序余不敢固辭抱恙艸錄聊誌其創修巔末以貽笑於來哲至若我　佛祖如來暨諸位菩薩大德至道玅法亙同詎可以片言俚語以瀆神聽者乎是爲誌

創築團堡訓練民團碑記

同治九年　李聯香　史麟玉等

◎溯自同治六年陝甘逆氛竄擾草地逼近薩廳是年冬月奉府尊文大公祖諭在　關帝廟設團防局（聯香麟玉等）經理其事於是籌捐經費舉辦七年創築團堡八年加工倍修當是時狼烽四起鶴淚

頻驚我文大公祖督同在局諸紳商等日夜訓練民團監築圍堡偵探防守不遺餘力迨九年冬賊氛既退防務較鬆文大公祖遂赴都入覲矣夫以三載團練兩次堡工經費誠爲浩繁然設使曩時民團不練圍堡不修非不較省民財而當賊擾檀盖卯獨大小蛇太之際薩廳地方既無地險可守又無兵力可恃賊匪乘虛而入旦晚可至嗟我薩民其不爲賊所魚肉者幾希矣幸賴文大公祖築斯城也與民守之卒以有備無患轉危爲安凡我薩民至今得以幸全其身家而各安其生業者皆我文大公祖築堡辦團禦寇保民之力也所費用者有數所保全者無窮洵乎成大事者宜不惜小費矣雖然一切經費無非出自民間文大公祖每諄諭在局諸人以民力艱難經費不易務宜力從撙節杜絕漏巵總期涓滴歸公絲毫無弊方可以對人方可以對天等諭（聯香）等勵勷局務懍遵斯諭凡一錢之出入靡不勾稽詳愼登記明白不敢稍有苟且於其間但三年之久出入欵項數逾億萬雖局中人可以自信局外人未能週知十一年二月奉文大公祖諭令本街鄉總四鄉總甲會同在局經理人（聯香麟玉）等將團防局一切出入帳目逐欵核算徹底淸査計六年冬月設局起截至九年十月底止共入錢出錢經理人等並無侵冒舛錯各情弊當經鄉總等稟復並請將出入欵項刋列碑石俾昭衆目而垂永久已蒙文大公祖批允在案玆時遵批勒石謹爲撮敘巓末並開列欵項於另碑石是爲記

創建節孝祠記

光緒元年　闕名

◎昔明道先生言于朝曰治天下當以正風俗爲本蓋風俗正則天下治也是以長民之道莫先于正

風俗而風俗之所正尤莫大于節孝都邑郡縣例有祠宇文廟之側以祀旌表節孝之人以爲不如是不足以正人心厚風俗也薩郡地處漠南民情敦樸凡婦女之苦節自持者往往而有特以未經表揚之故潛德幽光沈淪泉壤者亦已久矣今賴文大公祖督率紳士採訪民間節婦有年例相符者得張馬等十六氏具詳題準旌表遂捐俸金鳩工庀材創建節孝祠經始于同治十二年四月迨光緒元年三月落成外建總坊題名其上俾冰蘖霜柏得沐盛世光榮庶遠近聞而觀感風清俗美流溢於金河紫塞之間皆自我公祖倡之懿歟休哉公祖之爲政也初下車見薩廳多水患亟築堤壩護我田廬同治丁卯戊辰間賊氛逼境爲之設守衛練團防民賴以安越明年又創立育才書院課訓鄉閭子弟使之讀書明理知所以爲人他如義塚恤陰保嬰諸善舉不可勝數十餘年循聲卓績彰彰可攷豈惟是振勵節孝之一端哉然即此一端上之可以宣揚德化廣布皇仁下之可以湔除澆風移易舊俗古君子所謂摩民以仁漸民以義者其即於文公見之乎工既竣董其事者欲以叙其始末勒之貞珉且以銘公祖之德政某不敏何足以闡揚萬一亦僅于管見所及略陳梗概云爾

重修關帝龍王廟並新建財神殿碑誌

光緒二年　張廷鸞

◎蓋聞莫創於前雖盛而不傳莫因於後雖美而弗彰是以曩有所創鴻勛固已著於前今有所因駿績尤當垂於後也如薩廳蘇塞溝門村舊有　關帝廟創自康熙末年乾隆丁丑歲重修祠於殿左增建龍王宮俱有碑誌迄今多歷年所不但風雨飄零將漸就於傾圮而且規模卑狹未足壯乎觀瞻况蘇塞溝門

小大鉛印局承印

沃野水田本爲富庶之境安堵樂業盡屬殷實之家顧勿修廢補缺以報神庥也哉癸酉歲本邨紳耆等集衆公議鳩工庀材重行修葺復於正殿之右新建財神殿三間與殿左龍王宮配爲一列至於禪室會館山門鐘鼓二樓莫不煥然改觀既左宜而右有亦踵事以增華誠盛舉也然工程浩大董理良難幸紳耆等不辭勞瘁允襄厥事殫寅清於夙夜内外落成勵辛勤於晨昏土木告竣殿宇恢宏楷模則中規而中矩金錫燦爛光彩則或黄而或白壯其觀也奂其瞻也是尙不足以蕆其事耶詩有之維其有章是以有慶將見廟貌重新大啟桑梓之氣運神靈錫嘏群沾芘蔭之洪恩第經費甚繁固非獨力之所能支猶幸衆善之所同歸也本村按畝布施允宜流芳於百世他處隨心傾助尤當旌淑於千秋猗歟休哉何其盛哉爰勒諸貞珉以彰有德以垂不朽云爾

蘇塞溝門七聖廟豎建石刹碑誌

光緒十九年　王大鵬 牛星津等

◎溝門村居蘇塞山之陽兩山如蛾眉彎孶中間斷崖處石壁峭合瀉出清溪流潤此村之所由得名而廟之所由來遠矣村人引水種植穿田繞屋晝夜潺湲其煙林一帶花果千家而其春蔬早獻秋菓晚彫至於山懷水抱之景隔籬對飮之趣雖桃花源裏之境亦不過如是也獨是沿村之景趣既佳廟所之風致尤備即以踏磵石則清風在袖坐苔磯則弱柳垂肩其間廊檻樓臺儼如一幅圖畫唯寺前舊豎水刹二莖早已腐仆石押凸存人以爲憾近遭光緒辛卯壬辰等年旱魃大飢鄰近傾覆慘然未遑遽舉然以我村俗頗勤樸雖無恒產苟素有一長可取尙不致于死亡豈非沾風土之光哉今天不却生民始苗槁而終沛雨

運化所鍾畢竟原隰寒暑燥濕高下遠近收獲豐歉倍于往昔憂者喜病者愈於是鄉中二三耆老相與舉酒與社而慶之歸德于神獻曝之忱以不釋豎刹之抱歉可乎又鑒於前慮雨淋日炙不若石之耐久也然而鉅矣乃仗義者倡之于前疏財者和之於後闔村贊襄鳩治數月而石工告竣是刹雖重興而實創見也豎立之日無不欣躍爰爲勒諸貞珉以誌勝事云所有倡事捐貲諸人士姓名門列於左

新建呂祖廟樂樓碑記

光緒二十年　孟春星

◎嘗聞下里巴人往往演學歌舞吹彈者祗徒表三代君臣父子夫婦兄弟以及朋友之盛事流傳後世相勸勉於君子小人矣而今也大郡小邑山野荒陬直以爲尊神之深恩大德唯戲足以酬之耳自郡建修北閣以至建修呂祖廟後每年臨獻戲之期蘆席圍棚色布彩樓華費恒多亦不克蔽風雨之患盍若建樂樓能經久遠乎因而公議呂祖廟前建修樂樓臨北閣獻戲之期亦能借用斯雖是一樂樓而可以能作三樂樓用之矣爰是鄉總等盡心竭力黽勉從事不敢告勞遂買民人地基兩所選良辰築地基按排木石默對土工建築樂樓又東畔起造小院一所內修幾間書房下除鳩工庀材不日告竣美奐美輪自他而有耀斯飛斯革煥然而改觀將見均欣羨以作歌曰青山蒼蒼黃水泱泱瞻彼新臺與之同芳於是囑余作文余雖不敏亦不敢推諉因而作文以垂千秋不朽而奕代流徽云爾

重修官壩碑記

宣統三年　公社

◎甘棠在帝王之化苞栩傳孝子之心詩之取類稱名多寓情于嘉樹也已難數覯況憲政當萌芽時代講求林業公令甚嚴自治紳董不時演說欲令頑石點頭以遠實行之目的法至美意至善也我薩廳北

門外自道光八年因蘇塞溝門水勢浩大本城受害匪淺爰集公議修官壩築柳堤壩岸遙長柳繫千條屢年修補輪流補栽稟請立案恐代遠年湮經久廢弛現今壩上猶有碑石存焉以故森林嚴密空氣新鮮街市繁殷城池鞏固居民安堵樂業何幸如之突於光緒三十年公行破壞風潮大起停修官壩於今業已八年矣因之柳林彫謝壩岸皆傾甚至河水漲發西門左右幾成澤國遊者傷今而思古過者觸目而驚心咸以爲不修此壩終難免山河猛水之衝溢（社長）等暨公行代表豈忍熟視而無覩刻即稟明憲天重加整頓預防不測之災前任劉老公祖示諭於前現任呼延大人組織於後雷厲風行不辭勞怨公同經理豈憚煩勞但經費甚難固非獨力之所能支工程甚鉅猶欲善之所同歸也迄今工程告竣回憶補助栽培似可流芳於百世成裘集腋亦可旌淑於千秋爰貞珉以勸後之關心地面熱心林業者

勦匪功德碑　民國五年

王建屏

◎薩拉齊在北京西經綫八度餘長城北緯線一度餘北傍陰山南臨黃河田肥美民殷富實秦晉之鎖鑰歸綏之咽喉也洪憲紀元之初土匪盧占魁等率衆數千由茂明安札薩克旗南竄經五當溝沙爾沁等處直抵縣城邑候遠遁地方無主歷四晝夜任賊殺掠一月五日上午九鐘初馮公思普李公鶴翔鄭公金聲率隊來援而賊則憑城固守槍砲如林矢石如雨鏖戰幾盡一日敵不少退李公由西南鄭公由西北於槍林彈雨之中督兵登城賊俱辟易全軍相繼擁入巷戰移時殺無算天將向晚一律肅清城中遺黎重覩天日喜可知也克復之次日李公召集紳商各界督設善後局委執法官裘君世廉爲局長各界推余爲總董襄贊其事裘君任事以來焚膏繼晷日昃不遑修城垣查戶口練團勇備器械旬日之間百廢俱舉比

之李綱於謙雖任之大小有別而計慮之周佈置之密無多讓焉去之日人民臥轅轍涕淚悲泣不忍君之去薩也謂非至誠感人而能若是乎君固可謂才德全備之士亦憑李兩公之知人善任與鄭公和衷共濟有以致之也都人士由水火而登衽席感深五內諸公之豐功盛德歷久遺忘欲綜其事之顛末勒之貞珉囑余爲文以記之余始陷在重圍之中繼復助理善後事宜知之頗詳謹承諸君之命紀其梗概且爲之銘

銘曰

黃河浩瀚　陰山綿延　薩城繁富　素號巖疆
邊匪蹂躪　揭地掀天　天兵一至　渠魁就殲
攻守互用　黎庶安全　諸公盛德　億千萬年

重修水澗溝石壩記

民國十三年　陸瑞庭

◎薩縣城北水澗溝石壩創於季清代遠年湮壩迹沖刷淨盡上年山洪暴發水向南流以遏止無從因而縣城頓受損壞怡庭陳公來長是邑見於斯壩之重要爰召集同仁等開會興修兩月而功成計長二百五十丈寬高不等落成之後本年縣城未受洪水威脅誠人工勝天也甚望後日加以永久保護藉維斯壩之不朽則幸甚矣是爲記

聖母廟重建碑文

成紀七三三年　田端符等

古者以神道設教奶母亦列於祀典而寺觀齋宇大都垂爲古蹟文化攸關前者政令各地保存古蹟義不外助昌文化而已查我縣城中　聖母廟建於清代乾隆中年規模宏大窮極莊麗每年夏曆四月十

小大鉛印局承印

八日香火之期一般善男信女來廟禮神還願者雲興蜂擁不可勝數不幸於民國二十三年正月寺內住持弗戒於火無情回祿大肆淫威正殿五間付之一炬莊嚴燦爛之廟宇變成瓦礫凋零之破寺良可慨也迄今數載頹廢依然荒涼如故每逢遊人涉足莫不觸景興感視爲遺憾（同人）等愁焉心憂共議重爲修建恢復舊觀預計需款五千元有奇俱由（同人）等分擔募集共襄義舉所有正殿五間規模尺度悉遵舊制東一間祀阿彌佛西一間祀觀音菩薩正三間爲　聖母大殿內中仙山佛洞較舊工高大巍然可觀樑棟雕畫悉揀精彩自本年三月間開工計至九月末工竣連同東西禪室山門圍墻一併隨工修理經歷八閱月始告畢事遂使荒涼之破廟復成煥然之殿宇古蹟復興舊景生色不有前賢之創導將何啟後人之欣慕至於募欵出入另行表彰工程既畢謹記其事以示後人云爾

重修薩縣保安石壩碑記

成紀七三五年　張樹培 潛叟

◎薩拉齊縣城北十五里有山曰陰山晉通志稱爲大青山亦曰大斤山又稱秦山即此山勢巍然橫亘北郭連峰東徂蛇蜒數百里莫知紀極其中窮谷幽壑雪根石罅峰頭千尺樹杪百重潴泉南麓流而爲澗遂成大溝曰水澗溝歷年夏秋間山洪驟發溝水漲溢近溝村田園地灌溉失其利旋築石門依溝審勢截水橫流略倚救濟以補其失乃縣城距離匪遙地低窪位適衝要矧山雨連綿洪水高漲飛騰直下澎湃而南來城遭土崩之虞民罹其魚之歎較村田園地之損失害尤不可勝言矣於是乎本縣商民醵貲募捐自清咸豐六年春剏建城防土壩一座袤若長蛇狂瀾倒挽厚若蹲象濁浪潛迴前臨方堞市壁依然後瞰平皋禾苗無際此誠一時之保障萬家之安全也然而星移物換安堵不常年久日深修葺無主未幾而溝

小大鉛印局承印

水冲而土壩决而竟完全傾圮甚以風雨摧蝕牛羊踏踐欲求壩跡悉已成塵俛仰興廢輒不禁有陵谷之感民國二十三年春陳令應道呈民政廳准撥縣欵踏舊跡定重修歷時兩月工竣翌年霪雨仍遭冲毀及二十五年于令純齋再約集商農兩會並環壩各鄉村按股攤欵力圖補修惜因事乃中輟迨至成紀改元七三四年縣令韓公紹祖涖任訪是壩之遺聞鑒前車之覆轍當會同地方士紳及商農各會毅然發起重行改修並將壩身延長七十二丈純粹築爲石體砌堅石成高壘匠心獨運慘澹經營閲十四月而大功告成復組織石壩工程處保管委員會以維常時而善其後是雖衆擎易舉共畢其業實非由號召者貞志竭力鼓舞邁進於不惓曷克臻此天下事莫難於剏莫不難於繼每見披荆棘闢草野以圖始基終樂而成如操勝算及依舊規重新建設以期補葺於久安或力不從心事與願違如任重道遠然何哉豈先後揆不相及其視物我之輕重有動於中而不自力耶抑時有安危工有難易畏難而苟安不無自餒之心而罔顧其他歟然繼往開來愛物如己雖遭世故之變遷仍以功業爲根本其間能自淬勵視民溺如己溺而不肯推諉者詎不賴有精進决心不計安危難易之縣令哉禮曰完隄防謹壅塞以備水潦詩曰維石巖巖民具爾瞻若韓公者其斯之謂歟邑人公意願泐石而彰之迺乞予爲文以紀其巓末且企與滎陽之沈萊堰錢唐江之石隄並傳不朽焉

韻　文

魏高祖講武碑頌

北魏　崔　浩

◎碑在陰山講武台西南山下即廣德殿所在地其殿四柱兩厦堂宇綺拱圖畫奇禽異獸之象殿之

西北便得焜煌堂雕楹鏤桷板取狀古之溫室其時帝幸龍荒遊鸞朔北南秦王仇池楊難當捨蕃委誠重譯拜闕陛見之所也故殿以廣德爲名太平眞君三年刻石樹碑爲頌勤宣時事詞云

肅清帝道　振懾四荒　有蠻有戎　自彼氐羌　無思不服　重譯稽顙　恂恂南秦　歛歛推亡　峨峨廣德　奕奕焜煌

附註右侍中司徒東郡公崔浩之詞也碑陰題宣成公李孝伯尙書盧遐等從臣姓名若新鏤焉

勅勒川歌

北齊 斛律金

勅勒川　陰山下　天似穹廬盖四野　天蒼蒼　野茫茫　風吹草低見牛羊

邊詞

唐張敬忠

二月垂楊未挂絲　五原春色舊來遲　只今河畔氷開後　正是長安花落時

燰川

唐李益

胡風凍合鸊鵜泉　牧馬千群逐暖川　塞外征行無盡日　年年移帳雪中天

夜上受降城聞笛

前人

回樂峰前沙似雪　受降城外月如霜　不知何處吹蘆管　一夜征人盡望鄉

塞上行

朴士林

柳色正沈沈　風吹秋更深　山河空遠道　鄉國自鳴砧　巷有千家月　人無萬里心　長城哭

崩後　寂絕至而今

塞上曲　前人

一隊風來一隊沙　有人行處沒人家　黃河九曲冰先合　紫塞三春不見花

偶隨邊使過五原　儲嗣宗

偶逐星車犯塞塵　故鄉常恐到無因　五原西去陽關路　日沒平沙不見人

逢友人邊遊回　唐蔣能

遊子新從絕塞回　自言曾上李陵臺　尊前語盡北風起　秋色蕭條胡雁來

關山　唐員半千

路出金河道　山連玉塞門　旌旗雲裏度　楊柳曲中喧　喋血多壯胆　衰草無怯魂　嚴霜歛曙色　落月辭朝暾　塵銷營卒壘　沙淨都尉垣　霧捲白山出　風吹黃葉翻　將軍獻凱入　萬里絕河源

登單于臺　李士元

悔上層樓望　翻成極目愁　路沿葱嶺去　河背玉關流　馬散眠沙磧　兵閑倚戍樓　殘陽三會角　吹白旅人頭

過李陵臺　元薩都剌天錫

小大鉛印局承印

降入穹廬媿將才　山頭空築望鄉臺　蘇郎有節毛皆落　漢主無恩使不來　青草戰場雕影沒
黃沙鼓角雁聲哀　那堪攜手河梁別　淚灑西風骨已灰

李陵臺　　陳孚 剛中

落日悲笳鳴　陰風起千嶂　何處見長安　夜夜倚天望　臣家羽林中　三世漢飛將　尙思甘泉宮　虎賁擁仙仗　臣豈負朝廷　忠義夙所尙　漢天靑茫茫　萬里隔亭障　可望不可到　血淚墮汪漾　空有臺上石　至今亦西向

北塞　　戚繼光

畫角聲傳草木哀　雲頭對起石門開　朔風邊酒不成醉　落葉歸鴉無數來　但使元戈銷殺氣
未妨白髮老邊才　勒名峰上吾誰與　故李將軍舞劍臺

登紅山墩望套次南谿韻　　明 三邊總督 曾銑

嗟哉河朔地　幾載別中原　司馬辭樞筦　萊公去北門　請纓身未老　倚劍志猶存　指顧王廷去　西巡遠近村

河套西望　　淸 康熙 三十六年平噶爾丹出大同入邊作

往代存虛議　今爲我外藩　河環沙磧暖　境闊草灘繁　錯落延綏接　迷離朔漠呑　時巡曾不到　特示撫柔恩

出塞　沿邊山行取道塞外沙淺途平水草咸便日十二日之程減半得達安邊堡書以記之　康熙帝

森森萬騎歷駝城　沙塞風清磧路平　氷泮長河堪飲馬　月來大野照移營　郵籤紀地旬餘驛　羽轡行邊六日程　天下一家無內外　烽銷堠罷不論兵

塞上　康熙帝

半嶺黃雲合　風悲鼓角聞　野塬沙草外　落日自成群

食半翅　邑產土鳥　朱彝尊

味合添雛筍　羹宜配凍醪　登盤人未識　入肆價須高　且緩思鶉炙　全勝食雉膏　莫愁嘗易盡　應爲戒貪饕

塞上　法式善

野水吞人面　青山響馬聲　浮雲連帽起　殘雪帶邊行

附志餘漫墨

重來薩城修志感作　蘄陽潛叟

流水光陰似逝波　邊城幾度使車過　回想十五年前路　半踏春泥認不多

帽影鞭絲得得來　依然官道北門開　停車不爲楓林晚　檢點輕裝刦後灰　（入門停車軍警檢查）

小大鉛印局承印

城郭巋然聳夕曛　市聲鐙影逼黃昏　授餐莫憶陳蕃榻　官閣梅花夢未存

重游初憇帝君祠　適館西軒借一枝　（予初來承縣令韓公介宿關帝廟西院縣商會內）　領袖陶朱多好客　高情亦似鄭當時

漢南往事總成塵　大邑深知有故人　漫道澹交原若水　十年闊別最相親　（老友水亭元文諸君相見甚爲快慰）

萍蹤聚合本來難　新雨相逢似舊歡　（近日館中丁紹先洪毓英王月如等同仁一見如故甚爲歡洽）同是天涯休恨晚　共留風義後人看

風塵依約續前游　小住仍如不繫舟　多謝居停安硯席　一編終日且淹留

半生禿筆終無着　老境霜枝晚更香　深媿龍門才識遠　漫從何處寫蒼茫

奉贈韓育庭邑侯　潛　叟

百里侯優百里才　河陽花看滿城栽　愛民勤政心如水　積得循聲遠近來

昌黎清望舊家風　濁世翩翩大雅容　幹濟經綸兼閱歷　幾人堪並論才雄

朞年幕府勤勞異　兩載邊城治績多　水北山南重見日　暫抛桴鼓聽絃歌

萍踪偶聚寄衙官　把袂傾心勝舊歡　同在天涯媿高臥　閉門風雪不知寒

創修薩志贈韓邑侯　潛　叟

百年文獻久銷沈　雅化開荒獨苦心　（韓侯倡議主修縣志）　一旦宏編成創製　千秋遺事費

搜尋魏唐故壘空存古　秦漢邊墟紀異今　數月艱難勤攷訂　敢期著作附名林

群才終日惜陰時　一簣成功賴總持　風土分疏千載異　圖書商榷寸心知　塞泉流水城安在　廣德深山殿已隳　尙幸首存名勝跡　使君功業最堪思

夏日病臥縣志館中偶感　前人

放眼觀千古　英雄自有眞　天心原厭亂　吾道本安貧　雞鶩爭餘食　蟲沙歎夙因　漫談立地佛　何處悟迷津

熱境何多畏　閒情倍黯傷　世風嗟蠆尾　客路感羊腸　鬼尙高明瞰　魔從慧定防　中天輪月在　恙影早潛颺

宦游三十載　足跡半天涯　苦守平生拙　深虞捷徑斜　醉吟思太傅　痛哭慕長沙　不斷南歸計　江鄉有舊家

搦管連三月　抛書午夢回　偶然吟自遣　不覺感紛來　大邑河山輔　斯文我輩開　百年遺獻在　莫再問秦灰

縣志編成留別薩城政紳諸友　七三六年八月杪　前人

春來秋去幾經時　駒隙光陰轉恨遲　五月勉成名邑史　重游尙戀古城池　逢場拭目多新契　把袂論心有舊知　媿我疏狂兼老拙　還憑大雅共扶持

溯唐守捉說雲中（晉通志載唐雲中守捉城即今治）　鼓角當年氣勢雄　兩戒關山平漠上　一城今古大河東　書成草創慙無識　筆少花生寫未工　最願常存萍水感　逸情猶向囁嚅翁（宋

蘇髯贈張子野詩試問囁嚅翁予願諸友亦毋志囁嚅老叟）

百里平原抱古城　青山無黛北門橫　鍾靈歷見人才志（志載人物英才輩出）　問政同書國士名（職官門內縣府科長以上均特列名）　晚境忽逢明朗日　前途常聽頌歌聲　武功事業鄉耆望　枯筆深慾負熱情（明康對山先主修武功縣志後世傳爲佳志本志邑侯韓公創起主修鄉耆熱烈輔佐予羈塞上躬逢其盛深媿簏才有辜重望）

輪蹏回憶塞西游　宦海波中寄廿秋　氷雪功名渾似夢　雞蟲得失等浮漚　天涯偶聚情常在楚尾遄歸志未休（予家鄂東濱江蘄春城內尚有薄田數頃老屋數椽久思南歸交通猶梗未知能償夙願否）　最近驪歌雖唱別　故鄉尚好是豐州（予寄籍古豐二十餘載新親舊友儼成故鄉雖與諸公別離尚非遠阻堪慰情於後會耳）

◎謹案本邑文獻明代以前歷年渺遠搜輯無從迨明清兩朝俺答踞爲游牧之區乾隆闢爲協理之治政事雖設教育仍弛客籍游民安陋就簡風俗崇樸文化晚開韻事流傳既少人文寥落猶虛東壁圖書何來著作西園翰墨亦尠遺存況滄桑之多變尤金石之莫徵藝文一編依稀絕響爰勉就清時碑刻及有關邑詠篇什擇其要作彙而錄成散韻兼收詩文並著文不論工拙詩不分古今悉仍其舊不稍刪潤以存厥眞而資紀實聊慰後人思古深情藉勝於無云爾

◎再志餘漫墨藉明修志本末並存爲文化歷史紀念予原著有潛廬詩鈔並撚髭閒話兩集惜尚無資刊印揮翰之餘曷勝感慨（潛叟附識）

卷十六 雜記

天災

◎傳曰天災流行國家代有古所謂天災者概專指旱魃爲虐凶年饑歲而言也其如洪水之爲害氷霜之侵凍蚜蚄之傷蝕瘟疫之傳染則不勝枚舉然而影嚮於民生一也豈僅荒災而已哉現在科學昌明人力造作巧奪天工一切災祲皆可挽回惟人民知識錮陋對於各種災害認爲天厭生民束手待斃茲就有害生民災祲擇其鉅厲者志之以爲前鑒

◎荒災　本邑位居西北地勢高昂海拔千米接近砂漠離遠海洋浸潤氣壓高超朔風時起縱天空含有水量然受大砂漠薰蒸立即風清雲散化歸烏有荒旱之災即兆於斯據故老相傳清光緒四年十八年二十六年旱魃爲虐形成荒歲概由先一年伏暑點雨未落入秋氷霜早降苗而不秀或秀而不實是以赤地千里野無青草瘠痍滿目災象環生既無耕三餘蓄又乏新稔收穫壯者散而之四方老弱則流離溝壑剝草根樹皮以爲食執馬勃骸骨而然爨飢民顚沛無歸餓莩狼籍盈野鬻妻賣子比比皆是美貌婦女僅値制錢六七千文俊秀孩提無人收容往往有一個窩頭換一妻室甚有將子女推納溝中隻身兆亡亦有數口之家仰藥自盡者其慘酷情形令人酸鼻據傳當時災祲僅限於一般無產階級者富厚之家依然粟積如山盖藏甚厚奈爲富不仁視爲奇貨高抬市價一毛不拔悲天憫人無此心情而災刦餘生焉有資

小大鉛印局承印

財糴粮度命祗得高項黃馘僵死曠野況牧民者又皆四體不勤五穀不分深居簡出養尊處優常存客觀之心毫無民隱之念故狗彘食人食而不知檢塗有餓莩而不知發以致道殣相望骨肉離析古人云朱門酒肉臭道有餓死骨其弊在於不均而非患寡也

民國十八年荒旱再起民不聊生災祲奇重亘古未有誰曰昊天不惠降此大凶益以連年匪患蹂躪頻仍舊有蓋藏搜索殆盡新望收穫亘細未登饑荒之象布遍全邑人民傾家蕩產十室盡成邱墟城市鬻妻賣子八口悉遭塗炭露天席地爲逆旅古刹荒寺作宿所野草樹皮以果腹螻蛄蝗蝻而充饑羅雀掘鼠搜刮已窮啼飢號寒哭聲載道黃童白叟鵠面鳩形鴻鶴之哀鳴未絕庚癸之愁呼時起一鄉之中炊烟斷絕四境之內鷄犬無聲凄凄戚戚何其慘耶出口之品以人爲大宗少壯婦女作人妻妾髫齡子女男爲優女爲妓晉冀居民平津人販相率來邑娶妻販人者絡繹於途婦女値價二百元童子十元賣在本省與邑境者價値尤低傳曰易子而食執骸以爨此之謂也苟得一食之飽即人世譏笑輕薄揶揄之態任何形容任何犧牲在所不計其饑饉之極亦可概見矣以是年冬大雪屢降厚積數尺匝月之間不見天日氣候嚴寒曾在攝氏表零下三十餘度水井結冰不能汲飲果木亦皆凍死而災劫游魂被凍以死者又不知幾何矣彼蒼者天曷其有極邑境官紳雖呼號賑濟設平糶放賑粮究屬杯水車薪難蘇重厄耳

總紀以上荒災以民十八爲奇重而死亡人數反較往昔爲少一則交通便利易於行動一則人情社會兩相活躍不甘忍守餓鄉僵死田野況在昔交通不便行動維艱且人情敦厚循軌守法寧爲餓死鬼不作犯科人故死亡者亦較多也

附荒年銀糧價目表

年別	雜糧價目	小米小麥價目	白銀價目	婦女價目	孩童價目	備考
光緒四年	一千五百文	二千文	一千三百文	十千文上下	無價	
光緒十八年	一千二百文	一千五百文	一千二百文	仝前	仝前	
光緒二十六年	一千文	一千二百文	一千文	仝前	仝前	
民國十八年	二元五角	三元	一元五角	二百元上下	十元左右	

附記（糧銀價目均以舊斗兩為單位）

◎水災　據追記所傳清同治六年黃河由今之第三區屬王八窰子村決口水勢東流直達邑境東界長流一百五十里除沿山高地外皆汪洋一片悉成澤國房倒屋塌村落為墟以致人無棲址畜無停廐生命財產付諸流水九年邑同知文山鑒於水患連年生靈塗炭乃請准上峯撥欵堵口名曰四股八厘口水患乃息民始得安

光緒二十九年夏黃河由準格爾旗決口名曰車架口子水勢急湍向東北流達邑境東界五區半壁悉成水海面積雖不若已往廣闊而災禍亦甚巨至三十二年邑宰屠公會同托縣同知糾合士紳南西河堰村岳瑞五雙龍鎮張廣福王政征工堵口日需工兩千餘歷兩閱月工竣水患始平迄今功績猶存尙賴保守

黑河之水歷由厚和所屬之鐵帽御村入境西流折而南成一大弧形縈繞七十餘里每屆暑期天雨浩大山洪匯入河水暴漲沿岸氾濫濱河一帶時遭水災而近年尤甚民國二十二三兩年河水出岸遠近村莊汪洋一片遭災甚重夏秋田苗淹沒殆盡人畜傷亡亦多

自二十六年迄今河槽淤埋高岸爲谷平地成渠沿河則洪水混流匯爲滹海歷閱數年幾成澤國各村室如懸罄四外野無靑草生者寄宿無址死者葬身無地房屋摧毀滿目皆是人民叫苦不堪言狀尙望當地有司綢繆未雨保境安民以善其後

◎瘟災　民國六年鼠疫流行經西醫檢定名曰黑斯篤病傷人甚烈起自城市漸及鄉村業經染病無一幸免初則頭疼繼則吐血閱一二日而死雖父母妻子亦不敢趨前看護而游民乞丐爲窮所迫仮認爲謀生活路乃日夜奔跑抬埋死屍每抬一屍可得銀洋百十元無力者由鄉中集資爲之旅店妓寮死亡尤烈嘗有數口之家死亡殆盡者鄉村中交通路口常派人看守口帶面具手持長杆凡外來者以杆截觸之人皆杜門不相往來聞有六齡孩童家人皆死沿街號陶村人憫之當街設炭火一盆囑其取暖每餐置食街中飢令取食哀憫之情石人淚下翌年一月北京陸軍醫學班來邑防疫頗著微效三月間病乃息死亡人數不詳

二十一年夏秋之間霍亂症盛行西醫名曰虎力拉傳染亦烈患者腹內疼痛吐瀉不止頃刻之間即可斃命若趁早札針尙能治愈當時中西醫生暨慣札針者晝夜不暇爲人針治邑立平民醫院敦請多人分派城鄉一面施術治療一面注射防禦歷時不久即告平息統計死亡人數約千餘名

人禍

◎本邑在有淸一代地方敉平人民安樂可謂路不拾遺夜不閉戶也是以鄉鎭之間當鋪林立貨行櫛比地方繁榮民稱殷富宣統之季雖有跳梁小醜要路刼奪而僅限於偏村僻道詎辛亥起義民軍來邑一般優伶隸卒無賴流氓紛紛盲從濫竽軍伍爾官我兵乘盛一時卒以不守規律遣散還里窮迫無聊乃生非想三五成羣結夥行刦然所剽掠者大抵富商鉅賈爲富不仁之家用以恫嚇欺詐手段稍飽即颺而殺人放火姦淫綁票之事尙未嘗聞也且於縉紳先生尤爲尊重慨自盧匪擾亂後匪人愈出愈奇作惡愈演愈烈二十餘年無日不有匪無匪不騷擾故地方一切凋敝及種種不景氣現象皆由土匪所造而成今就其匪夥之巨大而爲害最烈者擇而志之以儆來者

◎匪災　民國四年舊曆十一月二十六日有盧占魁匪夥一千餘衆由五當溝竄出直撲邑城當時負城防責者祇有警察五六十名匪驚傳來全城大譁官紳商會皆齊集城上派人與匪和議議未決而匪人直衝城下攀垣而入知事鄧西峯棄城潛逃城遂失陷匪人反牢劫獄釋放囚徒檔案文書付之一炬徵收機關暨殷實商號被搶一空市面混亂無人維持盧於翌日乘坐刼獲劉匪某軍官之四人小轎進城駐紮高等小學校使教員學生當夫役講堂飯廳作馬厩左槍右戟威風凜凜一呼百諾興高彩烈大有惟我獨尊之勢尤可笑者强迫高小教員蜀人祝佩文篆鐫印符文曰塞北都督招討使兵馬大元帥飛虎上將軍盧等印命令匪衆搜捕吏役及徵收機關員差業經捕獲者殺勿論故縣署門前屍體狼籍血濺街衢佔據五日之間沿門挨戶恣意搶掠慘無人道旋駐包頭鎭李司令鶴翔率兵來攻而兵不用命乃下令破城

小大鉛印局承印

後准予重賞城遂克復官兵入城亦復沿門逐戶藉查匪爲名任意搜刮民不聊生以致政治樞紐繁富城市竟成廢墟匪夥出城後竄擾東鄉一帶焚燒刧掠更爲刻毒附近小股土匪亦應時而起各鄉區署槍械以及村鎭商號搶掠胥空地方元氣大爲傷盡盧匪雖經剿除出境但自此之後土匪時起時伏千百爲羣屢年𠻳擾迄無寧日水深火熱民已不堪命矣

◎據當時有在高小學者云城陷始末均曾目覩匪人中後山翻匪參半身著黃紅長袍頭戴毛冠足登皮靴手持長矛腰橫大刀兼能口操蒙語背負龍旂仍以海螺爲號古稱胡笳夜間胡笳大作嗚嗚之音徹夜不絕兼以羣馬悲鳴肅肅之聲達旦猶在滿城腥羶之氣一片肅殺之象觸目驚心不寒而慄李陵謂胡笳互動牧馬悲鳴種種淒泣非虛語也

附于孔昭氏土匪記於左

◎民國二年庫倫亂起有外蒙黨首委東盟某公爲內蒙招討使並給予槍械數百枝潛入內蒙招兵當時投附者即爲盧占魁（字耀臣豐鎭縣隆盛莊人）夥友趙有祿蘇雨生爛頭老二等未久招聚千餘人委盧爲統領旋又刧奪蒙旗槍械名馬多種聲勢浩大跋扈日甚竟成尾大不掉之勢迨倫亂敉平某公失勢該匪等無所依歸遂聚烏合之衆流而爲匪綏遠土匪之有槍械即肇於斯四年秋盧匪盤踞白林加索等地號稱獨立馬隊（獨立隊之名由此始）四出綁票謂之請財神（請財神名由此始）商路斷絕貨物停滯薩包商會電請剿除日必數起而都統新任未久所轄軍力單薄正籌擴充不遑顧及迨至十一月間盧匪猝焉思逞躍躍南下包頭危岌勢如纍卵地方各界聯電中央告急都署亦秘電請兵陸海軍統率

辦事處乃令馮占元（係袁克定馬弁）爲剿匪司令李鶴翔副之率騎礟軍十營到包剿匪馮到包後以盧匪跳梁小醜不足爲患頗輕視之十一月二十日率所部騎砲各隊向後山進發馮即乘坐紅圍四人小轎殿後督隊行至銀號村等處與盧匪接觸因不諳地理被匪襲擊遺失大砲數尊槍彈多種幾被截獲乃棄轎乘馬遁敗回包緊閉城門不敢言戰盧匪乘勝分兩路出山一股出黑牛溝撲察素齊鎭一股出五當溝攻薩縣致釀成本邑百年未有之浩刼吁可悲已

十一年春邑境保衞團官佐兵夫皆加入哥老會躍躍欲動范縣長侯團總斌成受金錢誘惑坐視不管突於三月二十八日夜勾結城外土匪入城將范縣長侯團總輭禁圍攻縣署警察隊長被害開放監獄囚徒其中有要犯張洪率領囚徒名曰敢死隊混溷其間將縣署暨保衞總團存儲槍彈席捲一空各區亦盲從響應推侯團總爲首領地方大亂民苦益甚旋侯被馬都統誘殺匪夥四散而繼起者大有人在一般落伍軍官接濟槍彈無聊吏員籌謀擘畫故人皆先在會後當匪一經爲匪腰纏萬金囊橐纍纍走馬揚鞭耀武鄉曲而沿黃河一帶居民皆神木府谷等地土著身材短小輕徒佻健風氣貪鄙目覩匪衆榮耀不禁垂涎弗已故無家不有匪無人不當匪邑境著名匪人皆產於斯地也

先是十年冬哥老會傳會甚力有秦人小五楊者名楊萬禎爲龍頭綏西各縣皆設有碼頭會中分清洪水兩派清水派曰秋子行又曰頂門墊戶洪水派曰杆子上又分忠義五福等堂名暨峨眉終南等山名以別尊卑次序禮一般劣紳土棍無賴流氓爭先入會有駐包頭甘軍統領蔣輝若者早已在會助楊甚力薩包固五安東等縣均已會化（稱清水或云匯通）在邑境傳會（稱栽培）者二四五等區均有首領

小大鉛印局承印

夜間三五成群相率焚香結會白晝聚集一室練習會語（稱團條子）鄉人有反對或不贊成者立遭橫禍凡在會者所有財產與匪共有任何糟踏不敢起齒如帮碼頭（稱門份子）欵業經派定即傾家蕩產亦得完納故籌措十萬八萬極爲容易楊既擁有鉅資乃權門奔走官寮往來竟有山西國會議員賈述堯（平魯人）拜爲門徒而士劣等更是群蟻付羶稱子稱孫者跡踵不絕

十二年春省令清鄉凡哥老會人員暨大小土匪格死勿論綏遠警備隊第三路司令劉會文捕殺池喜全及其羽翼鄭金聲旅長駐邑城捕殺匪首周老么張長腿馬鴻逵旅長捕殺匪首白占元石敬亭旅長捕殺小五楊張洪及其弟（此民十五年事）哥老會由此絶跡是年夏蘇雨生趙有祿高二拴率夥千人復由河西來擾闖入托縣將知事徐熹刼去帶至某鄉因腿部傷重流血過多殞命

十四年元旦蘇雨生趙有祿劉喇嘛（綽號爛屌劉）由五原譁變來邑夥約二千餘衆殺人放火沿路擄掠橫行萬狀慘酷備至所過之處燄霧彌天人民扶老携幼四處逃避途爲之塞二月都統李鳴鐘來邑宣慰土匪正擾及城南十里近村李氏聞訊色變當即乘專車返綏匪夥尾追至麥達召車站車甫過匪毀橋梁暨鐵軌數段交通斷絶者十餘日

十五年秋國民軍十餘萬衆敗退壓境其中二三四軍皆陝豫察綏招撫雜匪故經過之處洗刼一空當地土匪亦乘此時機晝夜行刼殺人放火任性所爲竟將五區朝號村屠殺百人焚燒數十家地方損失尤鉅

十六年冬晉奉戰起匪勢大擴如趙青山郭春山金寶山徐文標李三河皆被收撫爲旅長戴海源廣

義爛鎌高辛留杜張升雲廣林楊五在李福小蘇八音爲團長陳得勝直屬奉系師長皆揚眉吐氣彈冠相慶每一匪夥俱有各軍收撫員隨後遊說爾勾我引彼變此迎以致土匪身價日高自居奇貨橫暴之心日益驕恣而各軍長官爲求其勢力澎脹亦不敢約束祇得曲予遷就勉趁匪意而行名爲官人實較當匪時尤毒故由搶掠而變爲發掘殃及枯骨其害更有不可勝言者

十七年春匪軍駐紮邑境大事搜刮金寶山搜掘準格爾旗及二區食粮趙青山搜掘三區食粮徐文標搜掘四區食粮郭春山搜掘五區食粮白晝結夥成群沿村逐戶橫打立罵任意勒索夜晚百十爲群逞勢搶掠婦女之稍有姿色者間被欺淩家戶之稍有積蓄者必遭飛禍故死於非命者不知凡幾矣且人民稍有口角之爭一旦聞知立即派隊遺傳到營後不問曲直先則非刑毒打繼則兇勒罰欵兵敲弁詐種種惡蹟罄竹難書匪人既造成災象又兼昊天不弔旱魃爲虐赤地滿目人民流離是年冬趙青山率匪夥三千餘衆渡河東竄與邑境小股土匪夥併約五千餘衆北自陰山麓南達托縣城漫村遍野一片土匪世界殺人放火吊烤燒迫視人命如草芥經過村鄉男無完膚女多逃命而災刼游魂何堪受此荼毒計此次擾亂西自寧夏東抵豐鎮往返月餘路達七千餘里爲害最烈雖唐之黃巢明之闖獻亦不過是先是秋間邑民逃荒河套就食及匪竄回五原引頌難民搜掘食粮及匪人走後縣令因前事驅逐難民出境時値嚴冬長途跋涉死於道路者又十之四五耳

十八年春趙匪被擊身死夥四散以後小股土匪時起時伏千百爲群屢年騷擾直至二十一年始告平息

小大鉛印局承印

附收撫縣籍軍官人名表

陳得勝	虎臣	第二區白萬圈村	綏遠騎兵第三師師長	民國十七年二月
趙靑山		第四區后荒地村	第三十一軍騎兵旅長	民國十六年七月
金寶山		二分區	第三十一軍騎兵旅長	民國十六年一月
楊耀峯		第二區	第四十一軍師長	民國二十二年四月
戴茂山		第五區戴家圪泊村	綏遠警備第一師團長	民國十六年九月
王占元		第五區獨力壩村	第四十一軍騎兵旅長	民國二十二年四月
康從良	子貞	第二區壩圈村	同前	民國二十六年四月
高鳳山		同前	第三十一軍騎兵團長	民國十六年七月
呂德明		第二區二虎營村	同前	同前

◎案陳得勝以下所列者皆窶人子狂野成性流於椎埋非天之有意生成其陷溺於環境者亦多矣溺自民元以還民無甯日苛政虐於猛虎官威酷於毒蛇血氣之徒挺而走險事雖狂悖實偪使然惜其旣經收撫已列戎行終猶野性難馴均鮮善果吁可慨已聊贅編末以爲鑒戒

怪異

◎民十七年三月一日夜狂風怒嚎飛沙走石翌早西城門洞鼠尸堆集門爲之塞沿城墻根視測亦

如之人皆詫異後經西醫檢驗因時隔多日鼠尸腐壞亦未明究竟據鄉老經驗主有荒災果然是年大旱歲饑饉

◎謹案當時有人檢查鼠尸覓得左胸部有一小孔稍現血跡足徵是疫

◎民二十五年夏善岱鄉李寶娃家中牝猪產一象鄉民稱奇觀者如堵延半日而死

◎謹案動物學推求猪絕不能產象所謂象者乃生理上之一種病態變象鄉人不明此理誤以爲象張元文君言於民十七夏掌省立職校一日在市上遇一少年呼叫賣象召視之乃尸體也問所由來曰猪產之遂出洋五角購之備作標本細査週身無毛面部一大眼眶內二珠額垂一肉條類鼻純係一變態猪想李寶娃之象亦此類也

佚聞

◎成紀七三五年五月二十三日本邑第四區屬党三窰子村王姓家有老牝牛豢養多年忽有孕臨產時生一小牛項長二首頭角隱然人視爲奇當時喧傳滿城爭相往看雙頭牛犢生三日而斃攷植物中多有並蒂連理之說不料動物竟有駢首亦畜產生理上之怪現象

大青山後廟爾溝村西北山中產雲毋石俗呼爲天皮光緒年間屢經土人採取掘成山洞相傳洞內有孤仙居住某日玉豐恒商號之火夫陳某在村西田中碎擊土塊偶見一三十許麗人風韻猶存曰子無寂寞乎可隨吾往自有佳境陳身不自主相隨至天皮洞中逐日供以山珍野味惟無水飲女每逢出門即以巨石障洞口潛逃不得盤桓三日萬分渴燥婉求麗人曰少飲以水以解渴女不應屢次要求繼以泣

小大鉛印局承印

下女忿曰去休隨吾走飽飲子水天已昏黑乃隨至一井口女曰子伏身井口探水斗而飲之可乎陳即伏身探入井中擬取水斗不意被女倒挽足跟推落井中井深十餘丈自分必死不料落於井底毫無損傷危坐於涵木之上遂大呼求救比及商號人得知救出井口方知為玉豐恒墻外之井後亦無異

同治年間廟爾溝一帶忽起牛瘟村中日死數十頭商號玉豐恒有牛八十餘已斃二某晚夜倌飼馬月明如晝見一人携一磁盎不知盎中何物置盎墻角以匙向盎盛之灌入牛口每牛一匙連灌數牛夜倌奇異猛悟其非人乃俟其背後灌牛之際奪盎到手其人驚覺卑詞懇求並言我係牛瘟使者倘不見還難覆上命夜倌曰璧歸可離此地使者應諾夜倌又曰已病之牛可有救乎使者曰有大黃（他藥失記）煑湯飲之立愈語畢携盎而去轉瞬不見廟爾溝由此再未死牛間有病者即以所告之方醫之立見效迄今廟爾溝尚有人保存此方每遇牛瘟依法治之無不神效

第五區保同河村張胡藍者性良善於三十歲時一日臥病而死寡母哭於傍忽有聲自外來曰勿哭勿裝殮與汝兒長壽去矣必放歸其母出門視之四外無人頗異之乃遵囑守候時及夜半張突向母求水飲數斗而蘇曰午後有二衙役將吾拘傳到案至一官署設置與世相侔官升堂後問明姓名籍貫曰傳汝來無甚事與汝長壽幾年而已即令原差送之歸並見有同里故去張雨生在署掌管鬼卒遂復活現張年七十餘歲或為陰陽幻說豈真有歟

民十四初夏托属三間房村崔某年約二十許一日身感不適遂入室稍睡時甫過午其母在厨炊飯驟來一陣旋風衝門擊窗非常劇烈忽聽得室中匙盆亂響聲甚厲風過後母至室中視之見崔身首異

處鮮血淋漓濺滿炕上當時其弟婦尙在院中濯衣祗見旋風入室亦甚驚怪究竟如何而死迄不明其原理

大岱村田千歲之妻某氏知命寡居無子嗣性潑悍十八年春氏病侄媳等侍奉湯藥一日晚侍者奉湯飲畢將門由外扃鎖返己室就寢深夜偶聞有磨刀霍霍聲驚醒細聽寂然亦未介意翌早啟扃慰視病人駭見氏頭擲炕角四體分裂詎料尾隨一犬突跳炕角銜頭而去追尋至再不復獲嗣有李姓長工由場中得之終難明其死狀事甚離奇人多莫解

民國二十一年夏邑境虎列拉流行甚烈善岱不分男女老幼日斃多人凡染是疫者九死一生蒙人滿納洞之妻年方二八忽染斯疫初則診治二日後已入膏肓人事不省家人見病不瘳已知不起誠恐其傳染將其扶入隔院空室專候氣斷不料遷入第四日氏忽清醒求飲水連飲冷水數斗方能言語自言病之二日後自亦不知其病游游蕩蕩走出門外好似身不自主之狀隨風飄動但見沿途紛紜男女雜沓往來道上喜笑者怒罵者號泣者憂鬱者不一而足當時氏孤零無主不知走向何方乃任步閒行雖有多人無一相識者欲問又羞澀難言因而昏迷東西奔走無安身處至第四日忽逢其祖母偕同老媼數人迎面而來祖母驚曰子何來也此非子遊之地可速歸應曰孫媳不識途已奔波數日矣祖母謂諸媼曰請姥姥等先行吾送孫媳諸媼曰請便祖母曰孫媳速隨吾行吾送汝歸語畢祖母先行有如風馳竭力追隨尙不能及祖母曰孫媳疲矣可速行歷時未久至宅門祖母曰子歸吾尙有他事不及返家矣語畢返身而去氏入門忽然醒悟病若失儼然再生矣

小大鉛印局承印

小大鉛印局承印

薩拉齊縣志

卷十六

成紀七三八年四月一日印刷
成紀七三八年五月十日出版

非賣品

主修者　薩拉齊縣長　韓紹祖
總纂者　蘄陽　張樹培
印刷所　厚和小大鉛印局

小大鉛印局承印

勘誤表

卷別	類別	頁數	正	誤
一	題名		田端符	（瑞）字誤
一	題名		崔瀛	（英）字誤
一	全圖		托斯和	（斷）字誤
一	沿革	一	稍能掇紀	（綴）字誤
八	野產	一九	熊絕少	（態）字誤

校梓附記

本誌自排印至出版歷時兩閱月中間因誌材增删變更與往返連絡事務所耗時間何止匝月以限期之短促雜事務之混淆卷帙繁重稍一大意則脫略訛誤在所難免雖有附表勘誤然以基於勒命僅藉十二小時之工目穿恐難竟志惟俟再版慎重考訂深望　博雅特予諒之

小大鉛印局承印